utb 6170

Eine Arbeitsgemeinschaft der Verlage

Brill | Schöningh – Fink · Paderborn
Brill | Vandenhoeck & Ruprecht · Göttingen – Böhlau · Wien · Köln
Verlag Barbara Budrich · Opladen · Toronto
facultas · Wien
Haupt Verlag · Bern
Verlag Julius Klinkhardt · Bad Heilbrunn
Mohr Siebeck · Tübingen
Narr Francke Attempto Verlag – expert verlag · Tübingen
Psychiatrie Verlag · Köln
Ernst Reinhardt Verlag · München
transcript Verlag · Bielefeld
Verlag Eugen Ulmer · Stuttgart
UVK Verlag · München
Waxmann · Münster · New York
wbv Publikation · Bielefeld
Wochenschau Verlag · Frankfurt am Main

Gottfried Gabriel

Grundprobleme der Philosophie

in geschichtlicher Entwicklung

BRILL | SCHÖNINGH

Der Autor:
Gottfried Gabriel, nach Promotion und Habilitation an der Universität Konstanz 1992 Professor für Philosophie an der Universität Bochum; ab 1995 Inhaber des Lehrstuhls für Logik und Wissenschaftstheorie an der Universität Jena (seit 2009 im Ruhestand). Buchveröffentlichungen zu den Arbeitsgebieten Erkenntnis- und Wissenschaftstheorie, Logik, Ästhetik, Sprachphilosophie, Politische Ikonographie. Hauptherausgeber des *Historischen Wörterbuchs der Philosophie* ab Bd. 11.

Umschlagabbildung:
Foto von Giammarco Boscaro, https://unsplash.com/de/fotos/zeH-ljawHtg

Bücher, Online-Angebote oder elektronische Ausgaben sind erhältlich unter
www.utb.de

Bibliografische Information der Deutschen Nationalbibliothek

Die Deutsche Nationalbibliothek verzeichnet diese Publikation in der Deutschen Nationalbibliografie; detaillierte bibliografische Daten sind im Internet über https://dnb.de abrufbar.

www.brill.com

Herstellung: Brill Deutschland GmbH, Paderborn
Einbandgestaltung: siegel konzeption | gestaltung

UTB-Band-Nr: 6170
ISBN 978-3-8252-6170-2
eISBN 978-3-8385-6170-7

Inhaltsverzeichnis

Vorwort

Nicht selten ist die Klage von Studierenden zu hören, das Studium der Philosophie biete zwar Auseinandersetzungen mit vielfältigen Ansätzen und Theorien, lasse aber die Vermittlung eines Verständnisses für bestehende Zusammenhänge vermissen. Um dieser Klage Rechnung zu tragen, reicht eine neutrale Nacherzählung der Geschichte der Philosophie nicht aus. Vielmehr bedarf es dazu eines problemgeschichtlichen Vorgehens, das sich auch mit Bewertungen nicht zurückhält.

Das vorliegende Buch folgt dieser Ausrichtung, kann dabei aber nur exemplarisch vorgehen. Daher ergibt sich – ausgehend von der griechischen Philosophie – eine Konzentration auf die abendländische Tradition. Selbst innerhalb dieser Tradition war es unvermeidlich, eine Auswahl bestimmter Grundprobleme und einschlägiger Autoren vorzunehmen. Damit setzt man sich zwar der Gefahr einer einseitigen Gewichtung aus, verhindert aber, sich in Einzelheiten zu verlieren und den Wald vor lauter Bäumen nicht mehr zu sehen. Um thematische Einseitigkeiten zu vermeiden, wurde bei der Auswahl der Grundprobleme darauf geachtet, dass die Philosophie in ihrer ganzen thematischen Breite vertreten ist. Das beigegebene Register dokumentiert diese Breite, indem Seitenzahlen zu den Personen durch Angaben zu den jeweils behandelten Themen ergänzt worden sind.

Das Buch ist aus Vorlesungen an der Universität Konstanz hervorgegangen. Entstanden ist ein Lesebuch, das teilweise einführenden Charakter hat, im Laufe der Lektüre aber auch höhere Anforderungen stellt. Sekundärliteratur wird nur sparsam angeführt. Die im Text und in den Anmerkungen verkürzt angegebenen Literaturhinweise lassen sich durch das Literaturverzeichnis vervollständigen. Die Vornamen der Autoren werden in der Regel nur bei der ersten Nennung mitgeführt. Sie können aber ebenfalls anhand des Literaturverzeichnisses ermittelt werden.

Die Schreibweise in Titeln und Zitaten wurde moderner Orthographie angeglichen, ohne diese in allen Fällen zu übernehmen. So wurde zum Beispiel ‚Critisches' in ‚Kritisches', ‚Sämmtliche' in ‚Sämtliche',

‚Ueber' in ‚Über' und ‚Urtheil' in ‚Urteil', aber nicht ‚daß' in ‚dass' und ‚Giltigkeit' in ‚Gültigkeit' abgeändert. Sperrungen in den Originaltexten werden durch Kursivierungen wiedergegeben. Eckige Klammern in Zitaten enthalten Zusätze des Verfassers.

Sven Schlotter, der bereits während gemeinsamer Jahre an der Friedrich-Schiller-Universität Jena meine Arbeiten hilfreich kommentiert hat, habe ich für wertvolle Gespräche über die Konzeption des Buches und die Durchsicht des Textes erneut zu danken.

Konstanz, im Oktober 2023 G. G.

1 Einleitung: Zur problemgeschichtlichen Methode

Eine Problemgeschichte der Philosophie hat thematische Zusammenhänge freizulegen und zu kommentieren. Zusammenhänge bestehen nicht nur dort, wo es Übereinstimmungen gibt. Einzubeziehen sind auch alternative Ansätze zur Lösung von Problemen und ihren Variationen. Nun haben Traditionen mal längere, mal kürzere Laufzeiten. Probleme können auch zwischenzeitlich in Vergessenheit geraten und später wieder auftauchen. Daher kann die Darstellung nicht immer chronologisch erfolgen, und es empfiehlt sich dann, von der zeitlichen Folge abzuweichen und thematische Blöcke zusammenzustellen. Dabei kommen manche Autoren auch mehrfach zur Sprache.

Zur Verdeutlichung von Zusammenhängen über größere Zeiträume hinweg werden immer wieder voraus- und zurückblickend Bezüge hergestellt und durch Verweise zwischen den Kapiteln ergänzt. Um den Blick für Grundprobleme und deren Traditionen und Variationen zu schärfen, wird den Einzelanalysen zunächst eine exemplarische Auswahl von später erörterten Grundproblemen vorangestellt.

Als geradezu leitmotivisches Grundproblem erweist sich das Verhältnis von Vielheit und Einheit. In Verbindung damit geht es um die Frage nach der Identität des Verschiedenen und der Verschiedenheit des Identischen, und zwar in den Dingen, im Denken und in den Bedeutungen.[1] Diese Thematik lässt sich demnach von der Ontologie über die Logik und Erkenntnistheorie bis in die Sprachphilosophie verfolgen, wobei es jeweils um Interpretationen von ‚dasselbe' geht. Zu fragen ist allerdings zunächst, ob es überhaupt etwas gibt, das im Wechsel der Gegebenheiten dasselbe bleibt. Gegenüber stehen sich hier bereits in der vorsokratischen Philosophie Parmenides, der an dem Einheitsgedanken festhält, und Heraklit, für den alles einem permanenten Wandel unterworfen ist. Dieser Gegensatz kehrt im Verlauf der Geschichte der Philosophie in Variationen bis in die Gegenwart wieder.

---

1 In manchen Fällen mag es daher angemessener sein, statt von einer „Identität *des* Verschiedenen" von einem „Identischen *im* Verschiedenen" zu sprechen. Statt von einer eher quantitativen Vielheit wird auch von einer qualitativen Vielfalt die Rede sein.

Ontologisch wird nach der Einheit in der Vielheit des wirklich Seienden gefragt, ob sich nämlich die Vielfalt der Welt auf *dieselben* unveränderlichen Grundbestandteile zurückführen lässt. Die logisch-erkenntnistheoretische Einheit in der Vielheit besteht darin, dass vielen Gegenständen *dieselbe* Eigenschaft zukommt. Die Erkenntnis dieser Gemeinsamkeit führt unter Absehung von individuellen Unterschieden der Einzelgegenstände zur Bildung eines abstrakten Begriffs, unter den die verschiedenen konkreten Gegenstände fallen. Die Identität des Verschiedenen ist dann im Begriff präsent, und die Verschiedenheit des begrifflich Identischen ist in den Einzelgegenständen wirklich. Sprachphilosophisch heißt dies, dass diesen Gegenständen *derselbe* Ausdruck als Prädikat zugesprochen werden kann. Im Fall von Eigenschaften, Begriffen und Prädikaten ist *Dasselbe* ein Allgemeines.

Um das richtige Verständnis des Allgemeinen geht es bereits in der Kritik des Aristoteles an Platons Ideenlehre. Zu einem zentralen Thema wird es im Universalienstreit des Mittelalters. Eine Fortsetzung findet dieser Streit in den gegensätzlichen Bestimmungen des Allgemeinen als psychische Vorstellung oder als logischer Begriff. Dieser Gegensatz spitzt sich im 19. und 20. Jahrhundert im Psychologismusstreit zu, in dem die Möglichkeit beziehungsweise die Unmöglichkeit einer psychologischen Begründung der Logik diskutiert wird.

Unabhängig davon, dass Platon und Aristoteles den Status des Allgemeinen unterschiedlich bestimmen, ist ihnen gemeinsam, dass sie sich nur für das Allgemeine und nicht für das Individuelle interessieren. Nach der Bestimmung eines allgemeinen Wesens fragen jeweils die Was-ist-Fragen des Sokrates, und die Syllogistik des Aristoteles kennt noch keine singulären Urteile wie ‚Sokrates ist sterblich'. Die Variablen in den Syllogismen sind Variablen für Begriffe. Um singuläre Urteile wird die Syllogistik erst später ergänzt. Es fällt auf, dass dann auch die Stellung des Individuums verstärkt in den Blick rückt.

Die Bildung von allgemeinen Begriffen durch Absehung von individuellen Verschiedenheiten der Dinge wird später insbesondere von Nietzsche infrage gestellt und schließlich sogar dem Verdacht ausgesetzt, das Individuelle dem Allgemeinen unterwerfen zu wollen. Die logische Subsumtion wird damit in die Nähe politischer Subordination im Sinne von Unterdrückung gerückt. Diese Auffassung weitet sich zu einer generellen Sprachkritik aus, die in der gegenwärtigen Dekonstruktion nachwirkt. Um diese Entwicklung beurteilen zu können, ist es notwendig, unterschiedliche Philosophien der Sprache miteinander zu vergleichen. Zu achten ist dabei darauf, wie Ausdrücke, die Einzelnes benennen, wie zum Beispiel Eigennamen und Kennzeichnungen, analysiert werden. Hier gibt es Versuche, Sätze mit benennenden Ausdrücken in prädikative Existenzsätze zu überführen und dadurch Einzelnes in Allgemeines aufzulösen.

Normalerweise impliziert die Verwendung von Eigennamen und Kennzeichnungen, dass *Dasselbe* auch ein Einzelnes sein kann, das uns auf unterschiedliche Weisen gegeben ist. Dann wird es sprachlich durch verschiedene Ausdrücke bezeichnet, die unterschiedliche Gegebenheitsweisen *Desselben* erkennen lassen. Wiederum haben wir es mit der Identität des Verschiedenen und der Verschiedenheit des Identischen zu tun, wobei die Rede von Identität und Verschiedenheit nicht so zu verstehen ist, dass verschiedene Dinge miteinander identisch sind; denn wie Wittgenstein treffend bemerkt: „Von *zwei* Dingen zu sagen, sie seien identisch, ist ein Unsinn.“[2]

Den Unterschied zwischen der Identität auf Seiten des Allgemeinen und der Identität auf Seiten des Einzelnen gilt es stets zu beachten. Diesen Unterschied verdeutlicht die Geschichte von dem Gast, der sein Essen beim Ober mit den Worten bestellt: ‚Ich hätte gerne dasselbe wie der Herr am Nachbartisch!‘ Woraufhin er vom Ober korrigiert wird: ‚Dasselbe kann ich Ihnen nicht bringen, sondern nur das Gleiche!‘ Diese Korrektur wird meistens als berechtigt angesehen. Sie ist es aber nur dann, wenn mit ‚dasselbe‘ das konkrete einzelne Objekt gemeint ist, das der Herr am Nachbartisch auf dem Teller hat. Anders ist es dagegen, wenn dasselbe Gericht gemeint ist, das selbstverständlich mehrfach aufgetischt werden kann.

Eine metaphysische Variante der Identität des Verschiedenen und der Verschiedenheit des Identischen ist die ontologische Unterscheidung zwischen den beiden Substanzen Materie und Geist als den

2 Wittgenstein: Tractatus 5.5303.

einheitlichen Trägern vielfältiger physischer beziehungsweise psychischer Gegebenheiten. Um die mit diesem Dualismus verbundenen Schwierigkeiten zu überwinden, sind unterschiedliche Formen des Monismus entwickelt worden, deren Ziele problemgeschichtlich miteinander zu vergleichen sind. Dabei verdient die Religionskritik der materialistischen Variante des Monismus besondere Aufmerksamkeit. An dieser Stelle ist dann auch der Historische Materialismus des Marxismus und dessen Erklärung der Entstehung von Religion kritisch zu würdigen. Die Frage, ob sich Religion und Naturwissenschaft miteinander vereinbaren lassen, wird in der nachidealistischen Philosophie des 19. Jahrhunderts zu einem Thema, das die Gemüter bis heute bewegt.

Ein ebenfalls permanent diskutiertes Problem ist das Verhältnis zwischen Vernunft (oder Verstand) auf der einen und Erfahrung (oder Sinnlichkeit) auf der anderen Seite. Hier gibt es neben einer erkenntnistheoretischen auch eine ethische und eine ästhetische Linie. Die erkenntnistheoretische Tradition widmet sich der Frage der Gewichtung der einzelnen Erkenntnisvermögen. Wird der Vernunft der Vorrang eingeräumt, so führt dies zum Rationalismus. Wird der Rückgang auf die sinnliche Wahrnehmung gefordert, so führt dies zum Empirismus.

Beide Traditionen berücksichtigend trifft Kant eine grundsätzliche Unterscheidung zwischen Sinnlichkeit und Verstand als den beiden von einander unabhängigen Quellen der Erkenntnis, durch deren Verbindung – als Verbindung von Anschauungen und Begriffen – Erkenntnis allererst möglich werde. Diese Auffassung gilt es zu prüfen. Es schließt sich die Frage nach erfahrungsunabhängigen Erkenntnissen und insbesondere nach der Möglichkeit und Reichweite synthetischer Erkenntnisse a priori an. Die Beantwortung dieser Frage führt zu Kants Kritik an der rationalistischen Metaphysik und deren Beweisen der Existenz Gottes und der Unsterblichkeit der Seele.

Wegen seiner strengen Unterscheidung zwischen Anschauungen und Begriffen bestreitet Kant die Möglichkeit intellektueller Anschauung, die bereits Platon mit seiner Schau der Ideen in Anspruch genommen hat. In der nachkantischen Philosophie wird das Verhältnis zwischen Anschauungen und Begriffen mehr und mehr zu einem Grundproblem der Philosophie.

Die problemgeschichtliche Beschäftigung mit der rationalistischen Tradition lässt wichtige Ergebnisse wiederentdecken. Dazu gehört die Unterscheidung zwischen dunklen, klaren, verworrenen und deutlichen Begriffen und Erkenntnissen sowie die Unterscheidung zwischen den Erkenntnisvermögen Witz, Genie und Scharfsinn. Beide Unterscheidungsreihen waren bestimmend für die erkenntnistheoretische und die ästhetische Debatte in der deutschen Aufklärung, gerieten aber trotz ihrer systematischen Bedeutung im Laufe des 19. Jahrhunderts weitgehend in Vergessenheit. Die Problemgeschichte leistet hier eine Wiederentdeckung.

Die Gegenüberstellung von Vernunft und Erfahrung erörtert die moralphilosophische Tradition anhand der Unterscheidung zwischen einem Handeln, das sinnlicher Neigung folgt, und einem Handeln, das durch Vernunftgründe bestimmt ist. Es schließt sich bereits in der Antike die Frage an, worin ein gutes Leben besteht und welche Bedeutung darin den Glücksgefühlen der Menschen zukommt. Grundsätzlich geht es darum, ob die Grundlage des moralischen Handelns ein moralisches Gefühl oder moralische Einsicht ist und damit um den Gegensatz zwischen Emotivismus und Kognitivismus in der Ethik.

Dieser Gegensatz ist auch für die Ästhetik bestimmend, und zwar sowohl hinsichtlich der Natur des ästhetischen Urteils als auch hinsichtlich der Funktion von Dichtung und Kunst. Beim ästhetischen Urteil ist die Frage, ob über die Schönheit (oder allgemeiner über das Gelungensein) eines ästhetischen Objekts ein Gefühl oder eine Begründung entscheidet. Bei der Funktionsbestimmung ist die Frage, ob Dichtung und Kunst eine Wirkung auf unser Gefühl ausüben sollen oder ob sie eine Vermittlung von Erkenntnis leisten können – oder ob sie beides zu bieten vermögen.

In Verbindung mit den Antworten auf diese Frage tut sich als weiteres Problemfeld auf, welcher ontologische oder semantische Status ästhetischen Fiktionen zukommt. Dabei ist insbesondere zu klären, ob literarische Figuren als fiktive Entitäten anzuerkennen sind oder ob diese Konsequenz vermieden werden kann. Als besonders wichtig erweist es sich sodann, im Widerspruch zu fiktionalistischen Tendenzen die Unterscheidung zwischen Fakten und Fiktionen auszuarbeiten.

Die vorausgegangenen allgemeinen Beschreibungen zentraler problemgeschichtlicher Zusammenhänge liefern den Rahmen für konkrete Einzelanalysen, die erkennen lassen, dass die philosophische Tätigkeit wesentlich in Unterscheidungsarbeit besteht. Diese erstreckt sich vor allem auf die Explikation grundlegender Begriffe, wobei das Ziel nicht immer die Angabe einer trennscharfen Ab-Grenzung im Sinne einer präzisen Definition sein muss (von lat. ‚de-' = ‚weg-' oder ‚ab-' und ‚finis' = ‚Grenze'). Manchmal genügt auch eine ungefähre Begriffsklärung mit Hilfe prägnanter Beispiele.

Obwohl Problemlösungen vielfach mit veränderten Begriffsbildungen einhergehen, wird deren Erkenntniswert dennoch häufig unterschätzt, indem man ihnen lediglich eine vorbereitende Funktion für die behauptende Wissensbildung zuweist. Genauer betrachtet ist das Verhältnis zwischen Behauptungen und Begriffsbildungen häufig gerade umgekehrt zu sehen. Behauptungen sind wahr oder falsch in Abhängigkeit von den verwendeten Begriffen und Unterscheidungen. Wegen dieser Abhängigkeit hat das problemgeschichtliche Vorgehen begriffliche und terminologische Veränderungen zu registrieren und deren Konsequenzen anzusprechen. Die Problemgeschichte geht daher eine Verbindung mit der Begriffsgeschichte ein, für die exemplarisch das von Joachim Ritter begründete *Historische Wörterbuch der Philosophie* steht.[3]

Die Philosophie tritt häufig mit dem Anspruch auf, allgemeine Kriterien für sinnvolles Sprechen angeben zu können. Dies gilt insbesondere für die metaphysikkritische Tradition, in der manche Grundprobleme verdächtigt werden, den Sinnkriterien nicht zu genügen. Allerdings muss die Philosophie sich fragen lassen, ob sie selbst ihren eigenen Sinnkriterien genügt. Vieles spricht dafür, dass bereits die Formulierung solcher Kriterien diese Kriterien selbst nicht einhalten kann, sondern über sie hinausgehen muss. Damit wird die Philosophie sich selbst zum Problem. Sie hat zu klären, welcher Sprach- und Dar-

3 Bereits Windelband betont diese Verbindung in seinem *Lehrbuch der Geschichte der Philosophie* (S. IV), indem er den Schwerpunkt seiner Darstellung auf die Entwicklung desjenigen legt, „was im philosophischen Betracht das Wichtigste ist: *die Geschichte der Probleme und der Begriffe*".

stellungsformen sie sich legitim bedient, nicht bedienen sollte oder zwangsläufig bedienen muss. In diesem Zusammenhang ist dann auch auf die Verwendung von Metaphern und den Einsatz literarischer Formen und Gattungen einzugehen. Die Abschlussbetrachtungen versuchen, diese Aspekte zu einer Bestimmung der Stellung der Philosophie auszuwerten.

2 Vom Mythos zum Logos: Die griechische Philosophie

Die Ursprünge der abendländischen Philosophie sind in Griechenland und in den von Griechen im Mittelmeerraum besiedelten Gebieten zu verorten. Zu diesen Gebieten gehören insbesondere die Westküste Kleinasiens, Unteritalien und Sizilien. In der griechischen Philosophie bestand weitgehend eine enge Verbindung zur Wissenschaft. Wenn Platon und Aristoteles das Staunen (thaumazein) als den Ursprung der Philosophie bestimmen,[1] so gilt ihnen dies gleichermaßen für die Wissenschaft. Einen Beleg liefert Aristoteles selbst, indem er als Beispiele für Staunenswertes den Lauf der Sonne und die Entdeckung der Irrationalzahlen anführt. Dasjenige, worüber man staunt, was einen zum Nachdenken darüber anregt, warum es ist wie es ist und nicht vielmehr anders ist, verlangt nach einer Erklärung, und philosophische und wissenschaftliche Erklärungen gehörten im alten Griechenland noch zusammen.

Ein Philosoph ist – wörtlich genommen – ein Freund der Weisheit. Nach griechischem Verständnis sind Weisheit und Wissen noch nicht getrennt. Wir unterscheiden heute beides, die antiken Weisheitslehren sind dagegen – bis zum Aufkommen der Skepsis – um Wissen bemüht. In diesem Bemühen verabschiedete man sich von dem mythischen Denken, wie es uns in Erzählungen vom Eingreifen der Götter in die menschlichen Belange durch Homer (in der *Ilias* und in der *Odyssee*) und durch andere überliefert ist. Der erzählende Mythos wird durch den erklärenden Logos abgelöst.[2] Insbesondere werden Darstellungen der Weltentstehung in anthropomorphen Göttergenealogien, wie sie die *Theogonie* Hesiods (um 700 v. Chr.) bietet, durch allgemeine Prin-

1 Vgl. Platon: Theaitetos 155 d. Sämtliche Werke, Bd. 2, S. 582; Aristoteles: Metaphysik 982 b (S. 13f.).

2 Die Formulierung „Vom Mythos zum Logos" geht auf den gleichnamigen Titel des Buches von Wilhelm Nestle zurück.

zipien des Seienden zu ersetzen versucht.[3] Die Grunddisziplin der griechischen Philosophie ist daher zunächst die Ontologie als Lehre vom Seienden. In ihrem Gefolge werden dann aber auch Prinzipien der Erkenntnis des Seienden ergründet, so dass zur Ontologie die Erkenntnistheorie hinzutritt. Auch wenn in der späteren Entwicklung der griechischen Philosophie die Frage nach der richtigen Lebensführung in den Mittelpunkt rückt, sind die Antworten doch nicht unabhängig von ontologischen und erkenntnistheoretischen Vorentscheidungen.

Das Bemühen um wissenschaftliche Erklärungen findet sich bereits bei den so genannten Vorsokratikern.[4] Deren Lehren sind allerdings nur fragmentarisch und dabei vorwiegend durch Zitate oder Referate anderer Autoren überliefert worden. Die zusammenfassende Bezeichnung ‚Vorsokratiker' für die zeitlich vor Sokrates wirkenden Philosophen macht deutlich, welche zentrale Stellung Sokrates in der Geschichte der Philosophie eingeräumt wird. Obwohl die damit vollzogene Einteilung auch kritisiert wird, beginnt mit Sokrates tatsächlich ein neues Verständnis von Philosophie. Gleichwohl ist die Bedeutung der Vorsokratiker für die Entwicklung des abendländischen Denkens nicht zu unterschätzen.

2.1 Die Suche nach der Einheit in der Vielheit: Die ionischen Naturphilosophen

Die griechische Philosophie setzt im 6. Jahrhundert v. Chr. ein, und zwar mit den ionischen Naturphilosophen Thales (ca. 625–547 v. Chr.), Anaximander (ca. 611–547 v. Chr.) und Anaximenes (ca. 585–526 v. Chr.), die in dieser Reihenfolge wohl auch in einem direkten Leh-

---

3 Erwähnung verdient an dieser Stelle, dass die biblische Schöpfungsgeschichte, mit der das *1. Buch Mose* einsetzt, ungleich realistischer ist als Hesiods *Theogonie*. Immerhin stimmt die Abfolge von Gottes Schöpfungstaten, abgesehen von der ‚verspäteten' Erschaffung der Himmelskörper, mit den naturwissenschaftlichen Ergebnissen zur Erdgeschichte und zur Evolution einigermaßen überein.

4 Siehe die Textsammlung von Capelle: Die Vorsokratiker.

rer-Schüler-Verhältnis standen. Alle drei lehrten in Milet, seinerzeit eine reiche Handelsstadt an der Westküste des kleinasiatischen Festlandes, etwas südlich von der Insel Samos in der Region Ionien gelegen. Charakteristisch für die Bemühungen der ionischen Naturphilosophen ist der Versuch, alles auf Eines zurückzuführen. Der in der Einleitung hervorgehobene Gedanke der *Einheit in der Vielheit* ist hier bereits bestimmend, und zwar in ontologischer Hinsicht.

Thales ist als bedeutender Naturforscher und Mathematiker hervorgetreten. Auf ihn geht der Beweis des Satzes des Thales zurück, dessen Inhalt bereits den Babyloniern bekannt war. Dieser Satz besagt: Schlägt man über einer Strecke mit den Eckpunkten A und B einen Halbkreis und verbindet die Punkte A und B mit einem beliebigen Punkt C auf dem Halbkreis, dann ist der so entstandene Winkel beim Punkt C stets ein rechter. Man erhält also stets ein rechtwinkliges Dreieck. Thales soll auch die Sonnenfinsternis vom 28. Mai 585 v. Chr. vorhergesagt haben. Aufgrund von Beobachtungen über die Rolle des Wassers beim Entstehen und Vergehen der Dinge und Organismen kam er zu der Ansicht, dass das Wasser der einheitliche Urstoff alles Seienden sein müsse. Zumindest für die Existenz von Leben hat er damit Recht behalten.

Abstrakter fasste Anaximander als Urstoff das Unbegrenzte (apeiron) auf, wobei die Verneinung der Begrenztheit die unbegrenzten Möglichkeiten der Ausprägung und damit die Wandlungsfähigkeit im Einzelnen andeutet. Die Unbegrenztheit besagt zudem, dass der Urstoff in unendlicher Ausdehnung allüberall besteht und damit auch die Einheit in der Vielheit ausmacht. Anaximanders Bestimmung lässt freilich offen, *was* da unbegrenzt ist, nämlich um welchen Stoff es sich handelt. Wir haben es insofern mit einer ontologisch neutralen Einheitslehre zu tun.

Anaximenes wird dann wieder konkreter, indem er die Luft als (ebenfalls unbegrenzten) Urstoff bestimmt, aus dem die anderen Elemente durch Verdünnung und Verdichtung entstehen. Hierin hat man teilweise einen Rückschritt gegenüber Anaximander gesehen. Tatsächlich tritt bei Anaximenes aber der kosmologischen Deutung des Seienden eine anthropologische an die Seite. Wird doch die Luft als Atem des Menschen in enger Verbindung mit seiner Seele gesehen. Verwiesen sei hier auch auf die Bibelstelle, die sagt, dass der Mensch „eine lebendige Seele" wurde, indem Gott ihm den „lebendigen Odem in seine Nasen" einblies.[5] Noch heute sagt man bisweilen von einem Toten, er habe sein Leben ausgehaucht.

Nicht nur für Anaximenes, auch für Thales und Anaximander ist der jeweilige Urstoff nicht tot, sondern belebt. Alle drei sind daher Vertreter eines so genannten Hylozoismus. Der Ausdruck ist aus der Verbindung von gr. ‚hyle' (= ‚Stoff', ‚Materie') und ‚zoe' (= ‚Leben') gebildet.

2.2 Alles ist Zahl: Pythagoras

Eine weitere zentrale Figur der Vorsokratiker ist der auf Samos geborene Pythagoras (ca. 570/560–480 v. Chr.). Anscheinend ist er der erste gewesen, der den Titel ‚Philosoph' verwendet hat, und zwar indem er von sich selbst gesagt hat, er sei ein Philosoph.[6] Pythagoras gründete in Kroton in Unteritalien eine aristokratisch-elitäre Lebensgemeinschaft, zu deren Lehren die Anerkennung der Seelenwanderung mit einem darauf gegründeten Vegetarismus und eine auf die Reinheit der Lebensführung ausgerichtete religiöse Ethik gehörten. Folgenreich wurde besonders seine Zahlenlehre, die mit dem Kernsatz „Alles ist Zahl" den Bemühungen, alles auf Eines zurückzuführen, eine neue Variante hinzufügte. Für die Pythagoreer ist die gesamte Welt mit Hilfe von Zahlenverhältnissen darstellbar. Hierauf gründen dann auch ihre musikalische Harmonielehre und die kosmologische Lehre von der Sphärenharmonie. Wäre die Aussage, dass *alles* Zahl ist, wörtlich zu nehmen, so würden die Pythagoreer freilich einen Kategorienfehler begehen; denn die konkrete Welt kann ja nicht aus so abstrakten Gebilden wie den Zahlen aufgebaut sein. Sieht man von der ontologischen Zuspitzung ab, das Seiende selbst als Zahl zu bestimmen, so hat der Gedanke der mathematischen Darstellung eine

5 1. Buch Mose, 2. Kapitel, Abschnitt 7.

6 Diogenes Laertius: Leben und Meinungen berühmter Philosophen, Bd. 2, S. 114.

späte, aber umso nachdrücklichere Wirkung entfaltet, indem er in der Neuzeit für die Naturwissenschaft bestimmend geworden ist.

Die These, dass sich alles in Zahlenverhältnissen darstellen lässt, ist so gemeint, dass es sich um Verhältnisse ganzer Zahlen, also um Brüche handelt. Zahlen, die als Brüche darstellbar sind, heißen bekanntlich ‚rationale Zahlen', und Zahlen, die nicht als Brüche darstellbar sind, heißen ‚irrrationale Zahlen'. Die Rede von ‚rationalen Zahlen' geht danach auf die Bedeutung von lat. ‚ratio' im Sinne von ‚Verhältnis' zurück. In einem weiteren Sinne ist aber auch die Rationalität im Sinn der Vernunftgemäßheit gemeint. Lange Zeit nahm man daher an, dass die Entdeckung der irrationalen Zahlen eine Erschütterung des pythagoreischen rationalistischen Weltbildes zur Folge hatte. Diese sehr wirkmächtige Auffassung wird von gegenwärtigen Wissenschaftshistorikern allerdings bestritten. Immerhin führt ausgerechnet der so genannte Satz des Pythagoras, der allerdings möglicherweise nicht auf Pythagoras selbst zurückgeht, zur Anerkennung der irrationalen Zahlen. Der Satz besagt bekanntlich, dass im rechtwinkligen Dreieck die Summe der Flächeninhalte der Kathetenquadrate gleich dem Flächeninhalt des Hypotenusenquadrats ist. Bildet man nun ein gleichschenkliges rechtwinkliges Dreieck mit Katheten der Länge 1, so ergibt sich nach dem Satz des Pythagoras als Länge der Hypotenuse die Zahl $\sqrt{2}$, von der Euklid (lebte wahrscheinlich im 3. Jahrhundert v. Chr.) in einem indirekten Beweis gezeigt hat, dass sie irrational ist.

2.3 Wandel oder Beharrung: Heraklit und Parmenides

Die ontologische Frage nach dem wahrhaft Seienden bleibt auch für die Folgezeit bestimmend. Dabei geht es um die Frage, die sich bereits in der Suche nach dem Urstoff angedeutet hat, ob und wieweit es in der Vielfalt und im Wechsel der Erscheinungen der Welt etwas gibt, das sich als identisch bleibend durchhält und keinen Veränderungen unterworfen ist. Diese Frage führt dann auch zur Erörterung des Verhältnisses von Allgemeinem und Einzelnem. Gibt es überhaupt Allgemeines, das verschiedenen Dingen gemeinsam ist, oder zerfällt die Welt in eine Vielzahl unterschiedlicher Einzeldinge. Von besonderer

Bedeutung für die abendländische Philosophie bis in die Gegenwart hinein sind hier die gegensätzlichen Positionen von Heraklit aus Ephesos (ca. 550/530–480 v. Chr.) und Parmenides von Elea (ca. 515–455 v. Chr.). Ephesos, eine der bedeutendsten griechischen Städte Kleinasiens, ist nicht unweit von Milet in nördlicher Richtung gelegen. Die Stadt beherbergte als eines der Sieben Weltwunder den Tempel der Artemis. Elea ist eine Hafenstadt an der Westküste des italienischen Stiefels. Sie ist die Namensgeberin der von Parmenides begründeten Schule der Eleaten.

Für Heraklit gibt es keine innerweltliche Identität des Verschiedenen. Alles unterliegt permanentem Wandel.[7] Die Einheit der Dinge besteht danach – etwas paradox formuliert – gerade in der wechselhaften Vielheit. Die bekannte Formulierung „Alles fließt (panta rhei)" findet sich so zwar nicht bei Heraklit, fasst aber seine Lehre prägnant zusammen. Das Sein der Dinge ist für Heraklit ein Werden und Vergehen. Dem entspricht eine dynamische im Gegensatz zu einer statischen Weltauffassung. Gleichwohl anerkennt Heraklit jenseits des sichtbaren Kosmos die Existenz einer einheitlichen, in allem waltenden göttlichen Weltvernunft (logos), so dass seine metaphysische Position geradezu als monistischer Pantheismus bestimmt wurde.[8] Den unterschiedlichen Erklärungen der ionischen Naturphilosophen fügt er mit dem Feuer eine weitere Variante des Urstoffs hinzu. Genau genommen kann man beim Feuer, das zu seinem Erhalt Stoff verzehrt, nicht von einem ‚Stoff' sprechen. Angesichts seiner Wirkung entspricht das Feuer allerdings einer Philosophie der permanenten Veränderung, die Vernichtung einschließt, aber dadurch auch Neues entstehen lässt.

Mit der Aussage, dass der Krieg – oder weniger militärisch gesprochen – der Kampf im Sinne des Widerstreits von Gegensätzen vielfältigster Art der Vater aller Dinge sei, wird Heraklit zum Stichwortgeber der hegelschen Dialektik, indem er „die Dialektik selbst als Prinzip" auffasst. Heraklits Gedanke, dass Entwicklung durch Widerstreit erfolge, findet bei Hegel (und ihm folgend auch bei Marx) im dialektischen

---

7 Vgl. zum Folgenden Capelle: Die Vorsokratiker, S. 126–157.

8 Ebd., S. 127.

Dreischritt von These, Antithese und Synthese seinen Niederschlag. Hegel bekennt denn auch: „es ist kein Satz des Heraklit, den ich nicht in meine Logik aufgenommen."[9] Erwähnung verdient in diesem Zusammenhang auch der Gedanke der „permanenten Revolution", der insbesondere von Mao Tse-tung propagiert wurde.

Wir haben hier einen Beleg dafür, dass ein problemgeschichtliches Vorgehen in der Philosophie Zusammenhänge über Jahrhunderte hinweg zu erschließen vermag. Die Wirkung Heraklits reicht sogar über die Philosophie hinaus. So bezieht sich Goethe in seinem Gedicht *Dauer im Wechsel* auf Heraklit, wenn es in den ersten beiden Strophen heißt:

> Hielte diesen frühen Segen,
> Ach, nur *eine* Stunde fest!
> Aber vollen Blütenregen
> Schüttelt schon der laue West.
> Soll ich mich des Grünen freuen,
> Dem ich Schatten erst verdankt?
> Bald wird Sturm auch das zerstreuen,
> Wenn es falb im Herbst geschwankt.
>
> Willst du nach den Früchten greifen,
> Eilig nimm dein Teil davon!
> Diese fangen an zu reifen,
> Und die andern keimen schon;
> Gleich mit jedem Regengusse
> Ändert sich dein holdes Tal,
> Ach, und in demselben Flusse
> Schwimmst du nicht zum zweitenmal.[10]

---

9 Hegel: Vorlesungen über die Geschichte der Philosophie I (Werke, Bd. 18), S. 320.

10 Goethe: Werke, Bd. 1, S. 247. Man könnte Goethes Morphologie in dem Bemühen, die verwirrende Vielfalt der Pflanzen auf eine „Urpflanze" zurückzuführen, als Versuch verstehen, Einheit und Vielheit und damit Parmenides und Heraklit miteinander zu vermitteln.

Bezug genommen wird hier auf Heraklits viel zitierten Aphorismus, dass man nicht zweimal in denselben Fluss steigen könne, was von Plutarch – ontologisch treffend – dahingehend ausbuchstabiert wird, dass es unmöglich sei „eine vergängliche Substanz, die ihrer Beschaffenheit nach dieselbe bleibt, zu berühren".[11] Damit wird verneint, dass es im Wechsel eine Identität des Verschiedenen gibt. Könnte man soweit meinen, dass auch für Goethe das einzig Beständige gerade der Wechsel selbst sei, so vollzieht jedoch die fünfte Strophe abschließend eine Wende. Das „Unvergängliche", die „Dauer im Wechsel", wie es im Titel heißt, findet sich nicht in der Welt, sondern in der Kunst, und zwar gemäß der klassischen Kunstauffassung in der Einheit von Form und Gehalt:

> Danke, daß die Gunst der Musen
> Unvergängliches verheißt,
> Den Gehalt in deinem Busen
> Und die Form in deinem Geist.[12]

Es fällt auf, dass Goethe den Wechsel besonders im Sinne der Vergänglichkeit deutet, während Heraklit und die ihm folgenden Dialektiker eher den Entwicklungsgedanken und damit die Entstehung des Neuen betonen.

Das Fluss-Bild aufgreifend ist zu beachten, worauf sich die Rede von ‚demselben Fluss' bezieht. Man kann zwar nicht in dasselbe Wasser des Flusses, sehr wohl aber in dasselbe Flussbett steigen. Anders gesagt: Von einem Wechsel lässt sich jeweils nur relativ zu einem Bestehenden sprechen. Das Wasser fließt, aber das Flussbett hat Bestand. Vielleicht hat Heraklit diesen Unterschied auch anerkannt; denn es heißt bei ihm: „Wir steigen in denselben Fluß und doch nicht in denselben [...]."[13] Mit demselben Fluss wäre dann das Flussbett und mit dem Fluss, der nicht derselbe bleibt, das Wasser des Flusses gemeint. Dabei muss das bestehende Flussbett nicht absolut identisch bleiben.

11 Capelle: Die Vorsokratiker, S. 132f.

12 Goethe: Werke, Bd. 1, S. 248.

13 Capelle: Die Vorsokratiker, S. 132, Fragment 49a.

Es kann sich auch ändern, indem das Wasser einen anderen Verlauf nimmt; aber auch dann vollzieht sich diese Änderung relativ zu etwas Bestehendem, nämlich der jeweiligen Umgebung.

Die Heraklit entgegengesetzte Auffassung vertritt Parmenides, der ein Identisches im Verschiedenen verteidigt. Er behauptet ein einzig durch die Vernunft erkennbares einheitliches, unveränderliches Sein. Die sinnlich wahrnehmbaren Veränderungen der Dinge seien demgegenüber bloßer Schein. Diese Auffassung führt zur Abwertung der sinnlichen Erkenntnis als trügerisch und bildet als solche die Grundlage von Platons Ideenlehre. Damit deutet sich bereits der Gegensatz zwischen einem auf Vernunfterkenntnis setzenden Rationalismus und einem auf sinnliche Wahrnehmung gegründeten Empirismus an. Dieser Gegensatz hat die erkenntnistheoretischen Auseinandersetzungen nachdrücklich bestimmt. Zur neuzeitlichen Diskussion siehe besonders die Kapitel 5.3 und 5.4.

Der berühmteste Nachfolger des Parmenides ist Zenon von Elea (ca. 490–430 v. Chr.). Er hat zur Verteidigung der rationalen Einheit in der scheinbaren empirischen Vielheit die Auffassung vertreten, dass es Veränderungen nicht wirklich gibt. Um dies zu demonstrieren, formulierte er die so genannten Zenonischen Paradoxien. Die bekannteste Paradoxie ist diejenige vom Wettlauf zwischen Achill und der Schildkröte, in der es darum geht, Veränderung am Beispiel von Bewegung zu bestreiten. Sie besagt, dass der schnelle Achill die langsame Schildkröte, der ein Vorsprung gewährt wird, nicht einholen kann. Zur Begründung heißt es: Wenn Achill den Punkt erreicht hat, von dem die Schildkröte losgelaufen ist, ist die Schildkröte bereits ein Stück weiter, und wenn Achill den neuen Vorsprung eingeholt hat, ist die Schildkröte wiederum ein, wenn auch kleineres Stück weiter, und so unendlich fort. Somit ergibt sich: Der Vorsprung der Schildkröte wird zwar immer kleiner, Achill erreicht die Schildkröte aber niemals. Zenons Paradoxie wird in der Mathematik durch eine Grenzwertbetrachtung aufgelöst. Insofern hat sie zumindest zur Bildung des Begriffs der Unendlichkeit angeregt.

Dieses Kapitel abschließend ist noch einmal auf Goethe zurückzukommen. Wenn Faust den ersten Satz des Johannesevangeliums statt mit „Im Anfang war das Wort“ als „Im Anfang war die Tat“ übersetzt, so ist daran zu erinnern, dass dem Wort ‚Wort' im Griechischen der Ausdruck ‚logos' entspricht, was auch und vielleicht sogar besser durch ‚Vernunft' übersetzt werden könnte. Der vollständige Anfang lautet nach der Luther-Bibel:

> Im Anfang war das Wort, und das Wort war bei Gott, und Gott war das Wort. Dasselbe [das Wort] war im Anfang bei Gott. Alle Dinge sind durch dasselbe gemacht, und ohne dasselbe ist nichts gemacht, was gemacht ist.

Wenn man hier den Ausdruck ‚das Wort' durch den Ausdruck ‚die Vernunft' ersetzt, so wird Gott mit der Vernunft identifiziert und auch als alleinige Ursache alles dessen bestimmt, was „gemacht" ist. Gott als *alleinige* Ursache auszuzeichnen, ist Ausdruck eines (nicht personal verstandenen) Monotheismus, für den Gott als das Vernunftprinzip das Identische in der Mannigfaltigkeit des Gemachten ist. Dieses Verständnis Gottes als das *in* den Dingen waltende einheitliche Vernunftprinzip wird noch dadurch unterstrichen, dass es nicht im Sinne einer bloßen Zeitbestimmung „Am Anfang ..." heißt, sondern intrinsisch „Im Anfang ...". Je nachdem, ob die *Identität* in der Verschiedenheit oder die *Hervorbringung* der Verschiedenheit stärker hervorgehoben wird, steht dieser Monotheismus dem Denken des Parmenides oder des Heraklit nahe. Faust schlägt sich mit seiner Deutung von ‚logos' als ‚Tat' auf die Seite Heraklits, indem das Moment des Wandels im Sinne eines tätigen Eingreifens in das Geschehen betont wird.

2.4 Beharrung im Wandel: Die Atomisten

Bereits in der Antike gibt es Versuche, die Positionen von Heraklit und Parmenides miteinander zu vermitteln, indem sowohl eine wechselnde Verschiedenheit als auch eine beharrende Identität anerkannt wird. Die Frage nach einer solchen Vermittlung stellt sich in unterschiedlicher Weise auf zwei Ebenen, nämlich derjenigen der Realität oder des materiellen Seins und derjenigen des Denkens oder des geistigen Seins, hier insbesondere für den Bereich der Begriffsbildung. Eine Lösung für die Realität versuchte Empedokles (ca. 492–430 v. Chr.), indem er die Alternativen seiner Vorgänger zusammenführte. Feuer, Wasser und Luft erklärte er unter Hinzunahme von Erde gemeinsam zu unveränderlichen Grundstoffen, aus deren Mischung die Eigenschaften der sinnlich wahrnehmbaren Dinge entstehen und in welche die Dinge auch wieder zerfallen würden. Als Motor des Werdens und Vergehens werden – in anthropomorpher Deutung – ‚Liebe' und ‚Hass' als anziehende beziehungsweise abstoßende Kraft bestimmt.

Weiter in Richtung heutiger Auffassung gingen schließlich Leukipp (5. Jh. v. Chr.) und sein Schüler Demokrit (um 470–zwischen 380 und 370 v. Chr.), indem sie die Verschiedenheiten und Veränderungen der Dinge auf wechselnde Kombinationen von unzerstörbaren, identisch bleibenden Atomen zurückführten. Damit verbinden sie den Gedanken eines unveränderlichen Seins an sich (Parmenides) mit der Anerkennung eines permanenten Wechsels in der Welt der Erscheinungen (Heraklit). Im Unterschied zu den ionischen Naturphilosophen, die in unterschiedlicher Weise alles auf einen einzigen Urstoff und damit auf eine singuläre Identität zurückführen wollten, anerkennen die Atomisten verschiedene Sorten von Atomen. Damit gehen sie von einer pluralen Identität im Wechsel der Erscheinungen aus.

Auf Empedokles geht der Versuch zurück, den Atomismus – über die Ontologie hinausgehend – auch in der Wahrnehmungslehre zur Anerkennung zu bringen. So entwickelte er eine Bildchentheorie der Erkenntnis, die dann auch von Demokrit übernommen wurde. Danach kommt Wahrnehmung dadurch zustande, dass sich von den Gegenständen atomare Bildchen lösen, die auf die Sinnesorgane einwirken und dort Spuren hinterlassen, welche dann vom Geist (nus) konzeptualisiert werden. Da diese Bildchen ja nur Einzelnes repräsentieren können, fragt sich natürlich, wie eine Konzeptualisierung, nämlich eine Verallgemeinerung als begriffliche Identität der verschiedenen Einzeldinge, zu denken ist. Für die Begriffsbildung hatten die Atomisten noch keine Erklärung anzubieten.

2.5 Geistiges Sein statt Sinnlichkeit: Sokrates und Platon

Bei Platon (428/427–348/347 v. Chr.) und dem in Platons Dialogen auftretenden Sokrates rückt die angesprochene begriffliche Identität des Verschiedenen in den Mittelpunkt des Interesses. Sie ist Gegenstand der ontologisch fundierten logisch-erkenntnistheoretischen Ideenlehre. Die Auffassungen, die Platon seiner Sokrates-Figur in den Mund legt, fallen mit den Auffassungen des historischen Sokrates (469–399 v. Chr.) nicht immer zusammen. Die Unterschiede zu bestimmen, ist allerdings nicht ganz einfach, da Sokrates keine Schriften verfasst hat.

In der Ablehnung der Göttergeschichten ist Platon mit den Vorsokratikern einig. Aus seiner Sicht geht die Ablösung des Mythos durch den Logos bei seinen Vorgängern aber noch nicht weit genug, weil diese noch zu narrativ verfahren und ihre Wissensansprüche nicht argumentativ einlösen würden. So spricht Heraklit zwar vom Logos als Weltprinzip und setzt diesen Logos den Göttergeschichten entgegen, für Platon ist aber erst der argumentative Logos, der sich um ein Wissen (episteme) bemüht, das als *begründete* wahre Meinung (doxa) bestimmt wird, der eigentliche Logos.[14] Im Dialog *Sophistes* lässt er die Vorgänger durch den „Fremden" dahingehend kritisieren, dass jeder „uns sein Geschichtchen erzählt wie Kindern". Es folgt dann eine ironische Aufzählung der Lehren der Vorsokratiker, die mit den Worten endet: „Ob nun an dem allen einer von ihnen etwas Wahres gesagt hat oder nicht, das ist schwierig [...]. Denn ohne danach zu fragen, ob wir ihnen folgen in ihren Reden oder zurückbleiben, bringen sie jeder das Seinige zu Ende."[15] Mit anderen Worten: Es fehlt jeweils die Begründung.

An dieser Stelle ist mit Blick auf unsere postmoderne Gegenwart und deren Kritik am Wahrheitsbegriff der Hinweis angebracht, dass die verbreitete Rede von unterschiedlichen ‚Narrativen' die Tradition des Mythos relativistisch wieder aufleben lässt. Es trifft hier Platons Beschreibung zu, dass man uns, statt nach der Wahrheit zu suchen,

---

14 Menon 98 a und Theaitetos 201 b–c. Sämtliche Werke, Bd. 1, S. 453f.; Bd. 2, S. 647.

15 Sophistes 242 c–243 a. Sämtliche Werke, Bd. 2, S. 701f.

„Geschichtchen erzählt" und sich dabei auch nicht scheut, so genannte ‚alternative Fakten' aufzutischen.

2.5.1 Die Ideenlehre

Einen Ausgleich zwischen Heraklit und Parmenides führt Platon insofern herbei, als er Heraklit den permanenten Wandel für die Sinnenwelt zugesteht, sich dafür aber andererseits in Sachen Ontologie umso entschiedener auf die Seite des Parmenides stellt. Wie dieser sucht er das wahrhaft Seiende im Wechsel der Erscheinungen zu bestimmen. Mit seiner Antwort tritt Platon insbesondere in einen Gegensatz zu den Atomisten. Während für diese das Identischbleibende materiellen Zuschnitts ist, ist es für Platon geistiger Art. Der Vielheit von gleichen Einzeldingen stellt er die Idee als deren gemeinsame und insofern allgemeine Einheitlichkeit gegenüber. So lässt er den Sokrates in der *Politeia* (*Der Staat*) klarstellen: „Unser gewöhnlicher Standpunkt ist nämlich, daß wir eine *ideelle* Einheit allemal bei jeder Art von Vielheiten annehmen, denen wir denselben Namen geben [nämlich dasselbe Prädikat zusprechen]."[16]

Die Einzeldinge desselben Namens sind, was sie sind, durch ihre „Teilhabe" (methexis) an jeweils entsprechenden Ideen. Seinen verschiedenen Eigenschaften zufolge hat ein Einzelding teil an mehreren Ideen. Den Gedanken der Teilhabe versteht Platon so, dass die Einzeldinge Abbilder von den Ideen als ihren geistigen Urbildern sind. Diesen Zusammenhang gibt man wohl am besten so wieder, dass die einzelnen Dinge Realisierungen oder Realisate allgemeiner Ideen sind. Das Prinzip dieses Vorgangs wird später als „Individuationsprinzip (principium individuationis)" bestimmt. Es hat in Philosophien, für die das ursprünglich Seiende nicht aus Einzelgegenständen besteht, sondern allgemeiner Art ist, die Vereinzelung (Individuierung) des Allgemeinen zu erklären. Im Falle Platons ist zu fragen, wie es dazu kommt, dass eine Einheitlichkeit repräsentierende allgemeine Idee in einer Vielheit unterschiedlicher Ein-

16 Politeia 596 a. Sämtliche Werke, Bd. 2, S. 367. Hervorhebung G. G.

zeldinge realisiert wird. Dieses Problem lässt generell nach dem Verhältnis zwischen Allgemeinem und Einzelnem fragen. Diese Frage führt dann im Mittelalter zum so genannten Universalienstreit (siehe Kapitel 3.2), der in Variationen bis in die Gegenwart anhält.

Die Rede von Realisaten lässt sich durch das Verhältnis zwischen der Gestalt (der Form oder dem Typus) einer Zahlenziffer, zum Beispiel der Ziffer ‚3', und den konkreten geschriebenen oder gedruckten Ausprägungen dieser Ziffer verdeutlichen. Im Englischen unterscheidet man zwischen ‚type' und ‚token'. Die Ausprägungen sind sinnliche Gebilde, die zu verschiedenen Zeiten (nach einander) und an verschiedenen Orten im Raum (neben einander) notiert werden und sehr unterschiedlich ausfallen können. Dennoch bleiben sie Realisierungen *derselben* ‚idealen' Zeichengestalt. Die ontologische Frage ist dann, ob einem solchen Ideal eine eigene Seinsweise zukommt oder ob es lediglich die Bandbreite zulässiger Realisierungen bestimmt. Überträgt man diese Frage auf die Ideen, so ist Platons Antwort, dass diesen ein eigenständiges Sein zukommt. So jedenfalls lautet die Standardinterpretation der platonischen Ideenlehre.

Die Frage nach dem ontologischen Status des Allgemeinen wird uns noch weiter beschäftigen. Der Umstand, dass Platon von einer Urbild-Abbild-Beziehung zwischen allgemeinen Ideen und den ihnen entsprechenden Einzeldingen ausgeht, spricht dafür, dass Ideen nicht als *abstraktes* Allgemeines im Sinne von Begriffen, sondern als *angeschautes* Allgemeines aufzufassen sind. Die Ideen werden sozusagen ‚mit den Augen des Geistes' *schauend* erkannt. Diese Erkenntnisform läuft auf die so genannte „intellektuelle Anschauung" hinaus, die in der philosophischen Tradition umstritten ist und insbesondere von Kant abgelehnt wurde.

Festzuhalten ist: Platons strikte Unterscheidung zwischen dem ewigen Sein der Ideen als den identisch bleibenden Urbildern der empirischen Dinge auf der einen Seite und den empirischen Dingen als den bloßen Abbildern oder Realisaten der Ideen auf der anderen Seite führt zu einer negativen Sicht der Sinnenwelt und einer Abwertung der sinnlichen Wahrnehmung als Erkenntnisform. Indem Platon die geistigen Ideen als das eigentliche, keinem Wandel unterworfene Seiende bestimmt, bleibt er der ontologischen Fragestellung verpflichtet, setzt aber dem Materialismus eines Demokrit einen Spiritualismus entgegen. (Diese Begriffsbildung geht auf lat. ‚spiritus' = ‚Geist' zurück.)

Der Gegensatz zwischen Materialismus und Spiritualismus spitzt sich dann in der Neuzeit weiter zu. Was das Identische im Verschiedenen beziehungsweise das Beharrende im Wechsel betrifft, so ist für die Antike eine charakteristische Gegenläufigkeit zwischen beiden Positionen festzustellen. Ist das Identischbleibende für den Materialismus *Einzelnes* (in Form von Atomen unterschiedlicher Sorten), so ist es für den Spiritualismus gerade *Allgemeines* (in Form von unterschiedlichen Ideen). Die Erfahrungswelt der empirischen Dinge wird im Materialismus der Atomisten durch einen von Atomen ausgehenden Aufbau von unten nach oben (bottom-up) erklärt. Im Spiritualismus Platons erfolgt dieser Aufbau dagegen in umgekehrter Richtung durch eine Realisierung von Ideen von oben nach unten (top-down).

Der ontologische Gegensatz zwischen Materialismus und Spiritualismus hat in der Erkenntnistheorie seine Entsprechung. Für die Materialisten besteht das Erkennen der Dinge, wie wir gesehen haben, in einer Übertragung materieller Bildchen von einzelnen Objekten auf den Erkennenden, wobei hier die Konzeptualisierung, nämlich wie es zur Bildung von Allgemeinem kommt, ungeklärt bleibt. Platon geht den umgekehrten Weg. Für ihn ist Erkennen ein Wiedererinnern (anamnesis) an vor der Geburt geschaute universale Ideen, also von vornherein ein Erkennen von Allgemeinem. Die Erkenntnis des Einzelnen besteht dementsprechend darin, zu erkennen, von welchem Allgemeinen, von welcher Idee, das jeweils Einzelne ein Realisat ist. Letztlich geht es Platon gar nicht um die Erkenntnis der Einzeldinge, sondern um die Erkenntnis der allgemeinen Ideen. Deutlich wird dies dadurch, dass in den Dialogen immer wieder Antworten auf Wesensfragen der Form ‚Was ist X?' gesucht werden, wobei für ‚X' Ideen wie ‚Tugend', ‚das Gute', ‚Frömmigkeit', ‚Wissen' usw. stehen. Exemplarisch ist hier der Dialog *Euthyphron*, in dem es mit Blick auf die Idee der Frömmigkeit um die richtige Methode geht, Allgemeines zu bestimmen. Der Text liefert uns damit ein Stück Definitionstheorie.[17]

---

17 Siehe für das Folgende: Euthyphron 5 dff. Sämtliche Werke, Bd. 1, S. 283ff.

Sokrates vergewissert sich zunächst der Zustimmung des Euthyphron zu der Einsicht, dass „das Fromme in jeder Handlung sich selbst gleich", nämlich *dasselbe* im Sinne des Allgemeinen ist. Danach ist allen frommen Handlungen etwas Identisches gemeinsam, wodurch sie sich von allen anderen und insbesondere unfrommen Handlungen unterscheiden. Genau dieses Gemeinsame ist die Idee der Frömmigkeit, die es zu erfassen gelte. Die Aufforderung, den Inhalt dieser Idee anzugeben, beantwortet Euthyphron durch die Angabe von Beispielen von Frömmigkeit. Er gibt damit, definitionstheoretisch gesprochen, eine *extensionale* Definition des Umfangs anstelle der geforderten *intensionalen* Definition des Inhalts der Idee der Frömmigkeit. Dementsprechend wendet Sokrates ein, dass er nicht nach Beispielen von Frömmigkeit, sondern danach gefragt habe, was das Fromme im Unterschied zum Unfrommen fromm mache, worin Frömmigkeit bestehe.[18] Euthyphrons weitere Versuche führen zu keinem Ergebnis. Dem Nachfragen des Sokrates weicht er schließlich mit der Ausrede aus, die Antwort vertagen zu müssen, weil er es eilig habe.

Platons Definitionsverfahren ist die zweigliedrige Einteilung oder Dihairesis, die zu Ende geführt die vollständige Angabe der notwendigen und hinreichenden Merkmale einer Sache ergibt. Zur Erläuterung ein einfaches Beispiel: Wenn wir die Lebewesen in vernunftbegabte und nicht-vernunftbegabte einteilen, dann können wir daraus eine Definition des Menschen gewinnen, indem wir sagen, dass jemand ein Mensch genau dann ist, wenn er oder sie ein Lebewesen und vernunftbegabt ist. Hierbei handelt es sich um eine intensionale Definition. Eine extensionale Definition des Menschen läge vor, wenn diese durch die Angabe von Unterarten des Menschen erfolgen würde.

Exemplarisch wird das Verfahren der Dihairesis vom Fremden im Dialog *Sophistes* am Beispiel der Definition der Angelfischerei vorgeführt, wobei die Auswahl dieses unphilosophischen Beispiels didaktisch begründet wird.[19] Im Weiteren wird dieses Verfahren für die Definition des Sophisten herangezogen. Zu betonen ist, dass Definitionen bei Platon nicht nur terminologische Festlegungen, sondern

18 Euthyphron 6 c–d. Sämtliche Werke, Bd. 1, S. 285.

19 Sophistes 218 c–221 b. Sämtliche Werke, Bd. 2, S. 667–671.

Erklärungen sind, die das Wesen einer Sache angeben: „Immer aber muß man in allen Dingen über die Sache lieber durch Erklärungen sich verständigen als nur über den Namen *ohne* Erklärung."[20] Angestrebt werden Wesensdefinitionen als *Real*definitionen im Unterschied zu *Nominal*definitionen.

2.5.2 Erkenntnis als Wiedererinnerung und die Methode der Mäeutik

Die Methode des Sokrates – hier entspricht die Dialog-Figur wohl der historischen Person – besteht ganz allgemein darin, dass dieser sich mit so genannter ‚sokratischer Ironie' als unwissend ausgibt und seinen Dialogpartnern scheinbar naiv gezielt Was-ist-Fragen stellt. Aus ihren Antworten leitet er sodann Folgerungen ab, die im Widerspruch zur Ausgangsbehauptung stehen oder in sich selbst widersprüchlich sind oder sich als unannehmbar erweisen. Als Konsequenz ergibt sich die Aufhebung der Ausgangsbehauptung.

Das Ziel dieser Methode ist es, den Gesprächspartner in die Aporie zu führen, um so dessen angebliches Wissen als Scheinwissen zu entlarven und ihm die Notwendigkeit eines Neuanfangs zu verdeutlichen. Die positive Seite der sokratischen Methode ist die noch genauer zu betrachtende so genannte ‚Mäeutik', durch deren Anwendung Sokrates sein Gegenüber zu begründeter Einsicht zu führen versucht. In den Dialogen Platons bleibt das Ergebnis allerdings häufig auch offen, indem zum Beispiel die Fortsetzung des Gesprächs vertagt wird.

Für Platon besteht Erkenntnis in der Wiedererinnerung an vor der Geburt Gewusstes. Diese auf den ersten Blick nicht gerade plausible Lehre wird im Dialog *Menon* argumentativ entfaltet. Sie stellt den Versuch dar zu erklären, wie es dem Menschen möglich ist, Erkenntnisse aus reiner Vernunft, nämlich ohne Rückgang auf die Erfahrung zu gewinnen. In diesem Sinne geht es um eine Erklärung der Möglichkeit erfahrungsunabhängiger, *apriorischer* Erkenntnis.

---

20 Sophistes 218 c–d. Sämtliche Werke, Bd. 2, S. 667.

Das Rahmenthema im *Menon*, auf das ich im Folgenden nicht eingehe, ist die Frage, ob Tugend lehrbar sei. Die Behandlung dieser Frage verlangt zunächst eine Antwort auf die Wesensfrage „Was ist Tugend?", von der Sokrates seinem Gesprächspartner Menon gesteht, dass er die Antwort nicht wisse, sie aber gemeinsam mit ihm suchen wolle. Es kommt dann das Problem auf, ob man überhaupt etwas suchen könne, von dem man nicht wisse, was es ist; denn selbst, wenn man es getroffen habe, könne man ja nicht erkennen, ob es tatsächlich dasjenige ist, was man nicht wusste.[21] Wisse man es aber bereits, so brauche man ja nicht danach zu suchen.

Hier haben wir eine erste Fassung des im 20. Jahrhundert von dem analytischen Philosophen George Edward Moore formulierten Paradoxes der Analyse. Als Lösung dieses Paradoxes bringt Sokrates nun – unter Hinweis auf die Lehre von der Unsterblichkeit der Seele und deren Wiedergeburt – die Möglichkeit ins Spiel, dass wir uns an etwas vor der Geburt Gewusstes wiedererinnern. Dem metaphysischen Teil dieser Hypothese muss man freilich nicht folgen, und Sokrates geht schließlich selbst ein wenig auf Distanz, wenn er am Ende seiner Argumentation zugesteht: „Hinsichtlich einiger Punkte zwar möchte ich für diesen Beweis nicht gerade stehen."[22]

Der wesentliche rationale Kern der Überlegungen, den Sokrates dann auch ausdrücklich hervorhebt, ist die Behauptung, dass Erkennen als Wiedererinnern darin bestehe, implizites Wissen explizit zu machen. Wie derlei möglich ist, wird von Sokrates vorgeführt, indem er durch geschicktes Fragen aus einem klugen, aber nicht vorgebildeten Sklaven des Menon eine mathematische Wahrheit, die dieser bisher nicht wusste, sozusagen ‚herausholt'.

Um plausibel zu machen, dass es sich tatsächlich um ein implizites Wissen auf Seiten des Sklaven handelt, sucht Sokrates in seinem Vorgehen den Eindruck einer unterrichtenden Belehrung zu vermeiden. Er betont, dass es darauf ankomme, Wissen selbständig zu erlangen und nicht von anderen zu übernehmen. Daher trete er nicht als Lehr-

21 Siehe dazu und zum Folgenden: Menon 80 c–86 c. Sämtliche Werke, Bd. 1, S. 428–437.

22 Menon 86 b. Sämtliche Werke, Bd. 1, S. 437.

meister auf, sondern beschränke sich darauf, durch Fragen als ‚Geburtshelfer' der Erkenntnis im Sinne einer geistigen Hebammenkunst (maieutike techne) tätig zu sein. Die mäeutische Methode ist bis heute das Ideal der Didaktik der Mathematik, auch wenn Lehrer dieses Fachs einem solchen Ideal häufig nicht genügen.

Die mathematische Wahrheit, zu deren Einsicht Sokrates dem Sklaven mäeutisch verhilft, ist der geometrische Satz, dass sich der Flächeninhalt eines Quadrats verdoppeln lässt, wenn man das Quadrat über einer der beiden Diagonalen bildet. Bei genauerer Betrachtung der Bemühungen des Sokrates stellt man freilich fest, dass der Sklave nicht nur durch Fragen zum selbständigen Denken angeleitet wird, sondern auch wesentliche Hinweise erhält.

Die Aufgabenstellung, wie der Flächeninhalt eines Quadrats zu verdoppeln sei, wird von dem Sklaven zunächst im Gestus der Gewissheit dahingehend beantwortet, dass man die Länge der Seite des Quadrats verdoppeln müsse. Auf Nachfrage des Sokrates stellt er dann aber fest, dass dieser Schritt nicht zu einer Verdoppelung, sondern zu einer Vervierfachung des Flächeninhalts führt. Daraufhin schlägt der Sklave vor, die Seite des Quadrats um die Hälfte zu verlängern, muss dann aber einsehen, dass auch das so gebildete Quadrat noch zu groß ist. Das Ergebnis ist sein Eingeständnis, nicht weiterzuwissen. Damit befindet sich der Sklave im Zustand der Ratlosigkeit, der Aporie. Dieses Eingeständnis nimmt Sokrates – sich an Menon wendend – zum Anlass, das Wissen des Sklaven um sein Nichtwissen als wesentlichen Zwischenschritt auf dem Weg zum Wissen hervorzuheben. In einem Neuanlauf bringt Sokrates den Sklaven sodann dazu, ein großes Quadrat zu zeichnen, das aus vier Quadraten der Größe des Ursprungsquadrats zusammengesetzt ist, und die Diagonalen in diesen vier Quadraten so zu ziehen, dass sie zusammen ein ins große Quadrat eingeschriebenes Quadrat bilden (siehe Abbildung 1).

Es folgt die Einsicht, dass das eingeschriebene Quadrat aus vier (rechtwinkligen) Dreiecken besteht, von denen jedes den halben Flächeninhalt des Ursprungsquadrats hat. Als Konsequenz sieht nun der Sklave auch ein, dass der Flächeninhalt des eingeschriebenen Quadrats, dessen Seiten von der Länge der Diagonalen des Ursprungsquadrats sind, der Aufgabenstellung gemäß doppelt so groß ist wie der Flächeninhalt des Ursprungsquadrats.

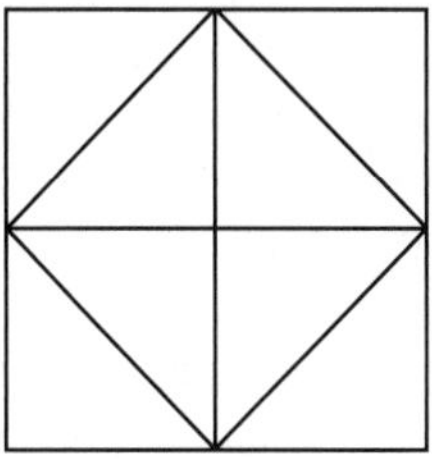

Abbildung 1.

Das von Sokrates vorgeführte Verfahren soll die Erkenntnis der Ideen im Sinne der Wiedererinnerung exemplarisch verdeutlichen. Die Wahl eines geometrischen statt eines arithmetischen Beispiels ist dabei nicht zufällig. Die Geometrie hat es mit Anschauungen zu tun, und die Erkenntnis der Ideen wird ja von Platon als deren intellektuelle Schau bestimmt. Eine Überlieferung besagt denn auch, dass über der platonischen Akademie die Inschrift gestanden habe, dass ohne Kenntnis der Geometrie kein Zugang gewährt wird. Diese Inschrift ist zwar nicht wirklich belegt, sie entspricht aber dem Geiste Platons.

Die von dem Sklaven durch anschauliche Betrachtung schrittweise gewonnene Erkenntnis lässt sich auch unmittelbarer durch den Satz des Pythagoras gewinnen: Man gehe von einem der beiden rechtwinkligen Dreiecke aus, die man durch das Ziehen einer der beiden Diagonalen des Ausgangsquadrats erhält. Hat das Ausgangsquadrat die Seitenlänge a, so ist dessen Flächeninhalt a^2. Nehmen wir nun das ausgewählte rechtwinklige Dreieck in den Blick. Die Summe der Flächeninhalte der Quadrate über dessen Katheten (mit der Länge a) beträgt $a^2+a^2=2a^2$. Der Flächeninhalt des Quadrats über der Diagonalen (als Hypotenuse des ausgewählten rechtwinkligen Dreiecks) ist demgemäß $2a^2$ und hat also den doppelten Flächeninhalt wie das Ausgangsquadrat. Da der Beweis die Kenntnis des Satzes des Pythagoras voraussetzt, kann er zur Demonstration der Wiedererinnerungs-Lehre nicht herangezogen werden.

2.5.3 Das Höhlengleichnis

Die Auffassung, dass die Ideen das eigentlich Seiende und die Einzeldinge der Erfahrung lediglich deren Abbilder sind, verschärft Platon noch in seinem von Sokrates vorgetragenen Höhlengleichnis im siebten Buch der *Politeia*.[23] Dieses Gleichnis beschreibt besonders treffend Platons Verständnis von Philosophie im Sinne eines mehrstufigen Aufstiegs aus den Niederungen der dunklen sinnlichen Befangenheit empor zur hellen Sonne der reinen Vernunfterkenntnis in der Schau der Ideen. Fingiert wird im Modus des Stellen-wir-uns-vor eine Situation, in der die Menschen in einer unterirdischen Höhle sitzen, deren höher liegender Eingang sich in ihrem Rücken befindet.

Die Menschen blicken auf eine vor ihnen liegende Wand. Dabei sind sie gefesselt und in ihrer Kopfhaltung so fixiert, dass sie nicht nach hinten und nicht einmal zur Seite schauen können. Somit können sie nicht sehen, was in ihrem Rücken vor sich geht. Dort steht eine Mauer, hinter der sich Vorführer aufhalten, die über die Mauer hinausragende Gegenstände vorbeitragen. Unter diesen Gegenständen befinden sich Statuen von Menschen und Nachbildungen von anderen Lebewesen, also noch nicht echte Menschen und Lebewesen. Beleuchtet von einem Feuer im Hintergrund der Höhle werfen die vorbei getragenen Gegenstände Schatten auf die von den Gefesselten einsehbare Wand.

Da die Menschen aufgrund ihrer Situation nichts anderes kennen als die sichtbaren Schatten, halten sie diese für die wirklichen Dinge. Genauso beurteilen sie auch die Schatten, die sie selber und ihre Mitgefangenen werfen.[24] Da man sich mit den Mitgefangenen unterhalten kann, ist es möglich, sich über die sprachlichen Bezeichnungen der Schatten zu verständigen. Sprache ist also vorhanden. Alles, was in dieser ausgesagt wird, bleibt aber auf die Schatten bezogen und entspricht damit nicht der wahren Wirklichkeit.

---

23 Politeia 514 a–517 b. Sämtliche Werke, Bd. 2, S. 248–252.

24 Hier könnte man vielleicht einwenden, dass das eigene Köpergefühl den Gefangenen die Verschiedenheit zwischen ihren Körpern und deren Schatten erschließen müsste.

Nun wird weiter angenommen, dass einer der Gefangenen von seinen Fesseln gelöst wird, so dass er sich den Dingen, von denen er bislang nur die Schatten kennt, zuwenden kann. Geblendet durch das Licht des Feuers im Hintergrund der Höhle, dem er jetzt ausgesetzt ist, wird er die Dinge noch nicht identifizieren können. Die Mitteilung, dass sie wirklicher als die Schatten seien, wird er verwirrt und ungläubig aufnehmen und zunächst an seiner bisherigen Sicht festhalten, da ihm die Schatten deutlicher erschienen sind. Dabei sind die Dinge in der Höhle noch nicht einmal die wirklichen Dinge, sondern lediglich deren Nachbildungen. Sie kommen der Wirklichkeit aber immerhin näher als die Schattenbilder.

Auf die wirklichen Dinge stößt der Freigelassene erst, wenn ihm jemand hilft, auf dem beschwerlichen Weg nach oben aus der Höhle herauszukommen. Hier sieht er aber, von der Sonne erst recht geblendet, zunächst gar nichts. Nachdem er sich an das Licht gewöhnt hat, lernt er nicht nur den Unterschied zwischen Dingen und ihren nun von der Sonne geworfenen Schatten, sondern an Fällen von Spiegelbildern im Wasser auch den Unterschied zwischen Dingen und deren Abbildern kennen.

In diesem Gleichnis steht die Höhle für die sinnliche Befangenheit der Menschen und die Hilfe beim Aufstieg aus der Höhle für die mäeutische Methode. Die Sonne steht für die Vernunft und die Dinge im Sonnenlicht für die durch reine Vernunft erkannten Ideen.

Fingiert wird weiter, was geschieht, wenn der so ‚Erleuchtete' zu den gefesselten Menschen in der Höhle zurückkehrt und ihnen von den wirklichen Dingen außerhalb der Höhle berichtet. Man wird ihn auslachen und sagen, dass er sich außerhalb der Höhle die Augen so verdorben habe, dass er die einfachsten Dinge nicht mehr erkennen könne. Das Ergebnis ist, dass er sich unter den Menschen nicht mehr zurechtfindet und ihm, dem Philosophen, Weltfremdheit attestiert wird, wenn ihm nicht sogar Schlimmeres droht.

Der Vorwurf der Weltfremdheit begleitet die Philosophie von Anfang an. So ist die Anekdote überliefert, dass Thales die Gestirne beobachtend als ‚Guck-in-die-Luft' in einen Brunnen gefallen sei. Woraufhin er von einer thrakischen Magd als Repräsentantin des ‚gesunden Menschenverstandes' mit den Worten verspottet worden sei, dass er sich zwar mit den Dingen am Himmel, aber nicht mit denen auf der Erde auskenne.[25] Platon deutet die Weltfremdheit so um, dass sie lediglich die Scheinwelt betrifft, der sich der Philosoph bewusst entziehe, weil er Kenntnis von der wahren Welt habe.

2.5.4 Die Dichterkritik

Die im Höhlengleichnis entwickelte Deutung, dass die empirische Welt der Erscheinungen eine Schatten- und damit eine Scheinwelt sei, hat nicht nur weitreichende Konsequenzen für Platons Verständnis der Philosophie, sondern auch für seine Beurteilung der Dichtung. Platons Abwendung vom narrativen Mythos richtet sich nicht nur dagegen, den Göttern in anthropomorpher Weise alle möglichen menschlichen Verhaltensweisen und Verfehlungen ‚anzudichten'.[26] Seine Hinwendung zum argumentativen Logos weitet er im dritten Buch der *Politeia* zu einer grundsätzlichen Dichterkritik aus,[27] die ontologisch und erkenntnistheoretisch zu begründen versucht wird.

Die Dichtung wird durch Platons Sprachrohr Sokrates als sprachliche „Darstellung von Vergangenem, Gegenwärtigem oder Zukünftigem" bestimmt. Die Darstellungen können dabei erzählend oder nachahmend oder beides sein. In Erzählungen treten die Dichter selber als Sprecher auf, erzählen aber Dinge, die gar nicht wahr seien. Da sie dies willentlich und nicht irrtümlich tun, werden sie beschuldigt, Lügen aufzutischen. Nachahmend verfahren die Dichter, wenn sie nicht selber sprechen, sondern andere als Sprecher auftreten lassen. Hierbei handelt es sich um Figurenrede wie man sie aus Tragödien und Komödien kennt.

Die Verwendung der Nachahmung (mimesis) als Darstellungsform führt zu einer ontologischen und erkenntnistheoretischen Abwertung der Dichtung. Nach Platon sind ja bereits die wahrnehmbaren Dinge

---

25 Vgl. Theaitetos 174 a. Sämtliche Werke, Bd. 2, S. 608.

26 Vgl. zum Beispiel Politeia 391 d und den dortigen Kontext. Sämtliche Werke, Bd. 2, S. 88f.

27 Politeia 392 bff. Sämtliche Werke, Bd. 2, S. 89ff.

lediglich schattenhafte Abbilder der wahrhaft seienden Ideen. Indem nun die Dichter die Dinge nachahmen, schaffen sie lediglich Abbilder zweiter Stufe, nämlich Abbilder von Abbildern des Seienden. Sie richten ihre Erkenntnisbemühungen also nicht auf das Seiende selbst, sondern entfernen sich weiter von diesem. Diese Kritik, die Überlegungen des Höhlengleichnisses aufgreift, indem die Dichter als „nachahmende Schattenbildkünstler" charakterisiert werden,[28] wird im zehnten Buch der *Politeia* ausführlich entwickelt und auf die bildende Kunst ausgeweitet.[29]

Die Dichterkritik ist umso verwunderlicher, als Platon selbst ursprünglich Dichter war. Sein Lehrer Sokrates dürfte ihn ‚umgedreht' haben, und Konvertiten sind bekanntlich besonders streng. Goethe meinte gar, dass „man gegen nichts strenger ist als gegen erst abgelegte Irrtümer".[30] Dies gilt natürlich auch für *vermeintliche* Irrtümer, und ein solcher liegt hier vor. Die Haltung Platons ist auch deshalb paradox, weil dieser sich in seinen Dialogen als brillanter literarischer Schriftsteller erweist. Wenn wir unter Dichtung *fiktionale Literatur* verstehen, dann dürfen wir Platon entgegen seinem eigenen Selbstverständnis als Dichter führen. Seine Dialoge sind ja trotz der Verwendung historischer Eigennamen keine Protokolle von tatsächlich stattgefundenen Gesprächen. Es werden Argumentationen *vor*geführt, indem sie Figuren, wie insbesondere der Figur des Sokrates, in den Mund gelegt werden. Die Argumentationen werden aber nicht von dem Autor Platon selbst mit Wahrheitsanspruch *durch*geführt. Wir haben es in den Dialogen mit der Darstellung von Reden anderer, also mit Figurenrede und daher mit Nachahmungen ganz in Platons eigenem Sinne zu tun. Die Argumente werden freilich auch nicht bloß zitiert, sondern sie werden inszeniert, nämlich mehr oder weniger dramatisch in Szene gesetzt. Die meisten der Texte ließen sich auch als Textbücher für Theateraufführungen verwenden. Wir haben es mit einer in Dialogform dargestellten mimetischen *Vergegenwärtigung* von Argumenten zu tun. Wegen ihres mimetischen Charakters werden

28 Politeia 601 a. Sämtliche Werke, Bd. 2, S. 375.

29 Politeia 595 a–608 b. Sämtliche Werke, Bd. 2, S. 366–388.

30 Goethe: Werke, Bd. 10, S. 316.

die „sokratischen Schriften" und damit auch Platons Dialoge bereits von seinem Schüler Aristoteles der Dichtung zugerechnet, wodurch Platons Dichterkritik ironisch auf ihn selbst angewendet und dadurch zurückgewiesen wird.[31]

Eine besondere Pointe ist noch, dass Platon ausgerechnet im *Staat*, in dem er seine Dichterkritik durch Sokrates vortragen lässt, sich nicht nur im Höhlengleichnis einer Fiktion bedient, sondern in einer Kombination von Erzählung und Nachahmung sogar beide dichterische Darstellungsformen miteinander verbindet. Der ganze Text besteht nämlich aus einer Erzählung des Sokrates von Dialogen, die dieser selbst zuvor mit einigen Personen geführt hat. Hinzu kommt, dass das Höhlengleichnis als *Gleichnis* eine literarische Darstellungsform ist.

Bleibt zu fragen, warum Platon keine philosophischen Abhandlungen, sondern Dialoge geschrieben hat. Als Hintergrund dieser Entscheidung ist zu bedenken, dass Platons Lehrer, der historische Sokrates, keine Schriften verfasst hat, sondern seine Wirkung einzig der Kraft seiner mündlichen Rede verdankte. Platon hat diese Kraft in der Sokrates-Figur seiner Dialoge zu vergegenwärtigen gesucht. Dabei hegte er gegen die Verschriftlichung des Philosophierens starke Bedenken. Im *Siebten Brief* beklagt er, dass seine Gedanken in der schriftlichen Wiedergabe durch andere nicht *dar*gestellt, sondern geradezu *ent*stellt und daher missverstanden worden seien.[32] Dem pragmatischen Paradox, die Schrift zu kritisieren und sich ihrer gleichwohl zu bedienen, versucht Platon durch die Wahl der literarischen Form des Dialogs zumindest Rechnung zu tragen.

Die eigentliche Form der Philosophie ist für Platon wie für Sokrates die *mündliche* Unterredung, die im Unterschied zur schriftlichen Darstellung Erläuterungen und Rückfragen zum besseren Verständnis erlaubt. Nun können auch Platons Dialoge die behaupteten Mängel der Schriftlichkeit nicht aufheben. Sie können diese aber etwas kompensieren. Die Dialogform wird nämlich dem pragmatischen Paradox, schriftlich darzustellen, was sich der schriftlichen Mitteilung eigentlich

---

31 Aristoteles: Poetik 1447 a 28ff. (Kapitel 1, S. 23f.).

32 Siebter Brief 341 df. Sämtliche Werke, Bd. 3, S. 743.

entzieht, noch am ehesten gerecht. Die Dialogform ermöglicht es, die für Platon richtige Weise des Philosophierens, nämlich das lebendige argumentative Gespräch, szenisch zu vergegenwärtigen. Zwar ist auch die Darstellung eines Gesprächs nicht selbst ein Gespräch; aber die Darstellung von Gesprächen kann doch exemplarisch zeigen, wie Gespräche zu führen sind.

Platons Auszeichnung der mündlichen Rede gegenüber der Schrift wird uns noch einmal (Kapitel 14.3) als Beispiel des Phonozentrismus beschäftigen, den Jacques Derrida für den Logozentrismus als die Vernunftzentriertheit der abendländischen Tradition verantwortlich gemacht hat.

2.6 Aristoteles als *der* Philosoph

Aristoteles (384–322 v. Chr.) war ein Universalgelehrter von unglaublicher Breite. Die Aufforderung „Schlag nach bei Shakespeare!" ist sicher richtig, wenn es um die Erkundung der *conditio humana* geht. Ansonsten – und nicht nur bei philosophischen Themen – empfiehlt es sich, bei Aristoteles nachzuschlagen. Er hat über alles und jedes geschrieben, und dies in einer Weise, die bis heute wesentliche Einsichten vermittelt. Dabei war er stets mit Blick auf allgemeine Zusammenhänge um Systematisierung bemüht. Im Mittelalter als „*der* Philosoph" tituliert geriet er gleichwohl – gemeinsam mit dem Mittelalter – in der frühen Neuzeit in die Kritik. Doch davon später. Aristoteles weicht in vielem von den Lehren seines Lehrers Platon ab. Daher erfolgt die Darstellung seiner Philosophie am besten in direktem Vergleich.

2.6.1 Aristoteles gegen Platon in der theoretischen Philosophie

Besonders kritisch setzt sich Aristoteles mit Platons Ideenlehre auseinander. Er holt das Allgemeine vom Ideenhimmel hinunter auf die Erde, indem er es in den Dingen selbst verortet. Der Trennung des Allgemeinen von den Dingen widerspricht er mit der polemischen Frage, wie die Ideen, wenn sie die Wesenheiten der Dinge angeben sollen, von diesen gesondert existieren können.[33] Sehr schön wird die Gegensätzlichkeit der Denkrichtungen in Raffaels Fresko *Die Schule von Athen* (im Vatikan) künstlerisch dargestellt: Während Platons Finger nach oben gen Himmel weist, senkt sich die Hand des Aristoteles nach unten zur Erde hin.

Abbildung 2. Raffael: Die Schule von Athen (Ausschnitt)

Aristoteles unterstreicht die Kritik an seinem Lehrer durch einen terminologischen Schachzug, indem er anders als Platon, für den ‚idea' mit ‚eidos' austauschbar ist, beides unterscheidet. So verwendet er ‚idea' als Bezeichnung für Platons Ideen, spricht selbst aber gezielt von ‚eidos'. Darunter versteht er die geistige Form, die der bestimmungslosen Materie (hyle) die konkrete Gestalt verleiht und sie dadurch zu Einzelgegenständen einer bestimmten Art prägt. Diese Prägung bestimmt das Wesen der Einzelgegenstände und legt deren Wozu fest, nämlich die innere Zweckgerichtetheit (entelecheia). Platons Teilhabe der Dinge an außerweltlichen Ideen wird durch eine innerweltliche Formgebung ersetzt. In der Bildung der Dinge sind Form und Materie wechselseitig auf einander angewiesen. Jedes der beiden ist notwen-

33 Aristoteles: Metaphysik 1079 bf. (S. 299).

dig und keines von beiden ist hinreichend. Aristoteles vertritt insofern eine Verbindung von Geist und Materie. Indem die Dinge durch die Formung der toten Materie allererst in die Erscheinung treten und ihre Zwecksetzung erhalten, kommt der geistigen Form allerdings letztlich der höhere Rang zu. Insoweit besteht also Übereinstimmung zwischen Platon und Aristoteles.

Überhaupt darf nicht unerwähnt bleiben, dass es durchaus strittig ist, ob Platon sich tatsächlich das Sein der Ideen so vorgestellt hat, als säßen diese abgesondert in ihrem Himmel sozusagen wie die Hühner auf der Stange herum und würden die Dinge als ihre Eier legen. Aristoteles hat hier möglicherweise seinen Lehrer zu einseitig interpretiert.

Mit der Ablehnung der Ideenlehre stellt sich Aristoteles auch gegen Platons Dichterkritik. Wie wir gesehen haben, führt nach Platons Auffassung die Dichtung als Nachahmung einer bloßen Schattenwelt von der Erkenntnis der Ideen weiter weg. Auch für Aristoteles verfährt die Dichtung nachahmend. Damit entspreche sie aber gerade dem Wesen des Menschen, für den das Bedürfnis nach und die Freude an Nachahmung geradezu eine Naturanlage sei.[34] Aristoteles rückt die Dichtung sogar in die Nähe der Philosophie, weil sie wie diese auf das Allgemeine gehe. Aus diesem Grunde sei die Dichtung philosophischer als die Geschichtsschreibung, die sich nur mit Einzelnem befasse.[35] Anders als in der Historie sei in der Dichtung die Verwendung von Eigennamen für erfundenes Einzelnes zuzulassen. Da somit der Realitätsbezug der Eigennamen freigestellt sei, stelle die Fiktionalität der Dichtung keinen Mangel dar. Das Allgemeine besteht für Aristoteles darin, „was für Dinge Menschen von bestimmter Qualität reden oder tun nach Angemessenheit oder Notwendigkeit".[36] Aristoteles wird

34 Aristoteles: Poetik 1448 b 4–9 (Kapitel 4, S. 26f.). Eine empirische Bestätigung hat diese anthropologische These durch die Entdeckung der Spiegelneuronen durch die Neurowissenschaft erfahren.

35 Aristoteles: Poetik 1451 b 4–8 (Kapitel 9, S. 36). Die Beschränkung der Historie auf Berichte über vergangenes Einzelnes ist problematisch, weil damit ausgeschlossen wird, aus der Geschichte etwas für die Gegenwart und die Zukunft lernen zu können. Siehe dagegen den Schluss von Kapitel 8.4.2.

36 Aristoteles: Poetik 1451 b 8ff. (Kapitel 9, S. 36).

damit zum Begründer des literarischen Realismus, dessen Ziel die Erkenntnis des Allgemeinen im Besonderen ist. Im Anschluss daran lässt sich die Aufgabe der Dichtung als fiktionale Vergegenwärtigung der *conditio humana* – der Situation des Menschen in seiner Welt – bestimmen. Zum Erkenntniswert der Dichtung siehe Kapitel 15.2.

Aristoteles weicht von seinem Lehrer ferner darin ab, dass er auch die Rhetorik, die von Platon besonders heftig abgelehnt wird, rehabilitiert. Die Rhetorik fällt bei Platon der Kritik an den Sophisten anheim (vgl. Kapitel 2.8). Demgegenüber erweist sich Aristoteles auch hier als pragmatischer Realist. Er, der mit seiner Syllogistik eine formale Logik des Beweisens (apodeixis) vorgelegt hat, ist sich sehr wohl bewusst, dass die meisten Bereiche des Lebens inhaltlich von der Art sind, dass in ihnen Beweise der Wahrheit kaum möglich sind. Selbst wenn syllogistisch formal korrekt geschlossen wird, ist die Wahrheit der Konklusionen nur dann garantiert, wenn die jeweiligen Prämissen wahr sind. Deren Wahrheit zu bestimmen, ist daher das zentrale Problem. Außerhalb der Wissenschaften ist im Leben nämlich über Wahrscheinlichkeiten meistens nicht hinauszukommen. Für die Bereiche des Wahrscheinlichen – des Meinens und nicht des Wissens – können Entscheidungen gleichwohl nicht ausgesetzt werden. Dies gilt insbesondere für die beratende Rede in Volksversammlungen und die anklagende oder verteidigende Rede vor Gericht. Deshalb hat hier für Aristoteles die Rhetorik ihre volle Berechtigung, indem sie eine argumentative Technik bietet, Meinungen glaubhaft zu machen und bei Hörern Zustimmung zu erzeugen.

Aristoteles' Wille zur Systematisierung zeigt sich auch hier. So werden die Beratungsrede der Beurteilung von Zukünftigem und die Gerichtsrede der Beurteilung von Vergangenem zugeordnet. Die Einteilung wird vervollständigt durch die auf die Gegenwart bezogene lobende oder tadelnde Rede, die Aristoteles als aufweisend oder vergegenwärtigend (epideiktisch) bestimmt.[37] Sieht man von der spezifischen Rolle des Lobens beziehungsweise Tadelns ab, so lässt sich von

37 Aristoteles: Rhetorik 1358 b (Buch 1, 3. Kapitel, S. 20f.).

der epideiktischen Rede aus die Brücke zur vergegenwärtigenden Darstellungsform der Dichtung schlagen.

2.6.2 Aristoteles gegen Platon in der praktischen Philosophie

Wie in der theoretischen Philosophie so steht auch in der praktischen Philosophie die realistische Einstellung des Aristoteles den idealen Vorstellungen Platons gegenüber. Dieser Unterschied tritt sowohl in der politischen Philosophie als auch in der Ethik hervor. Platon legt in der *Politeia* den Entwurf eines auf Gerechtigkeit gegründeten Idealstaates vor. Seine von Sokrates vorgetragene Konzeption trägt teilweise autoritäre Züge, was bereits in der Kritik an den Dichtern zum Ausdruck kommt. Befürwortet wird ein Ständestaat, in dem zum Wohle des Ganzen jeder gemäß seinem Stande seinen Platz einnimmt. Die ‚Platzverteilung' folgt der Einteilung in drei Stände: (1) Bauern und Handwerker, die für die Versorgung der Bürger zuständig sind, (2) Krieger oder Wächter, die für die Sicherheit des Staatswesens sorgen, (3) Herrscher oder Könige.

Als positiv lässt sich hervorheben, dass eine Gleichstellung der Geschlechter vorgesehen ist. Überaus problematisch ist dagegen die Abschaffung der familiären Einheit zumindest für die Wächter und Herrscher. So soll die Erziehung von deren Kindern erfolgen, ohne dass die Kinder erfahren, wer ihre Eltern sind. Der Stand der Bauern und Handwerker ist hier ausgenommen, weil er mit solchen Maßnahmen überfordert wäre. Das elitäre Erziehungskonzept geht einher mit einem höchstproblematischen Züchtungsprogramm, das vorsieht, die besten Frauen mit den besten Männern zur Fortpflanzung zu paaren, um auf diese Weise das Erbgut zu verbessern. Es wundert nicht, dass dieser Gedanke im rassenhygienischen Programm „Lebensborn" der Nationalsozialisten eine Umsetzung fand.

Eine für Platon charakteristische Pointe ist, dass als Könige Philosophen vorgesehen sind, weil diese das nötige Wissen darüber haben würden, was Gerechtigkeit ist. Die Forderung ist, dass entweder die Herrscher zu Philosophen werden oder Philosophen als Herrscher eingesetzt werden. Idealistisch an dieser Konzeption ist vor allem die

Voraussetzung, dass ein theoretisches Wissen, was zu tun ist, auch dazu befähigt, dieses Wissen in die Praxis umzusetzen. Wie groß die Kluft zwischen Theorie und Praxis sein kann, dies musste Platon selbst schmerzlich erfahren, als er auf Sizilien Dion von Syrakus dazu anleiten wollte, seine Staatsidee umzusetzen, dabei aber kläglich scheiterte.

Für Aristoteles ist der Mensch ein von Natur aus in einem Staat lebendes Gemeinschaftswesen (zoon politikon). Der Zweck des Staates ist es, seinen Bürgern ein gutes Leben zu ermöglichen.[38] Im Unterschied zu Platons Konzeption eines idealen Staates beschreibt Aristoteles die unterschiedlichen Staatsformen und wägt deren Vor- und Nachteile ab. Danach ist die passende Staatsform von historisch-empirischen Bedingungen abhängig. So sei in noch nicht hoch entwickelten Gesellschaften das *Königtum* eines Tüchtigen und Gerechten, also die Monarchie, die beste Staatsform. Sie könne allerdings im negativen Fall zur *Tyrannis* eines Gewaltherrschers ausarten. Die Befreiung vom Tyrannen ermögliche die Herrschaft von mehreren Tüchtigen in Form einer *Aristokratie*. Auch diese sei aber gefährdet, indem nicht mehr die Tüchtigsten, sondern die Umtriebigsten und Einflussreichsten in einer *Oligarchie* die Herrschaft übernehmen. Ein Fortschritt demgegenüber sei es, wenn das Volk selbst die Herrschaft in der Staatsform der *Politie* übernimmt, sich dabei allerdings auch davor schützt, den Pöbel an die Macht kommen zu lassen. Die Politie, die Aristoteles für die Polis favorisiert, ist eine Form der direkten Demokratie.[39] Aristoteles selbst versteht unter *Demokratie* allerdings die Pöbelherrschaft, was aber lediglich als eine terminologische Abweichung vom heutigen Verständnis festzuhalten ist.

Die beste Staatsverfassung ist für Aristoteles jeweils diejenige, nach der der Staat am besten regiert wird, und der am besten regierte Staat ist derjenige, in dem man „am vollkommensten glücklich sein kann", wobei die Glückseligkeit (eudaimonia) als das höchste zu realisierende

---

38 *Politika* (*Politik*) 1252 bf. (I. Buch, 2. Kapitel, S. 4).

39 Eine Form direkter Demokratie (im Unterschied zu einer parlamentarischen Demokratie) wird gegenwärtig in den kantonalen Landsgemeinden Appenzell Innerrhoden und Glarus in der Schweiz praktiziert.

Gute gilt.[40] Im Unterschied zu anderen Zielen des Handelns, die um die Erreichung eines bestimmten Zwecks willen verfolgt würden, sei die Glückseligkeit „das Endziel allen Handelns".[41] Da nach Aristoteles „das *wahre Glück des Daseins*" in einem tugendhaften Leben besteht,[42] wird das Streben nach Glück moralisch aufgewertet. Diese Aufwertung findet sich bereits bei Platon, der seinen Sokrates im Dialog *Gorgias* sagen lässt, dass die Tugendhaften glücklich, die Ungerechten dagegen unglücklich sind.[43] Die Bindung des Glücks an die Tugendhaftigkeit ist allerdings nicht nur moralisch zu verstehen, da der antike Tugendbegriff weiter gefasst ist.

Für Platon sind die Kardinaltugenden Tapferkeit, Gerechtigkeit, Besonnenheit und Klugheit (oder Weisheit). Diese Aufzählung lässt erkennen, dass der Begriff der Tugend (arete) nicht auf das ethische Verständnis beschränkt bleibt, sondern im weiteren Sinne von Tüchtigkeit oder Vortrefflichkeit zu verstehen ist. Aristoteles unterscheidet denn auch zwischen ethischen und dianoetischen Tugenden (gr. ‚dianoia' = ‚Verstand'). Dianoetische Tugenden sind technische und intellektuelle Fähigkeiten und Fertigkeiten, von denen der Klugheit (phronesis) als praktischer Urteilskraft eine besondere Bedeutung auch für die Umsetzung der ethischen Tugenden zukommt.

Platon geht mit Sokrates davon aus, dass das Wissen um das richtige Handeln auch zu dessen Umsetzung in der Praxis führt, weil man letztlich nicht wider besseres Wissen handeln könne. Diese Auffassung unterschätzt das Phänomen der Willensschwäche (akrasia).[44] Aristoteles ist hier wiederum realistischer. Für ihn ist es nicht damit getan, zur richtigen Einsicht in das Tugendhafte zu kommen. Vielmehr müsse das tugendhafte Verhalten durch Einübung zu einem festen Habitus

40 Nikomachische Ethik 1095 a 14–20 (I. Buch, 2. Kapitel, S. 4).

41 Ebd., 1097 b 21–23 (I. Buch, 5. Kapitel, S. 11).

42 Politik 1332 a (VII. Buch, 13. Kapitel, S. 265). Siehe Nikomachische Ethik 1098 a 17f. (I. Buch, 6. Kapitel, S. 12): *„das menschliche Gut ist der Tugend gemäße Tätigkeit der Seele."*

43 Gorgias 470 e. Sämtliche Werke, Bd. 1, S. 335. Vgl. auch ebd. 507 c–e. Sämtliche Werke, Bd. 1, S. 384.

44 Das gegenwärtige Standardbeispiel ist der Fall des einsichtigen Rauchers, der das Rauchen dennoch nicht lassen kann.

(hexis) ausgebildet werden und ein ganzes Leben andauern. Dabei geht es darum, die „richtige Mitte" (mesotes) zwischen den Extremen des „Übermaßes" und des „Mangels" zu finden.[45] So ist die Tugend der Tapferkeit die richtige Mitte zwischen Tollkühnheit und Feigheit, und die Tugend der Freigebigkeit die richtige Mitte zwischen Verschwendung und Geiz.

2.7 Der Kyniker Diogenes

Der Kyniker (von gr. ‚kyon' = ‚Hund') Diogenes von Sinope (ca. 400/390–328/323 v. Chr.), über den zahlreiche Anekdoten überliefert sind,[46] ist bekannt geworden durch seine demonstrativ zur Schau gestellte Bedürfnislosigkeit, durch die er in performativer Subversion für ein einfaches Leben jenseits aller gesellschaftlichen Zwänge warb. Er lebte freiwillig in Armut, hatte keinen festen Wohnsitz, wenn man von einer Tonne, die ihm als Quartier diente, einmal absieht. Er war sozusagen ein ‚obdachloser' anarchischer Lebenskünstler. Die Bezeichnung ‚Kyniker' spielt auf die ‚hündische' Lebensweise an, die mit der Einstellung eines Zynikers im heutigen Sinne nicht viel gemeinsam hat. Ein verbindendes Element ist einzig eine gewisse ironische ‚Bissigkeit'. Diogenes spielte sie insbesondere gegen Platon aus. So kommentierte er dessen Definition des Menschen als ‚federloser Zweibeiner', indem er in der platonischen Akademie einen gerupften Hahn mit den Worten präsentierte „Das ist Platons Mensch". Angeblich hat man daraufhin die Definition um das Merkmal ‚mit platten Nägeln' ergänzt.[47]

Gegen die Ideenlehre wandte Diogenes ein, dass er zwar einen Tisch und einen Becher sehe, also Einzeldinge, aber weder eine Tischheit noch eine Becherheit, also nichts Allgemeines. Platon entgegnete daraufhin, dies sei nur zu begreiflich, da er (Diogenes) zwar Augen

45 Nikomachische Ethik 1138 b 19–25 (VI. Buch, 1. Kapitel, S. 130).

46 Vgl. Diogenes Laertius: Leben und Meinungen berühmter Philosophen, Bd. 1, S. 304–335.

47 Ebd., S. 314.

habe, um Tische und Becher zu sehen, aber nicht den „Verstand, mit dem man Tischheit und Becherheit erschaut".[48] Beide Anekdoten verdeutlichen, dass die Frage nach der Bestimmung und dem Verständnis des Allgemeinen als *Dasselbe* in den verschiedenen Einzeldingen ein zentrales Thema der Zeit war.

2.8 Die Sophisten: Protagoras und Gorgias

Auch wenn Platon der Provokateur Diogenes zuwider war, seine Hauptgegner waren die Sophisten. Ihnen gehe es, so Platons Vorwurf, nicht um die Wahrheit, sondern lediglich um die strategische Durchsetzung eines Standpunkts. Das Ziel sei nicht, durch Argumente zu überzeugen, sondern durch Worte zu überreden. Das Vorgehen der Sophisten orientiere sich dementsprechend nicht an der Logik, sondern an der Rhetorik, die als trickreiches Werkzeug eingesetzt werde. Die Sophisten waren denn auch als Rhetoriklehrer tätig. Hintergrund des großen Ansehens, das sie genossen, war vor allem ihr Erfolg bei der Vertretung von Sachen vor Gericht. Es ist daran zu erinnern, dass es auch nach heutiger Auffassung nicht Aufgabe eines Rechtsanwalts ist, die Wahrheit herauszufinden, sondern das Beste für seinen Klienten herauszuholen, indem er ihn in einem günstigen Licht erscheinen lässt. So sind die Dinge nun mal, und insofern fallen Recht und Gerechtigkeit nicht immer zusammen. Genau dies war bereits für Platon ein Ärgernis. Die Sophisten versuchten ihre Tätigkeit zu rechtfertigen, indem sie die Relativität der Dinge herausstellten. Ihre klassische Formulierung hat diese Auffassung in dem so genannten Homo-Mensura-Satz des Protagoras (um 480–um 421 v. Chr.) gefunden: „Der Mensch ist das Maß aller Dinge, der seienden, wie sie sind, der nichtseienden, wie sie nicht sind."[49] Zitiert man den Satz verkürzt, was häufig geschieht, nämlich beschränkt auf die Aussage, dass der Mensch das Maß aller Dinge sei, so könnte man ihn auch als Ansage

48 Ebd., S. 321.

49 So die Wiedergabe bei Platon: Theaitetos 152 a. Sämtliche Werke, Bd. 2, S. 576. Meistens wird der Satz mit einer Ersetzung der beiden ‚wie' durch ‚dass' zitiert.

einer anthropologischen Wende in der Philosophie in dem Sinne verstehen, dass der Mensch ganz allgemein im Mittelpunkt stehen sollte. Erst in Verbindung mit dem zweiten Teil kommt zum Ausdruck, dass die menschliche Perspektive die Relativität der Beschaffenheit der Dinge zur Folge habe.

Weit radikaler als Protagoras trat Gorgias von Leontinoi (480/475–396/380 v. Chr.) auf. Nachgesagt wird ihm, die folgenden Aussagen aufgestellt zu haben: (1) Es gibt nichts; (2) Wenn es etwas gäbe, könnte man es nicht erkennen; (3) Wenn man es erkennen könnte, könnte man es nicht mitteilen. Die Frage ist allerdings, ob Gorgias einen so radikalen Skeptizismus tatsächlich ernsthaft vertreten hat oder ob es ihm lediglich um einen ironisch gemeinten Widerspruch gegen die eleatische Behauptung eines unveränderlichen Seins ging.

2.9 Wissen, Weisheit und Glück: Philosophie als Lebenskunst

Das Streben nach Glück ist ein einhelliges Anliegen der antiken Philosophen. Allerdings verstehen sie – und nicht nur sie[50] – darunter Verschiedenes. Der Vergleich zwischen den praktisch-philosophischen Lehren von Aristoteles und Platon (Kapitel 2.6.2) hatte ergeben, dass für beide ein Zusammenhang zwischen Glück und Tugendhaftigkeit besteht. Das Glück stellt sich danach erst in einem am Guten orientierten guten Leben ein, in dem man zwar keinen Mangel an Gütern erleiden sollte, das aber auch nicht mit einem an Gütern reich gesegneten feinen Leben gleichzusetzen sei.

Entschiedener noch erklären die Stoiker, das Glück sei völlig unabhängig von irgendwelchen Gütern. Vielmehr komme es darauf an, sich von den Affekten zu befreien und so den Zustand der Leidenschaftslosigkeit (apatheia) zu erlangen, der zur Gelassenheit im Sinne einer unerschütterlichen Seelenruhe (ataraxia) führen soll. Die Ataraxie wird auch von anderen Philosophen der Antike angestrebt, für die Stoiker

50 Zu späteren Konzeptionen von Glück siehe die Kapitel 5.10 und 7.3.

bildet sie die Voraussetzung, ein durch Vernunft bestimmtes tugendhaftes Leben führen zu können. Diese Einstellung macht den Kern des stoischen Glücksbegriffs aus. Stehen bei Platon und Aristoteles Glück und Tugendhaftigkeit bereits in enger Verbindung, so fallen beide in der Stoa zusammen.

Den Gegensatz zur Stoa bildet die hedonistische Lebenseinstellung, für die das Glück in einer Maximierung von Lust besteht (gr. ‚hedone' = ‚Lust'). Als klassischer Vertreter dieser Auffassung gilt Epikur (341–270 v. Chr.), obwohl er keineswegs die hemmungslose Verfolgung eines sinnlichen Lustprinzips befürwortet. Vielmehr spricht er sich für einen kontrollierten Genuss des Lebens aus, indem er auf Ausgewogenheit und Nachhaltigkeit setzt. Zudem schätzt Epikur nicht den sinnlichen, sondern den geistigen Genuss am höchsten. Insofern ist es unangemessen, wenn der Dichter Horaz ironisch von sich selbst sagt: „Mich, den Fetten und Glänzenden, weil ich eine wohlgepflegte Haut habe, musst du unbedingt besuchen, wenn du einmal lachen willst, mich, ein Schwein aus der Herde Epikurs."[51]

In den Fragen der antiken Philosophen nach dem Glück geht es um das Thema Lebenskunst, um Antworten auf die praktische Frage, wie das eigene Leben ein- und auszurichten sei. Wie die Schriften Platons und Aristoteles' nachdrücklich belegen, bleiben theoretische Fragen aber zunächst nicht ausgeklammert. Dies gilt auch für andere Autoren. So schließt sich Epikur dem Atomismus Demokrits an, und die Stoiker haben wichtige Einsichten zur Sprachtheorie und wesentliche Ergänzungen zur Logik des Aristoteles entwickelt. Einen Abschied von dem Bemühen um theoretisches Wissen und Wissen überhaupt propagieren erst die radikalen Skeptiker in der Tradition des Pyrrhon (365–275/270 v. Chr.).

Für Aristoteles gilt noch, dass „die Weisheit eine Wissenschaft von gewissen Ursachen und Prinzipien ist", deren Gegenstand dementsprechend vor allem das Allgemeine sei.[52] Im Gegensatz zu einer derartigen Verbindung von allgemeinem Wissen und Weisheit kommt es

51 Horaz: Sämtliche Werke, S. 463 (Briefe I, 4).

52 Aristoteles: Metaphysik 982 a (S. 12).

bei den Pyrrhoneern zu einer grundsätzlichen Trennung beider Bereiche. Beginnend mit der Sinneswahrnehmung werden alle Formen der Erkenntnis infrage gestellt, indem für jede Ansicht und deren Gegenteil Argumente beigebracht werden und so die Relativität aller angeblichen Erkenntnis zu zeigen versucht wird. Dies Verfahren dient der Anleitung zur Urteilsenthaltung (epoché), die es vermeidet, zwischen Zustimmung und Verneinung hin und her gerissen zu werden. Derartige Neutralität soll nach Auffassung der Pyrrhoneer zur Ataraxie führen. Weisheit verlangt danach geradezu, Wissensansprüche aufzugeben. Hierin besteht ein wesentlicher Unterschied zum Verständnis der Ataraxie bei den Stoikern.

Häufig wird dem radikalen pyrrhonischen Skeptizismus eine performative Selbstwidersprüchlichkeit mit folgendem Argument vorgeworfen: Indem der Skeptiker *behauptet*, dass alles relativ sei und es keine Wahrheit gebe, erhebt er mit seiner Behauptung einen Anspruch auf Wahrheit, die er gleichzeitig in seiner Behauptung bestreitet: Er behauptet als wahr, dass nichts wahr ist. Sextus Empiricus (200–250 n. Chr.) hat später die Kerngedanken der Pyrrhoneer zusammenfassend dargestellt.[53] Danach behauptet der Pyrrhoneer gar nicht, dass es keine Wahrheit gebe. Vielmehr führt er deren Relativität vor, indem er mögliche Argumente und darauf bezogene Gegenargumente präsentiert, ohne sie selbst zu vertreten.

Dem Pyrrhonismus wird man daher wohl am ehesten gerecht, wenn man ihn nicht als affirmative theoretische Position, sondern als ein therapeutisches praktisches Programm versteht, nämlich als Anleitung, sich auf das Leben einzulassen, ohne der Begründung von Wissensansprüchen nachzujagen. Dass man mit einer solchen Einstellung alt werden kann, dies belegen die für damalige Zeiten erstaunlichen Lebensdaten des Pyrrhon. Danach muss er mindesten 90 Jahre gelebt haben.

53 Sextus Empiricus: Grundriß der pyrrhonischen Skepsis.

2.10 Die römische Rezeption der griechischen Philosophie

Die Rezeption der griechischen Philosophie erfolgte im Zuge der Ausbreitung des Römischen Reichs im gesamten Mittelmeerraum und erstreckte sich unter anderem auch auf Nordafrika. So erhielt Plotin (204–270 n. Chr.) seine Ausbildung in der platonischen Tradition im ägyptischen Alexandria, und der von ihm beeinflusste Kirchenvater Aurelius Augustinus (354–430 n. Chr.) stammte aus Thagaste im heutigen Algerien. Das Zentrum war aber Rom, wo sich bereits Marcus Tullius Cicero (106–43 v. Chr.) als Politiker, Redner und Philosoph für die Rezeption der griechischen Philosophie durch Übersetzungen ins Lateinische und eigene Be- und Umarbeitungen einsetzte. Ein besonderes Anliegen war es ihm, im Unterschied zu Platons harscher Kritik an der Rhetorik die Einheit von Weisheit und Beredsamkeit wiederherzustellen, und zwar im Bildungsideal des Redners, der die Tugend über den Nutzen stellt. Systematisch hat diesen Gedanken einer moralistischen Rhetorik dann Marcus Fabius Quintilianus (ca. 35–96 n. Chr.) in seinem umfassenden Lehrbuch *Ausbildung des Redners* (*Institutio oratoria*) entwickelt, in dessen Vorrede es heißt, „daß nur ein wirklich guter Mann ein Redner sein kann; und deshalb fordern wir nicht nur hervorragende Redegabe in ihm, sondern alle Mannestugenden".[54] Dieses Werk war bis in die Zeiten der Renaissance und des Humanismus hinein einflussreich und hat im Zuge der Rehabilitierung der Rhetorik in der zweiten Hälfte des 20. Jahrhunderts eine neuerliche Rezeption erfahren.

Ein einflussreicher Autor der römischen Philosophie ist ferner Lukrez (99–94 v. Chr.–55 [oder 53] v. Chr.). Sein in Hexametern verfasstes Lehrgedicht *De rerum natura* ist darauf ausgerichtet, den Menschen zur Erkenntnis zu führen, vom Aberglauben zu befreien und die bereits in der griechischen Tradition kritisierten Göttergeschichten als Erklärungen der Natur zurückzuweisen. Geleugnet wird insbesondere göttliches Eingreifen in das Weltgeschehen. Die Grundlage für die Fortset-

54 Quintilian: Ausbildung des Redners, S. 7.

zung des Weges der Philosophie vom Mythos zum Logos liefert ihm die Lehre der Atomisten in der epikureischen Tradition:

> Denn über letzten Grund will dir von Himmel und Göttern
> ich zu sprechen beginnen, will zeigen der Dinge Atome,
> aus denen alles [die] Natur erschafft, vermehret und nähret,
> in die zugleich sie [die] Natur dann wieder vernichtet und auflöst;
> wir sind gewohnt, sie Stoff und Ursprungskörper der Dinge
> bei der Lehre Beweis zu heißen und Samen der Dinge
> auch zu nennen und eben diese zugleich zu bezeichnen
> als die ersten Körper [corpora prima], weil alles aus jenen zuerst ist.[55]

Deutlich ausgesprochen ist hier der Gedanke der atomistischen Einheit in der Vielheit der entstehenden und vergehenden Dinge. Lukrez bekennt sich insgesamt zur Philosophie Demokrits. So warnt er vor der Religion, weil sie eine den Menschen niederdrückende Angst vor den Göttern erzeuge,[56] verneint die Unsterblichkeit der Seele und ist bemüht, die Todesfurcht durch Seelenruhe zu überwinden.

Der Text des Lukrez war im Mittelalter in Vergessenheit geraten. Wieder aufgefunden wurde er von dem Humanisten Poggio Bracciolini 1417/18 während des Konzils zu Konstanz in einem deutschen Kloster. Mit der ersten gedruckten Ausgabe im Jahre 1473 setzte eine nachhaltige Rezeption ein, die der Epoche der Renaissance einen wichtigen Anstoß gab.

In Rom kam, zunächst von den Herrschenden wohl gelitten, besonders die stoische Tradition mit Seneca (4–65 n. Chr.) zu hohem Ansehen und brachte es in dem Kaiser Mark Aurel (121–180 n. Chr.) sogar zu einem philosophischen Herrscher, einem Philosophenkönig im Sinne Platons. Seneca, der als Berater den späteren berüchtigten Kaiser Nero vergeblich auf seine Aufgaben als Herrscher vorzubereiten versuchte, fiel seinem eignen Zögling zum Opfer. Nero befahl ihm nach Aufdeckung einer Verschwörung gegen ihn die Selbsttötung. Obwohl

55 Lukrez: Welt aus Atomen, 1. Buch, Vers 54–61 (S. 11f.).

56 Ebd., Vers 63.

Seneca an der Verschwörung gar nicht beteiligt war, nahm er sich das Leben.

Sehr viel später wirkte auch Plotin in Rom als Lehrer. Er ist der Hauptvertreter des Neuplatonismus. Für ihn ist das mit dem Göttlichen gleichgesetzte *Eine* der Ursprung der *Vielheit* der Dinge. Plotin übernimmt dabei von Platon das ontologische Stufenmodell. Durch Emanation (lat. ‚emanatio' = ‚Ausfluss') entstehen aus dem Einen zunächst die Ideen, die dann ihrerseits die Dinge entstehen lassen. Die Emanation lässt sich als eine Entfaltung des im Einen bereits implizit Angelegten verstehen. Auch hier ist wiederum der Gedanke leitend, im Verschiedenen das Identischbleibende zu bestimmen. Plotins Bestimmung fällt wie bei Platon spiritualistisch aus: Der Ursprung ist geistiger Art, und dessen Emanationen verlaufen – wie bei Platon die Realisierungen der Ideen – von oben nach unten. Für den Erkennenden gilt es dann, die Stufen der Emanation rückwärts von unten nach oben emporzusteigen.

Während bei Platon der Aufstieg aus der Höhle der Sinnlichkeit im Sonnenlicht der Ideen endet, kommt bei Plotin ein mystisches Moment hinzu, nämlich das Streben nach der Vereinigung mit dem göttlichen Einen (unio mystica). Indem die Dinge teilhaben an ihrem Ursprung, stehen sie zu diesem in einem *analogischen* Entsprechungsverhältnis. Gleiches gilt auch für das Verhältnis des Menschen zu Gott. Auf diese Analogie auch im Erkennen bauend heißt es noch bei Goethe im Sinne Plotins:

> Wär nicht das Auge sonnenhaft,
> Die Sonne könnt' es nie erblicken;
> Läg' nicht in uns des Gottes eigne Kraft,
> Wie könnt' uns Göttliches entzücken?[57]

57 Goethe: Werke, Bd. 1, S. 367.

3 Von der Spätantike zur mittelalterlichen Scholastik

Der Gegensatz zwischen Platon und Aristoteles wird noch einmal in der christlichen Philosophie virulent, exemplarisch in den Positionen des vom Neuplatonismus beeinflussten spätantiken Augustinus (354–430) und des mittelalterlichen von Aristoteles ausgehenden Thomas von Aquin (1224–1274). Zwischen diesen beiden Denkern erstreckt sich zeitlich die christliche Philosophie, die in der mittelalterlichen Scholastik ihren Höhepunkt findet. Die neuplatonische Lehre, dass die Ideen Emanationen des Einen sind, führt bei Augustinus dazu, die ewigen Ideen als Gedanken Gottes vor der Schöpfung zu fassen. Damit gibt er dem Neuplatonismus eine Wendung, die eine Verbindung mit der christlichen Lehre ermöglichte; denn Plotin selbst und die meisten Neuplatoniker lehnten das Christentum ab. Dem Neuplatonismus ist wie Platon eine Abkehr von der sinnlichen Welt als dem vergänglichen Abbild der wirklichen Welt eigen. In christlicher Deutung mündet dieses Verständnis in Weltverachtung, die bei Augustinus zur Forderung nach innerer Einkehr wird. So wie im Platonismus die ganze Kraft der nach *innen* gerichteten Wiedererinnerung an die Ideen gilt, so ist diese Kraft nun auf den Aufstieg der Seele zur Erkenntnis Gottes gerichtet. Dabei tritt die Erleuchtung durch Gott an die Stelle der platonischen Erleuchtung durch die Sonne der Vernunft.

Der Aristoteliker Thomas wendet sich dagegen nach *außen* und öffnet sich der Welt. Für ihn gilt: Da Gott die Welt geschaffen hat, muss dieser auch ein eigener Wert zukommen. Die Erkenntnis Gottes erlangen wir daher über eine Erkenntnis seiner Schöpfung. Dieses Verständnis wurde durch seinen Lehrer, den Aristoteliker Albertus Magnus (um 1200 [1193?]–1280), in einer Hinwendung zu den Naturwissenschaften vorbereitet.

Der wissenschaftlichen Orientierung korrespondiert im Gegenzug eine erneute Hinwendung zur Innerlichkeit, wie wir sie insbesondere in der Mystik von Meister Eckhart (um 1260–1328) finden. Die Vereinigung mit Gott setzt auch bei Eckhart das analogische Verhältnis zwischen Gott und dem „Seelengrund" des Menschen voraus und zehrt damit vom spekulativen Erbe Plotins. Selbsterkenntnis ist für Eckhart dementsprechend Gotteserkenntnis (vgl. auch die letzten beiden Zeilen des obigen Goethe-Zitats). Bestimmungen von Eigenschaften Gottes seien allerdings unmöglich, da sie eine Einschränkung implizieren würden, so dass Eckhart der Tradition der so genannten negativen Theologie zuzurechnen ist. Wie in allen mystischen Traditionen, so ist auch bei Eckhart die Auslöschung der Ichbezogenheit das praktische Ziel. Diesem Ziel begegnen wir als Aufhebung der personalen Individuierung erneut bei Arthur Schopenhauer (siehe Kapitel 7.3).

3.1 Glauben und Wissen: Anselm von Canterbury

Ein zentrales Thema der christlichen Philosophie ist das Verhältnis von religiösem Glauben und philosophischem Wissen. In der geläufigen Redensart „Glauben heißt nicht wissen" kommt zum Ausdruck, dass Glauben an Wissen nicht heranreicht und daher abgewertet wird. Nun wird Wissen bereits bei Platon als *begründeter wahrer Glaube* bestimmt, wobei ‚Glaube' hier erkenntnistheoretisch im Sinne von ‚Meinung' (doxa) zu verstehen ist. Kommt es allerdings zu einer skeptischen Abwertung des Wissens, wonach diesem letztlich die Begründung objektiver Wahrheit versagt bleibe, so wird der Unterschied zwischen Wissen und Glauben eingeebnet und die Auffassung vertreten, dass wir in keinem Fall über ein Meinen hinauskommen. Gleichzeitig erfolgt eine Aufwertung des religiösen Glaubens in der Weise, dass ihm eine besondere Form subjektiver Gewissheit eigen ist, die der bloßen Meinung fehlt. In der Geschichte der Philosophie hat der Skeptizismus häufig einen Fideismus (von lat. ‚fides' = ‚Glaube') im Gefolge. Dieser räumt dem Glauben den Vorrang vor dem Wissen ein und stellt die Offenbarung über die Vernunft.

Gottesbeweise sind das Mittel, dem auf Vernunft gegründeten Wissen seinen Platz in Sachen der Religion zu sichern. Exemplarisch ist hier Anselm von Canterbury (1033–1109) zu nennen. Ihm geht es in seinem berühmten, von Kant so genannten ontologischen Gottesbeweis darum, den Glauben an Gott rational zu begründen, ohne ihn allerdings von einer solchen Begründung abhängig zu machen: „Neque enim quaero intelligere ut credam, sed credo ut intelligam. (Denn ich suche nicht zu erkennen, um zu glauben, sondern ich glaube, um zu erkennen.)"[1] Zu beachten ist, dass Anselms Beweis in eine Anrufung Gottes, nämlich in ein Gebet eingebettet ist. Daher ist der Titel *Proslogion* mit ‚Anrede' zu übersetzen. Zu Beginn seines Beweises bittet Anselm darum, dass Gott ihm die rechte Einsicht verleihen möge.[2] Der Ausgangspunkt des Beweises ist die Bestimmung dessen, *was* wir von Gott glauben, also eine Definition des Begriffs ‚Gott'. Anselms Definition bestimmt Gott als „etwas, über das hinaus nichts Größeres gedacht werden kann (aliquid, quo nihil maius cogitari possit)". Indem diese Bestimmung verstanden wird, ist Gott zumindest im Verstand (in intellectu). Etwas, was so beschaffen ist, dass darüber hinaus nichts Größeres gedacht werden kann, kann aber nicht nur im Verstande sein; denn dann könnten wir uns etwas denken, was vollkommener ist, nämlich außerdem in Wirklichkeit existiert. Das ergäbe aber einen Widerspruch zur Ausgangsdefinition. Also muss Gott in Wirklichkeit (*in re*) existieren. Dieser verblüffend kurze Beweis geht von folgenden Voraussetzungen aus: (1) der Definition des Gottesbegriffs und (2) der Prämisse, dass etwas, was existiert, vollkommener ist als etwas, was nicht existiert. Es handelt sich um einen indirekten Beweis, indem die Annahme, dass Gott nicht existiert, zu einem Widerspruch geführt und damit widerlegt wird. Da es demnach *nicht* so ist, dass Gott *nicht* existiert, ergibt sich unter Anwendung der logischen Regel der doppelten Negation die Bejahung, dass Gott existiert. Gegen Anselms Beweis ist schon von einem Zeitgenossen, dem Mönch Gaunilo von Marmoutiers, im Sinn einer *reductio ad absurdum* eingewandt worden, dass der Beweis analog auch für die vortrefflichste aller Inseln gelten würde.[3]

Descartes hat sich Anselms ontologischen Gottesbeweis in seinen *Meditationen* in etwas abgewandelter Form zu eigen gemacht, setzt

1 Anselm: Proslogion, S. 100 (Schluss von Kapitel I).

2 Der Beweis findet sich ebd., S. 101f. (Kapitel II).

3 Der vollständige Einwand Gaunilos ist abgedruckt in Mojsisch (Hg.): Die Kontroverse zwischen Anselm von Canterbury und Gaunilo von Marmoutiers, hier besonders S. 75f. Die Ausgabe enthält ferner Kapitel II–IV des *Proslogions* und Anselms Erwiderung auf Gaunilos Einwand.

aber rationalistisch ohne Bezug auf den Glauben einzig auf die Vernunfterkenntnis. Beiden Beweisen ist gemeinsam, dass versucht wird, aus dem Begriff Gottes auf die Existenz Gottes zu schließen. Der Fehler eines solchen Schlusses ist bereits von Kant dahingehend aufgedeckt worden, dass Sein „kein reales Prädikat" ist, „d. i. ein Begriff von irgend etwas, was zu dem Begriffe eines Dinges hinzukommen könne"[4] und damit eine Eigenschaft dieses Dinges aussagen würde. Gottlob Frege hat diese Kritik im 19. Jahrhundert auf den logischen Punkt gebracht, dass ‚Existenz' keine Eigenschaft von Gegenständen, sondern von Begriffen aussagt. Siehe dazu ausführlich Kapitel 9.2.

Festzuhalten ist, dass von Anselm eine Verbindung von religiösem Glauben und rationalem Wissen angestrebt wird. Für ihn gilt „fides quaerens intellectum (Glaube die Einsicht suchend)". Die Auffassung, die von einem Gegensatz zwischen Offenbarungsreligion und Vernunft ausgeht, sich dabei aber auf die Seite des Glaubens schlägt, hat ihren Ausdruck in der Aussage gefunden: „Credo quia absurdum est (Ich glaube, weil es widersinnig ist)." Die Position, die unabhängig davon, was die Offenbarung lehrt, auf die Vernunft setzt, ist die so genannte natürliche Religion oder Vernunftreligion. Sie findet insbesondere im Zeitalter der Aufklärung große Zustimmung.

3.2 Der Universalienstreit: Realismus, Nominalismus und Konzeptualismus

Eines der eingangs unserer problemgeschichtlichen Darstellung herausgestellten traditionellen Themen ist die Frage nach dem Identischen des Verschiedenen, deren eine Variante die Frage nach dem Verhältnis des Allgemeinen zum Einzelnen ist. Dabei geht es darum, ob allgemeine Eigenschaften anzuerkennen sind, die dasselbe Gemeinsame verschiedener einzelner Gegenstände ausmachen. Die kontroverse Diskussion dieser Frage ist als so genannter ‚Universalienstreit' ein ontologisches Kernthema der mittelalterlichen scholastischen Phi-

4 Kritik der reinen Vernunft B 626; AA III, S. 401.

losophie. Dabei stehen sich die Positionen des Realismus und des Nominalismus gegenüber. Als Zwischenposition kommt der Konzeptualismus als dritte Position hinzu.

Der Universalienstreit stellt sich als Wiederaufnahme und Weiterführung der gegensätzlichen Auffassungen von Platon und Aristoteles über den Status des Allgemeinen dar. Die Position Platons lässt sich so beschreiben, dass die Ideen als Universalien *ante rem* beziehungsweise (plural) *ante res*, nämlich *vor* und unabhängig von den Einzeldingen existieren. Die Dinge werden von Platon ja als bloße Abbilder (Realisierungen) der ewigen Ideen aufgefasst. Der Realismus entspricht Platons Position.[5] Wegen dieser Entsprechung wird der Realismus in neueren Diskussionen, in denen es nicht nur um Universalien, sondern auch um den ontologischen Status abstrakter Entitäten wie zum Beispiel Zahlen und Propositionen geht, ‚Platonismus' genannt (siehe dazu Kapitel 9.1).

Die Formen des Aristoteles existieren als Universalien (im Gegensatz zu Platons Ideen) *in re* beziehungsweise *in rebus*, nämlich *in* den Dingen selbst, indem sie diese aus der unbestimmten Materie bilden. Für Platon und Aristoteles sind die Universalien real, bei Platon aber in ihrem Verhältnis zu den Dingen extern und bei Aristoteles intern. Dementsprechend ist der Sache nach zwischen einem externalistischen und einem internalistischen Realismus zu unterscheiden, obwohl häufig nur der externalistische Realismus als ‚Realismus' bezeichnet wird. Als frühen Vertreter eines externalistischen Realismus haben wir bereits Augustinus kennen gelernt. Innerhalb der scholastischen Tradition ist insbesondere Anselm von Canterbury zu nennen. Ein Vertreter des internalistischen Realismus ist im Anschluss an Aristoteles Thomas von Aquin.

Die Gegenposition zu beiden Arten des Realismus ist der *Nominalismus*, der besagt, dass den Universalien überhaupt keine Existenz zukomme, weil sie bloß Namen der Dinge, ein „von der Stimme erzeugter Lufthauch (flatus vocis)" seien. Mit diesen Worten charakteri-

5 Vom Realismus innerhalb des Universalienstreits ist der erkenntnistheoretische Realismus zu unterscheiden (siehe dazu Kapitel 17.1).

siert Anselm einen extremen Nominalismus, den er Johannes Roscelin von Compiègne (ca. 1050–1125) zuschreibt.[6] Gemäß nominalistischer Auffassung sind die Universalien nichts anderes als prädikative schriftliche oder mündliche Zeichen, die verschiedenen Einzeldingen zugesprochen werden. Auch wenn diese durch ein gemeinsames Prädikat einheitlich zusammengefasst werden, komme der jeweiligen Gemeinsamkeit doch keine eigene Existenzweise zu. Es existieren für die Nominalisten ausschließlich die Einzeldinge. Hier stellt sich freilich die Frage, auf welcher Grundlage man als radikaler Nominalist überhaupt dazu berechtigt ist, verschiedenen Dingen dieselben Prädikate, zum Beispiel die Prädikate ‚Rose' und ‚rot', zuzusprechen. Geschieht dies nicht aufgrund gemeinsamer Eigenschaften der Dinge, und bedeutet dieses nicht bereits, Universalien irgendwie anzuerkennen? Als Antwort auf diese Frage hat sich als Zwischenform von Realismus und Nominalismus der *Konzeptualismus* herausgebildet. Danach werden Universalien anerkannt, aber lediglich als Begriffsbildungen *post rem* beziehungsweise *post res*, also *nach* den Dingen, indem sie aus diesen durch Vergleich und Abstraktion, nämlich durch den Blick auf die Gemeinsamkeiten und das Absehen von den Verschiedenheiten, gewonnen werden. In der Bestimmung der Universalien als *post rem* stimmt der Konzeptualismus mit dem Nominalismus überein. Er reduziert die Universalien aber nicht auf bloße *Namen post rem*, sondern anerkennt sie als *Begriffsbildungen post rem*. Eine solche vermittelnde Auffassung hat Peter Abaelard (1079–1142) in Auseinandersetzung mit dem extremen Nominalismus und dem extremen Realismus vertreten. Mit Blick auf unsere Frage nach dem Identischen des Verschiedenen besteht das Identische dann in der gemeinsamen Eigenschaft der verschiedenen Dinge. Dabei ist vorausgesetzt, dass diese Eigenschaft in den einzelnen Dingen tatsächlich zu finden ist. Der Konzeptualismus läuft insofern auf einen internalistischen Realismus hinaus.

Die einzelnen Positionen sind nicht immer genau unterscheidbar. Gestritten wurde gerade auch um Nuancen, was der mittelalterlichen Philosophie den Vorwurf der spitzfindigen Haarspalterei eingetragen

6 Anselm: Epistolae de incarnatione verbi prior recensio, S. 285.

hat. Bis heute wird der Ausdruck ‚scholastisch' als philosophisches Schimpfwort verwendet, was allerdings vergessen lässt, welche gründliche Unterscheidungsarbeit ganz unabhängig von den im Hintergrund stehenden theologisch-ideologischen Fragen geleistet wurde. Selbst der berühmt-berüchtigten, historisch aber nicht belegten Frage, wie viele Engel auf einer Nadelspitze Platz haben, mit der man die Scholastik exemplarisch lächerlich zu machen versucht hat, lässt sich ein Sinn abgewinnen. Wenn man nämlich bedenkt, dass Engel nach üblichem Verständnis körperlose Wesen sind, also keine Ausdehnung haben, erkennt man in der Frage das Infinitesimalproblem des unendlich-kleinen mathematischen Punktes, der als räumliches Gebilde keinen Raum einnimmt. Dementsprechend lautet die Antwort: Unendlich viele Engel haben auf einer Nadelspitze Platz.

3.3 Die Philosophie als Magd der Theologie

Die Theologie des Mittelalters hat die Philosophie als Magd der Theologie verstanden (philosophia ancilla theologiae) und als solche in ihre Dienste genommen. Mitunter wirkt solches Denken – freilich nicht unbedingt zum Besten – bis in die Gegenwart nach, zum Beispiel in den theologischen, mit metaphysischen Argumenten ausgetragenen Streitigkeiten um die richtige Auffassung des christlichen Abendmahls. Dabei geht es um die Frage, ob die Einsetzungsworte Jesu „Das ist mein Leib" und „Das ist mein Blut" wörtlich im Sinne der Realpräsenz zu verstehen sind, dass nämlich Jesus Christus beim Abendmahl im Brot und im Wein real gegenwärtig ist. Diese Auffassung ist der katholischen und lutherischen Kirche gemeinsam. Die katholische Lehre von der Wandlung (Transsubstantiation) von Brot und Wein in den Leib und das Blut Christi wird von den Lutheranern allerdings als metaphysisch und im Neuen Testament nicht belegt eingestuft. Zwingli und die reformierte Kirche gehen von einer Idealpräsenz aus. Diese besagt, dass das „ist" in den Einsetzungsworten nicht als Ausdruck der Identität, sondern als „bedeutet" zu lesen ist. Brot und Wein stehen danach lediglich *symbolisch* für den Leib und das Blut Christi, und das Abendmahl ist ausschließlich als Gedächtnismahl zu verstehen, ganz im Sinne der Worte Jesu „Solches tut zu meinem Gedächtnis". Für diese Deutung spricht, dass Jesus die Einsetzungsworte zu seinen Jüngern in leiblicher Anwesenheit spricht, so dass hier die Identität von Brot und Leib sowie Wein und Blut ontologisch ausgeschlossen bleibt.

Um die Heftigkeit begreiflich zu machen, mit der insbesondere der Universalienstreit im Mittelalter ausgetragen wurde, muss man die theologischen Konsequenzen bedenken, welche die unterschiedlichen Positionen im Gefolge hatten oder die man ihnen unterstellte. So musste sich Roscelin gegen den Häresievorwurf verteidigen, dass die Beschränkung des Seienden auf Einzeldinge die Trinitätslehre, in der die *Dreieinigkeit* von Vater, Sohn und Heiligem Geist festgeschrieben ist, infrage stelle. Seine Lehre führe nämlich zur Anerkennung dreier einzelner von einander *getrennter* göttlicher Substanzen und damit zu einem Tritheismus, also zu einer Mehrgötterei. Andererseits wurde Jan Hus auf dem Konzil von Konstanz (1414–1418) von dem Nominalisten Pierre d'Ailly beschuldigt, dass sein Realismus der Transsubstantiation widerspreche und damit Ketzerei sei. Diese Anklage führte mit dazu, dass Hus als Ketzer verbrannt wurde. Der Sache nach sollte man eher meinen, dass der Nominalismus zur Ablehnung der Transsubstantiation führe. Wie dem auch sei, man gewinnt den Eindruck, dass die scholastischen Deduktionen auch dazu dienten, kirchenpolitisch unliebsame Gegner ideologisch zu diffamieren.

3.4 Kirche, Staat und Individuum: Wilhelm von Ockham

Die Differenzen zwischen Realismus und Nominalismus fanden nicht nur in den theologischen Auffassungen ihren Niederschlag. Kritisch nachzufragen ist auch, inwieweit ein Denken, das dem Allgemeinen eine Vorrangstellung vor dem Individuellen einräumt, eine Vernachlässigung des Individuums in politischer Hinsicht im Gefolge hat. Gegen ein solches Denken stellte sich der Franziskaner Wilhelm von Ockham (ca. 1280/1285–1347/1349). Er war ein gemäßigter Nominalist im Übergang zum Konzeptualismus, da er die Möglichkeit der Bildung zumindest von gedachtem (mentalem) Allgemeinem anerkannte. Das nach ihm ‚Ockhams Rasiermesser' genannte ontologische Ökonomieprinzip fordert, bei der Anerkennung von Entitäten sparsam zu verfahren und diese nicht ohne Notwendigkeit zu vermehren: „Entia non sunt multiplicanda sine necessitate." Diese Formulierung findet sich zwar so nicht wörtlich bei Ockham, entspricht aber in der Sache anderen Aussagen.

Die Ablehnung eines realexistierenden Allgemeinen und das Bestehen darauf, dass nur die Einzeldinge wirklich sind, haben für Ockham nicht nur theoretische Bedeutung, sondern auch praktische Konsequenzen. So war er bemüht, den Einzelnen, nämlich den menschlichen Individuen, zu ihrem politischen Recht zu verhelfen.[7] Damit wird die uneingeschränkte Autorität des Papstes und der weltlichen Obrigkeit infrage gestellt. Beide gewinnen ihre Legitimität einzig dadurch, dass sie dem Wohl der ihnen unterstellten Individuen dienen, und sie verlieren diese Legitimität, wenn sie ihrem Auftrag zuwider handeln.

Eine für die Logik folgenreiche Einsicht, die wir Wilhelm von Ockham verdanken, ist das Verständnis des Urteils als Urteilsakt (actus iudicativus), durch den der Verstand (intellectus) einem Urteilsinhalt (complexus) zustimmt oder ihn ablehnt (assentit vel dissentit). Konsequent hat später Descartes eine Verlagerung dieses Aktes vom Verstand auf den Willen vorgenommen und das Bejahen und Verneinen als Arten des Wollens (modi volendi) aufgefasst.[8] Urteilen wird dementsprechend als mentales Handeln verstanden und Irrtum als falsches Urteil bestimmt. Dieses kommt nach Descartes dadurch zustande, dass der Wille zur Wahrheitsanerkennung – einem Wunschdenken folgend – weiter geht als die Einsicht des Intellekts reicht. Daher ist der Irrtum für Descartes ein praktisches Fehlverhalten.[9] Die Akttheorie des Urteils findet im 19. Jahrhundert eine Wiederaufnahme und Weiterentwicklung (siehe Kapitel 10).

7 Vgl. Flasch: Das philosophische Denken im Mittelalter, S. 510ff.

8 Descartes: Prinzipien der Philosophie, S. 41 (1. Teil, Abschnitt 32 und 34).

9 Descartes: Meditationen, S. 151 (IV. Meditation, Abschnitt 9).

3.5 Die Aufwertung des Individuums und des Individuellen: Duns Scotus

Für eine Aufwertung des Individuums hat sich vor Ockham bereits Johannes Duns Scotus (1265 [oder 1266]–1308) in seinem Streit mit Thomas von Aquin über die Frage der Willensfreiheit eingesetzt. Während Thomas einen gemäßigten Determinismus vertritt, wonach der Mensch nicht aus eigener Kraft das Heil erlangen könne und daher auf die Gnade Gottes angewiesen sei, verteidigt Duns Scotus einen Indeterminismus, demzufolge dem einzelnen Menschen die Erlangung des Heils aufgrund eigener Verdienste offen stehe. Damit stellte er theologisch die Vormachtstellung der Kirche in ihrem Anspruch auf die Mittlerrolle zwischen Mensch und Gott infrage und stärkte die Selbständigkeit und Eigenverantwortlichkeit des Individuums gegenüber der Kirche. Auswirkungen hat die Diskussion um die Rolle des Willens auf das Verständnis des Menschen überhaupt, ob nämlich der Intellekt (so Thomas) oder der Wille (so Duns Scotus) seinen Kern ausmacht.

Der Gegensatz zwischen Intellektualismus und Voluntarismus (von lat. ‚voluntas' = ‚Wille') bleibt in der Folgezeit bestimmend. Der Intellektualismus geht davon aus, dass der Intellekt in der Lage ist, den Willen zu zügeln und damit das Handeln zu bestimmen. Für den Voluntarismus setzt sich dagegen der Wille stets durch, und der Intellekt liefert dem Willen lediglich die Motive. Die Bestimmung des Menschen als wollendes Wesen geht naturgemäß mit einer Aufwertung seiner Individualität Hand in Hand. Dem Individuationsprinzip zufolge ist es gerade der Wille, der die Menschen zu Individuen macht, diese dadurch aber auch von einander trennt, wie Schopenhauer später betont (siehe Kapitel 7.3).

Mit Blick auf spätere Ausführungen ist ferner hervorzuheben, dass Duns Scotus – bei gleichzeitiger Anerkennung konzeptueller Universalien – auch die erkenntnistheoretische Bedeutung des Individuellen erkannt hat, indem er betont, dass Individuen durch abstrakte Begriffe, die immer nur Allgemeines aussagen, in ihrer Singularität durch noch so weitgehende Spezifizierung nicht angemessen zu erfassen sind. Die Bestimmung eines Individuums a durch endlich viele Eigenschaften in der Form ‚a = dasjenige Individuum, das die Eigenschaften E_1 bis E_n besitzt' ist danach nicht möglich. Für Thomas, der als Aristoteliker ganz auf die Erkenntnis des Allgemeinen ausgerichtet bleibt, ist das Einzelne lediglich subsumptiv der spezielle Fall eines Allgemeinen. Aristoteles' Fokussierung aufs Allgemeine kommt besonders darin zum Ausdruck, dass seine Syllogistik eine Logik der Begriffsverhältnisse ist. Als Prämissen und Konklusionen sind nur generelle und partikuläre, aber keine singulären Urteile vorgesehen. Duns Scotus und die ihm folgenden Scotisten heben dagegen mit der *Einzelheit* des Individuums auch dessen Singularität im Sinne der *Einzigartigkeit* hervor. Danach ist das Individuum begrifflich nicht erfassbar. Auf Einzelnes könne man nur deiktisch durch eine Zeigehandlung hinweisen. Die Individualität wurde dementsprechend als *haecceitas* (Diesheit) in Entgegensetzung zur begrifflichen *quidditas* (Washeit) bestimmt.

Während Aristoteles (gegenüber Platon) und Thomas von Aquin (im Vergleich mit Augustinus) der realen und nicht nur der idealen Welt zugewandt sind, bleiben ihre Untersuchungen doch auf das Allgemeine in den Dingen und nicht auf die einzelnen Dinge ausgerichtet. Erst mit Duns Scotus und den Scotisten kommt mit der Diesheit auch die empirische Diesseitigkeit der Welt in ihrer individuellen Vielfalt verstärkt in den Blick. Fraglich ist freilich, ob ein deiktisch verwendetes ‚dies' nicht der Verbindung mit einem einschränkenden Prädikat (wie zum Beispiel in dem Ausdruck ‚dies Buch') bedarf, um überhaupt verständlich zu machen, worauf Bezug genommen wird. Der deiktische Gebrauch des ‚dies' findet im Logischen Atomismus Bertrand Russells Anfang des 20. Jahrhunderts eine Wiederaufnahme (siehe Kapitel 14.5).

Zur Philosophie des Mittelalters ist abschließend zu sagen: Sie stand zwar im Dienst der Theologie, hat aber auch unter deren Schutz die historischen Umbrüche nach dem Fall des römischen Reichs überlebt.[10] Es war die christliche Kirche, die das antike Erbe verwaltete, dieses dabei auch zurechtbog, aber immerhin so bewahrte, dass neue Zugänge ermöglicht wurden. Die methodologische Umorientierung in

10 Vgl. Windelband: Lehrbuch der Geschichte der Philosophie, S. 219f.

der frühen Neuzeit ist zum Teil bereits im Mittelalter vorbereitet worden. Es sind zukunftsweisende Akzente gesetzt worden, die bis in die analytische Philosophie des 20. Jahrhunderts nachgewirkt haben. Insofern trifft es nicht zu, wie manchmal suggeriert wird, dass das Mittelalter nur das Erbe des Aristoteles verwaltet habe, ohne selbst neue wissenschaftliche Wege zu gehen.

4 Die Philosophie der Neuzeit

Die Neuzeit beginnt – dem Motto „Zu den Quellen (ad fontes)" folgend – in der Renaissance und im Humanismus mit einer Rückbesinnung auf die antiken Traditionen in Kunst und Architektur sowie auf die literarischen Quellen in Literatur und Philosophie. In der Philosophie kommt es insbesondere zu einer über Aristoteles hinausgehenden Wiederbelebung des Platonismus. Eine solche ‚Wiedergeburt' der Antike drückt bereits die Epochenbezeichnung ‚Renaissance' aus.

4.1 Vom Mittelalter zur Renaissance

Die Renaissance hat ihren Anfang in Italien genommen. Eine strenge Epochengrenze zwischen Renaissance und Mittelalter besteht nicht. So gilt bereits Francesco Petrarca (1304–1374) als Mitbegründer des Renaissance-Humanismus, obwohl er zeitlich noch dem Mittelalter zuzurechnen ist. Er ist einer der Hauptvertreter der frühen italienischen Dichtung. Seine Liebeslyrik ist derartig exemplarisch geworden, dass sie stilbildend für den so genannten Petrarkismus wurde, der den mittelalterlichen Minnesang ablöste. Von diesem übernahm er als zentrales Motiv, dass das sehnsüchtige Verlangen des Liebenden unerfüllt bleibt. Die Anerkennung als früher Repräsentant der Renaissance verdankt Petrarca seinem Bemühen um die Wiederentdeckung antiker Autoren und – mit ausdrücklichem Bezug auf Augustinus – seiner Vermittlung zwischen Christentum und antiker Philosophie.

Besondere Bedeutung für ein neues, nachmittelalterliches Lebensgefühl wird Petrarcas Schilderung seiner 1336 unternommenen Besteigung des Mont Ventoux in der Provence zugesprochen.[1] Dazu trieb ihn, wie er schreibt, „einzig die Begierde, die ungewöhnliche Höhe dieses Flecks Erde durch Augenschein kennenzulernen".[2] Der

1 Petrarca: Dichtungen, Briefe, Schriften, S. 88–98.

2 Ebd., S. 88.

Aufstieg aus dem Tal wird allerdings mehr und mehr – gerade auch mit seinen Umwegen – zu einem Symbol des Lebensweges aus den Niederungen der Welt. Von dem kontemplativen Gipfelerlebnis bei einzigartigem Rundblick heißt es dann, dass er „eins ums andere bestaunte und jetzt Irdisches genoß".[3] Es scheint so, als sei die Welt nicht mehr ein bloßes Durchgangsstadium auf dem Weg in eine höhere, jenseitige Welt. Vielmehr besitze sie einen Eigenwert in ihrer diesseitigen Schönheit. Diese ästhetische Aufwallung – eine dem anstrengenden Aufstieg des „Leibes" auf den Berggipfel folgende analoge Erhebung der „Seele zum Höheren"[4] – bleibt bei Petrarca aber momentan, was mitunter übersehen wird; denn es fällt sein Blick auf eine Stelle im zehnten Buch der *Confessiones* des Augustinus.[5] Diesen Text führte Petrarca angeblich stets mit sich, und er zitiert ihn:

> Und es gehen die Menschen, zu bestaunen die Gipfel der Berge und die ungeheuren Fluten des Meeres und die weit dahinfließenden Ströme und den Saum des Ozeans und die Kreisbahnen der Gestirne, und haben nicht acht ihrer selbst.[6]

Angesprochen ist mit den aufragenden Gipfeln der Berge und den aufgewühlten Fluten des Meeres das von Kant später so genannte mathematisch und dynamisch Erhabene. Augustinus beklagt, dass der Mensch sich in der Naturbetrachtung an äußere Dinge verliere, statt sich nach Innen seinem eigenen seelischen Selbst zuzuwenden. Die kontemplative Einstellung geht in der Tat mit einer Selbstvergessenheit einher. Schopenhauer wird die Kontemplation als beglückende momentane Überwindung der Subjekt-Objekt-Spaltung im Erlebnis der Einheit mit der Natur beschreiben. Dieses Erlebnis scheint bei Petrarca zwar auf, wird von ihm aber letztlich im Sinne des Augustinus abgewehrt, indem er erklärt, „daß nichts bewundernswert ist außer der

3 Ebd., S. 95.
4 Ebd.
5 Ebd., S. 96.
6 Zitat nach Petrarca. Vgl. dazu Augustinus: Bekenntnisse, S. 256.

Seele".[7] Gleichwohl wurde Petrarcas Besteigung als Entdeckung der Landschaft interpretiert.[8]

Ob der Bericht, vor allem die Erwähnung des ‚zufälligen' Blicks auf die Augustinus-Stelle, authentisch ist oder ob hier nicht eine literarische Inszenierung vorliegt, sei dahingestellt. Inzwischen wird teilweise bestritten, dass der Aufstieg tatsächlich stattgefunden hat. Jedenfalls sehen wir, dass Petrarca noch kein wirklicher Renaissance-Mensch gewesen ist; denn diesem wäre ein derartiger Abbruch ästhetischer Hochgestimmtheit nicht widerfahren. Es liegt hier ein gewisser Zwiespalt zwischen der Weltauffassung des Mittelalters und der Weltauffassung der Renaissance vor, wie dies Petrarcas *Gespräche über die Weltverachtung* belegen. In ihnen unternimmt er aber auch einen gezielten Schritt in Richtung Renaissance, indem er sich kritisch gegen die mittelalterliche Scholastik wendet, die den Geist mit „öden Haarspaltereien" quäle.[9] Wie bereits betont wurde, ist dies freilich kein gerechtes Urteil.

Als führende Persönlichkeiten der Renaissance sind zu nennen Leonardo da Vinci (1452–1519) und Michelangelo (1475–1564). Einschneidende Ereignisse der beginnenden Neuzeit sind die Erfindung des Buchdrucks um 1450 durch Johannes Gutenberg, das Ende des oströmischen Reichs nach der Eroberung Konstantinopels durch die Osmanen 1453, die Entdeckung Amerikas 1492 und die Reformation: 31. Oktober 1517 Luthers – historisch nicht verbürgter – Anschlag der 95 Thesen an der Schlosskirche zu Wittenberg. In der Renaissance werden die neuzeitliche Wissenschaft und deren Weltauffassung vorbereitet. Es bleiben aber auch noch Reste älterer Vorstellungen präsent. So verfasste der als Arzt durchaus fortschrittliche Paracelsus (1493/94–1541) noch Schriften zur Alchemie und Astrologie.

Zu betonen ist andererseits, dass die Scholastik noch einmal zu neuer Blüte kam, insbesondere in der Person des Jesuiten Francisco Suárez (1548–1617), dem wegen seiner herausragenden Analysen der Beiname ‚doctor eximius' gegeben wurde. Seine *Disputationes Meta-*

---

7 Petrarca: Dichtungen, Briefe, Schriften, S. 96.

8 Vgl. Ritter: Landschaft, besonders S. 150f.

9 Petrarca, S. 204.

physicae fanden sogar an den deutschen Universitäten der Reformation Anerkennung. Für die Frage nach dem Verhältnis von Allgemeinem und Einzelnem ist die fünfte Disputation einschlägig.[10] Darin wendet sich Suárez, die Tradition von Duns Scotus und Ockham fortsetzend, gegen die Vorrangstellung des Allgemeinen gegenüber dem Einzelnen, von der insbesondere die platonische Ideenlehre ausgeht, die aber auch noch von der aristotelisch-thomistischen Formenlehre in abgeschwächter Weise vertreten wird. Während für beide Auffassungen das Problem der Individuation besteht, nämlich die Entstehung des Einzelnen aus dem Allgemeinen erklären zu müssen, sind dagegen für Suárez die Einzeldinge von vornherein primär, so dass es keines Individuationsprinzips bedarf, um die Individuation zu erklären. Erklärungsbedürftig ist für Suárez vielmehr die Möglichkeit der Verallgemeinerung im Ausgang von den Einzeldingen. Seine eigene Erklärung ist konzeptualistisch, indem für ihn das Allgemeine durch die Absehung von Verschiedenheiten und die Hervorhebung von Ähnlichkeiten zwischen den Dingen gebildet wird. Die Auffassung, dass in Wirklichkeit nur Individuen existieren, wird später von Leibniz übernommen, für den Seiendes seinem Wesen nach individuiert ist.[11] Leibniz wurde von Suárez außerdem zur Bildung seines folgenreichen Begriffs der „möglichen Welten" angeregt.

Auf Suárez geht auch Christian Wolffs Einteilung der Metaphysik in *metaphysica generalis* (das ist die Ontologie) und *metaphysica specialis* (mit ihren Gebieten der rationalen Theologie, rationalen Psychologie und rationalen Kosmologie) zurück. Diese Einteilung findet sich so noch bei Kant, wobei dieser die Ontologie durch seine erkenntnistheoretisch ausgerichtete Transzendentalphilosophie ersetzt. Bedeutsam und zukunftsweisend ist zudem Suárez' Rechts- und Staatsphilosophie mit der Begründung des Widerstandsrechts gegen einen ungerechten Herrscher.

---

10 Suárez: Über die Individualität und das Individuationsprinzip, besonders Abschnitt 2–6.

11 Leibniz: De principio individui, S. 18 (§ 4).

4.2 Das neue Menschenbild der Renaissance: Pico della Mirandola

Wie wir gesehen haben, deutet sich in der Entwicklung des mittelalterlichen Denkens bereits bei Duns Scotus eine Sicht an, die der Individualität des Menschen gerecht zu werden sucht, indem die Willensfreiheit verteidigt und so eine freie Entfaltung der Persönlichkeit als möglich erachtet wird. Dieser Gedanke wird zu einem zentralen Anliegen der Renaissance, exemplarisch vertreten durch Pico della Mirandola (1463–1494) in seiner *Rede über die Würde des Menschen* (*Oratio de hominis dignitate*). Danach besteht die Besonderheit des Menschen gegenüber anderen Lebewesen darin, dass ihm kein fester Lebensraum vorgegeben ist und ihm keine wohlbestimmten Eigenschaften zukommen. Diese Unbestimmtheit sei aber kein Nachteil, sondern eröffne dem Menschen gerade Möglichkeiten seiner Selbstentfaltung. Beeinflusst durch die Lehre Plotins von der Analogie zwischen Gott und der menschlichen Seele, die ihm durch den Humanisten Masilio Ficino (1433–1499) vermittelt wurde, stellt Pico emphatisch die mögliche Gottähnlichkeit des Menschen heraus und lässt den Schöpfergott zu ihm sagen:

> Weder haben wir dich himmlisch noch irdisch, weder sterblich noch unsterblich geschaffen, damit du wie dein eigener, in Ehre frei entscheidender, schöpferischer Bildhauer dich selbst zu der Gestalt ausformst, die du bevorzugst. Du kannst zum Niedrigeren, zum Tierischen entarten; du kannst aber auch zum Höheren, zum Göttlichen wiedergeboren werden, wenn deine Seele es beschließt.[12]

Indem der Mensch hier als möglicher *Schöpfer* seines eigenen Selbst beschrieben wird, erscheint er schon begrifflich analog zu Gott. Das Ziel ist nicht wie in der neuplatonischen Mystik das Aufgehen des Ichs in der Vereinigung mit Gott, die *unio mystica*, sondern das Ich im Bewusstsein seiner Gottähnlichkeit zu höchster Vollkommenheit

12 Pico della Mirandola: Über die Würde des Menschen, S. 7.

zu führen. In einer Selbstaufforderung Picos heißt es, „daß wir, nicht zufrieden mit dem Mittelmäßigen, nach dem Höchsten verlangen und uns mit ganzer Kraft bemühen, es zu erreichen – denn wir können es, wenn wir wollen".[13] Diese Einstellung charakterisiert die humanistische Aufbruchstimmung der Renaissance. Die Rezeption der Antike, welche bei Pico die hebräische und die arabische Tradition einschließt, ist also keineswegs rückwärtsgewandt, sondern ganz im Gegenteil Ausdruck eines neuen, alle Beschränkungen sprengenden Gestaltungswillens.

Die von Pico herausgestellte Unbestimmtheit des Menschen hat ihre Wirkungsgeschichte. Johann Gottfried Herder nimmt sie Jahrhunderte später zum Anlass zu fragen, ob aus ihr nicht nachteilige „Mängel" im Vergleich mit den Tieren erwachsen würden. Er kommt dann aber wie Pico zu einer positiven Deutung des „Charakters" der Gattung Mensch. Die Tiere haben danach den Vorteil der Sicherheit des „Instinkts", bleiben aber auf die enge Sphäre ihrer Umwelt beschränkt. Den Menschen zeichne dagegen ein größerer Wirkungskreis aus, den er in „Freiheit" gestalten könne: „Nicht mehr eine unfehlbare Maschine in den Händen der Natur, wird er [der Mensch] sich selbst Zweck und Ziel der Bearbeitung."[14] Die „Besonnenheit" erlaube es dem Menschen, sich selbst gemäß seinen Anlagen zu entwerfen. Als Medium der hierzu notwendigen Reflexion erfinde er sich die Sprache, die ihm wie die Besonnenheit „charakteristisch eigen, und seiner Gattung wesentlich" sei.[15] Die Erfindung der Sprache kompensiert danach für den Menschen die fehlenden Instinkte.[16]

Den Umstand der Unbestimmtheit, der für Herder nur mit scheinbaren Mängeln behaftet ist, hat im 20. Jahrhundert der Anthropologe Arnold Gehlen zum Anlass genommen, den Menschen nun doch zu einem unspezialisierten „Mängelwesen" zu erklären. Der emphatische Gedanke der Selbstentfaltung in Freiheit fehlt hier. Allerdings gesteht auch Gehlen zu, dass es dem Menschen – sozusagen der Not gehor-

---

13 Ebd., S. 11.

14 Herder: Abhandlung über den Ursprung der Sprache, S. 717.

15 Ebd., S. 722.

16 Zu Herders Sprachphilosophie siehe Kapitel 5.15.

chend – gelungen sei, seine Mängel dadurch zu kompensieren, dass er sich die Kultur (unter Einschluss von Institutionen) als Ersatz-Natur geschaffen habe.[17]

4.3 Induktion statt Deduktion: Francis Bacon

War in der Renaissance die Bildung ein wesentliches Anliegen und stellten Poetik und Rhetorik zentrale Disziplinen dar, so ändert sich dies im Laufe der Neuzeit mit dem Aufkommen der modernen Naturwissenschaften, das teilweise geradezu durch einen antirhetorischen Affekt begleitet wird. Exemplarisch anzuführen ist hier John Locke (1632–1704) mit seiner Polemik gegen die Rhetorik, auf die später zurückzukommen ist. Gleiches gilt noch nicht für Francis Bacon von Verulam (1561–1626), der sich als Schriftsteller der Rhetorik gezielt bedient. Eine Probe liefert seine prägnante bildliche Beschreibung der richtigen Methode der Philosophie (unter Einschluss der empirischen Wissenschaften):

> Die, welche die Wissenschaften betrieben haben, sind Empiriker oder Dogmatiker gewesen. Die Empiriker, gleich den Ameisen, sammeln und verbrauchen nur, die aber, die die Vernunft überbetonen, gleich den Spinnen, schaffen die Netze aus sich selbst.[18] Das Verfahren der Biene aber liegt in der Mitte; sie zieht den Saft aus den Blüten der Gärten und Felder, behandelt und verdaut ihn aber aus eigener Kraft. Dem nicht unähnlich ist nun das Werk der Philosophie.[19]

Mit der Renaissance teilt Bacon die Kritik an der Scholastik, die er auf Aristoteles überträgt, indem er diesem vorwirft, in der Wissenschaft zu sehr auf die Syllogistik gesetzt zu haben. Er zählt ihn damit ungerechterweise zu den im Zitat genannten Dogmatikern. Gegenüber der

---

17 Arnold Gehlen: Der Mensch.

18 Bacon spielt hier auf Platons mäeutische Methode an, implizit bereits vorhandene Ideen explizit zu machen.

19 Bacon: Neues Organon, S. 211 (I. Buch, Aphorismus 95).

deduktiven Darstellung der Syllogistik hebt Bacon die Überlegenheit der induktiven Methode für die Naturerkenntnis hervor.

Betrachten wir den Unterschied zwischen Deduktion und Induktion anhand von zwei Beispielen. Deduktiv verfährt der folgende bekannte Syllogismus:

> Alle Menschen sind sterblich
> Sokrates ist ein Mensch
> Sokrates ist sterblich.[20]

Hier wird formal korrekt aus der allgemeinen Prämisse ‚Alle Menschen sind sterblich' in Verbindung mit der singulären Prämisse ‚Sokrates ist ein Mensch' auf die singuläre Konklusion ‚Sokrates ist sterblich' geschlossen. Die Wahrheit der Konklusion ist in deduktiven Schlüssen nur dann garantiert, wenn zur formalen Korrektheit die Wahrheit der Prämissen hinzukommt, was im vorliegenden Beispiel der Fall ist.

Im Unterschied zur Deduktion, die vom Allgemeinen ausgeht, geht die Induktion von der Beobachtung mehrerer Einzelfälle aus, um aus diesen eine allgemeine Erkenntnis zu gewinnen. Hier ein Beispiel für einen induktiven Schluss: In Einzelbeobachtungen habe ich festgestellt, dass dieser Schwan und dieser andere Schwan und alle weiteren Schwäne weiß sind. Daraus schließe ich auf die allgemeine Aussage ‚*Alle* Schwäne sind weiß'. Im Unterschied zu (korrekten) deduktiven Schlüssen sind induktive Schlüsse nicht zwingend. So ist mit Blick auf unser Schwan-Beispiel festzuhalten, dass vereinzelt auch schwarze Schwäne vorkommen. Obwohl induktive Schlüsse sich als falsch erweisen können, sind sie für unsere Orientierung in der empirischen Welt unverzichtbar. Zu betonen ist, dass der Versuch, induktiv zu allgemeinen *Aussagen* zu kommen, bereits die Verwendung allgemeiner *Begriffe* voraussetzt. Die Einzelnen sind nämlich als Einzelne einer bestimmten Art aufzufassen, in unserem Beispiel als Schwäne. In der

---

20 Dieser Syllogismus ist kein aristotelischer Syllogismus, weil Aristoteles keine singulären, sondern nur generelle und partikuläre Prämissen zulässt. Dementsprechend kommen auch nur generelle und partikuläre Konklusionen vor.

gemeinsamen Eigenschaft, ein Schwan zu sein, besteht das Identische der verschiedenen Einzelschwäne.

Der methodische Unterschied zwischen Deduktion und Induktion lässt sich mit Blick auf den lateinischen Wortlaut (ausgehend von lat. ,ducere' = ,führen') kurz dahingehend bestimmen, dass die *De*duktion vom Allgemeinen *weg*, nämlich hinab zum Einzelnen führt, die *In*duktion dagegen vom Einzelnen zum Allgemeinen *hin* und damit zu diesem hinauf führt.

Der Titel von Bacons Hauptschrift *Novum Organon* erhebt den Anspruch, das alte Organon ersetzen zu wollen. Unter dem Titel *Organon* sind die logischen Schriften des Aristoteles zusammengefasst worden, um ihre Funktion als methodisches *Werkzeug* der Wissenschaften herauszustellen. Die Bezeichnung geht aber nicht auf Aristoteles selbst zurück, sondern kommt erst später auf.

Das obige Zitat verdeutlicht, dass Bacon kein ,Fliegenbeinzähler' ist, der es bei einer bloßen Anhäufung von empirischen Daten belässt. Vielmehr geht es ihm um eine Kunst des Findens (ars inveniendi) als Heuristik für die Erfahrungserkenntnis. Dabei kommt auch der Vernunft eine Aufgabe zu, nämlich die Experimente methodisch gezielt zu planen und einzurichten. Insofern steht Bacon, obwohl er dem Empirismus zugerechnet wird, noch außerhalb des späteren Konflikts zwischen Rationalismus und Empirismus. Deren Vertreter berufen sich in Gestalt des Empiristen Locke auf der einen und der Rationalisten Descartes sowie Leibniz auf der anderen Seite auch gleichermaßen auf ihn. In gewisser Weise nimmt Bacon die Verbindung beider Traditionen vorweg, die Kant schließlich vollzogen hat. Es ist daher nicht verwunderlich, dass Kant dem „sinnreichen" Bacon nicht nur im Motto der *Kritik der reinen Vernunft* seine Referenz erweist, sondern ihn sogar mit seiner eigenen „Revolution der Denkart" in Verbindung bringt, die darin besteht, dass die Vernunft „die Natur nötigen müsse auf ihre Fragen zu antworten, nicht aber sich von ihr allein gleichsam am Leitbande gängeln lassen müsse".[21]

21 Kritik der reinen Vernunft B XIIf.; AA III, S. 10.

Der von Bacon erhobene Vorwurf der Unfruchtbarkeit oder Nutzlosigkeit der syllogistischen Logik[22] begleitet diese durch die Geschichte der Wissenschaften und darüber hinaus. Zu nennen ist hier Mephistos Parodie des „Collegium Logicum" in Goethes *Faust*, auf die wir in der Darstellung der Lebensphilosophie (Kapitel 11) zurückkommen werden. Eine Kunst des Findens ist die Syllogistik freilich nicht. Sie bietet vielmehr eine Kunst der Beurteilung (ars iudicandi), eine Methode, mit deren Hilfe sich zeigen lässt, aus welchen Aussagen (als Prämissen) sich bestimmte Aussagen (als Konklusionen) *beweisen* lassen. Indem dann weiter nach der Beweisbarkeit der jeweiligen Prämissen gefragt wird, steigt man zu immer allgemeineren Bedingungen auf. Auf diese Weise gewinnt man schrittweise ein deduktives System von Aussagen aus ersten Prinzipien (Axiomen), wie man dies aus der Mathematik kennt.

Bacon zeigt insgesamt noch kein Verständnis für die Mathematik und deren Methode. Daher fehlt ihm auch der Blick für die Bedeutung der Mathematisierung der Naturwissenschaft. Nicht nur in dieser Hinsicht, sondern auch darin, dass er die kopernikanische Wende in der Kosmologie vom geozentrischen zum heliozentrischen Weltbild nicht vollzieht, erreicht Bacon noch nicht den Stand von Galilei und Descartes. Indem er als Ziel der Induktion die Ermittlung der „Formen" angibt, nämlich die allgemeinen Begriffe und Gesetze, die für ihn das Wesen der Natur ausmachen, steht er hier trotz seiner sonstigen Kritik an Aristoteles noch in dessen Tradition, da für ihn die Universalien *in re*, also in den Dingen selbst objektiv existieren.

Auf Abstand zu Aristoteles geht Bacon in der Ablehnung der Final- oder Zweckursachen (causae finales). Diese geben – anders als die Wirkursachen – die Zielgerichtetheit eines Geschehens an und deuten es damit teleologisch (gr. ‚telos' = ‚Ziel', ‚Zweck'). In der Zurückweisung solcher Ursachen sind Descartes und die Vertreter der neuzeitlichen mechanistischen Naturauffassung Bacon gefolgt, da sie sich wissenschaftstheoretisch an der mathematischen Physik orientieren. Der Gedanke der Zweckmäßigkeit kommt mit der Biologie und deren

22 Neues Organon, S. 85–89 (I. Buch, Aphorismen 11–18).

Begriff des Organismus wieder auf. So bereits in Kants *Kritik der teleologischen Urteilskraft*.

Von Wissenschaftstheoretikern wird weitgehend bestritten, dass Bacon die Methodologie der empirischen Wissenschaften tatsächlich vorangebracht hat. Die von ihm für das Auffinden von Ursachen propagierte induktive Methode besteht im Wesentlichen darin, positive und negative Belege, so genannte „Instanzen", gegeneinander abzuwägen. Da noch so viele positive Instanzen keine endgültige Bestätigung liefern können (siehe das obige Schwanbeispiel), läuft Bacons Methode letztlich auf ein Ausschlussverfahren, auf eine *eliminative* Induktion hinaus. So gesehen könnte man dessen Verfahren als Vorwegnahme der Methode der Falsifikation durch Gegenbeispiele im Sinne Karl R. Poppers bewerten. Die Falsifikation folgt allerdings *deduktiver* Logik unter Anwendung des *modus tollens* (siehe dazu Kapitel 16.1).

Bacons Verdienst um die Wissenschaft ist vorwiegend werbender und anregender Art. Für eine gerechte Einordnung seiner Bemühungen ist zu beachten, dass er als Staatsmann tätig war und als solcher ein praktisches Interesse in den Vordergrund stellte. Für ihn sind „die Wege zur Macht und zur menschlichen Wissenschaft aufs engste miteinander verbunden und fast gleich".[23] Das heißt: Wissen ist Macht. Bacon geht es um eine Beherrschung und Nutzung der Natur durch den Menschen. Dieser Instrumentalismus unterscheidet ihn von Aristoteles, der im Sinne der ursprünglichen griechischen Bedeutung von *theoria* eine kontemplative Einstellung zur Wahrheit anstrebte.

Nachhaltig gewirkt hat Bacon durch seine Lehre von den Idolen (lat. ‚idolum' = ‚Götze'), die das Erkennen durch Vorurteile beeinträchtigen.[24] Unterschieden werden vier Arten:

(1) Die Idole des Stammes oder der menschlichen Gattung (idola tribus), die darin bestehen die Dinge der Natur einseitig aus menschlicher (anthropomorpher) Perspektive zu betrachten. Bacon wen-

23 Ebd., S. 283 (II. Buch, Aphorismus 4).

24 Ebd., S. 99–105 (I. Buch, Aphorismus 38–44).

det sich ausdrücklich gegen die skeptizistische Auffassung des Protagoras, dass der Mensch das Maß aller Dinge sei.[25]

(2) Die Idole der Höhle (idola specus), die sich aus der subjektiven Perspektive der einzelnen menschlichen Individuen ergeben. Danach sitzt jeder in seiner eigenen Höhle und nicht wie in Platons Höhlengleichnis in einer Gemeinschaftshöhle. Zudem nimmt Bacon eine Verkehrung von Platons Pointe vor; denn für Platon verstellt ja gerade das von Bacon geforderte Ausgehen von der sinnlichen Erfahrung die eigentliche Erkenntnis, nämlich den Aufstieg aus der Höhle zur Schau der Ideen.

(3) Die Idole des Marktes (idola fori), die durch die Vergesellschaftung der Menschen bedingt sind. Verwiesen wird insbesondere auf die Verwirrungen des Verstandes durch die Sprache.

(4) Die Idole des Theaters oder des Schauplatzes (idola theatri), bei denen es sich um überlieferte Lehrmeinungen der Tradition handelt, die ungeprüft und zu leichtgläubig übernommen werden.

Für Bacon ist der Mensch in seinen Vorurteilen nicht grundsätzlich gefangen, sondern er kann sich aus ihnen befreien und zu objektiver Erkenntnis gelangen. Die induktive Erforschung der Natur soll dies leisten. Mit dieser positiven Einstellung zur Wissenschaft hat Bacon das Denken der Neuzeit beeinflusst. Darüber hinaus ist er mit seiner Lehre von den Idolen zu einem Vater der Ideologiekritik geworden.

4.4 Die Mathematisierung der Naturwissenschaft

Da Bacon die Bedeutung der Mathematik für die Naturforschung noch nicht erkannt hat, setzt sich die mathematische Naturwissenschaft der Moderne erst mit Galilei und Descartes durch. Was die Bildungstradition der Renaissance und die neuzeitliche naturwissenschaftliche Tradition miteinander verbindet, ist außer der Kritik am Mittelalter die

25 Ebd., S. 101 (I. Buch, Aphorismus 41): „Es ist nämlich ein Irrtum zu behaupten, der menschliche Sinn sei das Maß der Dinge.“.

Stärkung des Subjekts gegenüber überlieferten Autoritäten, besonders gegenüber der Autorität der katholischen Kirche. Im Unterschied zur humanistischen Bildungstradition geht die naturwissenschaftliche Tradition eher auf Distanz zur Antike, insbesondere zur aristotelischen Naturphilosophie, die das Naturverständnis des Mittelalters bestimmt hat. Aristoteles wird vorgeworfen, sich auf den bloßen Augenschein zu stützen und nicht von wissenschaftlichen Beobachtungen auszugehen. Andere Elemente der Antike, wie insbesondere der Atomismus werden dagegen weiterentwickelt, indem versucht wird, die Qualitäten der Dinge durch zahlenmäßig bestimmbare Mischverhältnisse von Elementen zu erklären. Dieses Vorgehen folgt der Tendenz, Qualitäten auf Quantitäten zu reduzieren und damit die Einheit in der qualitativen Vielheit quantitativ zu erfassen. Ein in der Erkenntnistheorie bis in die Gegenwart hinein diskutiertes Standardbeispiel ist die Reduktion der Farbqualitäten auf Licht einer bestimmten Wellenlänge. Die Frage in dieser so genannten Qualia-Debatte ist, ob die Bekanntschaft mit Farbqualitäten nicht einen Mehrwert an Erkenntnis vermittelt, der über quantitative Bestimmungen hinausgeht.

Das Ideal einer quantitativen Erschließung der Natur macht die Mathematik zur Leitdisziplin der neuen Naturwissenschaft. Dem *Buch der Bücher*, der Bibel, wird das *Buch der Natur* an die Seite gestellt. Dieses Buch, so betont Galilei, ist in mathematischer Sprache geschrieben, will sagen: Die Naturgesetze haben eine mathematische Form:

> Die Philosophie ist geschrieben in jenem großen Buch, das immer vor unseren Augen liegt (ich meine das Universum); aber wir können es nicht verstehen, wenn wir nicht zuvor die Sprache erlernen und uns mit den Zeichen vertraut machen, in denen es geschrieben ist. Geschrieben ist es in mathematischer Sprache, und die Zeichen sind Dreiecke, Kreise und andere geometrische Figuren, ohne die es dem Menschen unmöglich ist, ein einziges Wort davon zu verstehen; ohne diese irrt man in einem dunklen Labyrinth herum.[26]

26 Galilei: Il Saggiatore, S. 119f.

Wie der Eingangssatz belegt, schließt die Philosophie bei Galilei noch die Naturwissenschaften ein. Dies bleibt auch in der Folgezeit so. Man beachte ferner, dass Galilei hier von „geometrischen Figuren" spricht und damit noch auf die ‚qualitative' Anschauung zurückgreift. Descartes hat mit seiner analytischen Geometrie, als deren Begründer er gilt, die Quantifizierung weiter vorangetrieben, indem geometrische Aufgaben rein rechnerisch gelöst werden, ohne auf die Anschauung zurückzugreifen. Die auf Anschauung basierende Geometrie geht auf Euklid zurück.

Einen entscheidenden Bruch mit dem mittelalterlichen Weltbild vollzieht die Ersetzung des geozentrischen ptolemäischen Weltbildes durch das heliozentrische kopernikanische Weltbild. Weiter verfeinert wird dieses durch Keplers Entdeckung der elliptischen (statt der kreisförmigen) Gestalt der Planetenbahnen. Entgegen dem Augenschein (Aufgehen und Untergehen der Sonne) dreht sich nicht die Sonne um die Erde, sondern die Erde um die Sonne.

Ein einfaches Beispiel eines mathematischen Naturgesetzes bietet das von Galilei entdeckte Fallgesetz. Im Mittelalter ging man Aristoteles folgend davon aus, dass schwere Körper schneller fallen als leichte Körper. Diese Ansicht liegt aus alltäglicher lebensweltlicher Sicht auch nahe, wenn man den unterschiedlichen Luftwiderstand bei sehr schweren und bei sehr leichten Gegenständen (wie Blättern und Federn) bedenkt. Auch Galilei folgte dieser Auffassung zunächst. Als er aber von idealen Bedingungen ohne Luftwiderstand ausging, war das Ergebnis ein anderes. Das Fallgesetz $s={}^{g}/_{2}\,t^2$ bestimmt die Fallstrecke s eines Körpers in Abhängigkeit von der Fallzeit t, wobei g die Gravitationskonstante ist. In diesem Gesetz kommen Massengrößen gar nicht vor. Die Fallstrecke in einer bestimmten Zeit erweist sich demnach als unabhängig von der Masse der Körper. Körper verschiedensten Gewichts fallen also gleichschnell.

Die mathematische Physik in der Tradition von Galilei, Descartes und Newton wurde zur Grundlage des mechanistischen Weltbildes, wonach die Natur nach festen mathematisch bestimmbaren physikalischen Gesetzen abläuft. Dabei gab es im Einzelnen durchaus unterschiedliche Auffassungen. So beruhen nach Descartes alle Veränderungen auf Stoßbewegungen, während Newton mit der Gravitation auch Fernwirkungen anerkennt.

Neben den Ergebnissen der Physik dürfen die bedeutenden Fortschritte in anderen Disziplinen, vor allem in der Medizin, nicht vergessen werden. Exemplarisch zu nennen ist hier die Entdeckung des Blutkreislaufs (mit dem Herz als Pumpe) durch den Engländer William Harvey (1578–1657).[27] Widerlegt wurde damit die bis dahin geltende Auffassung des hellenistischen Arztes und Philosophen Galen, dass die Leber permanent Blut produziere und dieses durch Kontraktion der Arterien in Bewegung gesetzt werde. Harvey ging bei seinen Studien ganz im Sinne Bacons unter genauer Beobachtung des menschlichen Körpers sowie unter Einsatz von gezielten Experimenten und (aus heutiger Sicht problematischen) Tierversuchen vor, die er zunächst in Vorlesungen demonstrierte. Vor der Veröffentlichung seiner Thesen stellte er sich damit der prüfenden Kritik. Zur Anwendung der Mathematik kam es auch bei Harvey. Indem dieser die Pumpleistung des Herzens berechnete, wies er nach, dass die Menge an Blut unmöglich durch die Leber produziert werden kann. Welchen großen Eindruck Harveys Entdeckung hinterließ, ist wirkungsgeschichtlich daran zu erkennen, dass Thomas Hobbes den Blutkreislauf im menschlichen Körper als Metapher für den Geldkreislauf im Staatskörper verwendete.[28]

Erwähnung verdient in diesem Zusammenhang, dass Harvey noch stark von Aristoteles beeinflusst ist, von dem er die Lehren von den Formen und von den Zweck- oder Finalursachen in seinem embryologischen Werk über die Erzeugung der Tiere übernimmt.[29] Damit wird Harvey zu einem Vorläufer des Vitalismus, der eine mechanistische Deutung des Lebens ablehnt. Bei Aristoteles findet sich auch bereits die Auffassung, dass das schlagende Herz Motor und Quelle des Lebens ist. Es kann also nicht davon die Rede sein, dass die neuzeitliche Naturwissenschaft stets einen Bruch mit Aristoteles vollzogen hat. Es ist wohl eher so, dass die übermächtige Autorität des Aristoteles zum Widerspruch reizte.

---

27 Harvey: Exercitatio anatomica de motu cordis et sanguinis in animalibus (Anatomische Übung über die Bewegung des Herzens und des Blutes in Lebewesen).

28 Hobbes: Leviathan, S. 194.

29 Harvey: Exercitationes de generatione animalium (Übungen über die Erzeugung der Tiere).

4.5 Die neue Stellung des Subjekts

Das mechanistische Weltbild hat das neuzeitliche Denken maßgeblich bestimmt. Wesentlichen Anteil daran hat Descartes, der aber auch die philosophischen Konsequenzen dieses Weltbildes für die Stellung des Subjekts in einer objektiven Gesetzen folgenden Natur bedachte. Durch das heliozentrische Weltbild verliert – ‚objektiv' betrachtet – nicht nur die Erde, sondern mit ihr auch der Mensch als Erdenwesen seine Stellung im Mittelpunkt des Kosmos. Zum Ausdruck kommt diese Degradierung etwa in Nietzsches ironischer Bemerkung:

> In irgendeinem *abgelegenen Winkel* des in zahllosen Sonnensystemen flimmernd ausgegossenen Weltalls gab es einmal ein Gestirn, auf dem kluge Tiere das Erkennen erfanden.[30]

Die kosmische Degradierung betrifft den Menschen aber nur als Objekt. Als Objekt unter Objekten rückt der Mensch zwar aus dem Zentrum heraus, erkenntnistheoretisch betrachtet wird er als Subjekt aber zum Zentrum der Welt. Genau dieses führt Descartes in seinen *Meditationen* vor. Das *Cogito-ergo-sum* („Ich denke, also bin ich") bildet den Ausgangspunkt für den wissenden Zugang zur Welt. Das sich seines Selbst und seiner Existenz bewusste Subjekt ist ein selbst-bewusstes Subjekt im doppelten Sinne des Wortes. Nicht nur meint Descartes, den Grundstein allen Wissens im Bewusstsein seiner selbst gefunden zu haben. Diese Einsicht führt auch zu einem neuen Selbstbewusstsein, dem Bewusstsein nämlich, allein auf sich selbst gestellt Wissen erlangen zu können. Es ist diese Einstellung, die charakteristisch für das neuzeitliche Denken ist. Im Fortschrittsdenken der Aufklärung findet sie im 18. Jahrhundert ihren Höhepunkt, dann aber auch bereits in der Gegenaufklärung ihre Kritiker.

Exemplarisch lässt sich das neue Selbstbewusstsein an der gegenüber dem Mittelalter veränderten Stellung des Subjekts zu Gott verdeutlichen. Die Ausgangspunkte sind vergleichbar. So wird das *Cogi-*

30 Über Wahrheit und Lüge im außermoralischen Sinn, S. 309. Hervorhebung G. G.

to-ergo-sum bereits von Augustinus in der Formulierung „Si enim fallor, sum" vorweggenommen. Das Argument lautet ganz ähnlich wie bei Descartes:

> Wenn ich mich täusche, bin ich ja. Denn wer nicht ist, kann sich auch nicht täuschen; also bin ich, wenn ich mich täusche.[31]

Vergleicht man aber die *Bekenntnisse* (*Confessiones*) des Augustinus mit den *Meditationen* und dem *Discours de la Méthode* des Descartes, so sind gravierende Unterschiede zu erkennen. Während Augustinus ein exemplarisches Bekenntnis vor Gott und den Menschen ablegt, um den Menschen einen Weg zu Gott aufzuzeigen, legt Descartes vor der Kirche und den Menschen exemplarisch dar, auf welchem Wege der Mensch zu rationalem Wissen gelangt. Stellen die *Meditationen* eine säkularisierte Form religiöser Meditationen dar, so lässt sich der *Discours* als säkularisierte Form eines Bekenntnisses lesen. Die Stellung des Subjekts zu Gott hat sich dabei aber wesentlich verändert.

Das Widmungsschreiben der *Meditationen* an den Dekan und die Doktoren der Theologischen Fakultät von Paris gibt vor, dass es dem Autor um den „Ruhm Gottes" gehe:

> Denn die Wichtigkeit der Sache und der Ruhm Gottes, auf den dies alles abzielt, zwingen mich hier, viel offener über meine Arbeit zu sprechen, als ich es gewohnt bin.[32]

Dass es hier um den Ruhm Gottes und nicht um den eigenen Ruhm geht, werden wir Descartes nicht abnehmen. Der Topos der Bescheidenheit dient einzig der rhetorischen Beruhigung der Herren Theologen. Was für ein Unterschied zu Augustinus! Für beide Autoren gilt, dass die Gotteserkenntnis durch und nach der Selbsterkenntnis erfolgt. Für Augustinus ist die Gotteserkenntnis aber Endzweck, bei

31 Augustinus: Vom Gottesstaat, Buch 11–22, S. 43 (Buch 11, Kapitel 26).

32 Descartes: Meditationen, S. 37f.

Descartes lediglich ein Schritt auf dem Weg zur Wahrheitsvergewisserung. Die Einstellung des Subjekts bei Augustinus ist Zerknirschtheit angesichts der eigenen *Verfehlungen*, bei Descartes dagegen Selbstbewusstsein angesichts der eigenen *Leistungen*.

Der Text der *Meditationen* fingiert eine zeitliche Abfolge von sechs Meditationen an sechs Tagen. Da liegt der Vergleich nahe: Gott hat gemäß Schöpfungsgeschichte die Welt in sechs Tagen geschaffen. Descartes reißt diese Welt in ebenfalls sechs Tagen in einem radikalen methodischen Zweifel nicht nur schrittweise ein, sondern baut sie auf der Grundlage eines sich selbst vergewissernden Denkens im Ausgang von dem *Cogito-ergo-sum* zudem schrittweise wieder auf. Gott wird dabei erkenntnistheoretisch ‚funktionalisiert'. So dient ein Gottesbeweis dazu, den Neuaufbau abzusichern: Da Gott ein gütiger Gott ist, ist er ein Garant dafür, dass ich mich nicht auch dann noch täusche, wenn ich etwas so klar und deutlich einsehe wie das *Cogito-ergo-sum*. Nach dieser Absicherung fungiert das Kriterium ‚klar und deutlich' als Wahrheitskriterium, wonach eine Erkenntnis genau dann wahr ist, wenn wir sie klar und deutlich einsehen.

4.6 Das Erbe des Dualismus: René Descartes und die Folgen

Ein folgenreiches Problem ergibt sich aus dem Dualismus, den Descartes in seinen *Meditationen* entwickelt. Danach existieren zwei grundsätzlich verschiedene Substanzen, die ausgedehnte Materie (res extensa) und der unausgedehnte Geist (res cogitans). Der Mensch hat an beidem teil, sein Körper ist gewissermaßen eine Gliedermaschine, die aber von einem denkenden Geist bewohnt wird. Beide treten in Wechselwirkung mit einander. So werden Verletzungen des Körpers vom Geist als Schmerzen wahrgenommen, umgekehrt gehorcht der Körper (bei gesunden Menschen) dem Geist. Anders als es häufig dargestellt wird, geht Descartes durchaus von einer ‚ganzheitlichen' Auffassung des Menschen aus. Er betont ausdrücklich, dass das Verhältnis des Geistes zum Körper inniger sei als das eines Schiffers zu seinem Schiff und sich als eine „Vereinigung und gleichsam Verquickung des Geistes mit dem Körper" darstelle.[33] Des ungeachtet haben böse Zungen Descartes' Auffassung des Menschen später mit dem Schlagwort vom „Gespenst in der Maschine (the ghost in the machine)" karikiert – so der Philosoph Gilbert Ryle in seinem Buch *The Concept of Mind*.[34] Richtig ist allerdings, dass Descartes' Dualismus die Frage aufwirft, wie es einem unausgedehnten Geist gelingen könne, mit einem ausgedehnten Körper in Wechselwirkung zu treten. Dieses Problem, das so genannte Leib-Seele-Problem, beschäftigt uns bis heute.

Descartes' Dualismus rief Alternativen auf den Plan, die ihn durch einen Monismus zu überwinden trachteten, der besagt, dass alles *eins* sei. Monisten stehen grundsätzlich zwei Möglichkeiten der Verneinung des Dualismus offen: Sie können sich entweder auf eine der beiden Seiten des dualistischen Gegensatzes stellen oder den Gegensatz unter einem übergeordneten Gesichtspunkt aufheben. Von der ersten Art sind der Materialismus, für den die Materie die einzige Substanz ist (und Geist lediglich als eine komplexe Erscheinungsform der Materie gilt), und der Spiritualismus, für den der Geist die einzige Substanz ist. Diese extreme Version des Spiritualismus, die letztlich die Existenz der Materie leugnet, ist sehr selten. Ihr bekanntester Vertreter ist der Bischof George Berkeley (1685–1753).

Eine schwächere Form des Spiritualismus leugnet nicht die Existenz der Materie, behauptet aber, dass der Geist ursprünglicher sei. Diese Version ist aus der biblischen Schöpfungsgeschichte und aus dem Anfang des Johannes-Evangeliums bekannt. Philosophisch hat sie zum Beispiel Gottfried Wilhelm Leibniz (1646–1716) vertreten, der von einer unendlichen Zahl qualitativ verschiedener einfacher Substanzen geistiger Art ausgeht, die er „Monaden" nennt (abgeleitet von gr. ‚monas' = ‚Einheit' oder ‚Einfachheit'). Die Qualität einer Monade bemisst sich nach dem Grad ihrer Bewusstheit in der kontinuierlichen Spannbreite zwischen unbewusst, deutlich bewusst und selbstbewusst. Keine Monade stimmt darin mit einer anderen überein. Leibniz vertritt damit einen ontologischen Individualismus.

33 Ebd., S. 195 (VI. Meditation, Abschnitt 13).

34 Ryle: Der Begriff des Geistes, S. 13.

Von den Monaden heißt es: „Einfache Substanzen muß es geben, weil es Zusammengesetztes gibt; denn das Zusammengesetzte ist nichts anderes als eine Anhäufung oder ein Aggregat von Einfachem."[35] Einfach ist für Leibniz, „was ohne Teile ist".[36] In diesem Sinne sind ihm die Monaden „die wahren Atome der Natur".[37] Dies wird man so verstehen dürfen, dass die Natur aus diesen Atomen aufgebaut ist. Bei materiellen Atomen ist dies nachvollziehbar. Diese sind zwar nicht weiter teilbar, aber doch ausgedehnt. Die Monaden sind dagegen Atome, die von Leibniz in Analogie zu mathematischen Punkten als ausdehnungslose metaphysische Punkte bestimmt werden. Da fragt man sich allerdings, wie die ausgedehnte Natur aus ausdehnungslosen Monaden aufgebaut sein kann. Leibniz denkt sich dies wohl analog zum Aufbau einer Strecke aus unendlich vielen Punkten. Hier von einem Aufbau zu sprechen, ist aber nicht unproblematisch; denn bekanntlich besteht bereits eine beliebig kleine Strecke aus unendlich vielen Punkten.

Die Monaden sind für Leibniz eine „Schöpfung" Gottes,[38] der selbst als notwendige Substanz bestimmt wird, in der „der letzte Grund der Dinge" liegt.[39] Die Monadenlehre läuft letztlich auf einen spiritualistischen Atomismus hinaus. Für diesen (wie auch für den materialistischen Atomismus) gilt, dass die Atome die Einheit in der Vielheit sichern. Während es von den materiellen Atomen einige Sorten gibt, bilden die spirituellen Atome der Monadenlehre eine unendliche Vielfalt von einzigartigen Individuen.

Vom Materialismus und vom Spiritualismus unterscheidet sich der ontologisch neutrale Monismus, der auf Baruch de Spinoza (1632–1677) zurückgeht. Spinoza hebt den Gegensatz zwischen Materie und Geist auf. Für ihn ist weder die Materie noch der Geist eine Substanz. Beide sind vielmehr Aspekte (Attribute) oder Erscheinungsformen einer einzigen einheitlichen neutralen Substanz.

---

35 Leibniz: Monadologie, § 2.

36 Ebd., § 1.

37 Ebd., § 3.

38 Ebd., § 6.

39 Ebd., § 38.

Die neuzeitliche Kontroverse zwischen Materialismus und Spiritualismus erweist sich als eine Wiederaufnahme und Fortführung antiker Positionen. Anzuführen sind auf materialistischer Seite Demokrits Atomismus und auf spiritualistischer Seite Platons Ideenlehre und Plotins Emanationslehre. Varianten des Monismus kehren im Verlauf der Geschichte wieder (siehe insbesondere Kapitel 12). Insofern haben wir es hier mit einem Beispiel für eine durchgehende Problemgeschichte zu tun, die sich zudem mit der Problemgeschichte des Verhältnisses von Einheit und Vielheit überkreuzt.[40]

Neben der Zwei-Aspekte-Lehre Spinozas war dessen Pantheismus mit der Gleichsetzung von Gott und Natur („deus sive natura") besonders einflussreich.[41] Die Auseinandersetzung mit dieser Gleichsetzung durchzieht die deutsche Philosophie im ausgehenden 18. und im 19. Jahrhundert. Beteiligt waren neben Vertretern des Deutschen Idealismus und der Romantik auch Herder und Goethe. Da der Pantheismus im Widerspruch zur Vorstellung eines persönlichen Gottes steht, galt und gilt er als atheistisch. Wegen der für Atheisten bestehenden Sanktionen verlief die Anerkenntnis des Spinozismus nur unterschwellig, und es unterblieben offene Bekenntnisse.

4.7 Die Einbildungskraft und die Dichtung: Giambattista Vico und Descartes

Eine genaue Abgrenzung zwischen Renaissance und beginnender Neuzeit ist nicht möglich und auch nicht nötig. Hier gibt es Übergänge. Rechnet man Galilei (1564–1642) noch zur Renaissance, so hat das neuzeitliche mathematisch-physikalische Weltbild bereits in der

40 Obwohl die Bezeichnungen beider Positionen von dem lateinischen Wort ‚spiritus' (= ‚Geist') abgeleitet sind, hat der Spiritualismus nichts mit esoterischem Spiritismus in Form von Tischrücken und Geisterbeschwörung zu tun.

41 Die Formulierung „deus sive natura" kommt bei Spinoza in unterschiedlichen Formen vor. Vgl. zum Beispiel den Genitiv „dei sive naturae potentia" („die Kraft Gottes oder der Natur") in der *Ethica ordine geometrico demonstrata* (1677, anonym). Dt. Die Ethik, S. 176 (IV. Teil, 4. Lehrsatz, Beweis).

Renaissance seinen Ursprung. Andererseits ging das Erbe der Renaissance in der Folgezeit nicht gänzlich verloren. Zu nennen ist in diesem Zusammenhang besonders der Italiener Giambattista Vico (1668–1744), der sich für eine humanistische Bildung unter Rückgriff auf die antike Dichtung aussprach und bemüht war, den Geist der Renaissance wach zu halten. Damit trat er in einen Gegensatz zum Cartesianismus, der an der Universität Neapel, an der Vico ab 1697 einen Lehrstuhl für Rhetorik innehatte, vorherrschend war.

Gegen Descartes verteidigte Vico die Rolle der Einbildungskraft (imaginatio; abgeleitet von lat. ‚imago' = ‚Bild'). Deren Erkenntnisleistung hatte Descartes – in der rationalistischen Tradition Platons stehend – abgewertet, weil sie ein sinnliches Vermögen ist. Sie vergegenwärtigt bildliche Vorstellungen von körperlichen Gegenständen, die zuvor wahrgenommen wurden.[42] Die Einbildungskraft ist soweit nur *re*produktiv. Von der reproduktiven ist die produktive Einbildungskraft zu unterscheiden. Sie bildet aus dem reproduktiv gewonnenen Vorstellungsmaterial neue Vorstellungen, darunter auch fiktionale, denen in der Wirklichkeit nichts entspricht. Einfache häufig verwendete Beispiele sind die Vorstellung eines goldenen Berges oder die Vorstellung eines Zentauren. Die produktive Einbildungskraft bildet die Grundlage der dichterischen Phantasie. Damit aus Fiktionen Dichtung wird, bedarf es allerdings zusätzlich einer literarischen Gestaltung. Beim Einsatz der produktiven Einbildungskraft muss man sich des Unterschieds zwischen Fiktionen und Fakten stets bewusst bleiben, sonst kann es geschehen, dass man sich etwas ‚bloß einbildet' und wie Don Quijote Windmühlen für Riesen hält.[43]

Der wissenschaftlich ausgerichteten Metaphysik des Descartes setzte Vico die Dichtung als „poetische Metaphysik" entgegen[44] und sprach dabei sogar von einer „poetischen Logik" der Phantasie. Als Leistung der Phantasie zeichnete Vico insbesondere die Bildung von Metaphern aus, deren Einsatz die Sprachentwicklung allererst möglich gemacht

---

42 Descartes: Meditationen, S. 85 (II. Meditation, Abschnitt 7): „Bildlich vorstellen heißt lediglich, die Gestalt oder das Bild eines körperlichen Gegenstands betrachten."

43 Vgl. dazu zum Beispiel Hobbes: Leviathan, S. 14f.

44 Vico: Die neue Wissenschaft, S. 167.

habe.[45] Daher sei es auch ein Irrtum, „daß die prosaische Sprache die eigentliche, die der Dichter die uneigentliche sei; und daß man zuerst in Prosa, und dann in Versen gesprochen habe".[46] Mit dieser These eines metaphorischen und poetischen Ursprungs der Sprache hat Vico die Sprachphilosophie Herders wesentlich beeinflusst.

Vico lehnt das wissenschaftliche Denken keineswegs ab, kritisiert aber dessen deduktives Vorgehen und stellt sich selbst entschieden auf die Seite der induktiven Methode Bacons.[47] Zur deduktiven Syllogistik des Aristoteles bemerkt er, dass sie „mehr eine Methode ist, die Allgemeinbegriffe in ihre Besonderheiten [nämlich in ihre Merkmale] aufzulösen, als Besonderheiten zu Allgemeinbegriffen zu vereinigen".[48] Diese an sich zutreffende Beschreibung dient Vico zur Abwertung der „Methode moderner Philosophen", mit der das deduktive Vorgehen gemeint ist. Der Übersetzer Erich Auerbach sieht hier einen verdeckten Angriff gegen Descartes. In der Sache ist dieser aber eher gegen die Cartesianer gerichtet, die wie Spinoza die deduktive Methode der euklidischen Geometrie als Beweismethode *more geometrico* bevorzugten. Die von Descartes in seinen *Meditationen* angewandte analytische Methode ist dagegen keine deduktive Beweismethode, sondern eine nicht-deduktive Findemethode.

Vicos pauschale Ablehnung der Deduktion und seine zu einseitige Parteinahme für die Induktion ist zurückzuweisen. Als positiv lässt sich aber sein Bemühen um eine Ergänzung der wissenschaftlichen Weltauffassung durch eine poetische Weltauffassung verbuchen.

Klarzustellen bleibt noch, dass Descartes' rationalistische Kritik an der Einbildungskraft dieser nicht generell, sondern lediglich in ihrer Funktion als Erkenntnisquelle gilt. Ansonsten ist die Einbildungskraft in ihrer Funktion als Phantasie das Vermögen der Poesie, und in diese war Descartes nach eigener Aussage „verliebt".[49] Descartes hat denn auch nicht nur Kritik, sondern auch Zustimmung von Seiten der Dich-

45 Ebd., S. 170ff.

46 Ebd., S. 175.

47 Ebd., S. 211.

48 Ebd.

49 Descartes: Discours de la Méthode, S. 13.

ter erfahren. So verteidigt der Gegenwartslyriker Durs Grünbein Descartes gegen die Diffamierung des anti-rationalistischen Lyrikers Gottfried Benn, der Descartes einen für sämtliche Übel der Moderne verantwortlichen „Intellektualverbrecher" genannt hat.[50] Nach Grünbein lasse sich etwa der *Discours de la Méthode* nicht nur als methodologische Abhandlung, sondern auch „als literarisches Meisterwerk lesen". Als Gewährsmann führt er den Dichter Paul Valéry an, für den sich Descartes durch seinen Beitrag zur französischen Kunstprosa „unsterblich" gemacht hat.[51] In der Tat, Descartes ist ein Meister der *literarischen* Darstellung *philosophischer* Gedanken. Für Grünbein verhält er sich wie die Dichter, indem er „seine Existenz exemplarisch" nimmt und als solche „präsentiert".[52] Dieser Gedanke lässt sich an Hand der literarischen Form der *Meditationen* vertiefen.

Die *Meditationen* werden meistens als rein apophantisch-argumentativer Text gelesen. Übersehen wird dabei, dass sie auch fiktionale Passagen enthalten. Streng genommen haben wir es sogar insgesamt mit einem fiktionalen Text zu tun. Dargestellt ist ein innerer Monolog. Dieser ist aber nicht das Protokoll eines wirklichen Selbstgesprächs, das zu einer bestimmten Zeit an einem bestimmten Ort stattgefunden hat. Vielmehr tut der Autor nur so, *als ob* sich sein meditativer Denkprozess so vollzogen habe, wie er im Text vergegenwärtigt wird. Die Situationsbeschreibung, „daß ich hier bin, am Ofen sitze, meinen Winterrock anhabe, dieses Papier hier mit den Händen berühre",[53] ist nicht als autobiographischer Bericht zu lesen. Die Entstehungsgeschichte der *Meditationen*, wie sie in den Eingangspassagen vorgegeben wird, ist vielmehr eine Inszenierung, eine *Selbst*inszenierung, freilich nicht die Inszenierung eines individuellen Selbst. Das Ich des Textes steht nicht für den historischen Autor Descartes, es ist vielmehr ein stellvertretendes Ich. Das cartesische Subjekt fungiert als Platzhalter für andere Subjekte, die aufgefordert sind, die Denkschritte der *Meditationen* für sich nachzuvollziehen und dann auch mitzugehen.

50 Grünbein: Der cartesische Taucher, S. 22.

51 Ebd., S. 28.

52 Ebd., S. 32.

53 Meditationen, S. 65 (I. Meditation, Abschnitt 4).

Die Eingangspassagen dienen zunächst der Inszenierung von sinnlicher Präsenz und deren scheinbarer Evidenzgewissheit, die anschließend methodisch in Zweifel gezogen wird. Der weitere Verlauf der *Meditationen* ist durch permanente *Selbst*ermahnungen, *Selbst*aufforderungen und *Selbst*vergewisserungen bestimmt, besonders in den ein- oder ausleitenden Übergangssätzen am Anfang und Ende der einzelnen Meditationen. Hier bedient sich Descartes der Form der Exerzitienliteratur, mit der er durch seine Ausbildung bei den Jesuiten bekannt war. Die geistlichen Übungen der Anweisungen des Ignatius von Loyola werden in geistige Übungen transformiert, indem das religiös motivierte Vorgehen durch ein erkenntnistheoretisches ersetzt wird. Gemeinsam bleibt diesen Übungen, dass in ihnen ein praktisches Moment des Vollzugs als propositional nicht einholbar anerkannt wird. Dieser Vollzugscharakter unterstreicht dann auch den häufig betonten Zuschnitt des *Cogito-ergo-sum*, wonach es sich nicht um einen logischen Schluss, sondern um eine performative Selbstvergewisserung handelt.

In Descartes' *Meditationen* gehen Fiktionen, die den Vollzugscharakter meditativer Denkprozesse exemplarisch vergegenwärtigen, mit philosophischen Argumentationen eine Verbindung ein. Sie bilden damit ein prominentes Beispiel für literarische Darstellungsformen in der Philosophie. Ungeachtet Descartes' rationalistischer Kritik an der Imagination kommt diese der Vernunft hier zur Hilfe.

4.8 Der Materialismus und seine Konsequenzen

Im Gefolge materialistischer Bemühungen, den cartesischen Dualismus zu verabschieden, stellte sich die Frage, ob nur das Naturgeschehen oder auch das Handeln der Subjekte durch kausale Gesetzmäßigkeiten bestimmt ist. Eine solche Übertragung der mechanistischen Naturansicht auf die Gebiete des Seelischen und Sozialen findet sich bereits bei Thomas Hobbes (1588–1679), der nicht nur den Menschen, sondern auch den Staat mit einer Maschine vergleicht.[54] Auffällig ist,

54 Hobbes: Leviathan, S. 5.

dass es offene Vertreter des Materialismus vornehmlich in Frankreich im Verlauf des Zeitalters der Aufklärung gab. In Deutschland verbreitete sich der Materialismus erst im Laufe des 19. Jahrhunderts, vor allem unter Naturwissenschaftlern (siehe Kapitel 8.2).

Die bekanntesten französischen Materialisten sind Julien Offray de La Mettrie (1709–1751) mit seinem bereits im Titel provokativen Buch *Der Mensch eine Maschine* (*L'Homme Machine*, 1747) und der noch radikalere, zum Kreis der französischen Enzyklopädisten gehörende Paul Henri Thiry Baron d'Holbach (1723–1789) mit seinem *System der Natur* (*Système de la Nature*, 1770). Beiden geht es nicht nur um theoretische Erkenntnis, sondern weitergehend um ein praktisch ausgerichtetes neues Menschenbild. Holbach strebt darüber hinaus eine neue soziale Ordnung an. Die Prinzipien der newtonschen Mechanik werden auf das menschliche Handeln übertragen und bilden damit auch die Grundlage der Einrichtung der Gesellschaft. Einen freien Willen des Menschen gibt es danach nicht, keine Unsterblichkeit der Seele. Glücklich werde der Mensch erst dann, wenn er dies einsieht, sich von allen kirchlichen Dogmen lossagt, zum Atheismus bekennt und sein Schicksal selbst in die Hand nimmt.

Solche Thesen gingen selbst einem Repräsentanten der Aufklärung wie Voltaire (1694–1778) zu weit. In der Tat, die Konsequenz einer Übertragung des Mechanismus auf das menschliche Handeln wäre letztlich die Anerkennung einer durchgehenden Fremdbestimmtheit, der zufolge wir gerade nicht selbst bestimmend unsere Lebensverhältnisse gestalten könnten. Wir hätten uns vielmehr einem vorherbestimmten Schicksal fatalistisch zu ergeben. Wenn alles determiniert ist, so sind zudem auch diejenigen determiniert und damit entschuldigt, die Holbach bekämpft. Auch sie sind dann nur Rädchen in dem Uhrwerk des Systems der Natur. Mit dieser problematischen Konsequenz hat der Determinismus bis heute zu kämpfen. Dies gilt auch für dessen Wiederkehr in der gegenwärtigen Gehirnforschung, die zeigt, dass wir immer noch Probleme abarbeiten, die uns Descartes' Dualismus aufgetischt hat. Voltaire missfiel besonders, dass Holbach zwar den Kampf gegen Dogmatismus und Intoleranz auf seine Fahne schrieb, seine eigenen Thesen aber dogmatisch vertrat.

4.9 Der Deismus

Der atheistische Materialismus versucht Gott zu eliminieren. Für gegenteilige Positionen bleibt die Frage, welche Stellung und Rolle Gott in einer physikalisch bestimmten und damit deterministischen Welt noch zukommt. Bemerkenswert ist, dass es hier neben der pantheistischen Identifikation Gottes mit der Natur, wie sie Spinoza vertreten hat, auch die Auffassung gibt, dass die Perfektion des wie ein Uhrwerk nach ewigen Gesetzen ablaufenden Planetensystems gerade auf Gott als den vollkommenen Uhrmacher und Schöpfer dieser Ordnung verweise. Diesen Nachweis zu führen, war immerhin das erkenntnisleitende Interesse Newtons (1642–1727).

Eine derartige Sicht wirft freilich ein Problem auf. Eine Uhr läuft, wenn sie einmal aufgezogen ist, von alleine. Wenn wir uns Gott als einen Uhrmacher des Kosmos denken, so wird er zwar als Erster Beweger oder Schöpfergott anerkannt, ansonsten aber sozusagen auf das ‚Altenteil' ohne Einflussmöglichkeit gesetzt. Gott hat die Welt zwar eingerichtet, sie nimmt nun aber unabhängig von ihm ihren Lauf. Eine dementsprechende Gottesauffassung im Sinne einer vernunftgemäßen „natürlichen Religion" ist weit entfernt von der christlichen Offenbarungsreligion. Sie war als so genannter *Deismus* (von lat. ‚deus' = ‚Gott') vor allem im englischen Sprachraum verbreitet.

Gott als Uhrmacher wird auch im so genannten Uhrengleichnis von Arnold Geulincx (1624–1669) und Leibniz im Zusammenhang mit der Erläuterung von Lösungsvarianten des Leib-Seele-Problems ins Spiel gebracht. Als Alternativen zum Interaktionismus von Seele und Leib bei Descartes sind zu nennen: Der von Geulincx und Nicolas Malebranche (1638–1715) vertretene Okkasionalismus als Lehre von den Gelegenheitsursachen (lat. ‚occasio' = ‚Gelegenheit', ‚Anlass') sowie der psycho-physische Parallelismus, den Leibniz als prästabilierte Harmonie deutet. Die Übereinstimmung zwischen Seele und Leib wird dabei durch das Verhältnis zweier Uhren erläutert, von denen die eine für die Seele, die andere für den Leib steht. Die drei Möglichkeiten, die Übereinstimmung zu erreichen, sind dann:

(1) Die beiden Uhren sind durch Gestänge auf Dauer so miteinander verbunden worden, dass sie sich gegenseitig durch Wechselwirkung auf einander abstimmen: *Interaktionismus*.
(2) Die beiden Uhren sind kausal unabhängig und werden durch Gott als den kontrollierenden Uhrmacher permanent angepasst: *Okkasionalismus*.
(3) Die beiden Uhren sind kausal unabhängig, aber von dem Uhrmacher von vornherein so vollkommen konstruiert worden, dass sie permanent parallel laufen: *prästabilierte Harmonie*.

Während die Tätigkeiten Gottes in den Fällen der Einrichtung des Interaktionismus und der prästabilierten Harmonie deistisch aufgefasst werden können, verlangt der Okkasionalismus eine ständige Präsenz Gottes. Derartige Überlegungen sind charakteristisch für metaphysisches Denken in der neuzeitlichen Philosophie. Gleichzeitig kommt es im Verlauf der Aufklärung aber auch zu einer grundsätzlichen Kritik an der Metaphysik.

5 Die Epoche der Aufklärung

Wenn man von der Epoche der Aufklärung spricht, so meint man meist das 18. Jahrhundert ab ungefähr 1720, vor allem aber dessen zweite Hälfte mit der französischen Revolution als dem zentralen politischen Ereignis. Im engeren Sinne ist dies auch ganz richtig, tatsächlich sind die Ideen und Theorien dieser Zeit aber das Ergebnis einer Entwicklung, die bereits in der Renaissance beginnt und insbesondere durch Descartes und den Cartesianismus im 17. Jahrhundert wesentliche Impulse erhalten hat. Daher gelten die zuvor behandelten neuzeitlichen Autoren zu einem großen Teil als Vorbereiter oder sogar als Repräsentanten der Aufklärung. Den Höhepunkt der Epoche der Aufklärung bildet die Philosophie Kants, die daher im Mittelpunkt der folgenden Darstellung steht. Kant ist auch der Bezugsautor für Vergleiche mit anderen Positionen. Dabei zeigt sich, dass es durchaus unterschiedliche und auch miteinander widerstreitende Strömungen innerhalb der Epoche der Aufklärung gibt.

5.1 Aufklärung und Gegenaufklärung

Das Selbstverständnis der Aufklärung kommt exemplarisch in dem klassischen Zitat aus Kants berühmtem Aufsatz *Beantwortung der Frage: Was ist Aufklärung?* (1784) zum Ausdruck. Es lautet, den Begriff ‚Aufklärung' geradezu definierend:

> *Aufklärung ist der Ausgang des Menschen aus seiner selbst verschuldeten Unmündigkeit. Unmündigkeit* ist das Unvermögen, sich seines Verstandes ohne Leitung eines anderen zu bedienen. *Selbstverschuldet* ist diese Unmündigkeit, wenn die Ursache derselben nicht am Mangel des Verstandes, sondern der Entschließung und des Mutes liegt, sich seiner ohne Leitung eines andern zu bedienen. Sapere aude! Habe Mut dich deines *eigenen* Verstandes zu bedienen! ist also der Wahlspruch der Aufklärung.[1]

1 AA VIII, S. 35.

Um sich seines eigenen Verstandes bedienen zu können, müssen bestimmte Bedingungen erfüllt sein. Daher heißt es weiter:

> Zu dieser Aufklärung aber wird nichts erfordert als *Freiheit*; und zwar die unschädlichste unter allem, was nur Freiheit heißen mag, nämlich die: von seiner Vernunft in allen Stücken *öffentlichen Gebrauch* zu machen.[2]

Freiheit meint also in erster Linie die Freiheit des Wortes in Reden und Schriften in allen Bereichen.

Wenn diese Freiheit nicht in Hasstiraden und Aufrufen zur Gewalt missbraucht wird, wird man kaum etwas gegen sie einzuwenden haben. Gleichwohl sprechen Max Horkheimer und Theodor W. Adorno in ihrem Buch *Dialektik der Aufklärung* von einer Pervertierung der Aufklärung. Konkret hatten die Autoren den Faschismus vor Augen, wenn es heißt: „der Fortschritt schlägt in Rückschritt um".[3] Das Buch ist unter dem Eindruck der Ereignisse des Zweiten Weltkrieges geschrieben worden und 1947 erschienen. Problematisch sind darin Verallgemeinerungen wie die folgende: „Was dem Maß von Berechenbarkeit und Nützlichkeit sich nicht fügen will, gilt der Aufklärung für verdächtig."[4] Solche Sätze haben leider mit dazu beigetragen, den Blick auf die Aufklärung insgesamt zu trüben, und diese Trübung hat sich bis in unsere Zeiten der Postmoderne durchgehalten. Zu einseitig stellen Horkheimer und Adorno die Aufklärung in die Tradition Francis Bacons, wonach Wissen Macht sei und es in erster Linie darum gehe, diese Macht in Herrschaft über die Natur und die Gesellschaft umzusetzen.[5]

Berechtigt ist allerdings die Warnung, dass Aufklärung nicht nur eine Sache des wissenschaftlich-technischen Fortschritts sein darf, in der Erwartung, dass ein solcher Fortschritt in jedem Falle zu freien, vernünftigen Verhältnissen führen würde. Zu einer recht verstandenen Aufklärung gehört nicht nur eine Entfaltung der technischen *Mittel*,

2 AA VIII, S. 36.
3 Horkheimer und Adorno: Dialektik der Aufklärung. S. 15.
4 Ebd., S. 22.
5 Vgl. ebd., S. 20 den entsprechenden Bezug auf Bacon.

sondern auch eine kritische Reflexion der *Zwecke* mit entsprechenden politischen und gesellschaftlichen Konsequenzen. Es geht also nicht nur um die Ausbildung *technisch*-praktischer Vernunft, sondern auch und vor allem um die Umsetzung der Forderungen *moralisch*-praktischer Vernunft.

Wohin allerdings eine Reflexion führen kann, wenn sie zu kritisch ausfällt, das lehrt uns die Wirkungsgeschichte von Jean-Jacques Rousseau (1712–1778). Davon ausgehend, dass der Mensch von Natur aus gut sei, deutet Rousseau die Entwicklung von Kultur und Wissenschaft nicht im Sinne des Fortschritts, sondern als Verfallsgeschichte, die beim Menschen zum Verlust seiner Tugend geführt habe.[6] Dementsprechend fordert er für die Veränderung zum Besseren zunächst eine radikale Umbildung der Gesellschaft.

Als Beispiel für die Kehrseite einer solchen Forderung steht Maximilien de Robespierre (1758–1794), der sich in seiner Rechtfertigung des Terrors der Französischen Revolution im Namen der Tugend auf Rousseau berief. Ein Beispiel aus jüngerer Zeit ist der Anti-Intellektualismus der Roten Khmer. Deren Zwangsmaßnahmen mit dem Ziel, zu ‚einfachen' und ‚natürlichen' Verhältnissen zurückzukehren, führten in Kambodscha (von 1975 bis 1978) zu einer Schreckensherrschaft. Der Anführer Pol Pot scheint sich mit seinem Programm „Zurück aufs Land" auf Rousseaus Forderung „Zurück zur Natur" berufen zu haben. Tatsächlich hat er sich während seines Studiums in Paris in den fünfziger Jahren im Kreis linker Studenten intensiv mit Rousseau beschäftigt.[7] Hier sehen wir, dass schlechterdings alles pervertieren kann. Um dies zu verhindern, benötigen wir nicht weniger, sondern mehr Aufklärung.

Kant spricht in seiner Definition allgemein von der Aufklärung als einer Geisteshaltung und Bewegung, die nicht an eine bestimmte historische Entwicklung gebunden ist. In diesem Sinne hat Aufklärung zu ganz unterschiedlichen Zeiten stattgefunden, und dies schon lange vor Kant. So darf bereits Sokrates als Repräsentant eines aufgeklärten

6 Rousseau: Abhandlung über die Wissenschaften und die Künste.

7 Mollica: Healing Invisible Wounds, S. 82.

Denkens angeführt werden, und Aufklärung wird hoffentlich auch weiterhin stattfinden; denn was Kant anspricht und fordert, ist ja keineswegs allgemein realisiert, und auch dort, wo es realisiert ist, ist man vor Rückfällen in die Barbarei nicht gefeit, wie die Geschichte Europas im 20. Jahrhundert gezeigt hat.

Außer dem Neuüberdenken des Gottesverständnisses (vgl. das vorige Kapitel 4.9) sind die Stellung der Religion und die Anerkennung religiöser Toleranz zentrale Themen der Aufklärung. Noch Kants Schrift *Was ist Aufklärung?* behandelt das Ziel der Aufklärung – den Ausgang des Menschen aus der „selbstverschuldeten Unmündigkeit" – in erster Linie mit Blick auf die Religion.

Eine von Theologen und Philosophen der Aufklärung vieldiskutierte Frage ist, ob die Einrichtung der Welt überhaupt vollkommen ist. Angesprochen ist damit der Gedanke der Theodizee (von gr. ‚theos' = ‚Gott' und ‚dike' = ‚Gerechtigkeit'), der die Gerechtigkeit Gottes angesichts der offensichtlichen Übel in dieser Welt verteidigt. Ein Standardargument zur Rechtfertigung Gottes besagt: Zwar hätte Gott die Welt so einrichten können, dass die Übel nicht eintreten; aber dann hätte er dem Menschen letztlich seinen freien Willen nehmen müssen, so dass nicht nur die Gestirne in ihrem Lauf, sondern auch die menschlichen Handlungen determiniert wären. Eine solche Welt wäre aber nicht wünschenswert. In diesem Zusammenhang ist der von Leibniz eingeführte Begriff der möglichen Welten einschlägig. Danach hatte Gott die freie Wahl zwischen allen möglichen Welten. Die wirkliche Welt ist dementsprechend eine kontingente Welt, deren faktische Einrichtung auf einer Willensentscheidung Gottes beruht. Dieser Gedanke geht auf Duns Scotus zurück. Für Leibniz ist diese unsere Welt sogar die beste aller möglichen Welten.

Voltaire verfasste gegen eine solche optimistische Weltsicht eine bissige Satire in seinem Roman *Candide oder der Optimismus* (1759). Den Anlass dazu gab unter anderem das furchtbare Erdbeben von Lissabon (am 1. November 1755), das nach Berechnungen bis zu hunderttausend Tote gekostet haben soll und Lissabon fast vollständig zerstörte. Das Erdbeben war ein Seebeben vor der Küste Portugals, das einen Tsunami auslöste. Dieses Beben erschütterte Europa im wahrsten Sinne des Wortes. Auch damals galt, dass die Welt nach diesem Beben nicht mehr dieselbe war. Ausgehend von der Frage, wie Gott so etwas zulassen konnte, setzten sich Theologen, Philosophen und Literaten mit diesem Ereignis auseinander. Vertraten die einen die Auffassung, dass Gottes Ratschluss unerforschlich sei, so sahen andere in solchen Katastrophen eine Strafe Gottes. Deutungen dieser Art, die bis heute noch nicht ganz ausgestorben sind, lehnte bereits der junge Kant entschieden ab.[8] Stattdessen entwickelte er – im besten Sinne der Aufklärung – eine Theorie der *natürlichen* Ursachen von Erdbeben.

Außer denen, die in der Epoche der Aufklärung fortschrittsorientiert auf die Wissenschaft und deren Ergebnisse setzten, gab es auch andere, die dagegen Bedenken äußerten und sich stattdessen in christlicher Demut übten. Verwiesen sei auf das berühmte anrührende *Abendlied* von Matthias Claudius (Erstveröffentlichung 1779), das mit den Versen einsetzt: „Der Mond ist aufgegangen / Die goldnen Sternlein prangen / Am Himmel hell und klar." Eine Kritik am neuzeitlichen Selbstbewusstsein, deren Ton deutlich gegen antireligiöse Tendenzen der Aufklärung gerichtet ist, finden wir in der dritten und vierten Strophe:

Seht ihr den Mond dort stehen? –
Er ist nur halb zu sehen,
Und ist doch rund und schön!
So sind wohl manche Sachen,
Die wir getrost belachen,
Weil unsre Augen sie nicht sehn.

Wir stolze Menschenkinder
Sind eitel arme Sünder,
Und wissen gar nicht viel;
Wir spinnen Luftgespinste
Und suchen viele Künste
Und kommen weiter von dem Ziel.[9]

---

8 Geschichte und Naturbeschreibung der merkwürdigsten Vorfälle des Erdbebens, AA I, S. 459.

9 Echtermeyer (Hg.): Deutsche Gedichte, S. 147f.

Mit dem hier angesprochenen „Ziel" ist gerade kein Fortschrittsziel, sondern das Seelenheil gemeint. Einzig auf dieses Ziel ausgerichtet kommt in der christlichen Tradition häufig mit der Kritik an der Weltlichkeit auch eine Weltverachtung auf, deren Folge eine Weltflucht ist. Dieser Gedanke lässt sich bis in heutige Gesangbücher verfolgen, besonders eindringlich in Versen wie „Sterben ist mein Gewinn".[10] Der Barock-Dichter und Theologe Paul Gerhardt, der in seinem *Sommer-Gesang* freudig anstimmt „Geh aus, mein Herz, und suche Freud / In dieser lieben Sommerszeit / An deines Gottes Gaben",[11] spricht in seinem *Abendlied* (1647) davon, dass er bereit stehe, wenn Gott ihn „aus diesem Jammertal" in eine bessere Welt abberufen werde.[12]

Matthias Claudius greift in seinen Ermahnungen an die Zeitgenossen nicht von ungefähr auf den in der Zeit der Aufklärung wenig geschätzten Gerhardt zurück. So klingen in den bereits zitierten ersten Versen seines *Abendlieds* die folgenden Verse aus Gerhardts *Abendlied* nach: „Der Tag ist nun vergangen, / Die güldnen Sternlein prangen / Am blauen Himmelssaal." Zwar bleibt die Rede vom Jammertal bei Claudius auf „des Tages Jammer" (zweite Strophe) beschränkt; aber auch hier ist das Leitmotiv das Verlassen „dieser Welt" auf dem Weg in den „Himmel" (sechste Strophe).

Die Nachwirkung der Abendlieder von Gerhardt und Claudius reicht bis in die Romantik. So heißt es in den ersten vier Versen des *Abendlieds* von Ernst Moritz Arndt: „Der Tag ist nun vergangen, / Und dunkel schläft die Welt, / Die hellen Sterne prangen / Am blauen Himmelszelt." Im Weiteren ist zwar der Sinn ebenfalls auf Gott gerichtet, aber auf dessen Trost und Schutz im Diesseits.[13]

Gleichzeitig mit Claudius formierten sich auch innerhalb der Philosophie Verteidiger des Glaubens und Kritiker an einer einzig auf Ver-

10 Evangelisches Gesangbuch, Lied Nr. 516.

11 Evangelisches Gesangbuch, Lied Nr. 503. Zitiert nach Echtermeyer (Hg.): Deutsche Gedichte, S. 103.

12 Evangelisches Gesangbuch, Lied Nr. 477 (dritte Strophe). Zitiert nach Echtermeyer (Hg.), S. 106 (zweite Strophe). Hier dürften die Erfahrungen des Dreißigjährigen Krieges mitbestimmend gewesen sein.

13 Echtermeyer (Hg.), S. 388–390.

nunft setzenden Aufklärung. Zu nennen sind insbesondere Johann Georg Hamann (1730–1788) und Friedrich Heinrich Jacobi (1743–1819), mit dem Claudius in persönlicher Verbindung stand. Kant warnte die Kritiker in seinem Aufsatz *Was heißt: Sich im Denken orientieren?* (1786) vor Angriffen gegen die Vernunft, weil diese die politische Freiheit und damit die Errungenschaften der Aufklärung gefährden könnten.[14]

Die Epoche der Aufklärung wird auch „Zeitalter der Kritik" genannt. Diese Bezeichnung geht auf Kants Vorrede zur ersten Auflage der *Kritik der reinen Vernunft* zurück:

> Unser Zeitalter ist das eigentliche Zeitalter der Kritik, der sich alles unterwerfen muß. *Religion* durch ihre *Heiligkeit* und *Gesetzgebung* durch ihre *Majestät*, wollen sich gemeiniglich derselben entziehen. Aber alsdann erregen sie gerechten Verdacht wider sich und können auf unverstellte Achtung nicht Anspruch machen, die die Vernunft nur demjenigen bewilligt, was ihre freie [!] und öffentliche Prüfung hat aushalten können.[15]

Wie in seiner späteren Antwort auf die Frage *Was ist Aufklärung?* bestimmt Kant bereits hier die Forderung nach politischer Freiheit und Religionsfreiheit als wesentliche Elemente der Aufklärung. Was die Freiheit in Religionsfragen betrifft, so musste Kant an seiner eigenen Person erfahren, dass diese noch nicht die allgemeine Anerkennung gefunden hatte, die er in den Zeiten der Regentschaft von Friedrich II., genannt „der Große", bereits verwirklicht sah. Friedrich war ein entschiedener Vertreter des Toleranzgedankens in religiösen Fragen. Überliefert ist seine Aussage „Jeder soll nach seiner Façon selig werden." Nach seinem Tod (1786) kam es in Preußen jedoch zu einer gegen die Aufklärung gerichteten Phase religiöser Orthodoxie, die Kant wegen seiner Schriften *Die Religion innerhalb der Grenzen der bloßen Vernunft* (1793) und *Das Ende aller Dinge* (1794) in Schwierigkeiten brachte.

---

14 AA VIII, S. 146f.

15 Kritik der reinen Vernunft A XI, Anm.; AA IV, S. 9.

In seiner Religions-Schrift beurteilt Kant die Religion einzig nach ihrem moralischen Wert und betont, dass sie nicht die „Tugendgesinnung" ersetzen dürfe, sondern befördern müsse. Unterschieden wird daher zwischen Religion der Idee nach und der Ausübung von Religion, also dem religiösen Ritus. Diesem billigt Kant eine sozusagen stabilisierende Wirkung zu, warnt aber ausdrücklich davor, den Ritus und die jeweils bestehende *Institution* der Kirche mit der Sache der Religion selbst zu verwechseln.[16] Nachdem Kant am Schluss der zweiten Schrift zu verstehen gegeben hatte, dass ein auf Lippenbekenntnisse gestütztes autoritäres Christentum nicht ein Werkzeug Gottes, sondern des „Antichristen" – also des Teufels – sei,[17] wurde ihm sogar die Entlassung aus dem Amt, also Berufsverbot, angedroht. Ohne zu widerrufen enthielt sich der inzwischen siebzigjährige Kant daraufhin weiterer Äußerungen in Religionsfragen.

Für die Epoche der Aufklärung finden wir neben der Bezeichnung ‚Zeitalter der Kritik' auch die Bezeichnung ‚Zeitalter der Philosophie', zum Beispiel bei den Franzosen J. le Rond d'Alembert (1717–1783) und Denis Diderot (1713–1784), die zusammen die berühmte französische Enzyklopädie (1751–1780) begründet und bis Band 7 gemeinsam herausgegeben haben. Danach führte Diderot das Werk zu Ende, für das er selbst die schier unglaubliche Anzahl von 5000 Artikeln schrieb. Diese Enzyklopädie stellt gewissermaßen das in 35 großformatigen Bänden gebundene Selbstverständnis der Aufklärung dar. Die Philosophie ist auch hier, wie wieder zu betonen ist, nicht in dem heutigen engeren Sinne zu verstehen.

Die Philosophie umfasste in den Zeiten der Aufklärung unter anderem die gesamte Naturwissenschaft. So hieß die Musterdisziplin der Aufklärung, die Physik, ‚Naturphilosophie'. Der Titel von Newtons Hauptwerk, auf das sich alle Späteren paradigmatisch bezogen, lautet *Philosophiae naturalis principia mathematica* (*Mathematische Prinzipien der Naturphilosophie*, 1687). Die Rede vom philosophischen Zeitalter meint also letztlich ganz allgemein ‚wissenschaftliches Zeitalter'.

---

16 Die Religion innerhalb der Grenzen der bloßen Vernunft, AA VI, S. 175, Anm.

17 Das Ende aller Dinge, AA VIII, S. 339.

Bedenkt man, dass Diderot nicht nur Wissenschaftler, sondern auch Literat war, so wird man auch Kunst und Literatur einzubeziehen haben. Dies fiel in Frankreich umso leichter, als der dortige Klassizismus sich durchaus als regelbestimmt verstand. Zudem gab es die strengen akademischen Fächergrenzen und Gebietsausgrenzungen, wie wir sie heute kennen, noch nicht. So war die Poetik noch ein Universitätsfach. Sogar Kant wurde eine Poetik-Professur angeboten. Das war aber wohl keine so gute Idee, und Kant hat dieses Angebot auch abgelehnt.

5.2 Metaphysik und Metaphysikkritik

Wir haben gesehen, dass man sich die Epoche der Aufklärung nicht so vorstellen darf, als hätten sich in dieser Zeit alle den aufklärerischen Zielen verschrieben. Andererseits wäre es auch zu einseitig, den erklärten Vertretern der Aufklärung zu unterstellen, dass sie sich keiner Grenzen bewusst gewesen wären. Man glaubte durchaus an den Fortschritt wissenschaftlicher Erkenntnis in dem Sinne, dass diese stetig zum Nutzen der Menschheit voranschreiten würde. Anerkannt wurden aber auch Grenzen des Erkennens in dem Sinne, dass es Fragen gebe, auf welche die menschliche Vernunft schlechterdings keine Antworten geben könne. Wir können uns diese Auffassung bildlich so vergegenwärtigen: Auf der Straße der Wissenschaft geht es zwar stetig voran, diese Straße wird aber von Leitplanken begrenzt, jenseits derer man mit den Erkenntnisbemühungen in einen ausweglosen Sumpf metaphysischer Spekulation geraten würde. Diese Sicht findet sich vor allem bei den am Erfahrungswissen orientierten Denkern. Die Erkenntnistheorie entwickelte sich damit zu einer Erkenntniskritik, die sich zu einer Metaphysikkritik ausweitete.

Charakteristisch für die Zeit ist insgesamt die Tendenz, sich mit den Möglichkeiten und Grenzen des Erkennens zu befassen. Dies bezeugen die vielen philosophischen Abhandlungen, in denen das Erkenntnisvermögen bereits im Titel angesprochen wird. Zu nennen sind hier insbesondere Lockes *Essay Concerning Human Understanding* (*Versuch über den menschlichen Verstand*, 1690), Leibniz' *Nouveaux essais sur l'entendement humain* (*Neue Abhandlungen über den menschlichen*

Verstand, 1704 entstanden, 1765 erschienen), Berkeleys *A Treatise Concerning the Principles of Human Knowledge* (*Eine Abhandlung über die Prinzipien menschlicher Erkenntnis*, 1710), Humes *Enquiry Concerning Human Understanding* (*Untersuchung über den menschlichen Verstand*, 1748) und Kants *Kritik der reinen Vernunft* (1781, 2. Auflage 1787). Indem das Subjekt der Erkenntnis selbst zum Objekt der Erkenntnis wird, rückt die Erkenntnistheorie zur philosophischen Leitdisziplin auf. So heißt es bei Locke:

> Da es der *Verstand* ist, der den Menschen über alle übrigen empfindenden Wesen erhebt und ihm die ganze Überlegenheit und Herrschaft verleiht, die er über sie besitzt,[18] so ist er sicherlich ein Gegenstand, der eben durch seine hohe Würde die Mühe einer Untersuchung lohnt. Wie das Auge läßt uns der Verstand alle anderen Dinge sehen und wahrnehmen, ohne doch dabei seiner selbst gewahr zu werden, und es erfordert Kunst und Mühe, um einen gewissen Abstand von ihm zu gewinnen und ihn zu seinem eigenen Objekt zu machen.[19]

Lockes Ziel ist es, wie er anschließend betont, „Ursprung, Gewißheit und Umfang der *menschlichen Erkenntnis* zu untersuchen". Damit wird deutlich, worin die im Zitat angesprochene Schwierigkeit besteht. Es ist das Problem der Selbstbezüglichkeit, das sich ergibt, weil das Erkenntnisvermögen über seine eigenen Möglichkeiten und Grenzen befinden soll.

Rückverwiesen sei in diesem Zusammenhang auf Vico, der bereits unter Verwendung desselben Vergleichs mit dem Auge meinte, dass der menschliche Geist „wie das körperliche Auge zwar alle Gegenstände außer sich sieht, aber des Spiegels bedarf, um sich selbst zu erblicken."[20] Wittgenstein wird im Anschluss an Schopenhauer betonen: „Aber das Auge siehst du wirklich *nicht*."[21]

---

18 Hier klingt die Auffassung des Menschen als ‚Krone der Schöpfung' an. Vgl. die aus heutiger Sicht problematische Aufforderung in der Schöpfungsgeschichte „Macht euch die Erde untertan" (I. Buch Mose, I, 28).

19 Versuch über den menschlichen Verstand, Bd. 1, S. 22 (Einleitung, 1. Abschnitt).

20 Die neue Wissenschaft, S. 125.

21 Tractatus 5.633.

5.3 Rationalismus und Empirismus

Kant spricht in der zitierten Eingangspassage seiner Schrift *Was ist Aufklärung?* zunächst vom Verstand, im Weiteren dann aber vor allem von der Vernunft. In der Tat nennt man die Epoche der Aufklärung auch ‚das Zeitalter der Vernunft'. Diese Ausdrucksweise legt die Auffassung nahe, die Vertreter der Aufklärung hätten insgesamt auf die Vernunft als das höchste Vermögen gesetzt. Für die Tradition des Rationalismus, die auf Descartes zurückgeht, trifft dies auch zu. Sie hat im 17. und 18. Jahrhundert mit Autoren wie Spinoza, Leibniz und Wolff ihre Blütezeit. Neben dem Rationalismus, der vor allem auf dem europäischen Festland beheimatet ist, gibt es aber auch den britischen Empirismus mit dem Engländer Locke, dem Iren Berkeley und dem Schotten Hume. Vor allem in seiner radikalen Variante, dem Sensualismus, der meinte, alle Erfahrung auf äußere Sinneswahrnehmung zurückführen zu können, wurde er durch Étienne Bonnot de Condillac (1714–1780) in Frankreich wirksam. Der Empirismus anerkennt ansonsten auch eine eigenständige innere Wahrnehmung von Verstandestätigkeiten, Gefühlen usw. Bereits Locke unterscheidet solche selbstbezüglichen „ideas of reflection" von den durch Sinneswahrnehmung erworbenen „ideas of sensation". In Deutschland konnte der Empirismus erst im 19. Jahrhundert richtig Fuß fassen.

Ein früher Sympathisant des Empirismus in Deutschland ist der Göttinger Naturwissenschaftler Georg Christoph Lichtenberg (1742–1799), einer der vielseitigsten und interessantesten Figuren der deutschen Aufklärung. Vor allem in seiner Experimentalphysik kommt Lichtenbergs empiristische Ausrichtung zum Tragen. Diese wird in Äußerungen deutlich, die ihn als Vorläufer moderner Wissenschaftstheorie erscheinen lassen. Obwohl er Bilder (im Sinne von Analogien und Modellen) für nützlich hielt, lehnte er Hypothesenbildungen ab, die sich nicht wenigstens mittelbar an der sinnlichen Erfahrung überprüfen lassen. Von der Überprüfung meinte er, dass nicht schon eine einzige widersprechende Erfahrung Anlass sein dürfe, eine Theorie zu verwerfen. Damit nimmt er einen zentralen Aspekt des Falsifikationismus Poppers vorweg. Für die einander widersprechenden Theorien des Lichts (Korpuskeltheorie und Wellentheorie) fasste er bereits den

Gedanken der Komplementarität. Lichtenbergs durch Versuche bereicherte Vorlesungen waren berühmt und hatten auch wegen ihres Unterhaltungswertes großen Zulauf, nicht nur von Fachstudenten. Seine Forschungen waren praxisnah. So bemühte er sich um den idealen Blitzschutz, als den er bereits den später nach Michael Faraday benannten ‚Käfig' erkannte. 1780 errichtete er den ersten Blitzableiter in Göttingen.

Neben seinen offiziellen Aufgaben entfaltete Lichtenberg eine weit gespannte schriftstellerische Tätigkeit, indem er die literarischen und philosophischen Strömungen seiner Zeit kommentierte. Exemplarisch ist seine Stellung zum Geniekult im Sturm und Drang. Den „empfindsamen Enthusiasten" wirft er nicht „das Sprechen aus Empfindung", sondern „das Schwätzen von Empfindung" vor, wobei er Goethes *Werther*-Roman als negatives Beispiel anführt. Lichtenberg selbst vertraute seine Empfindungen *Sudelbüchern* an. Diese nach seinem Tode veröffentlichten Rechenschaftsberichte enthalten neben Privatem vor allem so genannte „Pfennigswahrheiten" als fortlaufend notierte Bemerkungen, die von lockeren Aufzeichnungen bis zu kunstvollen Aphorismen reichen. In ihnen erweist sich der phantasievolle Skeptiker Lichtenberg insbesondere als subtiler Psychologe des Bewussten und Unbewussten (einschließlich der Träume) und als Vorläufer der sprachanalytischen Philosophie des 20. Jahrhunderts.

Berühmt geworden ist Lichtenbergs sprachkritische Bemerkung zu Descartes' *Cogito-ergo-sum*:

> *Es denkt*, sollte man sagen, so wie man sagt: *es blitzt.* Zu sagen *cogito*, ist schon zu viel, so bald man es durch *Ich denke* übersetzt. Das *Ich* anzunehmen, zu postulieren, ist praktisches Bedürfnis.[22]

Gegen die vergegenständlichende Rede vom Ich heißt es:

> *Ich* und *mich. Ich* fühle *mich* – sind zwei Gegenstände. Unsere falsche Philosophie ist der ganzen Sprache einverleibt [...]. Unsere ganze Philoso-

22 Lichtenberg: Schriften und Briefe, Bd. 2, S. 412.

> phie ist Berichtigung des Sprachgebrauchs, also, die Berichtigung einer Philosophie, und zwar der allgemeinsten.[23]

Descartes' Dualismus wird mit den Worten kritisiert: „Die Seele ist also noch jetzt gleichsam das Gespenst das in der zerbrechlichen Hülle unsres Körpers spükt."[24] Damit nimmt Lichtenberg das Diktum Gilbert Ryles von der Seele als „Gespenst in der Maschine" vorweg. Bei Wittgenstein reicht die Verwandtschaft sogar soweit, dass er die literarische Form des Aphorismus für die Formulierung seiner Gedanken einsetzt (siehe Kapitel 14.6). Der Schlusssatz von Lichtenbergs *Amintors Morgenandacht* könnte auch bei Wittgenstein stehen: „Wie es denn wirklich an dem ist, daß Philosophie, wenn sie für den Menschen etwas mehr sein soll als eine Sammlung von Materien zum Disputieren, nur indirekte gelehrt werden kann."[25]

Lichtenbergs Denken dokumentiert exemplarisch, dass sich der Einsatz der prüfenden Vernunft und die Orientierung an lebendiger Erfahrung nicht ausschließen. Bei der Gegenüberstellung von Rationalismus und Empirismus gilt es denn auch überhaupt, Einseitigkeiten zu vermeiden. Der Gegensatz besteht nicht darin, dass die Rationalisten *nur* auf die Vernunft und die Empiristen *nur* auf die Erfahrung setzen. Vielmehr drückt sich in diesen Bezeichnungen lediglich aus, welcher Erkenntnisart der Vorrang eingeräumt wird. Jedenfalls sollte die Epoche der Aufklärung nicht pauschal als ‚Zeitalter der Vernunft' charakterisiert werden. Mindestens ebenso kann sie das ‚Zeitalter der Erfahrung' genannt werden. Nicht nur die Vernunftwissenschaft Mathematik schritt voran, zum Beispiel mit der Entwicklung der Infinitesimalrechnung durch Leibniz, auch die experimentellen Wissenschaften erlebten einen ungeahnten Aufschwung. Kant sucht in seiner *Kritik der reinen Vernunft* beiden Traditionen gerecht zu werden, indem er betont, dass Erfahrung durch die Verbindung von sinnlicher Anschauung (Zugeständnis an den Empirismus) und Begriffen des Verstandes (Zugeständnis an den Rationalismus) zustande kommt. Bevor wir uns Kants Er-

---

23 Ebd., S. 197f.

24 Ebd., Bd. 1, S. 506.

25 Ebd., Bd. 3, S. 79.

kenntnistheorie zuwenden, sind zuvor die Positionen des Rationalismus und des Empirismus im Vergleich genauer zu bestimmen.

5.4 Die Auseinandersetzung um die Lehre von den angeborenen Ideen

Man sollte meinen, dass die Vertreter der neuzeitlichen Naturwissenschaft eher empiristisch ausgerichtet sind. Dies ist aber wegen des mathematischen Anteils nicht der Fall. Descartes als einer der maßgeblichen Repräsentanten ist ein besonders entschiedener Rationalist. Er stimmt zwar in den Chor der empiristischen Aristoteles-Kritiker ein, wobei er insbesondere wie schon Bacon die Finalursachen ablehnt,[26] ergreift andererseits aber entschieden Partei für die Ideenlehre Platons. Wie dieser erklärt er die Möglichkeit erfahrungsunabhängiger, also apriorischer Erkenntnis, durch den Gedanken der Wiedererinnerung.[27] Zwar behauptet er nicht mit Platon, dass wir bestimmte Ideen, wie insbesondere solche der Mathematik, *vor* der Geburt geschaut haben, er geht aber davon aus, dass uns diese *mit* der Geburt eingepflanzt werden und daher „angeborene Ideen (ideae innatae)" sind. Von diesen besitzen wir daher ein implizites Wissen, wie auch Platon behauptet hat.

Platons ontologische Auffassung der Ideen erfährt bei Descartes allerdings eine erkenntnistheoretische Umdeutung. Die Ideen sind nicht mehr die ewig seienden Urbilder der Dinge, sondern deren mentale oder geistige Abbilder. Apriorisches Wissen erlangen wir durch die Vernunft, indem wir das implizite Wissen explizit machen. Dieses reine Vernunftwissen ist für Descartes die höchste Form der Erkenntnis, der gegenüber die sinnliche Erkenntnis wie bei Platon abgewertet wird.

Descartes unterscheidet von den angeborenen Ideen die erworbenen und die selbst gemachten Ideen.[28] Die erworbenen Ideen entspre-

26 Descartes: Meditationen, S. 145 (IV. Meditation, Abschnitt 6).

27 Ebd., S. 161f. (V. Meditation, Abschnitt 4).

28 Ebd., S.105 (III. Meditation, Abschnitt 7).

chen den durch äußere oder durch innere Wahrnehmung vermittelten Ideen der Empiristen.[29] Vergegenwärtigt werden sie durch die reproduktive Einbildungskraft, indem wir uns vorstellen, was wir zuvor wahrgenommen haben. Auch in der Anerkennung selbst gemachter Ideen stimmen Rationalisten mit den Empiristen überein. So ist die Idee eines goldenen Berges von uns gemacht, indem wir die erworbenen Ideen des Goldes und des Berges zu einer neuen Idee zusammenfügen, der aber in der Wirklichkeit nichts entspricht. Selbst gemachte, fingierte Ideen sind insbesondere das Feld der Phantasie, verstanden als produktive Einbildungskraft (vgl. dazu bereits Kapitel 4.7). Sie sind aber auch Gegenstand rationaler Planung und Erfindung, indem ich mir Projekte oder Objekte vorstelle oder ausdenke, die es allererst zu realisieren gilt.

Das Verhältnis zwischen Vorstellen und Denken wird von Rationalisten und Empiristen unterschiedlich gesehen. Beide sprechen von der Bildung von ‚Ideen'. Während Empiristen diese tendenziell als anschauliche mentale Bilder verstehen, betonen Rationalisten, dass es auch abstrakte begriffliche Ideen gibt. Denken besteht für Empiristen im Verknüpfen solcher mentaler Bilder und fällt daher mit anschaulichem Vorstellen zusammen. Einen überzeugenden Beleg gegen diese Gleichsetzung liefert Descartes mit seinem Gegenbeispiel des Tausendecks.[30] Ein Tausendeck können wir zwar ohne Schwierigkeiten denken, aber sicher nicht bildlich mit seinen tausend Ecken vorstellen. Die rationalistische Position verdeutlicht Spinoza, indem er betont: „Denn ich verstehe unter Ideen nicht Vorstellungsbilder […], sondern Begriffe des Denkens."[31]

Sieht man von der wichtigen Differenz zwischen anschaulichem Vorstellen und begrifflichem Denken ab, so betrifft der eigentliche Streit zwischen Rationalisten und Empiristen die angeborenen Ideen.

---

29 Die erworbenen Ideen (*ideae adventitiae*) werden (ebd.) in der dt. Übersetzung als „von außen gekommen" bezeichnet. Obwohl Descartes derartige Ideen besonders als Beispiele anführt, werden durch diese Übersetzung die inneren erworbenen Ideen nicht erfasst.

30 Ebd., S. 179 (VI. Meditation, Abschnitt 2).

31 Ethik, S. 90.

Deren Existenz wird insbesondere von dem Empiristen Locke entschieden bestritten. Besäßen wir angeborene Ideen, dann müssten sie auch – wie Locke argumentiert – Kindern, Idioten, Wilden und Ungebildeten *bewusst* sein.[32] Das ist aber sicher nicht der Fall, wenn wir daran denken, dass die angeborenen Ideen insbesondere solche der Mathematik sind. Was für Ideen gilt, gilt erst recht für deren propositionale Verknüpfung zu Prinzipien. Den Satz des Pythagoras etwa kennen Personen der von Locke aufgeführten Gruppen gar nicht. Sehen wir von der aus heutiger Sicht politisch nicht korrekten Formulierung ab, so können wir Locke soweit zustimmen. Gegen Lockes Verständnis des Begriffs der angeborenen Ideen kann der Rationalist Leibniz allerdings einwenden, dass die angeborenen Ideen und die entsprechenden „notwendigen Wahrheiten" nicht von Anfang an bewusst sein müssen, sondern dieses erst im Laufe der Ausbildung der Erkenntnis werden.

Eine Pointe dieser Geschichte ist, dass damit ausgerechnet ein Rationalist zum Entdecker und Verteidiger des Unbewussten wird. Dies hängt mit Leibnizens Auffassung des Kontinuitätsprinzips zusammen, wonach nicht nur die Natur keine Sprünge macht (natura non facit saltus), sondern auch im Geistigen von allmählichen Übergängen auszugehen ist, nämlich zwischen unbewussten und bewussten Zuständen. Das Unbewusste bleibt dabei freilich als *Vor*bewusstes rational gezähmt und ist noch nicht das Irrationale, das mit der Romantik auf den Plan tritt und als „Nachtseite" des Menschen insbesondere im Werk E. T. A. Hoffmanns seine literarische Vergegenwärtigung und in der Psychoanalyse Sigmund Freuds seine systematische Aufarbeitung gefunden hat.

Leibniz ist die Anerkennung notwendiger Wahrheiten so wichtig, dass er bereits im Vorwort zu seinen *Neuen Abhandlungen über den menschlichen Verstand* darauf eingeht. Dabei macht er den Empiristen das Zugeständnis, dass es zur Entdeckung notwendiger Wahrheiten der sinnlichen Erfahrung als *Veranlassung* bedürfe: „obgleich man ohne

32 Versuch über den menschlichen Verstand, Bd. 1, S. 50 (I. Buch, I. Kapitel, 27. Abschnitt).

Sinne niemals *darauf gekommen* wäre, an diese Wahrheiten zu denken", sei es doch so, dass „deren *Beweis* [...] nicht vom Zeugnis der Sinne abhängt".[33] Danach ist zum Beispiel für das Zustandekommen von mathematischer Erkenntnis der Erwerb sinnlicher Erfahrung unverzichtbar, weil wir sonst gar nicht in den Stand gesetzt würden, überhaupt etwas zu erkennen. Für den Beweis, also die Begründung, wäre es aber gänzlich verfehlt, sich auf Erfahrung berufen zu wollen, etwa in der Weise, dass bei der Addition von 7 und 5 bisher stets faktisch 12 herausgekommen sei und es ‚postfaktisch' auch mal gefühlte 13 sein könnten. Als Mathematiker und Philosoph hat Frege dies so auf den Punkt gebracht, dass wir – entwicklungspsychologisch betrachtet – ohne sinnliche Erfahrung „dumm wie ein Brett wären", dieser Umstand aber für die Frage der Begründung völlig irrelevant ist.[34]

5.5 Apriorische Erkenntnis

In der Gegenüberstellung von psychologischer Entstehung und logischer Begründung der Erkenntnis ist der zentrale Unterschied zwischen Genese und Geltung angesprochen. Dieser Unterschied besteht für jede, auch für empirische Erkenntnisse, im Falle der mathematischen und anderer notwendiger Wahrheiten sichert er die Möglichkeit erfahrungsunabhängiger, *apriorischer* Erkenntnis. Darauf zielt Kants Feststellung eingangs der Einleitung der *Kritik der reinen Vernunft* ab: „Wenn aber gleich alle unsere Erkenntnis *mit* der Erfahrung anhebt, so entspringt sie darum doch nicht eben alle *aus* der Erfahrung."[35]

Der Begriff des Apriorischen ersetzt seit Kant den Begriff des Angeborenen. Die Rede von angeborenen Ideen und Wahrheiten ist letztlich der Versuch, das Faktum apriorischer Erkenntnis entwicklungspsychologisch und damit genetisch zu erklären. Hierbei handelt es sich allerdings um eine empirische Frage, die Gehirnforscher und nicht

---

33 Leibniz: Neue Abhandlungen über den menschlichen Verstand, Bd. 1, S. XIII (Vorwort). Hervorhebungen G. G.

34 Frege: Grundlagen der Arithmetik, § 105, Anm. **.

35 Kritik der reinen Vernunft B 1; AA III, S. 27.

Philosophen zu beantworten haben. Der aus philosophischer Sicht rationale Kern der Lehre von den angeborenen Ideen ist die Anerkennung apriorischer Erkenntnis mit der Betonung, dass das Apriori ein Begründungsapriori ist, welches besagt, dass zur Begründung bestimmter Wahrheiten nicht auf Erfahrung zurückgegangen werden muss. Daran anschließend erweist sich die Bestimmung, wie weit der Bereich des Apriorischen reicht, als eines der zentralsten Grundprobleme.

Zunächst ist festzustellen, dass jenseits der Streitigkeiten um die angeborenen Ideen auch der Empirist Locke der Sache nach zugesteht, dass es apriorische Erkenntnisse gibt, und zwar insbesondere in Mathematik und Logik. So spricht er davon, dass wir bestimmte Sätze als wahr erkennen, sobald wir die Bedeutungen ihrer Wörter verstanden haben, und das heißt, dass wir zur Feststellung der Wahrheit nicht der Erfahrung bedürfen.

Der Empirist Hume trifft eine Unterscheidung zwischen erfahrungsunabhängigen „Beziehungen von Vorstellungen (relations of ideas)" und erfahrungsabhängigen „Tatsachen (matters of fact)".[36] Diese Unterscheidung entspricht derjenigen von Leibniz zwischen „Vernunftwahrheiten (vérités de raison)" und „Tatsachenwahrheiten (vérités de fait)".[37] So gilt für Leibnizens Vernunftwahrheiten wie für Humes Vorstellungsbeziehungen gleichermaßen, dass deren Wahrheit allein durch die Analyse der im Urteil verbundenen Vorstellungen (beziehungsweise Begriffe) auf der Grundlage des Satzes vom ausgeschlossenen Widerspruch entscheidbar ist. Während die Verneinung solcher Urteile zu einem Widerspruch führe, sei das Gegenteil einer Tatsache möglich, nämlich ohne Widerspruch denkbar.

Angesichts solcher Übereinstimmung ist zu fragen, wieweit sich Rationalismus und Empirismus jenseits der unterschiedlichen Betonung der Rolle der Vernunft beziehungsweise der Erfahrung überhaupt unterscheiden. Der wesentliche Unterschied betrifft den Umfang der apriorischen Erkenntnis. Abgesehen von Mathematik und

---

36 Eine Untersuchung über den menschlichen Verstand, S. 41f.

37 Monadologie, §§ 31–35.

Logik ist für den Rationalisten auch die Metaphysik mit ihren Gottesbeweisen eine apriorische Disziplin, während der Empirismus eher, vor allem in Gestalt Humes, metaphysikkritisch ausgerichtet ist.

5.6 Kant und das Problem des synthetischen Apriori

Von Humes Metaphysikkritik sah sich Kant „aus dem dogmatischen Schlummer" geweckt. Seine Erkenntniskritik ist denn auch wesentlich gegen die Geltungsansprüche der rationalistischen Metaphysik gerichtet. In Kants Analyse dieser Ansprüche kommt es zu einer systematischen Neuordnung der Erkenntnisarten anhand einer neuen Unterscheidung der Urteilsarten. Kant unterscheidet zunächst – wie der Sache nach bereits seine Vorgänger Leibniz und Hume – zwischen erfahrungsunabhängigen Urteilen a priori (oder apriorischen Urteilen) und erfahrungsabhängigen Urteilen a posteriori (oder aposteriorischen Urteilen). Die Terminologie bringt wörtlich genommen zum Ausdruck, dass Urteile a priori ‚von vornherein', nämlich *vor* aller Erfahrung, und Urteile a posteriori ‚im Nachhinein', nämlich *nach* Erfahrung, wahr oder falsch sind. Da die Rede von ‚vor' und ‚nach' ein zeitlich-genetisches Missverständnis nahe legen könnte, empfiehlt es sich, ‚a priori' als ‚*unabhängig* von Erfahrung *begründet*' und ‚a posteriori' als ‚*abhängig* von Erfahrung *begründet*' zu bestimmen.

Kant unterscheidet außerdem zwischen analytischen und synthetischen Urteilen. Von der traditionellen Subjekt-Prädikat-Struktur des Urteils ausgehend werden analytische Urteile als solche Urteile bestimmt, bei denen der Prädikatbegriff bereits im Subjektbegriff enthalten ist. Analytische Urteile sagen danach *inhaltlich* nichts Neues aus. Dies heißt allerdings nicht, dass sie ‚nichtssagend' im Sinne von trivial sind. Vielmehr können sie „der Form nach" durchaus Einsichten vermitteln.[38] Kants Beispiel eines analytischen Urteils ist „Alle Körper sind ausgedehnt". Hier wird von dem Subjekt ‚Körper' allgemein ausgesagt, dass ihm das Prädikat ‚ausgedehnt' zukommt. Dies entspricht

38 Kritik der reinen Vernunft B 9; AA III, S. 32.

Descartes' Bestimmung der körperlichen Substanz als ausgedehnt, als *res extensa*. Da der Begriff des Körpers bereits das Merkmal der Ausdehnung einschließt, „erweitert" dieses Urteil unsere Erkenntnis inhaltlich nicht.

Die Begründung analytischer Urteile erfolgt – wie die Begründung von Leibnizens Vernunftwahrheiten und Humes Beziehungen von Vorstellungen – durch Begriffsanalyse auf der Grundlage des Satzes vom ausgeschlossenen Widerspruch.[39] Angewandt auf Kants Beispiel besagt dies, dass es zu einem Widerspruch führen würde, wenn man dem Begriff des Körpers das Merkmal der Ausdehnung absprechen würde.

Synthetische Urteile sind Urteile, die unsere Erkenntnis inhaltlich erweitern. Kants Beispiel ist „Alle Körper sind schwer". Allgemein lässt sich sagen, dass synthetische Urteile solche sind, bei denen zur Feststellung ihrer Wahrheit (oder Falschheit) über eine bloße Begriffsanalyse hinauszugehen ist. Synthetische Urteile lassen sich demnach als nicht-analytische Urteile bestimmen.

Legt man Kants Terminologie zugrunde, so gilt für Leibniz und Hume gleichermaßen, dass sie als Urteile a priori nur analytische Urteile und als synthetische Urteile nur Urteile a posteriori kennen. Die Frage ist, ob es noch andere Kombinationsmöglichkeiten gibt. Die Kombination ‚analytisch und a posteriori' scheidet ersichtlich aus, da Begriffsanalysen nicht auf Erfahrung rekurrieren. ‚Alle analytischen Urteile sind Urteile a priori' ist selbst ein analytisches Urteil. Analytische Urteile gibt es, wie Kants Beispiel ‚Alle Körper sind ausgedehnt' zeigt, auch von empirischen Begriffen. Offen bleibt die Frage, wie es mit der Kombination ‚synthetisch und a priori' steht. Bei Leibniz und Hume ist diese Kombination nicht vorgesehen. Kant macht aber deutlich, dass gerade die Urteile der Metaphysik, soweit diese sich als Wissenschaft versteht, ihrem Anspruch nach synthetische Urteile a priori sind. An der rationalistischen Metaphysik kritisiert er, dass man meinte, mit „Zergliederungen der Begriffe" auszukommen: „Da dieses Verfahren nun eine wirkliche Erkenntnis [!] a priori giebt, die einen sichern und

39 Ebd., B 12; AA III, S. 34.

nützlichen Fortgang hat, so erschleicht die Vernunft, ohne es selbst zu merken, unter dieser Vorspiegelung Behauptungen von ganz anderer Art [...]."[40] Da es sich bei diesen Behauptungen der Sache nach um *synthetische* Urteile a priori handelt, steht und fällt die Metaphysik für Kant daher mit der Möglichkeit synthetischer Urteile a priori.

Zur Beantwortung der Frage, wie synthetische Urteile a priori möglich sind, geht Kant so vor, dass er zunächst Beispiele solcher Urteile *außerhalb* der Metaphysik untersucht. Diese findet er insbesondere in der Mathematik (Geometrie und Arithmetik). Für Rationalisten und Empiristen sind die mathematischen Urteile ebenfalls apriorisch, allerdings im kantischen Sinne sämtlich analytisch. Kants Argument, dass unter ihnen auch synthetische Urteile sind, basiert darauf, dass es mathematische Urteile gibt, zu deren Begründung man über reine Begriffsverhältnisse hinausgehen und die reine Anschauung zur Hilfe nehmen müsse. In der Geometrie, gemeint ist die euklidische Geometrie, werde die Anschauungsform des Raumes und in der Arithmetik die Anschauungsform der Zeit in Anspruch genommen. So bedürfe es etwa zu der Erkenntnis, dass die kürzeste Verbindung zwischen zwei Punkten die Gerade ist, der Ziehung dieser Linie in der räumlichen Anschauung. Auch wenn die konkret gezogene Linie (etwa auf Papier) eine sinnlich anschauliche Linie ist, so ist doch jeweils eine ideale Linie gemeint. In diesem Sinne ist es zu verstehen, wenn Kant von *reiner* Anschauung spricht. Auf den ersten Blick muss es überraschen, dass Kant die Arithmetik der Anschauungsform der Zeit zuordnet. Der Grund ist, dass er die Zahlenfolge der natürlichen Zahlen durch Zählhandlungen im Nacheinander der Zeit konstruiert sieht.

5.7 Das Kausalitätsproblem: David Hume und Kant

Die synthetischen Urteile a priori sind nach Kant nicht auf die Mathematik beschränkt. Zu ihnen zählen auch bestimmte Grundsätze der Erfahrung. Erfahrung beruht insbesondere auf der Einsicht in Kausal-

---

40 Ebd., B 9f.; AA III, S. 33.

zusammenhänge als Zusammenhänge zwischen Ursachen und deren Wirkungen. Zu unterscheiden sind hier *Kausalprinzip* und *Kausalgesetz*. Das Kausalprinzip entspricht der physikalischen Interpretation des Satzes vom zureichenden Grund, nach der nichts ohne Ursache geschieht (nihil fit sine causa). Eine zentrale Frage ist, ob das Kausalprinzip ontologisch oder lediglich methodologisch zu verstehen ist, ob man nämlich davon auszugehen hat, dass Ursachen in den Dingen selbst wirken, oder ob man das Kausalprinzip als Aufforderung zu verstehen hat, eingetretene Ereignisse auf vorhergehende Ereignisse zurückzuführen. Diese unterschiedlichen Auffassungen gibt es auch bei der Interpretation des Kausalgesetzes. Es lautet: Gleiche Ursachen haben gleiche Wirkungen. Während das Kausalprinzip besagt, dass jedem Ereignis ein anderes, mit ihm im Zusammenhang stehendes vorausgeht, formuliert das Kausalgesetz, dass zwischen Ereignissen regelmäßige Zusammenhänge bestehen. Welche konkreten Zusammenhänge dies sind, wird in generellen Kausalurteilen in Form von Naturgesetzen wie zum Beispiel dem Fallgesetz formuliert. Die Frage ist dann wiederum, ob man es mit Zusammenhängen in den Dingen oder lediglich mit funktionalen Abhängigkeiten zu tun hat.

Der wesentliche Unterschied zwischen Kausalprinzip und Kausalgesetz besteht darin, dass das Prinzip rückwärtsgewandt nach Erklärungen suchen lässt, während das Gesetz vorwärts schreitend Prognosen ermöglicht. Das Kausalprinzip schickt uns in der Rückwärtsverfolgung von Verursachungsketten auf die Suche nach einer ersten Ursache. Sofern man dabei nicht beim innerweltlichen Urknall stehen bleibt, führt es – eher als das Kausalgesetz – zu theologisch-metaphysischen Spekulationen, zum Beispiel einen „unbewegten Beweger"[41] als außer- oder überweltlichen Schöpfergott anzunehmen. Gott ist danach die letzte Ursache der Dinge und auch seine eigene Ursache (causa sui).

Die Kritik am ontologischen Verständnis von Kausalität geht vor allem auf Hume zurück.[42] Bei ihm tritt die Analyse des Kausalgesetzes gegenüber derjenigen des Kausalprinzips in den Vordergrund, im Un-

41 Aristoteles: Metaphysik, S. 273ff. (1071bff.)

42 Untersuchung über den menschlichen Verstand, Abschnitt IV–VII.

terschied zum Beispiel zu Leibniz. Das Kausalitätsproblem umfasst aber in der weiteren Diskussion sowohl das Kausalprinzip als auch das Kausalgesetz und wird dabei häufig nicht differenziert genug behandelt. Dies belegen auch Kants unterschiedliche Formulierungen der zweiten Analogie der Erfahrung in der ersten und zweiten Auflage der *Kritik der reinen Vernunft*.[43]

Kant stimmt mit Hume darin überein, dass die Wirkung aus der Ursache nicht durch bloße Begriffsanalyse zu ermitteln ist. Demnach ist das Kausalgesetz (im Sinne Kants) ein synthetisches Urteil. Die Frage ist nun: Welcher Erkenntnis verdankt es seine Gültigkeit, der Erkenntnis durch die Erfahrung oder der Erkenntnis durch die Vernunft (beziehungsweise durch den Verstand)? Ist es a posteriori oder a priori gültig? Hume stellt zunächst im Sinne des Empirismus fest, dass Tatsachenwissen wesentlich auf der Anerkennung des Kausalgesetzes beruhe und dieses Gesetz einzig durch Erfahrung begründet sei. Dann aber geht er über den Empirismus hinaus und unterzieht diesen einer skeptischen Revision. Er weist darauf hin, dass Erfahrungsschlüsse die Gleichförmigkeit von Vergangenheit und Zukunft voraussetzen; denn wenn die Natur sich dauernd ändern würde, könnten wir keine verlässlichen Voraussagen machen. Diese Voraussetzung könne aber ihrerseits nicht durch Erfahrung begründet werden, weil dies auf einen Begründungszirkel hinauslaufen würde. Wir würden nämlich eine Voraussetzung von Erfahrung durch Erfahrung begründen wollen.

Hume kommt daher zu dem Ergebnis, dass die Verlässlichkeit der Erfahrung *theoretisch* nicht begründet werden kann, obwohl man sie *praktisch* gleichwohl nicht in Zweifel zieht. An die Stelle der Erfahrungs*schlüsse* tritt nach ihm instinktmäßige Gewohnheit. Wenn wir es gewohnt sind, dass auf bestimmte Ereignisse stets bestimmte andere Ereignisse folgen, dann können wir gar nicht anders, als nach dem Eintreten eines Ereignisses der ersten Art ein Ereignis der zweiten Art zu erwarten – sofern die Rahmenbedingungen dieselben sind, nämlich keine Nebenereignisse auftreten, die den üblichen Ablauf stören. Diese Erwartung schreibt Hume nicht unserem Verstand, son-

43 Vgl. Kritik der reinen Vernunft A 189 mit B 232; AA IV, S. 128 mit AA III, S. 166.

dern einzig unserer Einbildungskraft zu. Im Gegensatz zu den Rationalisten Platon und Descartes, die die Einbildungskraft gegenüber der Vernunft gezielt abgewertet haben, stellt der Empirist Hume die Leistung der Einbildungskraft über diejenige des Verstandes.

Obwohl Hume somit die ontologische Notwendigkeit kausaler Verknüpfungen zwischen Ursachen und Wirkungen durch eine psychologische Macht der Gewohnheit ersetzt, schließt er nicht aus, dass eine Entsprechung in den Dingen besteht. Er spricht sogar wie Leibniz von einer „Art prästabilierter Harmonie zwischen dem Naturablauf und der Abfolge unserer Vorstellungen", betont allerdings, dass die Kräfte, die hier am Werke sind, für uns unerkennbar bleiben.[44] Die Einrichtung, dass die Herstellung kausaler Zusammenhänge instinktmäßiger Gewohnheit und nicht „den trügerischen Deduktionen unseres langsam arbeitenden Verstandes" anvertraut werde, schreibt Hume dabei „der gewöhnlichen Weisheit der Natur" zu.[45] Das naturalistisch verstandene Wirken von Mutter Natur ersetzt dabei die von Gottvater eingerichtete rationale Ordnung, von der Leibniz ausging.

Die psychologische Abschwächung der Rede von Notwendigkeit hat auch praktisch-philosophische Konsequenzen. Hume nimmt sie zum Anlass, die Ereignisse in der Natur und die Handlungen der Menschen derselben Notwendigkeit unterworfen sein zu lassen und damit die Willensfreiheit zu leugnen. Der Schein einer solchen Freiheit entstehe dadurch, dass man für die Dinge eine Notwendigkeit annehme, die diese sozusagen in ihre Bahn zwinge. Da man einen solchen Zwang normalerweise – nämlich abgesehen von Zwangsneurosen – nicht in den eigenen Handlungen verspüre, meine man, dass diese nicht kausal bedingt seien. Nach Hume unterliegen aber die Dinge der Welt und die Handlungen des Menschen derselben Erwartungskausalität. Freiheit gibt es danach nur als Handlungsfreiheit im Gegensatz zum Zwang, nämlich als Freiheit, ohne psychische oder physische Einschränkungen tun zu können, was man will. Der Wille selbst sei aber nicht frei.

---

44 Hume: Untersuchung über den menschlichen Verstand, S. 76.

45 Ebd., S. 77.

Kant stimmt Humes Analyse der Kausalität in wesentlichen Punkten zu: Erstens beansprucht er die Gültigkeit des Kausalgesetzes nicht ontologisch für die Natur an sich, sondern nur für die „Natur als Erscheinung", und zweitens liegt auch für ihn der Ursprung des Gesetzes im erkennenden Subjekt, allerdings nicht in der durch Gewohnheit geschulten Einbildungskraft, sondern im Denken. Kants Auflösung von Humes Skeptizismus besteht gewissermaßen in einer Wendung von dessen Zirkel ins Positive. Die Zirkularität des Begründungsversuchs zeige gerade, dass das Kausalgesetz bereits anerkannt werden muss, um Erfahrung überhaupt machen zu können. Letztlich lässt sich der Zirkel noch früher ansetzen als Hume selbst meint. Streng genommen kann sich Hume nicht einmal für die Anerkennung des Kausalgesetzes zirkelfrei auf Erfahrung berufen; denn Erfahrung beruht ja bereits auf der Verwendung des Kausalgesetzes, jedenfalls dann, wenn sie methodisch im Sinne der Erfahrungs*wissenschaft* verstanden wird. Das Kausalgesetz ist insofern „Bedingung der Möglichkeit" und damit notwendige Voraussetzung der Erfahrung.[46] Im Sinne der Geltung (nicht der Genese) ist es ‚vor' aller Erfahrung und daher a priori gültig. Da das Kausalgesetz zudem ein synthetisches Urteil ist, haben wir hier ein Beispiel für ein gültiges synthetisches Urteil a priori außerhalb der Mathematik. Die Gültigkeit des Kausalgesetzes und damit Naturnotwendigkeit bleibt dabei auf die Welt als Erscheinung beschränkt. Daher ist es für Kant kein Widerspruch, für den Bereich der Dinge an sich den freien Willen zumindest als möglich anzunehmen. Dies ist das Ergebnis von Kants Auflösung der Freiheitsantinomie in der *Kritik der reinen Vernunft*.[47] Zu Kants Unterscheidung zwischen Ding an sich und Erscheinung siehe Kapitel 5.9.

Nachdem Kant festgestellt hat, dass es synthetische Urteile a priori gibt, widmet er sich der Kernfrage, wie diese, insbesondere bestimm-

---

46 Der Zusammenhang ergibt sich folgendermaßen: Die Aussage, dass das Kausalgesetz Bedingung der Möglichkeit von Erfahrung ist, besagt ‚Ohne Kausalgesetz (k) keine Erfahrung (e)', in logischer Notation: $\neg k \rightarrow \neg e$. Dementsprechend ist k notwendige Bedingung von e.

47 Siehe die Formulierung der Antinomie in: Kritik der reinen Vernunft B 472–B 479 und die Auflösung B 560–586.

te synthetisch-apriorische Grundsätze, *möglich* sind. Seine Antwort geht mit einer Neubestimmung des Verhältnisses des erkennenden Subjekts zum erkannten Objekt einher. Das Ergebnis ist Kants Transzendentalphilosophie, deren Charakteristikum die Frage nach den jeweiligen Bedingungen der Möglichkeit ist. Die erkenntnistheoretische Transzendentalität ersetzt die ontologische Transzendenz, die nach Kant unerkennbar ist. Damit löst die Erkenntnistheorie die Ontologie als Grunddisziplin ab.

5.8 Kants „kopernikanische Wende"

Die Neubestimmung der Stellung des erkennenden Subjekts nimmt, wie wir gesehen haben, mit Descartes ihren Anfang. Dessen Rede von der ‚res cogitans' als einem denkenden *Ding* ist zwar problematisch, weil sie einem verdinglichenden Verständnis des denkenden Subjekts Vorschub leistet. Die Partizip-Präsens-Form ‚cogitans' hebt aber immerhin grammatisch das Moment einer geistigen Tätigkeit hervor. Die aktive Rolle des erkennenden Subjekts findet ihre positive Auszeichnung endgültig in Kants *Kritik der reinen Vernunft*. Leider wird sie in postmodernen Kreisen vielfach negativ als ‚Subjektzentriertheit' der Moderne kritisiert.

Die Frage nach der aktiven Rolle des Subjekts beim Erkennen führt zur weitergehenden Frage, ob es überhaupt einen vom Subjekt unabhängigen Objektbereich an sich gibt oder ob das Subjekt im Erkennen das Objekt mitkonstituiert. Der Anteil des Subjekts bei der Konstitutionsleistung kann das Dasein (die Existenz) oder das Sosein (die Beschaffenheit) des Objekts oder beides betreffen. Die Abhängigkeit des Daseins des Objekts vom Subjekt kommt zum Beispiel in Berkeleys Kernsatz „Esse est percipi" zum Ausdruck, womit das Dasein der Dinge auf ihr Wahrgenommenwerden zurückgeführt wird. Das Sosein der Dinge ist für Berkeley dagegen im empiristischen Sinne unabhängig vom Subjekt gegeben und durch Erfahrung zu erkunden. Umgekehrt vertritt Kant mit seinem transzendentalen Idealismus die Abhängigkeit des Soseins des Objekts vom Subjekt, da für ihn die Anschauungsformen Raum und Zeit sowie die Kategorien des Verstandes, wie insbesondere die Kategorie der Kausalität, als Bedingungen der Möglichkeit von Erfahrung die Objekte der Erfahrung vorstrukturieren. Die Unabhängigkeit des Daseins der Objekte sieht Kant dagegen durch das Ding an sich gesichert.

Zur Bestimmung des Verhältnisses zwischen erkennendem Subjekt und erkanntem Objekt greift Kant vergleichend auf den Perspektivenwechsel zurück, den das heliozentrische Weltbild des Kopernikus bewirkt hat. So wie sich danach die Sonne nicht um die Erde, sondern die Erde um die Sonne dreht, so richtet sich das Subjekt nicht mehr nach den Objekten, sondern die Objekte richten sich nach dem Subjekt. Wörtlich genommen wäre das Objekt das dem Subjekt ‚*Entgegen*geworfene', und das Subjekt das dem Objekt ‚*Unter*worfene'.[48] Danach würde das Subjekt passiv zur Kenntnis nehmen müssen, was ihm das Objekt vermittelt. Nach Kant ist es aber umgekehrt so, dass das Subjekt aktiv den Objekten seine Kategorien und Anschauungsformen aufzwingt. Die Pointe von Kants *erkenntnistheoretischer* kopernikanischer Wende besteht darin, dass sie eine Umkehrung, ja, geradezu eine Verkehrung der *planetarischen* kopernikanischen Wende vollzieht. Der aus kosmologischer Sicht aus dem Zentrum der Welt verstoßene und so (laut Nietzsche) zum ‚kosmischen Eckensteher' gewordene Mensch erlangt als aktives erkennendes Subjekt seine zentrale Stellung wieder zurück.

Eine aktive Rolle des erkennenden Subjekts deutet bereits Leibniz an, indem er dem empiristischen beziehungsweise sensualistischen Grundsatz, „*daß nichts in der Seele ist, das nicht von den Sinnen stammt*", einschränkend hinzufügt: „Aber man muß die Seele selbst und ihre Affektionen davon ausnehmen. *Nihil est in intellectu, quod non fuerit in sensu*, excipe: *nisi intellectus ipse*."[49] Was bei Leibniz der Verstand selbst (*intellectus ipse*) ist, dem entsprechen bei Kant die

48 ‚Objekt' geht zurück auf lat. ‚obiectum', also auf das Partizip Perfekt von lat. ‚obicere' = ‚entgegen werfen'; ‚obicere' ist gebildet aus der Vorsilbe ‚ob-' = ‚entgegen' und ‚iacere' = ‚werfen'. ‚Subjekt' geht dementsprechend zurück auf ‚subiectum' und ‚subicere' = ‚unterwerfen'; ‚subicere' ist gebildet aus der Vorsilbe ‚sub-' = ‚unter' und ‚iacere'.

49 Neue Abhandlungen, Bd. 1, S. 101f. (II. Buch, Kapitel I, § 2)

Kategorien des Verstandes und die Formen der Anschauung, und mit dem Verstand ist nicht das Gehirn gemeint.

Mit Hilfe der Kategorien oder „reinen Verstandesbegriffe", die in der Tafel der Kategorien zusammengestellt sind,[50] ordnet der Verstand das sinnliche Material, das ihm die empirische Anschauung liefert. Die Tafel der Kategorien ist ihrerseits aus der Tafel der Urteilsformen[51] abgeleitet. Kant verdeutlicht diese Ableitung exemplarisch anhand der zentralen Kategorie der Kausalität. So wird unter deren Anwendung aus dem ‚wenn' des hypothetischen Wahrnehmungsurteils ‚Wenn die Sonne scheint, wird der Stein warm' das ‚weil' des kausalen Erfahrungsurteils ‚Weil die Sonne scheint, wird der Stein warm'. Dabei wird statt einer bloß logisch hinreichenden Bedingung für die Erwärmung des Steins deren Ursache angegeben. Sinnliche Erfahrungen sind nicht nur kausal, sondern auch räumlich oder zeitlich strukturiert: innere Erfahrung nur zeitlich, äußere Erfahrung räumlich und zeitlich. Neben die Kategorien treten daher Raum und Zeit als die Anschauungsformen der Erfahrung. Wie wir bereits gesehen haben, unterscheidet Kant zwischen der empirischen Anschauung in der sinnlichen Wahrnehmung und der reinen Anschauung, die den Konstruktionen der apriorischen Wissenschaften Geometrie und Arithmetik zugrunde liegt.

Zu fragen ist, warum Kant die Anschauungsformen von den Kategorien unterscheidet und sie nicht schlicht dazu zählt; denn beiden ist ja gemeinsam, dass sie die strukturellen Bedingungen möglicher Erfahrung festlegen. Der Grund ist, dass Kant einen prinzipiellen Unterschied zwischen Begriffen und Anschauungen sieht, wonach es „zwei Stämme der menschlichen Erkenntnis"[52] gibt, nämlich Sinnlichkeit und Verstand: „Vermittelst der Sinnlichkeit also werden uns Gegenstände *gegeben*, und sie allein liefert uns *Anschauungen*; durch den Verstand aber werden sie *gedacht*, und von ihm entspringen *Begriffe*."[53] Mit dieser Unterscheidung geht Kant wesentlich über seinen rationalisti-

---

50 Kritik der reinen Vernunft B 106; AA III, S. 93.

51 Ebd., B 95; AA III, S. 87.

52 Ebd., B 29; AA III, S. 46.

53 Ebd., B 33; AA III, S. 49.

schen Vorgänger Leibniz hinaus, für den zwischen Sinnlichkeit und Verstand keine grundsätzliche Grenze besteht, sondern lediglich eine hierarchische Abstufung.

Anschauungen und Begriffe fasst Kant unter dem Oberbegriff „Vorstellungen" zusammen. Vorstellungen werden häufig psychologisch als mentale Bilder verstanden. Bei Kant sind dagegen nicht nur sinnliche Anschauungen, sondern auch abstrakte Begriffe Vorstellungen. ‚Vorstellung' ist bei ihm die Übersetzung des lateinischen Ausdrucks ‚repraesentatio'. Was sind nun die Unterschiede zwischen den beiden Vorstellungsarten? Teilvorstellungen eines Begriffs sind dessen Merkmale und als solche Oberbegriffe zu dem jeweiligen Begriff, dessen Merkmale sie sind. Wenn wir von der Definition des Begriffs ‚Mensch' als ‚vernunftbegabtes Lebewesen' ausgehen, so ist der Begriff ‚Lebewesen' ein Merkmal des Begriffs ‚Mensch'. Das Merkmal ‚Lebewesen' ist dabei Oberbegriff zum Begriff ‚Mensch' und damit selbst umfassender als dieser Begriff: Alle Menschen sind Lebewesen; aber es gibt Lebewesen, die keine Menschen sind. Der Begriff ‚Lebewesen' ist dem Begriff ‚Mensch' übergeordnet, und der Begriff ‚Mensch' ist dem Begriff ‚Lebewesen' untergeordnet. Teilvorstellungen von Anschauungen sind dagegen nicht umfassender, sondern ganz im Gegenteil weniger umfassend, nämlich kleiner als die Gesamtanschauungen. So stellt zum Beispiel die Teilvorstellung einer räumlichen Strecke lediglich ein Teilstück oder einen Abschnitt der ganzen Strecke vor. Gleiches gilt für die Teilvorstellung einer zeitlichen Strecke.

Zusammenfassend lässt sich festhalten: Begriffe folgen der Logik von Über- und Unterordnung, Anschauungen dagegen der Logik von Teil und Ganzem. Verstand und Sinnlichkeit sind danach grundverschieden. In der menschlichen Erkenntnis sind sie allerdings wechselseitig auf einander angewiesen und haben eine Verbindung einzugehen; denn: „Ohne Sinnlichkeit würde uns kein Gegenstand gegeben und ohne Verstand keiner gedacht werden."[54] Begriffe ohne Anschauungen sind „leer" und Anschauungen ohne Begriffe sind „blind". Ohne Anschauungen fehlt das Material, und ohne Begriffe sieht man nichts.

54 Ebd., B 75; AA III, S. 75.

Aristoteles' *ontologische* Unterscheidung zwischen Form und Materie wird bei Kant *erkenntnistheoretisch* gefasst als Unterscheidung zwischen ordnendem Verstand und strukturierender reiner Anschauung auf der einen und gegebenem sinnlich-anschaulichem Material auf der anderen Seite.

Kants strikte Trennlinie zwischen Anschauung und Begriff wird später im Deutschen Idealismus infrage gestellt, indem die Möglichkeit einer intellektuellen Anschauung, also einer Anschauung durch den Verstand (oder durch die Vernunft), behauptet wird. Diese Auffassung steht in der Tradition Platons, für den die Ideen angeschautes Allgemeines sind. Da Anschauungen und Begriffe unterschiedlichen Logiken folgen, gibt es aber gute Gründe, mit Kant auf einer grundsätzlichen Verschiedenheit der beiden Bereiche zu bestehen und eine intellektuelle Anschauung – jedenfalls für den Menschen – als unmöglich zurückzuweisen.

5.9 Kants Unterscheidung zwischen „Ding an sich" und „Erscheinung"

Für Kant erlaubt letztlich erst die Unterscheidung zwischen Ding an sich und Erscheinung die Frage zu beantworten, wie synthetische Urteile a priori außerhalb der Mathematik möglich sind. Sie sind nämlich deshalb möglich, weil die apriorischen Bestimmungen nicht solche der Erkenntnisobjekte an sich, sondern solche des Erkenntnissubjekts sind, indem dieses die Erfahrungswelt gemäß seinen Kategorien und seinen Anschauungsformen vorstrukturiert. Wären die entsprechenden Strukturen solche der Objekte an sich, dann könnten wir nach Kant keine synthetisch-apriorischen Erkenntnisse über die Natur gewinnen, sondern müssten a posteriori abwarten, was uns diese preisgibt. Dass sich die Natur mathematisch ausbuchstabieren lässt, das „Buch der Natur" in mathematischer Sprache geschrieben ist, wie dies Galilei betont hat, erklärt sich dadurch, dass diese Sprache eine Sprache des erkennenden Subjekts ist.

Die Anerkennung des Dings an sich dient Kant in der zweiten Auflage der *Kritik der reinen Vernunft* auch dazu, sich gegen den Vorwurf zu wehren, sein transzendentaler Idealismus laufe auf einen subjektiven Idealismus hinaus, der die Realität der Außenwelt leugne. Eine solche Position schreibt er Berkeley zu. Tatsächlich verneint dieser aber lediglich, dass die Außenwelt *materieller* Natur ist. Danach vertritt Berkeley keinen subjektiven Idealismus, sondern einen Spiritualismus.

Für Kant ist das Ding an sich zwar nicht erkennbar, unsere Sinne werden aber seiner Auffassung nach „von diesem unbekannten Etwas affiziert",[55] also angeregt, so dass die Welt daher nicht zu bloßem Schein werde. Der Begriff der Erscheinung dürfe daher nicht mit dem Begriff des Scheins gleichgesetzt werden.[56] Von einer solchen Gleichsetzung ließ sich Heinrich von Kleist „schmerzhaft erschüttern" und in seine „Kant-Krise" stürzen. In einem Brief an seine Verlobte Wilhelmine von Zenge schreibt er:

> Wenn alle Menschen statt der Augen grüne Gläser hätten, so würden sie urteilen müssen, die Gegenstände, welche sie dadurch erblicken, *sind* grün – und nie würden sie entscheiden können, ob ihr Auge ihnen die Dinge zeigt, wie sie sind, oder ob es nicht etwas zu ihnen hinzutut, was nicht ihnen, sondern dem Auge gehört. So ist es mit dem Verstande.[57] Wir können nicht entscheiden, ob das, was wir Wahrheit nennen, wahrhaft Wahrheit ist, oder ob es uns nur so scheint.[58]

Die Verwechselung von Schein und Erscheinung vollzieht Kleist im letzten Satz, wenn es heißt, dass wir nicht entscheiden können, ob etwas Wahrheit ist „oder ob es uns nur so scheint".

Für Kant besagt die Rede von ‚Erscheinung', dass es objektiv etwas gibt, was da erscheint, nämlich das Ding an sich. Damit wird das Ding an sich dem Kausalprinzip folgend als Ursache aller Erscheinung bestimmt. Hier ergibt sich freilich ein Problem; denn die Kategorie der Kausalität ist ja nach Kants eigenem Verständnis auf den Erfahrungsgebrauch und damit auf die Welt als Erscheinung beschränkt. Indem

---

55 Prolegomena, AA IV, S. 315. Vgl. ebd., S. 289.

56 Kritik der reinen Vernunft B 69f.; AA III, S. 71.

57 Man beachte auch hier den Vergleich zwischen dem Auge und dem Verstand.

58 Kleist: Sämtliche Werke und Briefe, Bd. 4, S. 205 (Brief vom 22. März 1801).

Kant zwischen Ding an sich und Erscheinung ein kausales Verhältnis annimmt, geht er unerlaubt von einem erfahrungsinternen (transzendentalen) zu einem erfahrungsexternen (transzendenten) Gebrauch über und begeht dadurch im Grunde genommen selbst einen Kategorienfehler. Auf diesen Fehler haben bereits Arthur Schopenhauer und vor ihm Friedrich Heinrich Jacobi hingewiesen.[59] Kants Unterscheidung zwischen Ding an sich und Erscheinung ist in der Folgezeit infrage gestellt worden. Wie dem auch sei, festhalten lässt sich jedenfalls, dass die Welt der Erscheinung für Kant keine Scheinwelt, sondern diese unsere wirkliche Welt ist.

Als ‚entfernte Verwandte' von Kants Ding an sich kann man die Substanz als Ding, das allen Eigenschaften als Träger dieser Eigenschaften zugrunde liegt, ansehen. Der Ausdruck ‚Substanz' ist von dem lat. Verb ‚substare' = ‚darunter stehen' abgeleitet. Hier haben wir es wiederum mit einer Antwort auf die Frage nach der Einheit in der Vielheit oder nach dem Identischen des Verschiedenen zu tun. Die Substanz bleibt Dasselbe im Wechsel der Eigenschaften. Ausgehend von Descartes wären dann allerdings zwei ontologisch verschiedene Dinge an sich, nämlich die geistige Substanz und die materielle Substanz zu unterscheiden. Zudem sind mit den Bestimmungen ‚denkend' und ‚ausgedehnt' immerhin Grundeigenschaften dieser beiden Dinge an sich ausgesagt, was für Kants Ding an sich ausgeschlossen ist.

Hervorzuheben ist, dass auch Locke zwischen materieller und geistiger Substanz unterscheidet und damit Descartes' Dualismus anerkennt. Hier haben wir eine weitere Übereinstimmung zwischen einem Rationalisten und einem Empiristen. Locke gesteht allerdings empiristisch zurückhaltend zu, dass wir „keine klare und deutliche Idee von dem Ding haben, das wir uns als Träger denken".[60] In dieser Hinsicht besteht eine Verwandtschaft zwischen Kants Begriff des Dings an sich und Lockes Begriff der Substanz. Lockes Zugeständnis wird von Berkeley dahingehend verschärft, dass die Anerkennung der Materie, ohne eine deutliche Vorstellung von materieller Substanz zu haben,

59 Jacobi: David Hume über den Glauben, S. 301f.

60 Über den menschlichen Verstand, Bd. 1, S. 369 (II. Buch, XXIII. Kapitel, 4. Abschnitt).

abzulehnen sei. Geistige Substanz stellt der Bischof als Spiritualist dagegen nicht infrage.

Hume geht in seinem *Treatise of Human Nature* noch einen Schritt weiter, indem er die Rede von Substanz im Sinne eines eigenständigen Trägers von Eigenschaften insgesamt – also für materielle und geistige Substanz – infrage stellt. Er bestreitet, dass wir überhaupt eine Vorstellung von einem „unbekannten *Etwas*", an dem die Eigenschaften „haften", besitzen. Vielmehr sei diese Vorstellung nicht mehr „als ein Zusammen einfacher Vorstellungen [collection of simple ideas], die durch die Einbildungskraft vereinigt worden sind".[61] Da dies auch für die geistige Substanz gelte, werde damit die personale Ich-Identität fraglich.[62] Humes Analyse hat Ernst Mach gegen Ende des 19. Jahrhunderts wieder aufgegriffen, mit nachhaltiger Wirkung auf die literarische Wiener Moderne (siehe dazu Kapitel 12.4).

Neben der Anerkennung des Dings an sich findet sich bei Kant auch die Rede von Substanz. Anders als bei Descartes' und Lockes ontologischem Verständnis ist Kants Auffassung wiederum erkenntnistheoretisch. Substanz ist – wie Kausalität – für Kant eine Kategorie des Verstandes und als solche Bedingung der Möglichkeit einheitlicher Erfahrung. Sie ermöglicht es, die Dinge (im Gegensatz zu Heraklit) als beharrend im Wechsel der Erscheinungen zu denken, bleibt dabei aber auf die Welt als Erscheinung beschränkt und ist nicht auf das Ding an sich anwendbar.

5.10 Kants Ethik der Vernunft im Vergleich

Wie wir am Beispiel des Empirismus gesehen haben, ist die Aufklärung nicht durchgehend ein Zeitalter der Vernunft. Auch Kant hat in seiner Kritik an der rationalistischen Metaphysik seiner Vorgänger die Erkenntnisansprüche der *theoretischen* Vernunft stark beschnitten, in der Ethik setzt er aber ganz auf die *praktische* Vernunft. Hier bietet

61 A Treatise of Human Nature, S. 16. Dt. Traktat über die menschliche Natur, I. Teil, S. 28.

62 Traktat, I Teil, S. 327.

sich ein Vergleich mit anderen Positionen an. Deshalb werden im Folgenden rückblickend und vorausblickend weitere Autoren zur Abgrenzung herangezogen. Somit kommt es an dieser Stelle zur Bildung eines problemgeschichtlichen Blocks ethischer Themen im Ausgang von Kant.

Kants Ethik ist eine *Sollensethik*. Für diese ist es wesentlich, dass wir einen freien Willen haben. Dieser besteht für Kant nicht darin, tun zu können, was man will, sondern darin, tun zu können, was man soll. Manch einer möchte in dem Sollen eher eine Einschränkung von Freiheit sehen. Aus moralischer Sicht sind für Kant dagegen „ein freier Wille und ein Wille unter sittlichen Gesetzen einerlei".[63] Danach ist die Freiheit des Willens eine Freiheit *von* Neigungen als Freiheit *zu* moralischem Handeln, jedenfalls im Konfliktfall; denn Kant schließt ja nicht aus, in moralisch neutralen Fällen seinen Neigungen zu folgen. Er vertritt allerdings den Vorrang der Pflicht vor der Neigung. Das Verhältnis von Moralgesetz und Freiheit stellt Kant in der *Kritik der praktischen Vernunft* so dar, dass Freiheit die notwendige Voraussetzung für das Moralgesetz als Sollensgesetz ist.[64] Es gilt also: Ohne Freiheit keine Moralität.

Die Wirklichkeit der Freiheit ist ihre Wirksamkeit, nämlich die Möglichkeit, praktische Vernunft und nicht Neigungen, seien es solche der Sinnlichkeit oder solche des Verstandes, unser Handeln bestimmen zu lassen. Kant leitet die Wirklichkeit der Freiheit aus der Wirksamkeit der praktischen Vernunft ab, also aus Fällen, in denen jemand tatsächlich entgegen seiner sinnlichen Neigung aus Pflicht gehandelt hat. *Aus* Pflicht zu handeln, ist für Kant etwas anderes als der Pflicht *gemäß* zu handeln. Der Pflicht gemäß handelt auch derjenige, der das Gute tut in der Erwartung, im Diesseits oder Jenseits belohnt zu werden. Ein solches Handeln ist für Kant kein rein moralisches Handeln. Moralisches Handeln folgt dem kategorischen Imperativ als dem „*Grundgesetz der reinen praktischen Vernunft*". Er lautet: „Handle so, daß die Maxime deines Willens jederzeit zugleich als Prinzip einer allgemeinen

63 Grundlegung zur Metaphysik der Sitten, AA IV, S. 447.

64 Kritik der praktischen Vernunft, AA V, S. 4, Anm.

Gesetzgebung gelten könne."[65] Der kategorische Imperativ ist das Gesetz, dem gemäß die praktische Vernunft bestimmt, was wir tun sollen. Kant ist daher in der Ethik ein entschiedener Kognitivist. Der *Kognitivismus* betont die Möglichkeit, die Richtigkeit moralischer Urteile durch Vernunft begründen zu können. Er steht damit im Gegensatz zum *Emotivismus*, der behauptet, dass die Grundlage der Zustimmung ein moralisches Gefühl ist.

Klassischer Vertreter des Emotivismus ist Hume. Für ihn ist die Vernunft tätig, „um uns über die schädliche oder nützliche Tendenz von Eigenschaften und Handlungen aufzuklären". Nützlich sei etwas aber lediglich mit Bezug auf einen bestimmten Zweck. Daher gilt für Hume:

> wo der Zweck uns gänzlich gleichgültig wäre, würden wir dem Mittel gegenüber ebenso gleichgültig bleiben: An dieser Stelle muß sich ein *Gefühl* [*sentiment*] geltend machen, damit wir den nützlichen Tendenzen vor den schädlichen den Vorzug geben.[66]

Dieses moralische Gefühl wird sodann als „Sympathie mit dem Glück der Menschheit und Unwille über ihr Unglück" bestimmt. Hume setzt dabei voraus, dass ein solches Mitgefühl in der menschlichen Natur verwurzelt ist.[67] Das Ergebnis ist eine auf Mitgefühl gegründete Tugendethik. Unter Tugend versteht er dabei emotivistisch „jede geistige Tätigkeit oder Eigenschaft, die im Beschauer das angenehme Gefühl der Billigung wachruft".[68] Die Tätigkeit der Vernunft bleibt danach auf zweckrationale Überlegungen beschränkt. Die Entscheidung für einen bestimmten wohltätigen Zweck nach Maßgabe seiner Nützlichkeit ist für Hume dagegen Sache des moralischen Gefühls.

Der Gedanke der Nützlichkeit ist für den *Utilitarismus* (von lat. ‚utilis' = ‚nützlich') bestimmend geworden. Wie Hume folgen dessen Vertreter der Idee einer universalistischen Glücksethik. In seiner einfachsten Form, wie er von Jeremy Bentham (1748–1832) vertreten

65 Ebd., S. 30.

66 Untersuchung über die Prinzipien der Moral, S. 136f.

67 Ebd., S. 62, Anm. 1.

68 Ebd., S. 140.

wurde, strebt der Utilitarismus das größte Glück der größten Zahl an. Das Problem einer solchen Maxime ist, ob das Glück und vor allem das Recht des Einzelnen dem Glück der Allgemeinheit geopfert werden darf. Fortgeführt und wesentlich verbessert wurde der Utilitarismus von John Stuart Mill (1806–1873), der in seinem Buch *Utilitarianism* (1863) Benthams quantitative Fassung des Glücksbegriffs um qualitative Aspekte ergänzte und dementsprechend den Satz prägte: „Es ist besser, ein unzufriedener Mensch zu sein als ein zufriedenes Schwein; besser ein unzufriedener Sokrates als ein zufriedener Narr."[69]

Die Ausrichtung des Lebens an Glücksvorstellungen war bereits in der Antike verbreitet (siehe Kapitel 2.9). Kant räumt ein, dass der Mensch von Natur aus danach strebt, glücklich zu sein, und auch das Recht dazu hat. Er weist allerdings darauf hin, dass die Vorstellungen der Menschen vom Glück sehr unterschiedlich ausfallen und sich für den Einzelnen im Laufe seines Lebens auch ändern können. Egal jedenfalls, nach welchem Glücklichsein der Mensch strebt, das Glücksverlangen dürfe in keinem Fall das moralische Gesetz in Gestalt des kategorischen Imperativs als Maßstab des Handelns ersetzen:

> die reine praktische Vernunft will nicht, man solle die Ansprüche auf Glückseligkeit *aufgeben*, sondern nur, so bald von Pflicht die Rede ist, darauf gar *nicht Rücksicht* nehmen.[70]

Glück besteht für Kant darin, dass einem *„alles nach Wunsch und Willen geht"*.[71] Gemeint ist damit in erster Linie *felicitas* als das Glück des gelingenden Lebens. Zu unterscheiden ist davon *fortuna* als das Glück, das uns zufällt, zum Beispiel ein Lottogewinn oder ein ‚Glückstreffer' im Fußball. Darauf setzen Fußballvereine wie Fortuna Düsseldorf und Fortuna Köln. Ein besonderer ‚Glücks(zu)fall' ist es, auf den richtigen Partner oder die richtige Partnerin zu treffen. Insofern ist die *felicitas* auch durch Momente der *fortuna* bestimmt. Schließlich gibt es die *beatitudo* als das Glück einer kontemplativen Einstellung

69 Mill: Der Utilitarismus, S. 33.

70 Kritik der praktischen Vernunft, AA V, S. 93.

71 Ebd., S. 124.

in der Kunstbetrachtung und im Naturerlebnis. Wie wichtig den Menschen das Glück ist, lässt sich an manchen Eigennamen erkennen, die Eltern ihren Kindern geben, als da sind ‚Fortunata', ‚Fortunatus', ‚Felicitas', ‚Felix', ‚Beate' und ‚Beat'.

Der ethische Emotivismus kann wegen seiner Ablehnung rationaler Begründungen auf einen Subjektivismus hinauslaufen, der besagt, dass moralische Werturteile lediglich Bekundungen von Einstellungen seien. Emotivisten können in ihren moralischen Überzeugungen inhaltlich durchaus mit Kognitivisten übereinstimmen, bestehen aber darauf, dass sie sich für diese Überzeugungen gefühlsmäßig entschieden haben, ohne sie begründen zu können.

Ein Problem für den subjektivistischen Emotivismus besteht darin, dass er die Verbindung mit dem ethischen Egoismus nicht auszuschließen vermag. Damit lässt er nicht nur Einstellungen zu, die von allgemeiner Menschenliebe geprägt sind, sondern auch solche, die bloß subjektiven Vorlieben folgen. In seiner radikalsten Form nivelliert der Egoismus sogar der Unterschied zwischen beiden Arten von Einstellungen und damit den Unterschied zwischen der Hilfsbereiten und dem Rücksichtslosen. Beide folgen danach nur ihrem eigenen Antrieb. Der klassische Vertreter dieser Position ist Max Stirner (siehe Kapitel 7.5.2).

Ohne dem Egoismus das Wort zu reden, werden in der analytischen Philosophie des 20. Jahrhunderts im Rahmen metaethischer Untersuchungen zur Sprache der Ethik teilweise sehr extreme emotivistische Positionen vertreten. Rudolf Carnap geht so weit, moralisch wertende Sätze metaphysischen Sätzen gleichzustellen und sie als sinnlose Scheinsätze zu klassifizieren: „einen Satz, der ein Werturteil ausspräche, kann man überhaupt nicht bilden."[72] Damit ist insbesondere gesagt, dass moralische Wertungen keinen deskriptiven Gehalt haben. Genau dies behaupten Alfred J. Ayer und Charles L. Stevenson, für die wertende Äußerungen einzig darauf abzielen, Emotionen zu wecken, um auf diese Weise Einfluss zu nehmen: „Die Ermahnungen zu mora-

72 Überwindung der Metaphysik, S. 237. Später hat Carnap diese Auffassung allerdings als zu extrem revidiert.

lischer Tugend sind überhaupt keine Propositionen, sondern Ausrufe oder Befehle, dazu bestimmt, den Leser zu einer bestimmten Handlungsweise zu bewegen."[73] Dementsprechend wird moralisch wertenden Äußerungen jegliche Rationalität abgesprochen. Sie werden stattdessen als rein „persuasiv" charakterisiert[74] und insofern letztlich mit Propaganda auf dieselbe Stufe gestellt.

5.11 Die Begründung der Ästhetik: Alexander Gottlieb Baumgarten und Kant

Obwohl Kant sich der Sache nach bereits in den *Beobachtungen über das Gefühl des Schönen und Erhabenen* (1764) mit ästhetischen Themen beschäftigt hat, ist bei ihm von einer Ästhetik mit Blick auf die Kunst zunächst nicht die Rede. Noch in der *Kritik der reinen Vernunft* kennt Kant lediglich eine transzendentale Ästhetik, die der transzendentalen Logik vorangestellt ist. Diese Gliederung folgt Kants Unterscheidung zwischen Anschauung und Begriff beziehungsweise zwischen Sinnlichkeit und Verstand. Die transzendentale Ästhetik hat nichts mit Kunst zu tun. Sie untersucht vielmehr die Bedingungen der Möglichkeit der sinnlichen Wahrnehmung, nämlich deren räumliche und zeitliche Struktur. Sie wird von Kant als „Wissenschaft von allen Prinzipien der Sinnlichkeit a priori" bestimmt.[75] Die Etablierung der Ästhetik als eigene Disziplin im heutigen Sinne verdanken wir Alexander Gottlieb Baumgarten (1714–1762), einem Schüler Christian Wolffs. Baumgarten stellt bereits die Verbindung zur Sinnlichkeit her. Geht doch die Bezeichnung ‚Ästhetik' auf griechisch ‚aisthesis' (= ‚sinnliche Erkenntnis') zurück. Während Kants transzendentale Ästhetik ein Teilgebiet der Erkenntnistheorie ausmacht, ist Baumgartens Ästhetik eine eigenständige Tochterdisziplin der Erkenntnistheorie.

---

73 Ayer: Sprache, Wahrheit und Logik, S. 136.

74 Stevenson: Die emotive Bedeutung ethischer Ausdrücke, S. 135. Gleichwohl betont er ebd., dass es keinen Grund gebe, den persuasiven Weg „geringzuschätzen".

75 Kritik der reinen Vernunft B 35; AA IV, S. 50.

Die Ästhetik als Disziplin im heutigen Sinne kommt bei Kant erst sehr spät mit der *Kritik der Urteilskraft* (1790) in den Blick, und zwar mit ihrem ersten Teil, der *Kritik der ästhetischen Urteilskraft*. Während Kant in der Ethik Kognitivist ist, da dem kategorischen Imperativ folgend Vernunftgründe unser Handeln bestimmen können und sollen, ist er in der Ästhetik Emotivist. Das ästhetische Urteil ist für ihn kein Erkenntnisurteil, sondern ein Gefallensurteil, das sich nicht begründen lasse, sondern Bezug auf das Gefühl der Lust und Unlust nehme. Nun unterscheidet Kant zwei Arten des ästhetischen Urteils, das Schönheitsurteil und das Erhabenheitsurteil. Das Erhabenheitsurteil kann sich auf das Mathematisch-Erhabene (zum Beispiel hoch aufragendes Gebirge) oder auf das Dynamisch-Erhabene (zum Beispiel tobende See) beziehen. Die folgenden Ausführungen gelten dem Schönheitsurteil, das Kant „Geschmacksurteil" nennt.[76]

Dem schönen Kunstwerk begegnen wir nach Kant mit einem Wohlgefallen *„ohne alles Interesse"*.[77] Diese Interesselosigkeit besagt nicht, dass uns Schönheit gleichgültig lässt, sondern dass wir ein Kunstwerk unabhängig davon schön finden, ob es sich in unserem Besitz befindet. Insofern unterscheidet sich das Schöne vom Angenehmen, an dem wir ein sinnliches Interesse haben (zum Beispiel am Verzehr guter Speisen), und vom Guten, an dem wir ein Vernunftinteresse haben.[78]

Einem Kunstwerk das Prädikat ‚schön' zuzusprechen, besagt, dass es für den Urteilenden schön ist und nicht, dass dem Kunstwerk die Schönheit objektiv zukommt. Schön ist nämlich ein Kunstwerk, wenn es im Betrachter das Gefühl der Lust auslöst, welches seinerseits durch das freie Spiel der Erkenntnisvermögen Einbildungskraft und Verstand erzeugt wird.[79] Den bekannten Satz, dass sich über Geschmack nicht streiten lasse, präzisiert Kant dahingehend, dass sich zwar streiten, aber nicht disputieren lasse. Streiten könne man, indem man das Geschmacksurteil eines anderen zurückweist. Disputieren im Sinne von Argumentieren könne man aber nicht, weil es nicht möglich sei,

76 Kritik der Urteilskraft, AA V, S. 203.
77 Ebd., S. 211.
78 Ebd., S. 209–211.
79 Ebd., S. 217f.

für eine solche Zurückweisung „Beweisgründe" beizubringen.[80] Begründungsversuche des Geschmacksurteils weist Kant mit den Worten zurück, er stopfe sich die Ohren zu, um solches „Vernüfteln" nicht zu hören.[81] Obwohl Schönheit wegen des Bezugs auf das Gefühl der Lust keine objektive Eigenschaft ist, darf sie im Unterschied zum Angenehmen doch nicht als *bloß* subjektiv verstanden werden:

> Es wäre [...] lächerlich, wenn jemand, der sich auf seinen Geschmack etwas einbildete, sich damit zu rechtfertigen dächte: dieser Gegenstand [...] ist *für mich* schön. Denn er muß es nicht *schön* nennen, wenn es bloß ihm gefällt.[82]

Positiv gewendet heißt dies: Wenn jemand ein Schönheitsurteil fällt, „so mutet er andern eben dasselbe Wohlgefallen zu"[83] und „*sinnt* [...] jedermann diese Einstimmung an".[84] Somit ist das Geschmacksurteil nicht darauf angelegt, die Menschen privatistisch zu trennen, sondern es vermag sie auch kommunikativ zu einen.

Kant bestreitet nicht nur, dass das Geschmacksurteil ein Erkenntnisurteil ist, er verneint auch die Möglichkeit der Vermittlung von Erkenntnis durch Kunst. Diese Auffassung ist dadurch bedingt, dass er von einem engen Erkenntnisbegriff ausgeht, der Erkenntnis nur wahren Urteilen zubilligt und sie damit an propositionale Wahrheit bindet. Immerhin stellt Kant Überlegungen an, die Kunstwerken zumindest indirekt einen Erkenntniswert zugestehen. Um dieses Zugeständnis zu explizieren, ist auf Baumgarten und die rationalistische Behandlung der Sinnlichkeit näher einzugehen.

In der Tradition des Rationalismus nahm man zunächst, wie wir dies bei Platon und Descartes gesehen haben, eine grundsätzliche Abwertung der sinnlichen Erkenntnis gegenüber der Vernunfterkenntnis vor. Leibniz vertritt dagegen lediglich eine Hierarchie der Erkenntnisarten,

---

80 Ebd., S. 338f.

81 Ebd., S. 284.

82 Ebd., S. 212.

83 Ebd.

84 Ebd., S. 216.

indem er zwischen vollkommener begrifflicher und weniger vollkommener sinnlicher Erkenntnis unterscheidet, ohne dabei eine strikte Grenze zwischen beiden zu ziehen. Danach gilt eine Erkenntnis als umso vollkommener, je begrifflich präziser sie ist, nämlich je exakter ihre Begriffe definiert worden sind. Die hier verlangten Definitionen hat man sich insbesondere als Merkmalzerlegungen der jeweiligen Begriffe zu denken. Wenn wir dieser Auffassung folgend die Definition des Begriffs ‚Mensch' als ‚vernunftbegabtes Lebewesen' mal wieder als Beispiel anführen, so ist Leibnizens Ideal, die Analyse auch der Merkmale ‚vernunftbegabt' und ‚Lebewesen' fortzusetzen, bis man bei weiter nicht mehr zerlegbaren und in diesem Sinne einfachen Begriffen angelangt ist.

Die Erkenntnis mit Hilfe definierter Begriffe wird als „deutliche Erkenntnis (cognitio distincta)" bestimmt. Die sinnliche Erkenntnis charakterisiert Leibniz dagegen mit der Begründung, dass sie keiner begrifflichen Deutlichkeit fähig sei, als „verworrene Erkenntnis (cognitio confusa)".[85] Die deutliche und die verworrene Erkenntnis werden als zwei Arten „klarer Erkenntnis (cognitio clara)" der „dunklen Erkenntnis (cognitio obscura)" gegenübergestellt. Das ‚und' in dem Kriterium ‚klar und deutlich', das bereits Descartes als Wahrheitskriterium für Erkenntnisse verwendet, steht demnach bei Leibniz nicht für die logische Konjunktion zweier unabhängiger Bestimmungen, sondern bringt eine spezifizierende Steigerung zum Ausdruck.

Das Kriterium der Klarheit ist allgemein, also auch für die klare und verworrene Erkenntnis, die Wiedererkennbarkeit von Objekten bestimmter Begriffe und damit die Unterscheidbarkeit dieser Begriffe selbst. Eine klare und verworrene Erkenntnis besitzen wir zum Beispiel von den Objekten der Wahrnehmung. So können wir, wenn wir nicht farbenblind sind, Farben unterscheiden, auch wenn es keine scharfen Grenzen zwischen nebeneinander liegenden Farben im Farbkreis gibt.

Leibniz betont, dass wir Sinnesobjekte insgesamt klar erkennen und von einander unterscheiden, aber nicht durch begriffliche Merkmale,

85 Zu den Unterscheidungen siehe Leibniz: Betrachtungen über die Erkenntnis, die Wahrheit und die Ideen, S. 9–17.

sondern „durch ein einfaches Zeugnis der Sinne“.[86] Weiter heißt es, dass wir anderen solche Objekte nicht erklären können, wenn wir sie nicht in direkter Gegenwart mit ihnen bekannt machen. Hier nimmt Leibniz eine wichtige Einsicht der gegenwärtigen Qualia-Debatte vorweg. Danach reicht die quantitativ-deutliche Reduktion der Farbqualitäten auf Licht einer bestimmten Wellenlänge zur Erkenntnis der Farben nicht aus, sondern es bedarf zusätzlich der klaren sinnlichen Bekanntschaft mit ihnen.

Im selben Zusammenhang gibt Leibniz einen wichtigen Hinweis zum erkenntnistheoretischen Status des ästhetischen Urteils, dass diesem bei vorhandener Klarheit die Deutlichkeit fehlen kann:

> In ähnlicher Weise sehen wir, wie Maler und andere Künstler auf Grund ihrer Erfahrung vortrefflich erkennen, was richtig oder was fehlerhaft gemacht ist, und daß sie doch oft ihr Urteil nicht begründen können und dem Fragenden sagen, sie vermißten in der ihnen mißfallenden Sache etwas, sie wüßten aber selbst nicht, was.[87]

Damit gibt Leibniz zu verstehen, dass auch dem Kenner in Sachen Kunst die Gründe für sein zutreffendes ästhetisches Urteil fehlen können, ohne die radikale Position Kants einzunehmen, eine Begründung grundsätzlich abzulehnen.

Eine klare, aber nicht deutliche Erkenntnis haben wir auch von alltäglichen Gegenständen wie Brot, Milch und Obst, weil wir diese als solche wiedererkennen, ohne Definitionen der entsprechenden Begriffe zur Verfügung zu haben. Mit der Anerkennung dunkler Erkenntnis, die für einen Empiristen wie Locke gar keine Erkenntnis wäre, unterstreicht Leibniz erneut die erkenntnistheoretische Bedeutung des Unbewussten, die er auch in seiner Verteidigung der angeborenen Ideen betont hat (siehe Kapitel 5.4).

Leibnizens Unterscheidungen setzt Baumgarten bei seiner Begründung der Ästhetik ein. Er widerspricht bereits aus erkenntnistheoreti-

---

86 Ebd., S. 10.

87 Ebd.

schen Gründen der Auffassung, dass die Verworrenheit „die Mutter des Irrtums" sei. Vielmehr sei sie ein notwendiges Durchgangsstadium für „die Entdeckung der Wahrheit", also heuristisch wertvoll. Da die Natur keinen Sprung aus der Dunkelheit in die Deutlichkeit mache („natura non facit saltum ex obscuritate in distinctionem"), wie es unter Anwendung des Kontinuitätsprinzips von Leibniz heißt, bedürfe es der Verworrenheit als Zwischenstufe; denn: „Aus der Nacht führt der Weg nur über die Morgenröte zum Mittag."[88]

Baumgarten geht noch einen Schritt weiter als Leibniz, indem er die rationalistische Hierarchisierung der Erkenntnisarten infrage stellt und betont, dass auch die sinnliche Erkenntnis auf ihre eigene Weise vollkommen sein kann. Er nimmt damit innerhalb des Rationalismus eine Rehabilitierung der Sinnlichkeit vor, was zeigt, wie sich der ursprüngliche Gegensatz zum Empirismus allmählich auflöst. Indem so aus der Über- beziehungsweise Unterordnung von Erkenntnisarten eine Nebenordnung im Sinne einer wechselseitigen Ergänzung oder Komplementarität wird, stellt sich die Frage nach den zuständigen Disziplinen neu. Für die Behandlung und Vervollkommnung der begrifflichen Erkenntnis sei, wie Baumgarten betont, von alters her die Logik zuständig gewesen. Das solle auch so bleiben; aber für die Behandlung und Vervollkommnung der sinnlichen Erkenntnis fehle es bislang an einer eigenen Disziplin. Für diese führt Baumgarten die Bezeichnung ‚Aesthetica' ein und bestimmt sie als „Wissenschaft von der sinnlichen Erkenntnis (scientia cognitionis sensitivae)", und zwar unter Einschluss der Phantasie.[89] Aus der lateinischen Bezeichnung ‚Aesthetica' ist dann in der Folgezeit der deutsche Disziplinentitel ‚Ästhetik' geworden. Die Verbindung zwischen sinnlicher Erkenntnis und Schönheit als dem zentralen Grundbegriff der Ästhetik ergibt sich dadurch, dass Baumgarten Schönheit als „Vollkommenheit der sinnlichen Erkenntnis (perfectio cognitionis sensitivae)" definiert.[90]

88 Baumgarten: Aesthetica, § 7. Theoretische Ästhetik, S. 5.

89 Ebd., § 1. Theoretische Ästhetik, S. 3. Siehe ferner Baumgarten: Philosophische Betrachtungen über einige Bedingungen des Gedichtes, § CXVI.

90 Aesthetica, § 14. Theoretische Ästhetik, S. 11.

Wir hatten die Ästhetik ihrem Ursprung nach eine Tochter der Erkenntnistheorie genannt. Dieses Bild lässt sich dahingehend ergänzen, dass sie außerdem eine Schwester der Logik ist, und zwar in den Worten Baumgartens deren „nachgeborene Schwester". Das Verhältnis zwischen der strengen älteren und der schönen jüngeren Schwester war nicht immer ungetrübt. Geschwister können ja bekanntlich sehr verschieden sein, und angeborene Unterschiede können sich geradezu zu Gegensätzen bis zu Feindschaften auswachsen. Die weitere Geschichte unserer ungleichen Schwestern (und ihrer Liebhaber) belegt dies nur zu deutlich. Diese Geschichte ist vor allem in neuerer Zeit häufig durch eine unglückliche Konkurrenz zwischen Logik und Ästhetik geprägt worden. Die Auseinandersetzung beginnt aber schon bei Baumgartens Schüler Georg Friedrich Meier (1718–1777), der den Ästhetiker höher bewertet als den Logiker:

> Ein blosser Logicus ist eine so schulfüchsische und düstere Kreatur, daß man ihn ohne Lachen nicht betrachten kann; da im Gegenteil ein blosser Aestheticus menschlich ist und sich jederzeit mehrern Personen gefällig machen kann. Ein schöner Vortrag findet einen viel stärkern und ausgebreiterten Beifall, als eine bloß mathematische Demonstration, und sehr oft muss die blosse Vernunftlehre der Ästhetik die Walstatt [den Kampfplatz] überlassen, wenn sie in einem besondern Falle in einen Streit geraten.[91]

Die Rede von einem schönen Vortrag zeigt an, dass die Ästhetik die Rhetorik einschließen soll. Dementsprechend heißt es denn auch: „Die Ästhetik entwickelt zugleich die nächsten Grundsätze, auf welche man die besondern schönen Künste und Wissenschaften, z. E. die Redekunst und die Dichtkunst bauen muß."[92] Mit der Etablierung der Ästhetik wird daher neben der Poetik auch die Rhetorik, einschließlich ihrer Lehre vom Redeschmuck, gegenüber der Logik aufgewertet. So

---

91 Meier: Anfangsgründe aller schönen Wissenschaften, § 5. Als ‚Schulfüchse' werden normalerweise pedantische und spitzfindige Scholastiker bezeichnet.

92 Ebd., § 7.

sei das Vergnügen an der Wahrheit stärker, „wenn sie mit einem prächtigen und schimmernden Gewande bekleidet ist".[93]

Meier gehört übrigens mit seinem *Versuch einer allgemeinen Auslegungskunst* (1757) unter anderem zu den Vätern der hermeneutischen Literaturwissenschaft. Seine Charakterisierung des Logikers hat sich hier leider teilweise noch erhalten. Dabei hat Meier selbst auch eine Logik mit dem Titel *Vernunftlehre* geschrieben, die immerhin Kant seinen Logik-Vorlesungen zugrunde legte. Letztlich ging es auch ihm wie Baumgarten um eine Gleichberechtigung von Ästhetik und Logik. Das hierarchische Verhältnis sollte durch ein *komplementäres* ersetzt werden, um „beide Wissenschaften" zu verstehen.[94] In dem obigen Zitat wendet sich Meier ja auch nur gegen den *bloßen* Logiker, nämlich denjenigen Logiker, der keinen Sinn für das Schöne hat.

Was, so wäre noch zu fragen, hat die von Baumgarten konzipierte Ästhetik mit dem zu tun, was wir heute Ästhetik nennen. Die Antwort findet sich in den Ausführungen zur Definition der Schönheit als Vollkommenheit der sinnlichen Erkenntnis. Diese Vollkommenheit wird dahingehend bestimmt, dass es in der Darstellung nicht wie bei der begrifflich-logischen Erkenntnis auf die abstrahierende und in diesem Sinne vereinfachende Deutlichkeit der Begriffe in Definitionen ankommt, sondern im Gegenteil auf die konkretisierende und komplexe Fülle der sinnlichen Anschauung. Die entsprechende Erkenntnisleistung erbringt die von Baumgarten so genannte „perceptio praegnans", durch die eine positive Deutung der Verworrenheit als Assoziationen freisetzende semantische Dichte erfolgt.[95] Ist die Verworrenheit wegen fehlender Präzision aus logischer Sicht als Mangel zu beklagen, so ist sie aus ästhetischer Sicht im Sinne der Prägnanz als Reichtum zu begrüßen.

Der Grundgedanke der Ästhetik Baumgartens ist von Bedeutung geblieben. Wenn wir heute von ästhetischer Erfahrung sprechen (im Unterschied zum Beispiel zu wissenschaftlicher Erfahrung), so ist dies zwar in einem allgemeinen, das sinnliche Moment nicht hervorheben-

93 Ebd., § 14.

94 Ebd., § 5.

95 Vgl. Baumgarten: Metaphysica, § 517.

den Sinn gemeint, aber die Bestimmung der Funktion dieser ästhetischen Erfahrung verweist doch noch auf Baumgartens Idee zurück. So sagen wir etwa, dass ästhetische Erfahrung die eingefahrenen begrifflichen Gleise durch eine Sensibilisierung unserer allgemeinen Wahrnehmungsfähigkeit bereichert oder auch sprengt – mit dem Ziel einer komplexeren Sicht der Welt. Im Unterschied zu Baumgarten verbinden wir diesen Gedanken freilich nicht mehr ausschließlich mit dem Begriff des Schönen, sondern verwenden den neutraleren Begriff des Gelungenseins von Kunstwerken.

Nach der Darlegung der kognitivistischen Ästhetik Baumgartens kommen wir auf die Frage zurück, wieweit es auch bei Kant Ansätze zur Anerkennung ästhetischer Erkenntnis gibt. Kants emotivistische Auffassung des Schönheitsurteils scheint solche Ansätze auszuschließen. Anders steht es, wenn wir *werkästhetisch* fragen, was ein Kunstwerk zu einem Kunstwerk macht. Konstitutiv ist hier dessen „ästhetische Idee". Der Begriff der ästhetischen Idee ist für Kants Kunstverständnis zentral, macht doch *produktionsästhetisch* das „Vermögen der Darstellung *ästhetischer Ideen*" das Genie aus.[96] Die ästhetische Idee bestimmt Kant als „diejenige Vorstellung der Einbildungskraft, die viel zu denken veranlaßt, ohne daß ihr doch irgendein bestimmter Gedanke, d.i. *Begriff*, adäquat sein kann, die folglich keine Sprache völlig erreicht und verständlich machen kann".[97] Danach ist *rezeptionsästhetisch* gesehen die in Begriffen erfolgende Interpretation eines Kunstwerks unabschließbar. Kant nimmt hier den modernen Gedanken des offenen Kunstwerks vorweg.

Mit der Aussage, dass die ästhetische Idee „viel zu denken veranlaßt", wird die konnotative, Assoziationen freisetzende Leistung ästhetischer Ideen betont. Im Falle der Dichtung haben wir es mit Fiktionen der produktiven Einbildungskraft zu tun, deren Literarizität in ihrer Unbestimmtheit im Sinne einer semantischen Überbestimmtheit besteht. Eine solche Überbestimmtheit zeichnet auch Baumgartens prägnante Perzeptionen aus. Auf Grund dieser Übereinstimmung lässt

---

96 Kritik der Urteilskraft, AA V, S. 313f.

97 Ebd., S. 314.

sich deren Erkenntniswert in einer Übertragung auch für die ästhetischen Ideen in Anspruch nehmen.

Kant selbst stimmt dem zwar nicht zu: „Eine *ästhetische Idee* kann keine Erkenntnis werden, weil sie eine *Anschauung* (der Einbildungskraft) ist, der niemals ein Begriff adäquat gefunden werden kann."[98] Er geht hier aber von einem sehr engen Erkenntnisbegriff aus; denn die begriffliche Unausschöpfbarkeit der ästhetischen Idee spricht ja nicht gegen deren Erkenntniswert, wie der Vergleich mit Baumgartens Begriff der *perceptio praegnans* zeigt. Zur näheren Bestimmung des Erkenntniswerts der Dichtung siehe Kapitel 15.2.

5.12 Die Hinwendung zum Menschen

Die bisherigen Ausführungen belegen, dass sehr unterschiedliche und auch gegensätzliche Strömungen im Zeitalter der Aufklärung zusammentreffen. Einen gemeinsamen Kern gibt es gleichwohl, nämlich eine ausdrückliche Hinwendung zum Menschen. Die Aufklärung ist auch das Zeitalter der Anthropologie als der Lehre vom Menschen. Diese Orientierung verbindet die Optimisten und die Pessimisten, die Anhänger der Vernunft und die Verteidiger des Gefühls. Beziehen können wir uns bei dieser Zuschreibung noch einmal auf Kant. Dieser unterscheidet zwischen einer „Philosophie nach dem Schulbegriffe", nämlich einer Universitätsphilosophie, und einer „Philosophie nach dem Weltbegriffe", nämlich einer Philosophie, die auf den Menschen in dieser Welt bezogen ist.[99] Diese Philosophie hat nach Kant auf folgende Fragen eine Antwort zu geben:

1) *Was kann ich wissen?*
2) *Was soll ich tun?*
3) *Was darf ich hoffen?*
4) *Was ist der Mensch?*

98 Ebd., S. 342.
99 Logik, AA IX, S. 24.

> Die erste Frage beantwortet die *Metaphysik*, die zweite die *Moral*, die dritte die *Religion* und die vierte die *Anthropologie*. Im Grunde könnte man aber alles dieses zur Anthropologie rechnen, weil sich die drei ersten Fragen auf die letzte beziehen.[100]

Nachgewirkt hat hier auf Kant Alexander Pope (1688–1744) mit seinem *An Essay on Man*. Seiner literarischen Form nach handelt es sich nicht um einen Essay, sondern um ein Lehrgedicht. In den Anfangszeilen der *Second Epistle* steht einer der meist zitierten Sätze der Epoche:

> Know then thyself, presume not God to scan,
> The proper study of Mankind is Man.
> (Erkenne dich selbst, nimm dir nicht heraus, Gott zu ergründen.
> Das eigentliche Studium des Menschen ist der Mensch.)

Als Erläuterung dazu schreibt Pope: „The business of Man not to pry into God [Die Aufgabe des Menschen ist es nicht, seine Nase in Gottes Angelegenheit zu stecken], but to study himself. His middle nature; his powers and frailties [Schwächen]. The limits of his capacity." Man beachte: Es ist von den *Grenzen* der menschlichen Fähigkeit die Rede. Was mit der mittleren Natur gemeint ist, wird im Gedicht so ausgedrückt:

> With too much knowledge for the Sceptic side,
> With too much weakness for the Stoic's pride.

Das heißt: Der Mensch kann mehr wissen als die Skeptiker meinen, seine Vernunft – „the Stoic's pride (des Stoikers Stolz)" – ist aber bei der Beherrschung der Leidenschaften der menschlichen Seele schwächer als die Stoiker meinen.

In diesem Einerseits-und-Andererseits erweist sich Pope als Autor des Ausgleichs, indem er den Menschen als Mittelwesen zwischen

100 Ebd., S. 25.

Vernunft und Erfahrung, Geist und Materie, Gott und Teufel verortet. Diese Verortung erinnert an Pico della Mirandolas Bestimmung des Menschen als Zwischenwesen. Popes Hinwendung zur Anthropologie trifft den Nerv der Zeit und macht den Satz „Das eigentliche Studium des Menschen ist der Mensch" zum geflügelten Wort der Epoche. Die Rezeption reicht von der Philosophie bis zur Literatur, von Humes *Treatise of Human Nature*[101] bis zu Goethes *Wahlverwandtschaften*, wenn Ottilie in ihr Tagebuch schreibt: „das eigentliche Studium der Menschheit ist der Mensch."[102]

Aus der Hinwendung zum Menschen ist letztlich auch Baumgartens Anliegen erwachsen, der Schulung der Vernunft durch die Logik die ästhetische Vervollkommnung der sinnlichen Erkenntnis durch die Ästhetik ergänzend an die Seite zu stellen. So weist er den Einwand, „sinnliche Empfindungen, Einbildungen, Erdichtungen[,] alle die Wirrnisse der Gefühle und Leidenschaften seien eines Philosophen unwürdig", aus anthropologischen Gründen zurück: „Der Philosoph ist ein Mensch unter andern Menschen, und es ist nicht gut, wenn er glaubt, ein so bedeutender Teil der menschlichen Erkenntnis vertrage sich nicht mit seiner Würde."[103]

Im Hintergrund steht hier eine Abwehr des strengen sinnenfeindlichen Pietismus, der in Halle, wo Baumgarten studiert hatte, vorherrschend war. Baumgarten kam damit den Dichtern der so genannten Anakreontik poetologisch zur Hilfe. Die Anakreontik, vertreten insbesondere durch Wilhelm Ludwig Gleim und Johann Peter Uz, ist eine literarische Stilrichtung des Rokoko, deren Autoren die Liebe und das gesellige Leben feierten und deshalb von den Pietisten abgelehnt wurden. Die Bezeichnung nimmt Bezug auf den Poeten Anakreon (6.

101 A Treatise of Human Nature, S. 273: „Human Nature is the only science of man […]." Traktat, S. 351: „Die menschliche Natur ist der einzige [eigentliche] Gegenstand menschlicher Wissenschaft […]." Vgl. auch Hume: Eine Untersuchung über den menschlichen Verstand, S. 21: „Sei ein Philosoph, doch bleibe, bei all deiner Philosophie, stets Mensch."

102 Goethe: Die Wahlverwandtschaften, S. 417.

103 Aesthetica, § 6. Theoretische Ästhetik, S. 5.

Jahrhundert v. Chr.), der in seiner Dichtung die Freuden des Lebens besungen hat.

Gerade aus anthropologischer Sicht findet im Zeitalter der Aufklärung der Erkenntniswert der Dichtung und der Kunst zunehmend Aufmerksamkeit. Dabei wird das Verhältnis zwischen Wissenschaft und Dichtung unter Bezug auf die beiden gegensätzlichen Erkenntnisvermögen Scharfsinn und Witz erörtert. In der Klassik wird zunächst das Genie gegen den Witz ausgespielt, bis schließlich in der Romantik der Witz wieder gefeiert wird.

5.13 Witz und Genie: Aufklärung, Klassik und Romantik

Das heute verbreitete Verständnis des Ausdrucks ‚Witz' als Bezeichnung für die Textgattung der Erzählung eines Witzes ist eine späte Entwicklung, die sich erst im 19. Jahrhundert durchsetzt. Diese Einengung des Begriffs mit der Gleichsetzung von Witz und Scherz hat die philosophisch relevante Begriffsgeschichte in Vergessenheit geraten lassen. Diese schreibt in der Zeit der Aufklärung die Geschichte des Begriffs ‚ingenium' fort und stellt so die Verbindung zum Geniebegriff her, der ein zentraler Begriff der Dichtungs- und Kunsttheorie der deutschen Klassik ist. Der lateinische Ausdruck ‚ingenium' meint wörtlich genommen ‚Angeborenes' im Sinne von Talent und gibt damit zu verstehen, dass Genialität nicht erlernbar ist.

Der Witz gilt in der deutschen Aufklärung zunächst allgemein als das Vermögen, *Ähnlichkeiten im Verschiedenen zu erkennen*, und dies sowohl im ästhetischen Sinne, etwa bei der Bildung von Metaphern, als auch im wissenschaftlichen Sinne, etwa bei der Bildung von Begriffen und der Entdeckung von Naturgesetzen. Als Gegenbegriff zum Begriff des Witzes fungiert der Begriff des Scharfsinns (lat. acumen). Der Scharfsinn ist das Vermögen, *Verschiedenheiten im Ähnlichen zu erkennen*, also deutlich unterscheiden zu können. So ist der Scharfsinn das logische und der Witz das analogische Erkenntnisvermögen. Insbesondere Baumgarten stellt beide Vermögen als gleichberechtigt einander gegenüber und betont anders als noch sein Lehrer Wolff die Unabhängigkeit des Witzes vom Scharfsinn. Diese Gewichtung ist in

Verbindung mit seinem Bemühen zu sehen, die Ästhetik als gleichberechtigte Disziplin neben der Logik zu etablieren.

Im Sinne des problemgeschichtlichen Vorgehens lässt sich festhalten: Die beiden gegensinnig verfahrenden Erkenntnisvermögen Witz und Scharfsinn dokumentieren den leitmotivischen Gegensatz zwischen der Identität des Verschiedenen und der Verschiedenheit des Identischen in erkenntnistheoretischer Perspektive. So sucht der Witz nach identischen Eigenschaften von verschiedenen Dingen, und der Scharfsinn sucht nach Verschiedenheiten von Dingen mit identischen Eigenschaften.

Dem deutschen Begriffspaar ‚Witz–Scharfsinn' entspricht im Englischen das Begriffspaar ‚wit–judgement'. Hier wird dem Witz die Urteilskraft gegenüber gestellt. Der englische Sprachgebrauch von ‚wit' betont dabei stärker die literarisch-ästhetische Komponente der Phantasie und steht damit dem französischen Verständnis von ‚esprit' näher. Bei Locke führt dies zu einer erkenntnistheoretischen Abwertung des Witzes, bis hin zu der Behauptung, dass ein Reichtum an Witz häufig geradezu mit einem Mangel an Urteilskraft einhergehe.[104]

Indem Locke den Witz schließlich als Vermögen der bildlichen Rede und der sprachlichen Anspielung charakterisiert und ihm damit die Bildung poetisch-rhetorischen Redeschmucks zuweist, billigt er ihm lediglich einen Unterhaltungswert zu. Außerhalb dieses Kontextes beurteilt Locke die bildliche Rede gar als Missbrauch der Sprache. Demgemäß fällt der Witz in seiner Zuordnung zur Rhetorik dem Verdacht anheim, ein Vermögen des Irrtums und der Täuschung zu sein.[105] Als Autor des Ausgleichs erweist sich auch hier Alexander Pope, wenn er meint, dass „*Wit* and *Judgement* often are at strife (oft mit einander im Streite liegen)", letztlich aber auf einander angewiesen seien, „like *Man* and *Wife*".[106] Insofern darf Pope als Verteidiger einer Komplementarität beider Erkenntnisvermögen angeführt werden.

Im Rahmen der deutschen poetologischen Auseinandersetzung zwischen Regelpoetik und Genie-Ästhetik im 18. Jahrhundert wurde

104 Über den menschlichen Verstand, Bd. 1, S. 176 (II. Buch, XI. Kapitel, 2. Abschnitt).
105 Ebd., Bd. 2, S. 143f. (III. Buch, X. Kapitel, 34. Abschnitt).
106 An Essay on Criticism, Vers 82–83.

dem Vermögen des Witzes das Vermögen des Genies als höherwertig gegenüber gestellt, obwohl beide in dem lateinischen Ausdruck ‚ingenium' einen gemeinsamen terminologischen Ursprung haben. Als exemplarisch für die gegensätzlichen Positionen gelten Gotthold Ephraim Lessings (1729–1781) *Hamburgische Dramaturgie* und Johann Christoph Gottscheds (1700–1766) *Kritische Dichtkunst*. Gottsched, der durch seine vielfältigen literarischen Aktivitäten zum Literaturpapst der deutschen Aufklärung aufgestiegen war, orientierte sich eher an der französischen Klassik mit ihrem Regelwerk. Lessing verteidigte dagegen unter Berufung auf das Werk Shakespeares einen freieren Umgang. Insbesondere ging es darum, wie weit das Drama der auf Aristoteles' *Poetik* zurückgehenden Lehre von den „drei Einheiten" zu folgen habe. Diese Lehre fordert die Einheit von Raum, Zeit und Handlung. Gemeint ist damit die Vermeidung von Orts- und Zeitsprüngen sowie von Nebenhandlungen.

Zentrales Thema der sich ausweitenden Debatte ist das Verständnis des Begriffs der Nachahmung. Die Nachahmung hatte bereits Aristoteles als wesentliche Erkenntnisleistung der Dichtung ausgewiesen. Gegen die Auffassung, dass der Dichter die Natur nach vorgegebenen Regeln nachzuahmen habe, wird eingewandt, dass das dichterische Genie den Regeln der Natur implizit folge. Diese Auffassung lässt sich folgendermaßen deuten: Das dichterische Genie ahmt nicht *die* Natur als Objekt durch eine bloße Abbildung nach, sondern es ahmt *der* Natur nach, indem es in seinem künstlerischen Schaffen die inneren Gesetze der Natur umsetzt. Nachgeahmt wird somit nicht die geschaffene Natur (natura naturata), sondern die schaffende Natur (natura naturans). Der Dichter ist in diesem Sinne – produktionsästhetisch gesehen – ein Schöpfer neuer, *möglicher Welten* und damit Gott geradezu ähnlich als ein anderer oder zweiter Gott (poeta alter deus). Dieser Gedanke kommt bereits in der Renaissance auf.

Der von Leibniz verwendete Begriff der möglichen Welten wird vor allem von Baumgarten für die Ausarbeitung der Dichtungstheorie genutzt. Er nennt solche Erdichtungen (figmenta) wahr, die in der bestehenden Welt möglich sind. Erdichtungen, die in der bestehenden Welt unmöglich sind, werden unterteilt in solche, die nur in dieser Welt unmöglich, in anderen Welten (heterokosmisch) aber möglich sind, und solche, die in allen möglichen Welten unmöglich sind. Als „poetisch" lässt Baumgarten nur wahre und heterokosmische Erdichtungen gelten, wobei er (im Sinne seines erkenntnistheoretischen Ansatzes) hinzufügt, dass deren verworrene Beschreibungen „besonders poetisch" sind.[107]

Der Gedanke, ein Werk der Dichtung als Beschreibung einer fingierten möglichen Welt aufzufassen, hat in der modernen Literaturtheorie im Rahmen der so genannten Mögliche-Welten-Semantik eine Wiederaufnahme erfahren. Problematisch ist dieser Ansatz allerdings insofern, als er den Erkenntniswert der Dichtung auf propositionale Wahrheit einschränkt.[108]

Der angesprochene Konflikt zwischen Regelpoetik und Genie-Ästhetik schlägt sich in der begriffsgeschichtlichen Entwicklung so nieder, dass in der Auszeichnung des dichterischen Vermögens eine Verschiebung weg vom Witz hin zum Genie erfolgt. Gottsched hebt noch besonders die Beziehung des Witzes zur Dichtkunst hervor: „der Witz oder der Geist" sei es, der „die poetische Art zu denken von der prosaischen unterscheidet". Mit der Gleichsetzung von ‚Witz' und ‚Geist' sowie der zusammenfassenden Charakterisierung des Witzes als Vermögen der dichterischen „Einfälle"[109] stellt Gottsched die Verbindung zur französischen Tradition von ‚esprit' her. Gleichzeitig weist er allerdings die von Dominique Bouhours aufgeworfene und verneinte Frage, ob ein Deutscher überhaupt ‚esprit' haben könne,[110] entrüstet zurück.[111] Auffällig ist, dass Gottsched in seiner Kritik an der „Lästersucht und Eitelkeit, die den Franzosen besonders eigen sind", nicht nur deutsche „Poeten und Redner", sondern auch technische Erfindungen und wissenschaftliche Entdeckungen als Beispiele deutschen

107 Philosophische Betrachtungen über einige Bedingungen des Gedichtes, §§ LI–LV.

108 Vgl. Lewis: Truth in Fiction.

109 Gottsched: Versuch einer Kritischen Dichtkunst, S. 351.

110 Vgl. Bouhours: Entretiens d'Ariste et d'Eugène, S. 180f.

111 So in Gottscheds Anmerkung zum Artikel *Bouhours* in dem von ihm übersetzten *Dictionnaire* von Bayle: Historisches und Kritisches Wörterbuch, Bd. 1, S. 645, linke Spalte.

Witzes anführt.[112] Insofern greift er hier auf den weiteren Begriff des Witzes im Sinne eines allgemeinen heuristischen Vermögens zurück.

Für unseren Zusammenhang bedeutsam ist der Umstand, dass Gottsched den Ausdruck ‚Genie' als Ersatz für ‚Witz' ablehnt, dabei aber betont:

> Wir sind nur wider das Wort, und nicht wider die Sache; die sonst das kluge Deutschland durch *Geist* und *Witz* auszudrücken pflegte; welche schönen Wörter man itzo [das heißt ‚jetzt'], vor dem lieben *Genie*, unter das alte Eisen werfen will.[113]

Den Anlass zu dieser Stellungnahme gab die unter anderem von Friedrich Gottlieb Klopstock (1724–1803) vorgenommene Entgegensetzung von Genie und Witz, nach der letzterer lediglich für die rhetorische Ausschmückung zuständig sei: „Die höhere Poesie ist ein Werk des Genies; und sie soll nur selten einige Züge des Witzes, zum Ausmalen, anwenden."[114] Dabei gesteht Klopstock durchaus zu, dass es „Werke des Witzes" gebe, die „Meisterstücke" sind.[115] Gleichwohl führt die Unterscheidung zwischen bloßem Witz und echtem Genie zumindest in der Dichtungstheorie zu einer poetologischen Abwertung des Witzes. Im Unterschied zum Genie, so Lessing, gehe der Witz „nicht auf das in einander Gegründete", sondern stelle nur assoziativ verwirrende Verbindungen zwischen zusammenhanglosen Begebenheiten her.[116] Damit ist gesagt, dass der Witz Ähnlichkeiten künstlich erzwinge. Demgemäß heißt es pointiert: „das Genie liebt Einfalt; der Witz, Verwicklung."[117]

In der Genie-Debatte wird der Gegensatz zwischen Genie und Witz häufig bemüht. So betont Goethe, dass nur der Dilettant glaube, „mit

---

112 Vgl. ebd., rechte Spalte.

113 Gottsched: Das Neueste aus der anmutigen Gelehrsamkeit 10 (1760), S. 674.

114 Klopstock: Von der heiligen Poesie, S. 226.

115 Ebd.

116 Lessing: Hamburgische Dramaturgie, S. 329.

117 Ebd., S. 330.

dem Witz an die Poesie zu reichen",[118] und Friedrich Schiller gibt die Begründung: „Denn der Witz hat mit dem Schönen / Mit dem Hohen nichts gemein!"[119] Durch diese gezielte Gegensatzbildung gerät in der klassischen Kunstauffassung die ästhetische Bedeutung des Erkenntnisvermögens Witz in Vergessenheit und wird durch den Genie-Begriff verdrängt.

Kant folgt der englischsprachigen empiristischen Tradition, indem er mit der Gegenüberstellung von Witz und Urteilskraft die Unterscheidung zwischen *wit* und *judgement* übernimmt und (wie schon Locke) dem Witz mit ambivalentem Misstrauen begegnet. Einerseits gesteht er zu:

> Es ist angenehm, beliebt und aufmunternd, Ähnlichkeiten unter ungleichartigen Dingen aufzufinden und so, was der Witz tut, für den Verstand Stoff zu geben, um seine Begriffe allgemein zu machen.[120]

Andererseits gibt er zu bedenken: „Witz hascht nach *Einfällen*; Urteilskraft strebt nach *Einsichten*."[121] Den unkontrollierten, leichten Witz sieht Kant in der Gefahr der Seichtigkeit, für die Bonmots und Wortspiele als Beispiele angeführt werden. Witz ohne Urteilskraft ist für Kant nichts als *„Albernheit"*.[122] Gemeint ist hier die bestimmende Urteilskraft. Diese ist die Fähigkeit zu bestimmen, welche Gegenstände unter welche Begriffe subsumierbar sind. Die bestimmende Urteilskraft geht somit vom Allgemeinen zum Besonderen hinab. Angesprochen ist sie in der folgenden Unterscheidung zwischen Urteilskraft und Witz:

> So wie das Vermögen zum Allgemeinen (der Regel) das Besondere auszufinden Urteilskraft, so ist dasjenige zum Besondern das Allgemeine auszudenken der Witz (ingenium). Das erstere [die bestimmende Urteilskraft] geht

---

118 Goethe (in den mit Friedrich Schiller entworfenen Übersichten): Über den Dilettantismus, S. 314.

119 Schiller: Deutsche Größe, S. 434.

120 Kant: Anthropologie in pragmatischer Hinsicht, AA VII, S. 221.

121 Ebd.

122 Ebd., AA VII, S. 204.

> auf Bemerkung der Unterschiede unter dem Mannigfaltigen, zum Teil Identischen; das zweite [der Witz] auf die Identität des Mannigfaltigen, zum Teil Verschiedenen.[123]

Obwohl der Urteilskraft hier im Vergleich mit der traditionellen Unterscheidung die Rolle des Scharfsinns zugewiesen wird, bestimmt Kant dessen Funktion gleich anschließend dahingehend, dass er „das vorzüglichste Talent" sei, „die kleinsten Ähnlichkeiten und Unähnlichkeiten zu bemerken". Dementsprechend betont Kant, dass die „Scharfsinnigkeit" auch dem Witz zukomme, wobei er anscheinend dazu tendiert, zwei Formen des Unterscheidens zu unterscheiden, nämlich ein exaktes Definieren durch die Urteilskraft und ein feines Nuancieren durch den Witz. Diese bemerkenswerte begriffliche Abweichung ist hier nicht zu vertiefen. Wichtiger ist aus problemgeschichtlicher Sicht, dass Kant in der Zuordnung (in dem obigen Zitat) die Verschiedenheit des Identischen sowie die Identität des Verschiedenen und damit eines unserer zentralen Themen anspricht.

Wohl um dem seichten Witz keinen Raum zu lassen, aber dessen positive Seite im Sinne eines kreativen, aber kontrollierten heuristischen Vermögens zu bewahren, ersetzt Kant den Witz schließlich durch das Vermögen der reflektierenden Urteilskraft (im Unterschied zur bestimmenden Urteilskraft). Erkennbar ist dieser Schritt daran, dass die Beschreibung des Weges des Witzes vom Besondern zum Allgemeinen in dem obigen Zitat später für die reflektierende Urteilskraft wörtlich übernommen wird, indem es von dieser heißt, dass sie *„vom Besondern zum Allgemeinen"* gehe.[124] Wie der heuristische Witz so sucht die reflektierende Urteilskraft nach Ähnlichkeiten (Identitäten) in den verschiedenen Einzeldingen oder einzelnen Erscheinungen und geht so vom Besonderen zum Allgemeinen in Form von Begriffen oder Gesetzen hinauf.

Der Begriff der reflektierenden Urteilskraft bildet in Verbindung mit dem Begriff der ästhetischen Idee auch die Grundlage von Kants Ge-

123 Ebd., AA VII, S. 201.

124 Kant: Logik, AA IX, S. 131.

nie-Ästhetik in der *Kritik der Urteilskraft*. Die reflektierende Urteilskraft fungiert dabei rezeptionsästhetisch als Vermögen, die Konnotationen der ästhetischen Idee interpretatorisch auszuloten, ohne deren Sinn vollständig und abschließend ausschöpfen zu können. Die ästhetische Idee passt in ihrer Unbestimmtheit besonders gut zur semantischen „Gedankenfülle" der Dichtung, die für Kant unter den Künsten „den obersten Rang" einnimmt.[125]

Im Ausgang von Kants Ausführungen lässt sich eine Brücke zur Literaturtheorie des Realismus schlagen. Während rezeptionsästhetisch betrachtet bei der Interpretation von Dichtung die reflektierende Urteilskraft vom Besonderen zum Allgemeinen geht, ohne das Allgemeine endgültig fassen zu können, besteht aus produktionsästhetischer Sicht die Leistung des dichterischen Genies in der Bildung ästhetischer Ideen als der Darstellung des Allgemeinen im Besonderen, ohne das Allgemeine eindeutig festzulegen. Versteht man Darstellung hier als narrative Vergegenwärtigung der *conditio humana*, so ist damit ein zentrales Motiv des literarischen Realismus benannt.

Wenn Kant sich in seiner Dichtungstheorie auf die Seite des Genies und nicht des Witzes stellt, so verbindet ihn dies mit den Weimarer Klassikern Goethe und Schiller. Hierin zeigt sich auch als Gemeinsamkeit eine Absetzung von der aufkommenden Romantik. Gerade die Jenaer Frühromantik räumt mit ihrer Konzeption einer „Universalpoesie" – verstanden als eine Einheitswissenschaft von Kunst, Wissenschaft und Philosophie aus dem Geiste der Poesie – dem Witz eine programmatische allumfassende Schlüsselfunktion zu. So schreibt Friedrich Schlegel: „Alles ist Witz und überall ist Witz."[126] Das Verhältnis von Urteilskraft und Phantasie ist damit zugunsten der letzteren verschoben. Die Ähnlichkeiten werden nicht nur entdeckt, sondern auch gemacht: „Der Witz ist schöpferisch – er macht Ähnlichkeiten", heißt es bei Novalis.[127] Dieses schöpferische Moment der Herstellung von assoziativen Verbindungen zwischen an sich Unverbundenem unterstreicht Jean Paul mit seiner durchaus witzigen Bemerkung, der Witz sei „der

125 Kritik der Urteilskraft, AA V, S. 326.

126 Friedrich Schlegel: Fragmente zur Literatur und Poesie, S. 153 (Nr. 787).

127 Novalis: Das Allgemeine Brouillon, S. 410 (Nr. 732).

verkleidete Priester, der jedes Paar kopuliert [gemeint ist ‚verkuppelt']".[128] Im Gefolge dieser Zuspitzung des Witzes auf den witzigen Einfall, die Pointe, vollzieht sich der Übergang zum Witz als Scherz und stellt insofern geradezu eine Verkehrung des aufklärerischen Ernstes in romantische Ironie dar. Der scherzhafte Witz erzeugt einen „komischen Kontrast", indem er überraschende Verbindungen schlägt, die Unvereinbares vereinbaren.[129] Ein solches Verständnis liegt auch Sigmund Freuds psychoanalytischer Deutung des Witzes zugrunde.[130]

5.14 Malerei und Dichtung: Gotthold Ephraim Lessing

In den vorausgegangenen Ausführungen zur Dichtungs- und Kunsttheorie seit der Aufklärung kamen produktionsästhetische, werkästhetische und rezeptionsästhetische Aspekte vornehmlich der Dichtung zur Sprache. Nun gilt es, die bildende Kunst in die Überlegungen einzubeziehen. Galten in der Dichtungstheorie vor allem die Werke Shakespeares als Musterbeispiele, so nahm für die bildende Kunst die Laokoon-Gruppe eine solche Stellung ein und wurde daher zum Gegenstand für grundsätzliche Überlegungen.

Diese Marmorskulptur ist eines der berühmtesten Kunstwerke der Antike. Sie stellt den Todeskampf Laokoons und seiner zwei Söhne mit einer Würgeschlange dar. Dem Kunsthistoriker und Archäologen Johann Joachim Winckelmann (1717–1768) hat diese Darstellung Modell für seine Charakterisierung gestanden, dass sich die griechische Kunst durch „edle Einfalt" und „stille Größe" auszeichne. In seinen *Gedanken über die Nachahmung der Griechischen Werke in der Malerei und Bildhauerkunst* schreibt er:

> Das allgemeine vorzügliche Kennzeichen der griechischen Meisterstücke ist endlich eine edle Einfalt, und eine stille Größe, sowohl in der Stellung als im Ausdrucke. So wie die Tiefe des Meeres allezeit ruhig bleibt, die Ober-

128 Jean Paul: Vorschule der Ästhetik, S. 173.

129 So Fischer: Über die Entstehung und die Entwicklungsformen des Witzes, S. 44ff.

130 Vgl. Freud: Der Witz und seine Beziehung zum Unbewußten, S. 105.

fläche mag noch so wüten, eben so zeiget der Ausdruck in den Figuren der Griechen bei allen Leidenschaften eine große und gesetzte Seele.
Diese Seele schildert sich in dem Gesichte des Laokoons, und nicht in dem Gesichte allein, bei dem heftigsten Leiden.[131]

Abbildung 3. Die Laokoon-Gruppe in den Vatikanischen Museen

Lessing bezieht sich gleich zu Beginn des ersten Abschnitts seiner Schrift *Laokoon oder über die Grenzen der Malerei und Poesie* (1766)

131 Winckelmann: Gedanken über die Nachahmung der Griechischen Werke, S. 21f.

auf Winckelmanns Deutung.[132] Er versteht dabei Malerei in der weiteren Bedeutung von bildender Kunst. Anders als Winckelmann sieht Lessing in der Zurückhaltung des Künstlers, den Laokoon nicht schreiend darzustellen, keinen Wesenszug der Griechen, sondern das Bemühen, der Einbildungskraft bei der Betrachtung des Kunstwerks Raum zu lassen.[133] Ein schreiender Laokoon mit aufgerissenem, verzerrtem Mund würde dagegen die Einbildungskraft festlegen und damit dem Ideal der Schönheit nicht genügen.

Lessings Überlegungen laufen darauf hinaus, dass die Malerei nur „einen einzigen Augenblick" erfassen könne. Der Künstler müsse deshalb, wie dies bei der Gestaltung der Figur des Laokoon auch gelungen sei, den „prägnantesten" (!) Augenblick wählen, „aus welchem das Vorhergehende und Folgende am begreiflichsten wird".[134] Die Malerei stelle nämlich Gegenstände in ihrem räumlichen *Nebeneinander* („Figuren und Farben in dem Raum") dar. Daher sei sie nicht in der Lage, Abläufe in der Zeit wiederzugeben. Genau dieses vermöge dagegen die Poesie, weil die Sprache als deren Medium in einem zeitlichen *Nacheinander* („Töne in der Zeit") verläuft. Diese Unterscheidung dient Lessing zu einer medientheoretischen Abgrenzung zwischen Malerei als Raumkunst und Poesie als Zeitkunst. Das Ergebnis ist, dass die eigentlichen Gegenstände der Malerei „Körper mit ihren sichtbaren Eigenschaften" und die eigentlichen Gegenstände der Poesie „Handlungen" seien. Ausführlich heißt es dazu im Zusammenhang:

> Ich schließe so. Wenn es wahr ist, daß die Malerei zu ihren Nachahmungen ganz andere Mittel, oder Zeichen gebrauchet, als die Poesie; jene nämlich Figuren und Farben in dem Raume, diese aber artikulierte Töne in der Zeit; wenn unstreitig die Zeichen ein bequemes Verhältnis zu dem Bezeichneten haben müssen: So können neben einander geordnete Zeichen, auch nur Gegenstände, die neben einander, oder deren Teile neben einander existie-

---

132 Lessing: Laokoon, S. 17.

133 Ebd., S. 32.

134 Ebd., S. 117. Zur Bedeutung des Begriffs der Prägnanz für die Ästhetik vgl. die Ausführungen zu Baumgarten (Kapitel 5.11).

> ren, auf einander folgende Zeichen aber, auch nur Gegenstände ausdrücken, die auf einander, oder deren Teile auf einander folgen.
> Gegenstände, die neben einander oder deren Teile neben einander existieren, heißen Körper. Folglich sind Körper mit ihren sichtbaren Eigenschaften, die eigentlichen Gegenstände der Malerei.
> Gegenstände, die auf einander, oder deren Teile auf einander folgen, heißen überhaupt Handlungen. Folglich sind Handlungen der eigentliche Gegenstand der Poesie.[135]

Lessing macht sich allerdings selbst den Einwand, dass sprachliche Zeichen konventionell in dem Sinne sind, dass zwischen ihnen und ihrem Inhalt keine Ähnlichkeit besteht. Sprachliche Zeichen bilden die bezeichneten Sachen nicht ab. In der Malerei besteht dagegen zwischen dem räumlichen Abbild eines Objekts und dem Objekt selbst eine Ähnlichkeit.

Zwar ist Lessing zuzugestehen, dass Bilder keine Handlungen darstellen können, weil sie nicht in der Lage sind, Verläufe in der Zeit abzubilden;[136] aber zu widersprechen ist ihm, dass die Poesie wegen ihrer in der Zeit verlaufenden Sprache auf die Darstellung von Handlungen festgelegt ist. Bereits Herder macht im ersten seiner *Kritischen Wälder* gegen Lessing geltend, dass die zeitliche Abfolge sprachlicher Töne nicht der Poesie eigen sei, sondern allgemein für jede Rede gelte.[137] Daher erweise sich auch Lessings Ablehnung der beschreibenden Poesie, für die exemplarisch Albrecht von Hallers Langgedicht *Die Alpen* (1729) angeführt wird, als unberechtigt.

Lessing schreibt in der Vorrede zu seinem *Laokoon*, dass Malerei und Poesie „uns abwesende Dinge als gegenwärtig" vorstellen,[138] also vergegenwärtigen. Dieser Gedanke lässt sich aufgreifen, um mit Les-

---

135 Lessing: Laokoon, S. 116.

136 Diese Beschränkung gilt natürlich nicht für die ‚laufenden Bilder' des Films.

137 Man beachte, dass Lessing von sprachlichen „Tönen" ausgeht, also von einem Primat der mündlichen gegenüber der schriftlichen Sprache. Zu diesem wichtigen Unterschied siehe das Kapitel 14.3.

138 Laokoon, S. 13.

sing gegen Lessing zu Gunsten Hallers anzuführen, dass nicht nur Vergegenwärtigungen, die Handlungen darstellen, sondern auch solche, die Gegebenheiten einer Landschaft und deren Menschen beschreiben, poetisch gelungen sein können.

Der von Lessing behauptete Unterschied zwischen Werken der Malerei und Werken der Poesie behält trotz Herders Einwand seine Relevanz als medialer Unterschied zwischen Bildern und Sprache. Dieser Unterschied entspricht dem von Kant herausgestellten Gegensatz zwischen Anschauung und Begriff, demzufolge Anschauungen der Logik von Teil und Ganzem, Begriffe aber der Logik von Über- und Unterordnung gehorchen.

Der mediale Unterschied zwischen Bildern und Sprache lässt rezeptionsästhetisch danach fragen, ob er nicht das Sprechen über Bilder überhaupt verhindern könnte. Verschärft würde so mit Blick auf die bildende Kunst Kants Auffassung, dass sich die ästhetische Idee eines Kunstwerks nicht auf den Begriff bringen lasse (siehe Kapitel 5.11). Goethe deutet eine solche Konsequenz in der Eingangspassage zu seiner Schrift *Über Laokoon* (1798) an:

> Ein echtes Kunstwerk bleibt, wie ein Naturwerk, für unsern Verstand immer unendlich: es wird angeschaut, empfunden; es wirkt, es kann aber nicht eigentlich erkannt, viel weniger sein Wesen, sein Verdienst mit Worten ausgesprochen werden. Was also hier über Laokoon gesagt ist, hat keineswegs die Anmaßung, diesen Gegenstand zu erschöpfen [...].[139]

Goethe scheint hier die Unaussprechbarkeit des Kunstwerks mit dessen Unausschöpfbarkeit gleichzusetzen. Die Unaussprechbarkeit (oder Unsagbarkeit) ist das zentrale Thema in August Wilhelm Schlegels Schrift *Die Gemälde. Gespräch* (1799), die ein Schlüsseltext des romantischen Kunstdiskurses ist.

Zwischen den drei Gesprächsteilnehmern (dem bildenden Künstler *Reinhold*, dem Dichter *Waller* und der Kunstinterpretin *Louise*) geht es insbesondere um das Verhältnis von bildender Kunst und Sprache.

---

139 Goethe: Über Laokoon, S. 56.

Der Künstler Reinhold vertritt die Auffassung, dass man über Gemälde nichts sagen solle, weil dasjenige, was der Maler uns „sehen“ lehre, also zeige, unaussprechlich sei. „Das Rechte kann man gar nicht nennen,“ heißt es, und „die Sprache pfuschert an allen Dingen herum“.[140] Louise, die durchaus die Grenzen der Sagbarkeit zugesteht, hält daran fest, dass die Sprache für alle Künste „das allgemeine Organ der Mitteilung“ sei.[141] An eingestreuten Beispielen führt sie die Möglichkeit vor, dem Verstehen der Kunstwerke durch Sprache zur Hilfe zu kommen. Dabei bedient sie sich nicht der Sprache präziser Argumentation, sondern vielmehr der Sprache prägnanter Vergegenwärtigung, die zudem auf die Eindrücke abstellt, welche die Werke im Betrachter erzeugen. Auf diese Weise lassen sich die Ausführungen als Bemühungen und Aufforderung verstehen, die ästhetische Idee eines Kunstwerks interpretierend zu erschließen – ohne freilich zu beanspruchen, deren Gehalt erschöpfend erfassen zu können. Schlegels Text dokumentiert, dass der Kunstdiskurs der Romantik nicht gänzlich mit der Klassik bricht, sondern diese auch beerbt.

5.15 Philosophie der Sprache: John Locke, Johann Gottfried Herder und Wilhelm von Humboldt

Die im vorigen Kapitel angesprochene Rolle der Sprache in der Dichtung und beim Sprechen über Kunst lässt nach der Rolle der Sprache auch grundsätzlich fragen. Um die problemgeschichtlichen Zusammenhänge über die Zeiten hinweg zu verdeutlichen, werden Autoren unterschiedlicher Epochen miteinander verglichen.

Ansätze zu einer Philosophie der Sprache finden sich bereits in der griechischen Tradition. Herauszustellen ist hier der platonische Dialog *Kratylos*, in dem es um die grundsätzliche Frage geht, ob die Wörter in einer natürlichen Ähnlichkeitsbeziehung zu den von ihnen bezeichneten Dingen stehen oder ob die Beziehung konventionell ist. Abge-

140 A. W. Schlegel: Die Gemälde, S. 47.

141 Ebd., S. 50.

sehen von Fällen der Lautmalerei (Onomatopöie), wenn etwa in der Kindersprache der Hund ‚Wauwau' und der Hahn ‚Kikeriki' genannt wird, also die Laute, die von Tieren hervorgebracht werden, nachahmend als Bezeichnungen für eben diese Tiere dienen, ist man sich heute über den konventionellen Charakter der Sprache einig. Damit ist allerdings nicht gemeint, dass die Bezeichnungen auf expliziten Vereinbarungen beruhen. Eine solche Auffassung würde zu einem Zirkel führen; denn um Vereinbarungen zu treffen, müsste ja bereits eine Sprache vorhanden sein. Wegen eines solchen Zirkels lehnt Johann Gottfried Herder (1744–1803) in seiner *Abhandlung über den Ursprung der Sprache* (1772) die These vom göttlichen Ursprung der Sprache ab; denn wie hätte Gott dem Menschen die Sprache vermitteln können, ohne diese bereits zu benutzen.

Herder weist bereits mit Bezug auf Platon, Aristoteles, die Stoiker, Locke und Leibniz darauf hin, dass die Sprache durchgehend Thema der Philosophie gewesen ist. Ergänzend ist hier die rhetorische Tradition anzuführen, auf die Herder mit seinem von Cicero übernommenen Motto auf dem Titelblatt seiner Abhandlung Bezug nimmt: „Vocabula sunt notae rerum (Die Wörter sind die Kennzeichen der Dinge)." Auch im mittelalterlichen Universalienstreit ging es letztlich um die Frage der Bedeutung sprachlicher Zeichen. Ohnehin sind im Mittelalter wesentliche Beiträge zur Grammatik und Semantik der Sprache geliefert worden.

Sprachphilosophie geht anders als Sprachwissenschaft mit Sprachkritik einher. Exemplarisch lässt sich dies an Locke verdeutlichen. Dieser bestimmt die Funktion der Sprache zunächst als Medium dahingehend, dass sie „die Gedanken des menschlichen Geistes von einem zum andern übermittelt".[142] Im Weiteren geht er darüber hinaus auf die enge Verbindung zwischen Sprache und Erkenntnis ein, die ihn veranlasst hat, in seinem erkenntnistheoretischen Hauptwerk *An Essay Concerning Human Understanding* (1690) der Sprache ein eigenes III. Buch zu widmen:

---

142 Locke: Versuch über den menschlichen Verstand, Bd. 2, S. 1 (III. Buch, I. Kapitel, 2. Abschnitt).

> Als ich [...] daran ging, den Umfang und die Zuverlässigkeit unserer Erkenntnis zu untersuchen, mußte ich feststellen, daß diese unsere Erkenntnis zu den Wörtern in einer so engen Beziehung steht, daß nur wenige klare und zutreffende Aussagen über die Erkenntnis möglich sind, ohne vorher genau zu erforschen, was die Wörter leisten und in welcher Art sie die Dinge bezeichnen. Denn die Erkenntnis, deren Gegenstand die Wahrheit ist, hat es stets mit Sätzen zu tun.[143] Obwohl ihr letztes Ziel zwar in den Dingen selbst liegt, so sind doch die Wörter dabei so sehr als Vermittler notwendig, daß sie von unserer allgemeinen Erkenntnis kaum trennbar zu sein scheinen.[144]

Hier wird die Sprache nicht nur als Medium der *Mitteilung* von Erkenntnissen, sondern auch als Medium der *Gewinnung* von Erkenntnissen charakterisiert. Wegen dieses engen Zusammenhangs, so stellt Locke sprachkritisch fest, bedingt die Unvollkommenheit der Sprache unvollkommene Erkenntnis, ja, sogar Irreführungen des Verstandes. Als Unvollkommenheiten führt Locke zum Beispiel Vagheit (unscharfe Abgrenzungen zwischen den Bedeutungen) und Ambiguität (Doppel- und Mehrdeutigkeit) der Wörter an. Noch mehr als solche Unvollkommenheiten, die der Sprache „von Natur eigen" seien, beklagt Locke den absichtlichen Missbrauch der Wörter.[145] Einen solchen Missbrauch sieht er in den logisch spitzfindigen und begrifflich haarspalterischen Bemühungen der Scholastiker, in denen es bloß um Streitereien um Worte gehen würde. Gegen diese Kritik ist einzuwenden, dass das Bemühen um genaue Unterscheidungen gerade sprachlichen Irreführungen vorbeugen kann. Gänzlich übertrieben ist es schließlich, wenn Locke metaphorischen Sprachgebrauch im Gebiet der Erkenntnis pauschal als „vollkommenen Betrug" bezeichnet.[146] Schon Leibniz kritisiert diese Auffassung und weist zu Recht darauf hin, dass Locke die Elo-

143 Locke spricht sich damit für ein Verständnis von Erkenntnis im Sinne propositionaler Wahrheit aus.

144 Ebd., Bd. 2, S. 117 (III. Buch, IX. Kapitel, 21. Abschnitt).

145 Ebd., Bd. 2, S. 119 (III. Buch, X. Kapitel, 1. Abschnitt).

146 Ebd., Bd. 2, S. 144 (III. Buch, X. Kapitel, 34. Abschnitt).

quenz „mit ihren eignen Waffen" bekämpft,[147] sich also einer Rhetorik der Antirhetorik bedient. Lockes erklärtes Anliegen ist es, die Dinge unabhängig von aller rhetorischen Einkleidung zu erkennen „wie sie sind".[148]

Im Vergleich mit Locke geht Herder von einem noch engeren Verhältnis zwischen Sprache und Denken aus, indem er die Sprache geradezu als Bedingung der Möglichkeit des Denkens bestimmt. Danach sind Sprache und Denken zwei Seiten derselben Medaille, die zudem entwicklungsgeschichtlich gleichursprünglich sind. Diese Auffassung führt Herder in einer klassischen Passage seiner *Abhandlung über den Ursprung der Sprache* aus. Denken versteht er dabei als „Reflexion" im Sinn eines sich besinnenden Innehaltens und behauptet, dass der Mensch in einen solchen „Zustand von Besonnenheit gesetzt" Sprache erfunden habe.[149] Der Besonnenheit entspricht psychologisch die so genannte ‚Apperzeption', auf die Herder in diesem Zusammenhang auch verweist. Das Fremdwort ‚Apperzeption' bedeutet wörtlich genommen eine ‚Hinzuerfassung' im Sinne einer *bewussten* Erfassung oder Wahrnehmung.[150] Der Terminus geht auf Leibniz zurück und wird von diesem auch bereits im genannten Sinne verstanden.[151]

Als grundlegend für die Erfindung der Sprache wird von Herder dieses Moment der Bewusstheit angesehen, das nach tradierter und von Herder übernommener Auffassung die Wahrnehmung der Menschen von derjenigen der Tiere unterscheidet. Die Spracherfindung wird (mit Blick auf die Semantik benennender Wörter) so beschrieben,

---

147 Leibniz: Neue Abhandlungen über den menschlichen Verstand, Bd. 2, S. 209 (III. Buch, X. Kapitel, § 34).

148 Locke: Versuch über den menschlichen Verstand, Bd. 2, S. 128 (III. Buch, X. Kapitel, 13. Abschnitt). So auch Bd. 2, S. 143f. (III. Buch, X. Kapitel, 34. Abschnitt).

149 Herder: Abhandlung über den Ursprung der Sprache, S. 722.

150 Der Ausdruck ‚Apperzeption' setzt sich zusammen aus dem Verb ‚capere' (= ‚fassen'), dem Präfix ‚per' (= ‚hindurch') und dem Präfix ‚ad' (= ‚hinzu'). Aus der Verbindung von ‚capere' und ‚per' wird das Verb ‚percipere' (= ‚erfassen') und das Substantiv ‚perceptio' (= ‚Erfassung'). Nach Voranstellung von ‚ad', das zu ‚ap' assimiliert wird, erhalten wir ‚apperceptio', ein Wort, das es im klassischen Latein nicht gibt.

151 Leibniz: Neue Abhandlungen, Bd. 1, S. 154f. (II. Buch, IX. Kapitel, § 4).

dass der Mensch ein „Merkmal" an einem Gegenstand „absondert", sich nämlich durch isolierende Abstraktion ein ‚Mal' bewusst ‚merkt', mit dessen Hilfe er diesen Gegenstand von anderen Gegenständen unterscheidet und wiedererkennt: *„Dies Erste Merkmal der Besinnung war Wort der Seele! Mit ihm ist die menschliche Sprache erfunden."*[152] Das Beispiel, an dem Herder anschließend seine Auffassung erläutert, verdient ausführlich zitiert zu werden:

> Lasset jenes Lamm, als Bild sein[em] Auge vorbeigehn: ihm [dem Menschen] wie keinem andern Tiere. Nicht wie dem hungrigen, witterndem Wolfe! Nicht wie dem blutleckenden Löwen – die wittern und schmecken schon im Geiste! die Sinnlichkeit hat sie überwältigt! der Instinkt wirft sie darüber her! – Nicht wie dem brünstigen Schafmanne, der es nur als den Gegenstand seines Genusses fühlt, den also wieder die Sinnlichkeit überwältigt, und der Instinkt darüber herwirft; nicht wie jedem andern Tier, dem das Schaf gleichgültig ist, daß es also klar dunkel vorbeistreichen läßt, weil ihn sein Instinkt auf etwas anders wendet – Nicht so dem Menschen! so bald er in die Bedürfnis kommt, das Schaf kennen zu lernen: so störet ihn kein Instinkt: so reißt ihn kein Sinn auf dasselbe zu nahe hin, oder davon ab: es steht da, ganz wie es sich seinen Sinnen äußert. Weiß, sanft, wollicht – seine besonnen sich übende Seele sucht ein Merkmal, – *das Schaf blöcket!* sie hat Merkmal gefunden. Der innere Sinn würket. Dies Blöcken, das ihr am stärksten Eindruck macht, das sich von allen andern Eigenschaften des Beschauens und Betastens losriß, hervorsprang, am tiefsten eindrang, bleibt ihr. Das Schaf kommt wieder. Weiß, sanft, wollicht – sie [die Seele des Menschen] sieht, tastet, besinnet sich, sucht Merkmal – es blöckt, und nun erkennet sies wieder! „Ha! du bist das Blöckende!" fühlt sie innerlich, sie hat es menschlich erkannt, da sies deutlich, das ist mit einem Merkmal erkennet, und nennet.[153]

Bezogen auf das Beispiel erfolgt die Erfindung der Sprache, wenn der Mensch dem Schaf – anders als der Wolf, der Löwe, der Schafbock oder das gleichgültige Nebentier – mit aufmerksamem besonnenem

152 Herder: Abhandlung über den Ursprung der Sprache, S. 723.
153 Ebd., S. 723.

Erkenntnisinteresse begegnet. Das Wiedererkennen ist übrigens im leibnizschen Sinne ein „klares" und noch nicht, wie Herder meint, ein „deutliches" Erkennen. Es liegt ja nicht eine Definition des Merkmals „das Blöckende" vor. Diesen Ausdruck versteht Herder ohnehin noch nicht als allgemeine Bezeichnung für Schafe überhaupt, sondern als individuelle Benennung; denn es ist dasselbe Schaf und nicht ein anderes Schaf, das er wiedererkennt. Auffällig ist, dass die stimmliche Artikulation des Merkmals „das Blöckende" (mit offenem ‚ö' gedehnt gesprochen) sich selbst wie ein Blöken anhört. So heißt es denn auch bei Herder, dass der „*Schall* des Blöckens" zum Kennzeichen des Schafs wurde.[154] Herder greift damit auf die Idee zurück, die bezeichnenden Wörter seien ursprünglich onomatopoetisch gewesen.

Die sprachliche Verfasstheit des Denkens[155] nimmt Herder in seiner *Metakritik zur Kritik der reinen Vernunft* (1799) zum Anlass, Kant dafür zu kritisieren, dass dieser in seiner *Kritik der reinen Vernunft* die Rolle der Sprache außer Acht gelassen habe. Kant betont zwar ebenfalls: „Denken ist *Reden* mit sich selbst."[156] Allerdings zieht er aus dieser Einsicht keine Konsequenzen. Ausgehend von Kants Vernunftkritik hebt Herder deren Zirkelproblematik hervor, auf die bereits hingewiesen wurde:

> Wenn aber Vernunft kritisiert werden soll; von wem kann sie es werden? Nicht anders als von ihr selbst; mithin ist sie Partei und Richter. Und wonach kann sie gerichtet werden? Nicht anders als nach sich selbst; mithin ist sie auch Gesetz und Zeuge. Sofort erblickt man die Schwierigkeit dieses Richteramtes.[157]

---

154 Ebd., S. 724.

155 Herder: Eine Metakritik zur Kritik der reinen Vernunft, S. 320: „Die menschliche Seele denkt *mit Worten*."

156 Anthropologie in pragmatischer Hinsicht, AA VII, S. 192. Hier lässt sich bereits Platon anführen, der das Denken als inneres Sprechen bestimmt: „Also Gedanken und Rede sind dasselbe, nur daß das innere Gespräch der Seele mit sich selbst, was ohne Stimme vor sich geht, von uns Gedanke genannt worden ist." (Sophistes 263 ef. Sämtliche Werke, Bd. 2, S. 733.)

157 Herder: Metakritik, S. 319. Den Titel „Metakritik" versteht Herder (ebd.) im Sinne einer „Kritik der Kritik [Kants]".

Um diese Schwierigkeit „zu erleichtern", spricht Herder sich dafür aus, die Vernunftkritik als Sprachkritik durchzuführen:

> Ein großer Teil der Mißverständnisse, Widersprüche und Ungereimtheiten also, die man der Vernunft zuschreibt, wird wahrscheinlich nicht an ihr, sondern an dem mangelhaften oder von ihr schlecht gebrauchten Werkzeuge der Sprache liegen, wie das Wort *Widersprüche* selbst saget.[158]

Festzuhalten bleibt allerdings mit Blick auf spätere sprachkritische Ansätze, dass der Zirkel dadurch lediglich auf eine neue Stufe gehoben wird. Wie die Kritik der Vernunft eine Selbstkritik der Vernunft ist, indem die Vernunft Objekt der Kritik und durchführendes Subjekt der Kritik ist, so ist die Kritik der Sprache eine Selbstkritik der Sprache, nämlich ein Kampf *gegen* die Verwirrungen des Denkens durch Sprache, der gleichwohl *in* der Sprache geführt wird. Für alle sprachkritischen Bemühungen gilt insofern, dass sie sich der Zirkelproblematik bewusst bleiben müssen.

Anders als Locke hebt Herder den metaphorischen Charakter der Sprache positiv hervor. Für ihn ist die bildlich-poetische Sprache die jeweilige „Muttersprache" der Völker. Von Vico übernimmt er die These, dass *„Poesie älter gewesen, als Prosa"*.[159] Die Entwicklung der Sprache erfolge sodann unter Verlust an Anschaulichkeit in Richtung eines begrifflich-abstrakten Denkens, worin Herder geradezu eine Verfallsgeschichte sieht.

Eine Bestätigung der These vom entwicklungsgeschichtlichen Primat der poetischen Sprache kann man darin sehen, dass die Sprache der Kinder häufig bilderreicher ist als diejenige der Erwachsenen. In Unkenntnis der passenden Begriffe sind Kinder in der Bildung von Metaphern – als Ersatz für die Begriffe – mitunter geradezu schöpferisch. Danach wiederholt nicht nur biologisch, sondern auch sprachgeschichtlich die Ontogenese die Phylogenese. Kann man insofern Herders entwicklungsgeschichtlicher Auffassung vom Altern der Spra-

158 Metakritik, S. 320.

159 Herder: Abhandlung über den Ursprung der Sprache, S. 740.

chen zustimmen, so ist der negativen Bewertung dieses Alterns aber zu widersprechen; denn sie würde ja besagen, dass der Übergang vom prägnanten bilderreichen Mythos zum präzisen begrifflichen Logos letztlich auf eine Verarmung hinauslaufe. Die Konsequenz wäre, die Poesie über die Prosa und die Dichtung über die Wissenschaft zu stellen. Gegen eine solche Hierarchisierung ist einmal mehr der Gedanke eines komplementären Ergänzungsverhältnisses anzuführen.

Im Grunde widerspricht sich Herder hier, da er ansonsten selbst die wechselseitige Entsprechung von Vernunft und Sprache betont. So greift er auf Ciceros parallelisierende Formulierung „Ratio et Oratio!" zurück[160] und hebt den „*Fortgang der Sprache durch die Vernunft* und der *Vernunft* durch die *Sprache*" hervor.[161] In diesem Sinne wird die Sprache zu einer „*Schatzkammer menschlicher Gedanken*".[162] Die Schatzmetaphorik wird im 19. Jahrhundert zu einem Topos der Sprachphilosophie. Frege greift sie mit den Worten auf: „denn man wird wohl nicht leugnen können, daß die Menschheit einen gemeinsamen Schatz von Gedanken hat, den sie von einem Geschlechte auf das andere überträgt."[163]

Wesentlich für die Folgezeit ist Herders Auffassung, dass die Sprache, angefangen mit der Muttersprache, unser Weltbild prägt: „Unsre Muttersprache war ja zugleich die erste Welt, die wir sahen […]."[164] Nun gibt es allerdings eine Vielfalt an Sprachen. Der Theologe Herder beruft sich dabei nicht auf die alttestamentarische babylonische Sprachverwirrung als Strafe für die Hybris des Turmbaus zu Babel. Für ihn ist diese Vielfalt eher eine Bereicherung und ohnehin geradezu ein „Naturgesetz": „So wie das ganze menschliche Geschlecht unmöglich Eine Herde bleiben konnte: so konnte es auch nicht Eine Sprache behalten. Es wird also eine Bildung verschiedner Nationalsprachen."[165]

---

160 Ebd., S. 726f.

161 Ebd., S. 766.

162 Ebd., S. 801.

163 Frege: Über Sinn und Bedeutung, S. 29. Vgl. ferner Lotze: Mikrokosmus, Bd. 2, S. 247; Liebmann: Zur Analysis der Wirklichkeit, S. 500.

164 Abhandlung über den Ursprung der Sprache, S. 787.

165 Ebd., S. 791.

Die Nationalsprachen bilden dann auch unterschiedliche Weltsichten aus.

Dieser Gedanke wird später von Wilhelm von Humboldt (1767–1835) weiter vertieft. Für ihn ist das Denken „nicht bloss abhängig von der Sprache überhaupt, sondern, bis auf einen gewissen Grad, auch von jeder einzelnen bestimmten".[166] Dementsprechend betont er:

> Man kann vielmehr als allgemein anerkannt annehmen, dass die verschiedenen Sprachen die Organe der eigentümlichen Denk- und Empfindungsarten der Nationen ausmachen, dass eine grosse Anzahl von Gegenständen erst durch die sie bezeichnenden Wörter geschaffen werden, und nur in ihnen ihr Dasein haben [...].[167]

Diese Einsicht in die Welt erschließende Kraft der Sprachen führt bei Humboldt nicht nationalistisch zu einem Rückzug auf die eigene Nationalsprache und deren Überhöhung, wie dies in der Folgezeit häufig der Fall war. Vielmehr fordert er dazu auf, die Einzelsprachen in ihrer jeweiligen Individualität zu studieren, weil „die Charakterverschiedenheit der Sprachen erweiternd und erhebend auf die Erkenntnis und Empfindung einzuwirken vermag".[168] Was die Erkenntnis anbelangt, so spricht Humboldt damit die heuristische Genese an, indem der Sprachenvergleich alternative begriffliche Gliederungen der Welt bietet und zu bedenken gibt. Mit Blick auf die Frage der Geltung schränkt er ein, dass „die wahrhaft objektive Erkenntnis" durch die Verschiedenheit der Sprachen nicht gewinnen könne, „wenn das Denken einmal [...] die zur Auffassung der Wahrheit notwendige Schärfe und Klarheit erreicht hat".[169] Insofern wird – anders als bei Herder – auch das an der Wahrheit orientierte begriffliche Denken gewürdigt.

---

166 Humboldt: Über das vergleichende Sprachstudium in Beziehung auf die verschiedenen Epochen der Sprachentwicklung, S. 16.

167 Über den Einfluss des verschiedenen Charakters der Sprachen auf Literatur und Geistesbildung, a. a. O., S. 26–30, hier S. 26.

168 Über den Nationalcharakter der Sprachen, S. 76.

169 Ebd., S. 81.

Humboldt spricht sich dementsprechend dafür aus, neben der historischen Sprachwissenschaft auch die systematische Sprachphilosophie als Unterstützung des „reinen Denkens" zu betreiben, da dessen „Vernachlässigung [...] sich in allen wissenschaftlichen Bemühungen immer empfindlich rächt".[170] Zur Darstellung des reinen Denkens erwägt er bereits die Möglichkeit einer transnationalen „Begriffsschrift" als „Figurenschrift", welche logisch definierte Begriffe bezeichnet, schränkt aber ein, dass diese die Welt nicht in ihrer „lebendigen Mannigfaltigkeit" erfassen könne, vor allem deshalb nicht, weil die Schrift die emotive Wirkung des Tons vernachlässige.[171] Wir werden (Kapitel 14.3) sehen, dass Freges Beschreibung seiner Begriffsschrift als „Formelsprache des reinen Denkens" wie eine Antwort auf Humboldts Bedenken zu lesen ist.[172] Mit ihrer Auffassung, dass Denken und Erkenntnis an Sprache gebunden sind, erweisen sich Herder und Humboldt als Vorläufer der sprachanalytischen Philosophie im Übergang vom 19. ins 20. Jahrhundert, ohne dass deren Autoren eine solche Verwandtschaft stets bewusst gewesen ist.

Darüber hinaus hat der Gedanke des Nationalcharakters der Sprachen im 20. Jahrhundert eine radikalisierte Neuauflage in der so genannten Sapir-Whorf-Hypothese erfahren. Ausgehend von der Auffassung, dass die Sprache das jeweilige Weltbild determiniere, hat der ethnologisch orientierte amerikanische Linguist Benjamin Lee Whorf im Anschluss an seinen Lehrer Edward Sapir die These der sprachlichen Relativität vertreten, der zufolge man von einer prinzipiellen Unübersetzbarkeit von Sprachen in einander ausgehen müsse.

170 Ebd., S. 65.

171 Humboldt: Über die Buchstabenschrift und ihren Zusammenhang mit dem Sprachbau, S. 87f.

172 Im Folgenden steht ‚*Begriffsschrift*' (kursiv) für Freges Buch mit diesem Titel und ‚Begriffsschrift' (nicht kursiv) für das in diesem Buch und weiteren Schriften entwickelte Programm.

6 Deutscher Idealismus und Romantik

Die Philosophie des 19. Jahrhunderts ist bestimmt durch Auseinandersetzungen mit Kant, die in einer Weiterführung *von*, Kritik *an* oder Rückkehr *zu* Kant bestehen. Daher wird im Folgenden immer wieder Kant selbst anzuführen sein, wobei dann auch dessen Gedanken über die bisherige Darstellung hinaus vervollständigt werden. Eine unmittelbare kritische Rezeption der Philosophie Kants erfolgte im so genannten Deutschen Idealismus durch dessen Hauptvertreter Johann Gottlieb Fichte (1762–1814), Friedrich Wilhelm Joseph Schelling (1775–1854) und Georg Wilhelm Friedrich Hegel (1770–1831). Mit diesen Autoren setzt eine Erneuerung oder – je nach Bewertung – ein Rückfall in die von Kant kritisierte metaphysische Spekulation ein. Gegenreaktionen blieben nicht aus.

Charakteristisch für die Philosophen des Deutschen Idealismus ist, dass sie alle einen Rückgang auf das Absolute vornehmen. Abgeleitet vom lat. Verb ‚absolvere' ist das Absolute das von aller Bedingtheit und damit von aller Einschränkung ‚Losgelöste'. Das Wort ‚absolvere' ist zusammengesetzt aus ‚ab-' (= ‚weg-', ‚los-') und ‚solvere' (= ‚lösen').[1] Bereits Kant bestimmt die Metaphysik dadurch, dass sie vom Bedingten über das Bedingende zum Unbedingten aufsteigt, indem sie die Tendenz hat, die Reihe der Bedingungen als irgendwie abgeschlossen und damit letztlich als unbedingt zu denken. Auf diese Weise stoße die Vernunft auf die metaphysischen Ideen (1) Gott, (2) Unsterblichkeit der Seele und (3) Freiheit des menschlichen Willens.

Metaphysische Ideen der Vernunft sind bei Kant Begriffe, für die das Problem besteht, dass ihnen weder eine empirische noch eine reine Anschauung korrespondiert. Das Gegenstück zu den Vernunftideen bilden die ästhetischen Ideen. Diese sind umgekehrt so reich an Anschauungen der Einbildungskraft, dass sie nicht abschließend auf den Begriff gebracht werden können (siehe Kapitel 5.11). Zu den

1 Indem der Priester einer Person in der Beichte Absolution erteilt, sagt er diese von ihren Sünden los.

drei Verwendungen des Terminus ‚Ideen' als Bezeichnung für die Urbilder der Dinge (Platon), die begrifflichen Abbilder der Dinge (Descartes und andere Rationalisten) und die psychischen Abbilder der Dinge (Locke und andere Empiristen) kommt mit Kants metaphysischen und ästhetischen Ideen eine vierte und eine fünfte terminologische Verwendung hinzu. Ergänzend ist noch das verbreitete Verständnis von Ideen im Sinne von Idealen anzuführen, wie zum Beispiel in der Rede von der ‚Idee der Demokratie'.

Die genannten drei Vernunftideen werden von Kant den folgenden Gebieten zugeordnet: (1) der rationalen Theologie mit ihren Gottesbeweisen, (2) der rationalen Psychologie und (3) der rationalen Kosmologie.[2] Die Idee der Willensfreiheit der rationalen Kosmologie zuzuordnen, entspringt der Frage, wie Willensfreiheit in einer kausal determinierten Welt überhaupt möglich sein soll.

Die metaphysische Bedeutung der drei Ideen belegen bereits Descartes' *Meditationen*, deren Untertitel in der ersten Auflage ankündigt, dass „die Existenz Gottes und die Unsterblichkeit der Seele bewiesen wird". Die zweite Auflage belässt es mit Blick auf die Frage der Unsterblichkeit bei der Ankündigung des Beweises der „Verschiedenheit der menschlichen Seele vom Körper". Diese Verschiedenheit ist zwar keine hinreichende, aber zumindest eine notwendige Bedingung für die Unsterblichkeit der Seele. Die Freiheit des Willens wird im 8. Abschnitt der IV. Meditation verteidigt.

Während Kant in seiner Kritik am Vorgehen der traditionellen Metaphysik zu zeigen versucht, dass und wie die Vernunft bei ihren Beweisen der Existenz Gottes und der Unsterblichkeit der Seele scheitert, gehen die Deutschen Idealisten, wie man sagen könnte, metaphysisch wieder ‚in die Vollen'. Die Versuche, Zugang zum Absoluten zu finden, fallen allerdings unterschiedlich aus.

Zu erinnern ist daran, dass nach Kant die Kategorien und die Anschauungsformen des Subjekts das *Sosein* (im Sinne der Beschaffenheit) der Erfahrungsgegenstände bestimmen, nicht aber deren *Dasein*

2 Siehe Kritik der reinen Vernunft B 390–396; AA III, S. 257–260: *System der transzendentalen Ideen*.

(im Sinne der Existenz). Dieses ist für Kant vielmehr durch das Ding an sich gesichert. Auf die Problematik dieser Auffassung wurde bereits hingewiesen. Zudem besteht für Kant die „Mannigfaltigkeit des Gegebenen" unabhängig vom Subjekt. Das Subjekt bestimmt danach zwar die Form der Erfahrung, aber nicht deren materialen Inhalt. Kant bleibt als transzendentaler Idealist doch empirischer Realist.

Fichte spitzt Kants Idealismus dahingehend zu, dass er das vom Subjekt unabhängige Ding an sich verwirft und das Objekt durch das Subjekt in jeder Hinsicht bedingt sein lässt. Für Fichte gilt nicht nur der Grundsatz „Das Ich setzt sich selbst" im Sinne der Sicherung des „Ich bin", also der Existenz des Ichs.[3] Es gilt auch der Satz, dass das Ich das „Nicht-Ich" setzt, was besagt, dass das Objekt nicht nur in seinem Sosein, sondern auch in seinem Dasein vom Subjekt abhängig ist:

> Es ist ursprünglich nichts gesetzt, als das Ich; und dieses nur ist schlechthin gesetzt [...]. Demnach kann nur dem Ich schlechthin entgegengesetzt werden. Aber das dem Ich Entgegengesetzte ist = *Nicht-Ich*.[4]

Fichte verstand sich als konsequenter Fortsetzer der Philosophie Kants. Methodisch berief er sich dabei auf Erkenntnis durch intellektuelle Anschauung. Nicht nur deshalb lehnte Kant Fichtes Philosophie als völlig unhaltbar ab.

Anders als bei Descartes, bei dem die Gefahr des Solipsismus aufscheint, weil ihm nach dem Rückzug auf das denkende Ich angesichts des gescheiterten Gottesbeweises der Weg in die Außenwelt verstellt bleibt, steuert Fichte mit seinem Idealismus direkt auf diese Gefahr zu. Ein Vergleich der beiden Ich-Philosophen lässt sich fortsetzen. Für Descartes ist das Ich im Denken zwar tätig (cogitans), es bleibt aber – problematisch genug – ein substanzielles Ding (res). Im Unterschied dazu lehnt Fichte, hierin Kant folgend, den Dingcharakter des Ich entschieden ab. Die Selbstsetzung des Ich wird dementsprechend nicht als Tat*sache*, sondern als „Tat*handlung*" gefasst.

---

3 Fichte: Grundlage der gesamten Wissenschaftslehre, S. 16.

4 Ebd., S. 24.

Die aktive Rolle des Subjekts, die bereits Descartes andeutet und Kant in seiner kopernikanischen Wende festschreibt, wird von Fichte verabsolutiert, indem das Ich als ein Tun bestimmt wird, das „schlechthin gesetzt“[5] und damit un-bedingt oder absolut ist. In dieser Absolutsetzung ist das Ich dem Kausalprinzip folgend Ursache seiner selbst (causa sui) und wird damit gleichsam vergöttlicht; denn selbstverursachend ist nach metaphysischer Deutung ausschließlich Gott.

Letztlich kann bei Fichte mit dem Ich nicht das individuelle Ich, sondern nur das absolute Ich gemeint sein, das dem schöpferischen Geist Gottes entspricht. Fichtes System läuft damit auf einen metaphysischen, religiös gefärbten Spiritualismus hinaus. Ähnlich wie bei Berkeley wird damit die Konsequenz eines bloß subjektiven Idealismus vermieden, allerdings auf hoch spekulative Weise. Der Spiritualismus mündet in eine Religionsphilosophie. Bestimmt Fichte die praktische Seite des Ich als „unendliches Streben“, das sich am Nicht-Ich abarbeitet, so wird schließlich als Ziel dieses Strebens ein „Leben in Gott“ benannt. Hierin kommt letztlich eine mystische Tendenz zum Ausdruck.

Das fichtesche Ich ist in seiner Setzung des Nicht-Ich schöpferisch. Dieser Gedanke wird von den Romantikern wie insbesondere Friedrich Schlegel und Novalis dankbar aufgegriffen. Ersetzt wird dabei allerdings das überindividuelle absolute Ich durch das individuelle künstlerische Ich, das sich über ästhetische und andere Schranken hinwegsetzend den willkürlichen Einfällen seiner assoziativen Phantasie hingibt, seine Produkte aber auch in romantischer „Ironie“ wieder nach Belieben auflöst. Nachvollziehbar wird so, warum der wilde Witz zum gefeierten Erkenntnisvermögen der Romantiker avancierte. (Vgl. die Ausführungen zum Witz in Kapitel 5.13.) Beiläufig gesagt erklärt sich damit auch, wieso die gegenwärtige Dekonstruktion in ihren literaturwissenschaftlichen Repräsentanten ein so großes Interesse an der Romantik hegt.

Die Rezeption der Romantiker zeigt, dass Fichtes Idealismus ein subjektivistischer Zug eigen ist oder ein solches Verständnis zumindest

5 Siehe das vorausgegangene Zitat.

ermöglicht. Wie sich die Übertreibung des Subjektivismus schließlich auch in ihr Gegenteil verkehren kann, dafür liefert Schlegel ein Beispiel in eigener Person, indem er konservativ geworden schließlich zum Katholizismus konvertierte. Der katholische Kultus, der die Sinne mehr anspricht als der protestantische,[6] kommt dem romantischen Bedürfnis allerdings auch entgegen. Es versteht sich, dass Schlegel das nüchterne aufgeklärte Denken zuwider war.

Immerhin gesellte sich mit Friedrich Daniel Schleiermacher (1768–1834) auch ein protestantischer Theologe zu den Romantikern, der in seiner Schrift mit dem sprechenden Titel *Über die Religion. Reden an die Gebildeten unter ihren Verächtern* ebenfalls auf Distanz zur Aufklärung und deren Vernunftreligion ging. Aber auch ein bloßes Setzen auf Offenbarung wird von ihm abgelehnt. Stattdessen sieht Schleiermacher die Grundlage der Religion im Gefühl, in einem Gefühl für das „Unendliche" und einer schlechthinnigen Abhängigkeit von Gott als dem absoluten Weltgrund, der für uns aber unerkennbar bleibe.

Stärker noch als Fichte wirkte Schelling auf die Romantiker. Im Grunde ist er durch seine Naturphilosophie und Kunsttheorie einer der ihren. Dabei setzt er in der Kunsttheorie die klassische Kunstauffassung fort, die Kant mit seinem Begriff der ästhetischen Idee auf den Punkt gebracht hat. Mit Kant stimmt Schelling darin überein, dass das Kunstwerk in seiner Bedeutung begrifflich unausschöpfbar ist, wobei er das Moment des Unbewussten im künstlerischen Schaffensprozess besonders hervorhebt. Wenn Schelling die Kunst als „das einzige wahre und ewige Organon zugleich und Dokument der Philosophie" herausstellt und die „Rückkehr der Wissenschaft zur Poesie" in Gestalt einer „neue[n] Mythologie" ausruft, so bringt er damit ein zentrales, wenn auch unmögliches Anliegen der Romantik zum Ausdruck.[7] Verkannt wird dabei, dass es gerade im Sinne der Komplementarität darauf ankommt, unterschiedliche Erkenntnisformen auszudifferenzieren, die sich gleichwohl nicht gegenseitig ausschließen, sondern

6 Dies nicht nur in optischer Hinsicht. Verwiesen sei etwa auf den Einsatz von Weihrauch, der für einen strengen Protestanten nur zur ‚Vernebelung' des Verstandes führt.

7 System des transzendentalen Idealismus, S. 297 und S. 298.

einander ergänzen. Die Sehnsucht nach Einheit – alles mit allem verbinden zu wollen – ist die Triebfeder des romantischen Witzes, der deshalb zum zentralen Erkenntnisvermögen der Romantik avanciert. Der Gedanke der Komplementarität betont dagegen die Bildung der Einheit durch wechselseitige Ergänzung der Verschiedenen.

Grundlegend für Schellings Philosophie ist sein Begriff des Absoluten, dessen Erkenntnis auch für ihn durch intellektuelle Anschauung erfolgt. Das Absolute, der Ur- und Ungrund allen Seins, der mit Gott gleichgesetzt wird, ist für Schelling zunächst wie Fichtes absolutes Ich von allen Einschränkungen frei, damit aber für ihn auch bestimmungslos. Angesagt ist nicht Differenz, sondern Identität. Diese Auffassung hat zu der Bezeichnung „Identitätsphilosophie" geführt. In ihr gewinnt der Gedanke der Identität des Verschiedenen als Suche nach einer ursprünglichen Einheit in der Vielheit erneut Aktualität, wie ja auch der Witz mit seiner Suche nach dem Ähnlichen im Verschiedenen auf Identitäten ausgerichtet ist.[8] Schelling sucht allerdings nicht nach der Identität des Verschiedenen, sondern leitet umgekehrt (wie Plotin) aus dem einen Identischen das Verschiedene ab.

Die Identitätsphilosophie bildet die Grundlage von Schellings Naturphilosophie. Deren Kerngedanke ist, dass sich das ursprünglich einheitliche Sein in die beiden Daseinsformen Geist und Materie aufgespaltet hat. Diese werden aber nicht im Sinne des cartesischen Dualismus als substanziell verschieden gedacht. Vielmehr haben alle Erscheinungen teil an Geist *und* Materie, die monistisch als zwei Seiten oder Aspekte ein und desselben aufgefasst werden. Hier ist der Einfluss Spinozas erkennbar. Schelling geht aber noch weiter, indem er die gesamte, auch die physische Natur vom tätigen Geist durchwirkt sieht und als Organismus begreift. Damit tritt er in Gegensatz zur mechanistischen Weltauffassung, insbesondere zu deren materialistischer Variante. Schellings Naturphilosophie war kurzzeitig sehr ein-

8 Dies gilt insbesondere, wenn Ähnlichkeit als Teilidentität bestimmt wird. Betrachten wir zur Erläuterung die Ähnlichkeitsbeziehung zwischen (a) einer roten Kugel, (b) einer grünen Kugel und (c) einem grünen Würfel. Hier sind (a) und (b) sowie (b) und (c) ähnlich in dem Sinne, dass sie jeweils eine Eigenschaft gemeinsam haben, während (a) und (c) nicht ähnlich sind.

flussreich, schließlich aber im Zuge der Entwicklung der modernen Naturwissenschaft auch Gegenstand der Kritik, zum Beispiel durch Fries (siehe Kapitel 7.1). Neuerdings wird Schellings Auffassung, wenn auch nicht unwidersprochen, modern im Sinne einer Theorie der Selbstorganisation gedeutet.

Gegen Schellings Deutung des Absoluten wendet Hegel ein, dass die vorhandenen bestimmten Beschaffenheiten der Wirklichkeit nicht durch ein Hervorgehen aus einem unbestimmten, indifferenten Absoluten erklärt werden können. Die von Hegel eingeführte Bezeichnung ‚Identitätsphilosophie' ist denn auch ursprünglich polemisch gemeint. In der Vorrede zur *Phänomenologie des Geistes* formuliert Hegel treffend:

> Dies eine Wissen, daß im Absoluten alles gleich ist, der unterscheidenden und erfüllten oder Erfüllung suchenden und fordernden Erkenntnis entgegenzusetzen oder sein *Absolutes* für die Nacht ausgeben, worin, wie man zu sagen pflegt, alle Kühe schwarz sind, ist die Naivität der Leere an Erkenntnis.[9]

Für Hegel muss das Absolute dagegen als etwas gefasst werden, das die Unterschiede bereits in sich trägt, die dann in der Entwicklung der Wirklichkeit als Selbstentfaltung des absoluten Geistes hervorgebracht werden. Für den frühen Schelling ist der pantheistische Gedanke leitend, dass das Absolute nicht eine personale Instanz ist, welche die Entwicklung von außen leitet, sondern dass es eine Kraft ist, die in den Dingen selbst wirkt. Später wandte sich Schelling wieder der positiven Offenbarungsreligion zu. Für Hegel ist das Absolute nicht nur Schöpfergott, sondern sogar persönlicher Gott, zu dem man im christlichen Kultus in Verbindung treten kann. Insofern lässt Hegel Spinozas Pantheismus hinter sich.

In diesem Zusammenhang verdient der Panentheismus von Friedrich Krause (1781–1832) Erwähnung. Er besagt dem griechischen Wortlaut gemäß, dass alles *in* Gott ist, Gott sich also in der Welt

---

9 Phänomenologie des Geistes, S. 22.

darstellt und sich so dem Menschen offenbart. Danach gilt letztlich auch die Umkehrung, dass Gott in allem ist. Gott fällt aber mit der Welt – das ist der Unterschied zum Pantheismus – nicht zusammen, sondern bleibt als überweltliche Instanz von der Natur unabhängig und überragt diese. Durch seine Rechtstheorie und Geschichtsphilosophie wurde Krause zum Begründer des so genannten Krausismo, eines humanistischen auf Harmonie angelegten Politikverständnisses, das lange Zeit in Spanien und Südamerika vorherrschend war. Im spanischen Kulturkreis genießt Krause bis heute großes Ansehen.

Hegels Wirksamkeit betrifft in besonderer Weise seine Geschichtsphilosophie, die über die Rezeption durch Karl Marx und den Marxismus bis in die Gegenwart ihre Spuren hinterlassen hat. Stellt sich für Hegel die gesamte Wirklichkeit als dialektische Selbstentfaltung des absoluten Geistes dar, so kommt dieser Geist im Verlaufe der geschichtlichen Entwicklung zum Bewusstsein seiner selbst. Hegel geht dabei wie auch Schelling optimistisch davon aus, dass in der Geschichte langfristig Vernunft walte, gegebenenfalls auch, sozusagen im Rücken der empirischen Subjekte, die „List der Vernunft". In diesem Sinne erklärt er: „Was vernünftig ist, das ist wirklich; und was wirklich ist, das ist vernünftig."[10]

Eine Quelle von Hegels List der Vernunft findet sich bereits in Kants geschichtsphilosophischem Beitrag *Idee zu einer allgemeinen Geschichte in weltbürgerlicher Absicht* (1784). Dabei unterstellt Kant allerdings nicht wie Hegel eine notwendige, zielgerichtete (teleologische) Entwicklung. Er setzt aber immerhin geradezu dialektisch darauf, dass sich eine Entwicklung zum Besseren durch den „Antagonism[us]" im Sinne eines Widerstreits der einzelnen durchsetzen würde, als folge sie einem „verborgenen Plan", ohne dass die handelnden Subjekte dies selbst erkennen.[11] In diesem Zusammenhang formuliert Kant dann auch bereits die Idee des Völkerbundes, deren Realisierung einen friedlichen Wettstreit zwischen den Völkern sichern soll.

10 Hegel: Grundlinien der Philosophie des Rechts, S. 24.

11 AA VIII, S. 20 und S. 27.

Zum Deutschen Idealismus im weiteren Sinne ist auch Jacobi zu zählen, der zu den Glaubensphilosophen gehört, die Kant in *Was heißt: Sich im Denken orientieren?* als Gefährder der Errungenschaften der Aufklärung anspricht. Auch Jacobi geht von Kant aus, tritt aber von Vornherein in einen Gegensatz zu dessen transzendentalem Idealismus. Dabei hat er immerhin, worauf bereits hingewiesen wurde, zu Recht kritisiert, dass Kant von der Kategorie der Kausalität einen transzendenten Gebrauch macht, indem er das Ding an sich als Ursache der Erscheinungen ausgibt und dadurch die Realität der Außenwelt gesichert sieht. Für Kant ist es nämlich ein „Skandal der Philosophie", die Realität der Außenwelt „bloß auf *Glauben* annehmen zu müssen".[12]

Mit seiner Bemerkung wertet Kant den Glauben erkenntnistheoretisch gegenüber dem Wissen ab. Gleichwohl unterscheidet er den Glauben positiv von bloßer Meinung. Diese Unterscheidung ist insbesondere mit Blick auf den religiösen Glauben wichtig. Während Meinen von Kant als ein Fürwahrhalten bestimmt wird, das sich weder subjektiv noch objektiv als zureichend begründet erweise, sei der Glaube zwar nicht objektiv, aber immerhin subjektiv zureichend abgesichert, indem ihm das Moment der „Überzeugung" zukomme.[13] Die Erfüllung des Inhalts dieser Überzeugung dürfen wir im Fall des religiösen Glaubens freilich nur erhoffen. Im Unterschied zu Kant ist für Jacobi der Glaube keine Sache des Hoffens, sondern Grundlage des Wissens. Damit stellt er ihn im fundierenden Sinne über das Wissen. Eine ähnliche Auffassung hat im 20. Jahrhundert Ludwig Wittgenstein in *Über Gewißheit* vertreten: „Am Grunde des begründeten Glaubens [also des Wissens] liegt der unbegründete Glaube."[14] Die Gemeinsamkeit besteht in der Anerkennung einer unbegründeten Gewissheit.

Das Außenweltproblem spielt in Jacobis Überlegungen lediglich eine exemplarische Rolle. Letztlich geht es ihm weniger um die Anerkennung sinnlicher als vielmehr übersinnlicher Dinge. So erklärt er mit Bezug auf Kant, es müsse „befremden", dass es ein „Skandal der

---

12 Kritik der reinen Vernunft B XXXIX, Anm.; AA III, S. 23.

13 Ebd., B 850; AA III, S. 532f. Vgl. Logik, AA IX, S. 66ff.

14 Über Gewissheit, § 253.

Philosophie" sein solle, keinen Beweis für die Realität der äußeren Dinge zu haben, während es dagegen nicht als Skandal angesehen werde, „daß wir uns unvermögend bekennen müssen, die Realität der Gegenstände der Vernunftbegriffe, oder die objektive Gültigkeit der *Ideen*: Gottes Dasein, Freiheit, Substantialität und Unsterblichkeit des eigenen Geistes wissenschaftlich wahr zu machen oder zu *beweisen*".[15] Aufgeführt finden wir hier die von Kant benannten metaphysischen Ideen. Jacobi geht es aber nicht um eine Rehabilitierung der von Kant kritisierten metaphysischen *Beweise* der Existenz solcher Vernunftgegenstände, sondern um die Anerkennung eines unmittelbaren Zugangs zu ihnen. Dabei setzt er auf die von Kant bestrittene Möglichkeit intellektueller Anschauung: „Wie es eine sinnliche Anschauung gibt, eine *Anschauung* durch den *Sinn*, so gibt es auch eine rationale Anschauung durch die *Vernunft*."[16] Als Gegner des Spinozismus zielt Jacobi hier besonders darauf ab, die Existenz eines personalen Gottes anzuerkennen.

---

15 Jacobi: David Hume über den Glauben, S. 41f.

16 Ebd., S. 59.

7 Kritiker des Deutschen Idealismus

Die erste Generation der Kritiker des Deutschen Idealismus bleibt dessen Repräsentanten teilweise noch verbunden oder unbewusst verhaftet. Insbesondere Schellings metaphysische Suche nach einer Einheit in der Vielheit findet eine Fortsetzung, nun aber unter stärkerer Berücksichtigung der aufstrebenden Naturwissenschaften. Die prominentesten Kritiker der Autoren des Deutschen Idealismus sind Jakob Friedrich Fries (1773–1843), Johann Friedrich Herbart (1776–1841), Arthur Schopenhauer (1788–1860) und Friedrich Adolf Trendelenburg (1802–1872). Sie alle haben es nicht bei ihrer Kritik belassen, sondern eigenständige Philosophien entwickelt.

7.1 Philosophen des Witzes und Philosophen des Scharfsinns: Jakob Friedrich Fries

Die frühste Kritik an der Philosophie des Deutschen Idealismus ist die von Fries noch zu Lebzeiten Kants veröffentlichte Schrift *Reinhold, Fichte und Schelling* (1803). Auf den im Titel genannten Carl Leonhard Reinhold (1757–1813) kommt Fries eher am Rande mit Blick auf dessen Einfluss auf Fichte und Schelling zu sprechen.[1] Reinhold war bereits bemüht, im Sinne der Idee der Einheit ein System der Philosophie aus einem einzigen Grundsatz – dem „Satz des Bewusstseins" – deduktiv abzuleiten. Dieser Satz spricht als angeblich absolut gewisse „Tatsache" aus, dass durch das Vorstellen Subjekt und Objekt einerseits von einander unterschieden sind und andererseits auf einander bezogen werden. Diese wechselseitige Bezogenheit zwischen erkennendem Subjekt und erkanntem Objekt ist, wie wir sehen werden, auch der Ausgangspunkt von Schopenhauer.

In der Vorrede zur zweiten Auflage von *Reinhold, Fichte und Schelling* hebt Fries rückblickend hervor, dass Fichte und Schelling „eine

1 Fries: Reinhold, Fichte und Schelling, S. 318–332.

Willkürlichkeit der philosophischen Sprachbildung" vorgenommen hätten, „durch welche die deutsche Philosophie im Ganzen jene gesetzgebende Gewalt der Logik" verloren habe.[2] Diese Sprachkritik formuliert einen bis heute vorgebrachten Standardeinwand gegen die Autoren des Deutschen Idealismus, der später vor allem auch Hegel einschließt. Schon Fries bemerkt in seinem Beitrag *Nichtigkeit der Hegelschen Dialektik* (1828), dass Hegel (wie Fichte) meine, „die Kunst zu philosophieren bestehe in der Ausbildung einer selbsterfundenen metaphysischen Formelsprache".[3]

Für Fries hat in besonderem Maße die Aussage Galileis Geltung, dass das Buch der Natur in *mathematischer* Sprache geschrieben ist, und dies wegen der Raum-Zeit-Struktur der Natur. An dieser Stelle setzt auch die Kritik an Schelling ein. Diesem wird vorgeworfen, den Boden der mathematischen Naturwissenschaft verlassen und sich in „träumende Phantasien" verloren zu haben.[4] Immerhin findet der Gedanke des Organismus eine positive Beurteilung, indem Schelling bescheinigt wird, „mit Besonnenheit" den Grundsatz aufgestellt zu haben, „daß die Welt unter Naturgesetzen ein organisiertes Ganzes sei". Sogleich folgt aber der Einwand, dass die Einlösung dieses Grundsatzes zu spekulativ ausgefallen sei.[5] Die Ausführungen weiten sich im fünften Abschnitt der Polemik *Reinhold, Fichte und Schelling* zu einer allgemeinen Kritik auf *methodologischer* Grundlage aus, wobei Fries immerhin teilweise Verständnis für die Gegenseite aufbringt.

Methodologisch unterscheidet Fries zwischen „Philosophen des Witzes" und „Philosophen des Scharfsinns". In Übereinstimmung mit der Tradition der Aufklärungsphilosophie (vgl. Kapitel 5.13) versteht Fries den Witz als das Vermögen, „feine Ähnlichkeiten zu bemerken", und den Scharfsinn als das Vermögen, „scharf zu unterscheiden".[6] Dem entsprechend gelten als Philosophen des Witzes solche Denker, die vorrangig das Aufsuchen von Ähnlichkeiten betreiben, während Philo-

2 Ebd., S. 46.

3 Nichtigkeit der Hegelschen Dialektik, S. 758.

4 Reinhold, Fichte und Schelling, S. 47.

5 Ebd., S. 180.

6 Ebd., S. 361f.

sophen des Scharfsinns das Unterscheiden in den Mittelpunkt ihrer Methode stellen. Fries selbst sieht sich auf der Seite des Scharfsinns. Dabei erkennt er ansonsten durchaus das Recht des Witzes an und plädiert letztlich für ein ausgewogenes Verhältnis beider Erkenntnisvermögen. Zwar wird dem Scharfsinn im *System der Logik* bescheinigt, dass er „ernsthafter" sei als der Witz, der ohne Scharfsinn „fade und seicht" erscheine. Allerdings wirke auch der Scharfsinn ohne Witz „kleinlich", mit anderen Worten: unnötig spitzfindig und pedantisch. Daher dürfen beide „nie ohne einander sein".[7]

Der Vorrang, den Fries dem Scharfsinn einräumt, lässt sich historisch als Reaktion auf die Überbewertung erklären, die dem Witz in der Frühromantik zuteil geworden ist. Hier war, wie wir bereits gesehen haben, die komplementaristische Sicht der Aufklärungsphilosophen zugunsten des Witzes verschoben worden. Das Programm der „Universalpoesie" stellte den Witz in den Mittelpunkt und vernachlässigte den Scharfsinn. Daher wurde man der empirisch-mathematischen Naturwissenschaft und deren Forderung nach deutlichen Begriffen nicht gerecht. Vor diesem Hintergrund ist das Votum von Fries zu verstehen:

> Daher gilt der Scharfsinn für die Ausbildung der Wissenschaften weit mehr als die witzige Vergleichung, die sich in Geschichte und Naturlehre nur mit oberflächlichem Geschwätz hören läßt.[8]

Was die Naturlehre betrifft, so hat Fries hier offensichtlich Schellings Naturphilosophie im Blick. Gegen diese geht es ihm darum, die Stellung des Scharfsinns zu stärken.

Den Gegensatz zwischen Philosophen des Witzes und Philosophen des Scharfsinns sieht Fries bereits bei Platonikern auf der einen und Aristotelikern auf der anderen Seite ausgebildet. Den Unterschied macht Fries an deren jeweiligem Verfahren der Abstraktion fest. Das platonische Verfahren strebe auf direktem Wege zum höchsten Allge-

---

7 System der Logik, § 83 (S. 266).

8 Ebd.

meinen, ohne die herausgearbeiteten Differenzen als Erkenntnisse zu bewahren, während das aristotelische Verfahren zwar zum höchsten Allgemeinen aufzusteigen versuche, auf diesem Wege aber die Differenzen sorgfältig herausarbeite.[9] Platoniker zielen danach zu einseitig auf die Identität des Verschiedenen ab, während Aristoteliker dagegen die Verschiedenheit des Identischen betonen. Platoniker sind danach solche Philosophen, die unter Absehung von der Mannigfaltigkeit der empirischen Welt das Prinzip der Einheit in der Vielheit ins Zentrum ihrer Betrachtung stellen. Ihr Erkenntnisinteresse ist auf die jeweilige Idee als das Einheit stiftende Allgemeine und nicht auf die Vielfalt der verschiedenen Realisierungen der Idee ausgerichtet. Aristoteliker lassen sich dagegen umgekehrt zunächst auf die Mannigfaltigkeit ein, um diese differenzierend zu ordnen und von hier aus gegebenenfalls zu deren Einheit vorzudringen. Unabhängig davon, ob die von Fries vorgenommenen Zuschreibungen historisch korrekt sind, liefern seine Ausführungen einen bedenkenswerten Beitrag zur Problemgeschichte des Verhältnisses von Einheit und Vielheit.

7.2 Philosophie als Bearbeitung der Begriffe: Johann Friedrich Herbart

Herbart (1776–1841) gehört ebenfalls zu denjenigen Denkern, die sich ihren Weg in direkter Auseinandersetzung mit der Philosophie des Deutschen Idealismus gebahnt haben. Wie Fries orientiert er sich an der mathematischen Naturwissenschaft und teilt dabei die Auffassung Kants, „daß in jeder besonderen Naturlehre nur so viel *eigentliche* Wissenschaft angetroffen werden könne, als darin *Mathematik* anzutreffen ist".[10] In diesem Sinne bemühte sich Herbart insbesondere um eine mathematische Darstellung der Psychologie. Zudem geht er von einer engen Verbindung zwischen Philosophie und Mathematik aus. So müsse die Philosophie versuchen, der „Strenge" der mathemati-

9 Reinhold, Fichte und Schelling, S. 357f.

10 Kant: Metaphysische Anfangsgründe der Naturwissenschaft, AA IV, S. 470.

schen Methode „nachzueifern", während die Mathematik der Philosophie bedürfe, um die Verbindung zu den anderen Wissenschaften nicht zu verlieren.[11]

Dem Idealismus Fichtes setzt Herbart einen Realismus entgegen. Die komplexe Wirklichkeit denkt er sich bestimmt durch ein nach Selbsterhaltungsgesetzen geregeltes Verbinden und Trennen von (den Monaden in der Konzeption von Leibniz ähnlichen) „Realen", denen jeweils eine einzige einfache Qualität zukomme. Diese Auffassung überträgt Herbart auch auf die Psychologie: Beim Wahrnehmungsprozess werde die Seele von den einfachen realen Wesen ihrer nächsten Umgebung durchdrungen, was sie zu einer Art Selbsterhaltung gegen die von diesen Wesen ausgehende Störung veranlasse und dadurch die Entstehung einer Vorstellung auslöse. Einmal vorhandene Vorstellungen beharren, auch wenn der Anlass ihrer Entstehung nicht mehr besteht. Da mehrere, bei unterschiedlichen Anlässen entstandene und einander entgegengesetzte Vorstellungen nicht zusammen ungehemmt in der Seele präsent sein können, müsse ein bestimmtes Quantum von ihnen aus dem Bewusstsein verdrängt werden. Völlig verdrängte, unbewusste Vorstellungen setzen gewissermaßen ihren Kampf ums Wiedererscheinen (in der Erinnerung) im Untergrund fort. Für diese Vorstellungsmechanik sind nicht irgendwelche Seelenvermögen, deren Existenz Herbart leugnet, sondern mathematisch darstellbare Intensitätsverhältnisse zwischen den Vorstellungen ausschlaggebend.

Mit Fries ist sich Herbart einig in der Kritik der idealistischen Naturphilosophie, vor allem derjenigen Schellings. In der Bewertung der Hegelschen Dialektik stimmen beide jedoch nicht überein. Während Fries auch sie verwirft, kann Herbart ihr immerhin so viel abgewinnen, dass er mit Hegel die Widersprüchlichkeit der erfahrbaren Wirklichkeit anerkennt.[12] Diese Widersprüche auf rationale Weise zu bereinigen, sei die Aufgabe der Philosophie, die Herbart als „Bearbeitung der

11 Herbart: Lehrbuch zur Einleitung in die Philosophie, § 2 (S. 34f.).

12 Herbart betont allerdings (und hat dabei offensichtlich auch Hegel im Blick), dass der logische Satz des ausgeschlossenen Widerspruchs nicht mit prozessualen Widersprüchen verwechselt werden dürfe: „Übrigens ist er [der Satz des Widerspruchs] oft unrichtig so ausgedrückt worden, also ob er sich auf Dinge als solche, wohl gar

Begriffe" bestimmt. Hier deutet sich die Einsicht an, dass die Philosophie wesentlich in einer Tätigkeit besteht, die sich um die Explikation kategorialer Begriffe und Unterscheidungen bemüht.

Herbart unterscheidet zwischen drei Arten beziehungsweise Stufen der Bearbeitung der Begriffe, woraus sich auch die methodologische Grundlage seiner Einteilung der Philosophie in Logik, Metaphysik und Ästhetik ergibt:

(1) Die Logik beschränkt sich auf die *Analyse* der Begriffe, verstanden als *externe* Unterscheidung der Begriffe untereinander (Klarheit) und als *interne* Unterscheidung der jeweiligen Merkmale einzelner Begriffe (Deutlichkeit).
(2) Die Metaphysik nimmt eine berichtigende *Veränderung* der Begriffe vor, wo sich Widersprüche in der Wirklichkeitserfahrung auftun.
(3) Die Ästhetik (einschließlich der Ethik) vollzieht eine *Erweiterung* der deskriptiven Begriffe um Momente der Wertung (als Ausdruck des Beifalls oder Missfallens).[13]

Die Metaphysik unterteilt Herbart zunächst in allgemeine und angewandte Metaphysik – gemäß der in der rationalistischen Tradition seit Wolff üblichen Unterscheidung zwischen *metaphysica generalis* und *metaphysica specialis*. Die allgemeine Metaphysik ist dementsprechend identisch mit der Ontologie, die Kant durch die transzendentale Erkenntnistheorie ersetzt hatte. Die angewandte Metaphysik folgt der traditionellen Gliederung in Psychologie, Naturphilosophie (Kosmologie) und natürliche Theologie – ohne den jeweiligen Zusatz ‚rational'.[14] Grundlegend für Herbarts Metaphysik ist die Unterscheidung zwischen „Sein und Scheinen". Herbart belässt es nicht wie Kant bei der Anerkennung eines unerkennbaren Dings an sich. Seine realistische Ontologie soll es vielmehr ermöglichen, die standpunktbedingten

mit Einmischung von Zeitbedingungen bezöge; während er bloß Begriffe als solche betrifft." Ebd., § 39 (S. 85).

13 Lehrbuch zur Einleitung in die Philosophie, §§ 5–8.

14 Ebd., § 7 (S. 52).

Widersprüche auf der Seite der Erscheinung durch eine Veränderung („Umwandlung") der Begriffe in einer Theorie des Seins zu beseitigen:

> Was aber sei, soll aus dem gegebenen Schein auf ähnliche Art in der Metaphysik erforscht werden, wie in der Astronomie aus den scheinbaren Bewegungen der Himmelskörper die wahren gefunden werden.[15]

Herbart greift hier Kants Bild der kopernikanischen Wende in der Philosophie auf, münzt dessen transzendental-idealistische Deutung aber ontologisch-realistisch um. Die Ontologie der Reale ist ein Atomismus einfacher, unteilbarer und unzerstörbarer Entitäten. Die Reale sind danach die Identischbleibenden, durch deren Kombinationen das Verschiedene in der Welt zustande kommt. Sie bilden – einmal mehr – die Einheit in der Vielheit.

Wie Kant betont Herbart die Unabhängigkeit der Logik von der Psychologie und wird so zu einem frühen Kritiker des Psychologismus, indem er betont: „In der Logik ist es notwendig, alles Psychologische zu ignorieren."[16] Wegweisend ist Herbart auch mit seiner Bestimmung des Verhältnisses der Logik zur Ontologie. Dabei geht es um die im 19. Jahrhundert viel diskutierte Frage, ob die Logik eine Logik des Denkens oder eine Logik des Seins ist. Für Herbart liefert die Logik den formalen Rahmen für jedes, also auch für das metaphysische Denken. Gegen Hegel gerichtet lehnt er daher eine metaphysische Fundierung der Logik ab. Mit Kant vertritt er eine rein formale Auffassung der Logik, die von seinem Schüler Moritz Wilhelm Drobisch (1802–1896) weiter ausgebaut worden ist. Eine gegenteilige Position werden wir bei Trendelenburg kennenlernen.

In Fortsetzung der voluntaristischen Urteilstheorie bestimmt Herbart das Urteil als den Akt der Anerkennung (Zustimmung) und bereitet damit Freges Urteilstheorie vor. Darüber hinaus hat Herbart bereits eine Analyse von Zahlaussagen vorgelegt, die Frege zu der wesentlichen Einsicht geführt hat, dass Zahlaussagen bestimmte Existenzaus-

15 Ebd., § 132 (S. 227).

16 Ebd., § 34 (S. 82).

sagen und Existenzaussagen unbestimmte Zahlaussagen sind (siehe Kapitel 9.2).

Herbarts Wirkung erstreckt sich insbesondere auf die Pädagogik, deren Begründung als eigenständige Wissenschaft er vorbereitet hat. Der Schulunterricht in der zweiten Hälfte des 19. Jahrhunderts ist weitgehend durch den Herbartianismus bestimmt worden. Die Forderung nach einem auf Anschauung basierenden Unterricht hat bis heute Bestand. In Herbarts Pädagogik bildet seine mathematisch-naturwissenschaftliche Psychologie nur den einen Pfeiler seiner ansonsten durch die Praktische Philosophie begründeten normativen Erziehungslehre. Deren Aufgabe besteht darin, den Menschen, von dessen grundsätzlicher Bildsamkeit Herbart ausgeht, zur Selbstbestimmung in Orientierung an den sittlichen Ideen zu befähigen.

Herbarts Verständnis der Philosophie als explikative Bearbeitung grundlegender Begriffe weist ihn als Vorläufer der analytischen Philosophie und Wissenschaftstheorie aus. Danach ist die Philosophie keine eigenständige Wissenschaft, sondern die Grundlagendisziplin aller Wissenschaften.

7.3 Die Welt als Wille und Vorstellung: Arthur Schopenhauer

Schopenhauers Auseinandersetzung mit den Vertretern des Deutschen Idealismus fällt aus dem Rahmen des Üblichen. Während andere Kritiker wie Fries und Herbart immerhin in einigen Punkten Zustimmung signalisieren, geht Schopenhauer insgesamt auf Konfrontationskurs und lässt sich dabei zu heftigen Polemiken hinreißen, die vor allem gegen Hegel gerichtet sind.

In der Vorrede zu seinem Hauptwerk *Die Welt als Wille und Vorstellung* (1819) betont Schopenhauer, dass darin ein einziger Gedanke mitgeteilt werde.[17] Dieser Gedanke, den bereits der Titel andeutet,

17 Die Welt als Wille und Vorstellung I, S. 7.

besagt in Kurzfassung: Die Welt ist in zweifacher Weise gegeben und erkennbar, nämlich als Wille und als Vorstellung.

Schopenhauers geht von dem Satz aus, dass die Welt „meine Vorstellung" ist.[18] Dies bedeutet zunächst, dass die Welt von mir abhängig ist, und zwar so, dass sie als Erscheinung bedingt ist durch die Anschauungsformen Raum und Zeit und durch die Kategorie der Kausalität. Über diese im kantischen Sinne transzendentale Idealität der Welt hinaus behauptet Schopenhauer jedoch auch deren ontologische Idealität im Sinne Berkeleys. Die Welt als Vorstellung ist nichts anderes als Bewusstseinsinhalt. Alles, was Objekt ist, kann dies nur in Bezug auf ein Subjekt sein. Ohne Subjekt gibt es kein Objekt. Die Welt als Vorstellung ist durch das Auseinandertreten von Subjekt und Objekt gekennzeichnet. Umgekehrt gebe es aber auch kein Subjekt ohne Objekt; es lasse sich nicht mit Fichte sagen, dass das Ich das Nicht-Ich setze. Das Subjekt sei vielmehr von vornherein an die Existenz eines Objekts gebunden.[19] Diese Feststellung Schopenhauers steht nicht im Gegensatz zu seinem idealistischen Ausgangspunkt. Sie ist vielmehr die Überleitung zu dem Nachweis, dass die Welt eben nicht *nur* meine Vorstellung sein kann.

Obwohl für Schopenhauer die Welt als Vorstellung sowohl in ihrem Sosein als auch in ihrem Dasein vom Subjekt abhängig ist, erkenne das Subjekt aufgrund der Tatsachen dieser seiner Welt seine eigene Bedingtheit als Subjekt. Bewusstsein sei nämlich entwicklungsgeschichtlich betrachtet eine späte Erscheinung innerhalb der Welt als Vorstellung. Der Welt als Vorstellung müsse also noch etwas als Ding an sich zugrunde liegen. Dieses Ding an sich könne nicht Objekt im üblichen Sinne sein; denn dann gehörte es wieder nur zur Welt als Vorstellung. Es darf auch nicht einfach als Ursache der Welt als Vorstellung angenommen werden; denn dann wäre das Verhältnis zwischen dem Ding an sich und der Welt als Vorstellung das der Kausalität. Kausalität aber muss als Kategorie des Verstandes auf den

18 Ebd., S. 31.

19 Zur wechselseitigen Abhängigkeit von Subjekt und Objekt siehe insbesondere den Abschnitt „Zur idealistischen Grundansicht"; in: Die Welt als Wille und Vorstellung II, S. 11–30.

Erfahrungsgebrauch *innerhalb* der Welt als Vorstellung eingeschränkt bleiben. Gerade dies habe Kant entgegen seiner eigenen Einsicht bei der Behandlung des Dinges an sich nicht berücksichtigt. In dieser Kritik stimmt Schopenhauer mit Jacobi überein.

Das Ding an sich ist für Schopenhauer der Wille. Anders als Kants Ding an sich sei der Wille erkennbar, weil wir zu ihm einen Zugang über das Selbstbewusstsein haben. Jeder sei sich selbst in zweifacher Hinsicht gegeben, als Leib, welcher der Welt als Vorstellung angehört, und als Wille. Unter den Begriff des Willens subsumiert Schopenhauer jede bewusste und auch unbewusste innere Regung. Dass zwischen Wille und Leib kein Ursache-Wirkungs-Verhältnis bestehe, erkenne man daran, dass Willensakte und Leibesveränderungen nicht in eine zeitliche Abfolge gebracht werden können. Man könne nicht erst seinen eigenen Willensakt und dann dessen Ausführung beobachten. Willensakt und Leibesveränderung lassen sich in der Selbstbeobachtung nicht voneinander trennen, sie sind für Schopenhauer *ein* Vollzug in *zwei* Bereichen. Danach ist der Leib die Objektivation des Willens, nämlich der zur Vorstellung gewordene Wille. Analog wird die gesamte Welt als Vorstellung gewordener „Weltwille" aufgefasst, wobei den Entwicklungsstufen der Welt als Vorstellung (anorganischer Stoff, Pflanze, Tier, Mensch) die Objektivationsstufen des Weltwillens entsprechen.

Die Objektivationsstufen des Weltwillens identifiziert Schopenhauer nicht mit Einzeldingen, sondern mit deren Urbildern im platonischen Sinne. Die Ideen selbst sind nach Schopenhauer Gegenstand der Künste, die das Allgemeine im Besonderen darstellend die Objektivationsstufen des Willens zur Anschauung bringen. In der Erfassung der Ideen löse sich der Intellekt vom Willen, gegen den er rational nichts auszurichten vermag und dem er ansonsten lediglich als „Sklave" dienstbar ist, indem er ihm die Motive für seine Befriedigung zuführt.[20]

20 Die Auffassung, dass die Vernunft lediglich der Sklave der Leidenschaften ist, findet sich bereits bei David Hume: „Reason is, and ought only to be the slave of the passions, and can never pretend to any other office than to serve and obey them." (Treatise, S. 415). Die Konsequenz ist, dass es für Hume Rationalität nur als Zweckrationalität gibt.

Die Möglichkeit, dass praktische Vernunft im Sinne Kants den Willen rational zu zügeln vermag, wird von Schopenhauer entschieden bestritten.

Leben heißt für Schopenhauer Leiden, und der Ursprung des Leidens ist der Wille zum Leben. Sofern es gelingt, diesen in der Kunst- oder auch Naturbetrachtung auszuschalten, wird das individuelle Subjekt zum reinen, willenlosen, zeit- und schmerzlosen Subjekt der Erkenntnis. Schopenhauer hat für diese kontemplative Einstellung (im Hier und Jetzt), in der Subjekt und Objekt eins werden, die prägnante Metapher vom „ewigen", nämlich *außer*zeitlichen „Weltauge" geprägt.[21] Er betont zu Recht, dass diese Einstellung nicht von Dauer sein kann, sondern sich als Geschenk in glücklichen Augenblicken erweist. Dieses Glück ist als *beatitudo* und nicht im Sinne von *fortuna* oder *felicitas* zu verstehen.

Die Aussetzung des Leidens kann also nur für die Dauer der Kontemplation gelingen. Eine endgültige Überwindung des Leidens erfordert, dem Willen zum Leben die Dienstbarkeit des Intellekts überhaupt zu entziehen und ihn durch Abtötung der Bedürfnisse in der Askese zur Ruhe zu bringen. Die Einstellung der Bedürfnislosigkeit werde allerdings nur von wenigen erreicht, die Schopenhauer denn auch als Heilige auszeichnet. Das letzte Ziel sei der Eingang in das Nirwana, in das bewusstseinslose Nichts. Dieser vom Buddhismus übernommene Erlösungsgedanke ist bei Schopenhauer die Konsequenz aus seinem allgemeinen tiefen Pessimismus. Dem Optimismus eines Leibniz, der die bestehende Welt zur besten aller möglichen Welten erklärte, setzt er entgegen, sie sei eher die schlechteste aller möglichen Welten.

Diese unsere Welt ist nach Schopenhauer durchgehend der Kausalität unterworfen, und zwar nicht nur die Ereignisse der Natur, sondern auch die menschlichen Handlungen, die sich auf einen „angeborenen und unveränderlichen Charakter" des Menschen zurückführen lassen.[22] Schopenhauers Auffassung läuft danach auf einen Determinismus hinaus, der einer Willensfreiheit keinen Raum lässt. Ungeachtet

---

21 Die Welt als Wille und Vorstellung II, S. 479.

22 Über die vierfache Wurzel des Satzes vom zureichenden Grunde, S. 182f.

dieses innerweltlichen Determinismus besteht für Schopenhauer außerweltlich – außerhalb der Welt als Vorstellung – Willensfreiheit. Zwar herrsche in der Welt als Vorstellung strenger Determinismus, indem die Handlungen mit Notwendigkeit aus dem Charakter folgen. In der *vor* dem Eintritt in die Welt als Vorstellung getroffenen Wahl seines Charakters sei der menschliche Wille aber frei. Aufgrund der Freiheit dieser Wahl sei der Mensch für seine Handlungen in der Welt als Vorstellung voll verantwortlich.

Von den Deutschen Idealisten ist Hegel der Hauptgegner Schopenhauers; aber auch Fichte kommt nicht viel besser weg. Einzig Schelling gewährt Schopenhauer – wenn auch verspätet – eine verhaltene Anerkennung. Übereinstimmungen finden sich vor allem in der Naturphilosophie und in der Willensmetaphysik, die beide Autoren als Repräsentanten der Romantik ausweisen. Das verbindende Stichwort dieser Epoche ist ‚die Entdeckung des Unbewussten' im Sinne des irrationalen Unterbewussten. Das rationale Unbewusste hatte bereits Leibniz mit seiner „dunklen Erkenntnis" benannt.

Es verwundert nicht, dass Richard Wagner ein begeisterter Anhänger Schopenhauers war. Die Oper *Tannhäuser* (1845) liefert einen Beleg für die tiefe Affinität zwischen beiden. Stellt diese Oper doch – noch bevor Wagner mit der Philosophie Schopenhauers im Jahre 1854 bekannt wurde – geradezu eine künstlerische Vergegenwärtigung der Willensmetaphysik Schopenhauers dar, bis hin zu dessen Deutung des Geschlechtstriebs als „Brennpunkt" des Willens zum Leben.[23] Angedeutet ist hier, dass der Brennpunkt einer Linse Feuer entfachen kann – kontrolliertes, aber auch unkontrolliertes. Eine solche prägnante Metapher muss einem erst einmal einfallen, und Schopenhauer gilt denn auch als einer der besten philosophischen Schriftsteller deutscher Sprache. Von Schopenhauers Analyse der Triebstruktur des sich selbst nicht bewussten blinden Willens führt dann ein direkter Weg zu Sigmund Freuds Psychoanalyse.

Aus der Gleichsetzung von Leben und Leiden ergibt sich für Schopenhauer – in Absetzung von Kants Vernunftethik – als einzige

---

23 Die Welt als Wille und Vorstellung II, S. 730 und 731.

Grundlage der Ethik das Gefühl des Mitleids. Das Besondere und auch Zukunftsweisende dieser Mitleidsethik ist, dass sie alle leidensfähigen Kreaturen und damit auch die Tiere einbezieht. Schopenhauer ist einer der ersten gewesen, der einen Tierschutz gefordert hat. Durch das Mitleid werde die nur dem Scheine nach bestehende Distanz zwischen den Menschen überwunden. Der Mitleidige durchschaut die Welt als Erscheinung in ihren gegensätzlichen Individuierungen als bloßen Schein und erkennt im anderen – dem Wesen nach – sich selbst. Schopenhauer folgt hier der Botschaft des „tat twam asi (das bist du)" der indischen Philosophie. Aufzudecken sei der ‚Schleier der Maya', der metaphorisch für die Täuschung durch das Individuationsprinzip steht, die Einheit des Seins als Vielheit erscheinen zu lassen, wonach insbesondere der einheitliche Weltwille in verschiedene miteinander im Widerstreit liegende Einzelwillen zerfalle. Mit seiner Deutung der Welt der Erscheinung als Scheinwelt rückt Schopenhauer wesentlich von Kant ab.

Politisch gesehen ist Schopenhauer ein ‚Reaktionär'. So war er ein erklärter Gegner der deutschen Revolution von 1848/49. Seine Position ist allerdings aus einem metaphysischen Pessimismus erwachsen. Mit seiner Ethik beeinflusste er immerhin einen linken Denker wie Max Horkheimer, der das Gefühl des Mitleids im Sinne menschlicher Solidarität deutet.[24]

Bei Schopenhauer tritt an die Stelle innerweltlicher Lösungen außerweltliche *Er*lösung, die – so seine Kritiker – auf Weltflucht hinauslaufe. Hier braucht man ihm nicht zu folgen, auch nicht auf dem Weg in die Tiefen oder Untiefen der Willensmetaphysik. Gerechter wird man Schopenhauer, wenn man ihn als Phänomenologen der *conditio humana*, als Diagnostiker der Situation des Menschen in seiner Welt liest. Dann geben seine Analysen zur Rolle des Willens zum Leben einiges zu denken und zu bedenken. Als Beispiel sei hier die Analyse des Phänomens der Langeweile angeführt.

‚Langeweile' und insbesondere das Adjektiv ‚langweilig' sind nach gängigem Verständnis eher harmlose Wörter, die einen vorüberge-

---

24 Horkheimer: Die Aktualität Schopenhauers, S. 24.

henden Zustand beschreiben. Bei Schopenhauer hat ‚Langeweile' aber eine existentielle Bedeutung im Sinne einer Grundstimmung oder Grundbefindlichkeit des Menschen.[25] Er führt die existentielle Langeweile auf das Verlangen des Willens zum Leben nach Bedürfnisbefriedigung zurück, wobei die zu befriedigenden Bedürfnisse die Motive des Willens bilden. Sobald der Wille Grundbedürfnisse befriedigen kann, wird diese Befriedigung selbstverständlich und er sucht nach neuen Motiven, die ihm der Intellekt als sein Sklave zuführt. Mit jeder gelungenen Bedürfnisbefriedigung entsteht bereits das Verlangen nach einer neuen.[26] Genuss entsteht aus Bedürfnisbefriedigung, und um ihn zu steigern, schraubt daher der Wille des Menschen die Bedürfnisse immer höher. Jeder Genuss verlangt nach Überbietung, und so müssen schließlich Bedürfnisse allererst künstlich geschaffen werden, um sich weitere Genüsse verschaffen zu können. Auf diese Weise ‚kultiviert' der Mensch seine Bedürfnisse bis zum Verlangen nach völlig überflüssigem Luxus. Bei Menschen, die alles haben, macht sich schließlich Langeweile breit, weil eine Steigerung des Genusses nur noch in so geringem Masse möglich ist, dass sich der Aufwand des Willens nicht mehr lohnt.

Als Phänomenologe der *conditio humana* hat Schopenhauer auch Einsichten für diejenigen zu bieten, die den Willen nicht grundsätzlich verneinen. Er spricht zwar von einem „angeborenen Irrtum [...], daß wir dasind, um glücklich zu sein".[27] Gleichwohl entwirft er in seinen *Aphorismen zur Lebensweisheit* ein innerweltliches Programm für ein diesseitiges glückliches Leben. Schopenhauer folgt hier antiken Weisheitslehren. Dabei geht er davon aus, dass alles Glück (im Sinne der *felicitas*) „negativer Natur" sei.[28] Glücklich lebt danach nicht derjenige, dem möglichst viel Gutes zuteil wird, sondern derjenige, dem mög-

25 Schopenhauer: Sämtliche Werke, Bd. 5, S. 347f.

26 Ausgesprochen finden wir diesen Gedanken auch von Faust: „So tauml' ich von Begierde zu Genuß / Und im Genuß verschmacht' ich nach Begierde." (Vers 3249f.) Dies sagt Faust kurz bevor Gretchen Opfer seiner sexuellen Begierde wird.

27 Die Welt als Wille und Vorstellung II, S. 813.

28 Aphorismen zur Lebensweisheit, S. 483. Vgl. zu dieser Auffassung in der Antike das Kapitel 2.9.

lichst viele Übel erspart bleiben. Dementsprechend setzt Schopenhauer nicht auf eine *Maximierung von Lust*, sondern auf eine *Minimierung von Unlust*.

Lebensweisheit ist für Schopenhauer Lebensklugheit im Sinne von Lebenskunst. Daher lässt er auch keinen Zweifel daran, dass diese auf ein sozusagen gesundes Selbstinteresse an Selbstverwirklichung hinausläuft und das moralisch Gute noch gar nicht auf den Plan tritt. Das Streben nach persönlichem Glück ist nicht unmoralisch, sondern außermoralisch. Nach Schopenhauer findet dieses Streben seine relative Erfüllung in einem sozusagen auf ‚Nachhaltigkeit' bedachten Leben im Sinne der *felicitas*, das bereichert ist durch glückliche Momente der Kontemplation im Sinne der *beatitudo*. In einem solchen Leben hat die Langeweile keinen Platz. An die Stelle eines gelangweilten Müßiggangs, der bekanntlich aller Laster Anfang ist, tritt ein Leben in Muße.

Trotz möglicher Glücksmomente im Leben des oder der Einzelnen hat allerdings die Weltgeschichte als solche für Schopenhauer keinen Sinn, da sie die Objektivation eines *blinden* Willens, eines dumpfen Dranges ohne eine rationale Richtung ist. Schopenhauers Metaphysik läuft somit auf einen irrationalen Voluntarismus hinaus und steht daher in direktem Gegensatz zu Hegels Auffassung von der Vernunft in der Geschichte. Trotz dieses Gegensatzes gibt es eine bemerkenswerte Übereinstimmung. Gemeinsam ist beiden der Gedanke der Entfaltung, der auf den neuplatonischen Begriff der Emanation, des ‚Ausflusses' aller Dinge aus einem einheitlichen Ursprung, zurückgeht. Die Arten der Entfaltung sind allerdings grundverschieden. Was sich entfaltet, ist für Hegel der *rationale* Welt*geist* und für Schopenhauer der *irrationale* Welt*wille*. Weltgeist und Weltwille sind jeweils das Identischbleibende im Wechsel der Dinge – die Einheit in der Vielheit. Beide kommen auf der Stufe des Bewusstseins schließlich zur Erkenntnis ihrer selbst; aber mit gegensätzlichen Konsequenzen. Während der Weltgeist zu seiner positiven Verwirklichung und Vollendung gelangt, hat sich der Weltwille endlich „selbst ein Licht angezündet", die Sinnlosigkeit zu durchschauen, und so die Möglichkeit eröffnet, sich selbst aufzuheben. Den Freitod als Form der individuellen Selbstaufhebung verwirft Schopenhauer jedoch. Durch ihn, Schopenhauer spricht von Selbstmord, werde der Wille zum Leben nicht verneint, sondern bejaht. Der Selbstmörder verzweifle am Leben, weil es ihm die bejahten und erhofften Genüsse verweigert.

7.4 Übereinstimmung zwischen Denken und Sein: Friedrich Adolf Trendelenburg

Während Schopenhauer als radikaler Gegner der Repräsentanten des Deutschen Idealismus auftritt, ist Trendelenburg (1802–1872) in seiner Kritik verständnisvoller, fordert aber wie Fries verstärkt eine Orientierung an den positiven Wissenschaften. In seinen *Logischen Untersuchungen* kritisiert Trendelenburg die Auffassung, dass die Logik rein formal sei und tritt damit unter Berufung auf Aristoteles in einen Gegensatz zu Kant und Herbart. Trendelenburg geht es in seiner Kritik der formalen Logik letztlich um eine metaphysische Lösung des Realitätsproblems in erkenntnistheoretischer Absicht, nämlich um eine Erklärung beziehungsweise Begründung der Tatsache, dass das Denken das Sein erkennen kann. Aufgabe der Logik sei es, „das Denken zu verstehen". Da es aber kein Denken geben könne „ohne das gegenüberstehende Sein, an dem es arbeitet", so müssen die Grundbegriffe des Denkens auch Grundbegriffe des Seins werden.[29]

> Soll sich das Denken nicht in seinen eigenen Gebilden verfangen, soll es überall zu dem Sein Zugang haben: so muss es die Möglichkeit einer Gemeinschaft mit den Dingen in sich tragen. Es kann nur, indem es die Grundtätigkeit mit dem Sein teilt, dies dadurch aus sich selbst verstehen.[30]

Hier steht Trendelenburg auf Seiten Hegels gegen Schelling. Zur Unterstützung seiner Position führt er leicht abgewandelt den goetheschen Satz plotinscher Herkunft an: „Wär' nicht das Auge sonnenhaft, wie könnten wir das Licht erblicken?"[31] Gemeint ist damit, dass das

29 Trendelenburg: Historische Beiträge zur Philosophie, Bd. 1 (Geschichte der Kategorienlehre), S. 364.

30 Ebd., S. 365.

31 Logische Untersuchungen, Bd. 1, S. 17.

Auge als das Erkenntnissubjekt mit dem Sonnenlicht als dem Erkenntnisobjekt eine Grundbeschaffenheit gemeinsam haben muss. Sonst könnte das Subjekt das Objekt gar nicht erkennen. Nun geht auch Kant von einer Entsprechung zwischen Subjekt und Objekt aus, allerdings so, dass das Subjekt das Objekt durch die Formen der Anschauung und die Kategorien des Verstandes vorstrukturiert. Für Trendelenburg ist dagegen das Subjekt auf das Objekt dank bestehender Isomorphie voreingestellt. Goethe und den Autoren des Deutschen Idealismus folgt er dabei in der Ablehnung von Kants wohlbegründeter Unterscheidung zwischen Anschauung und Begriff.

Stimmt Trendelenburg mit Hegels ontologischem Verständnis der Logik überein, demzufolge die Denkformen auch Seinsformen sind, so ist ihm dessen Dialektik jedoch zu spekulativ. Kants Transzendentalphilosophie ist ihm andererseits nicht ontologisch genug. Hier liegt die Wurzel seiner Kritik an der formalen Logik, die sich eigentlich gegen die *transzendentale* Logik richtet, da diese die Kategorien aus den logischen Urteilsformen deduziert, zum Beispiel die Kategorie der Kausalität aus dem hypothetischen Urteil im Übergang vom ‚wenn' zum ‚weil'.

Auffällig ist, dass Trendelenburg auf Kants Unterscheidung zwischen formaler und transzendentaler Logik gar nicht eingeht und damit auch dessen Kritik an der Metaphysik des Rationalismus nicht zu würdigen weiß. Haben doch die dialektischen Fehlschlüsse dieser Metaphysik nach Kant ihre Wurzeln darin, dass die Logik, die bloß einen formalen *Kanon* des Denkens bieten könne, als inhaltliches *Organon* der Wahrheit missbraucht werde, indem man vom Bedingten über das Bedingende auf ein unbedingtes Absolutes schließt. Es ist diese Diagnose, die Kant veranlasst, darauf zu bestehen, dass die Logik aus ihren Formen keine Inhalte (Gegenstände) gewinnen könne. Eine Auseinandersetzung mit dieser Problematik findet bei Trendelenburg nicht statt.

Die Entsprechung zwischen Subjekt und Objekt denkt Trendelenburg nicht als statische Beziehung, sondern er bestimmt sie als *Bewegung*, als Grund*tätigkeit* (im obigen Zitat), die „dem Denken und den Dingen gemeinsam" ist.[32] Der Begriff der Bewegung wird so zum

32 Historische Beiträge zur Philosophie, Bd. 1, S. 368.

zentralen Begriff einer dynamistisch ausgerichteten Philosophie. Mit ihr hat Trendelenburg der Lebensphilosophie seines Schülers Dilthey anscheinend Anstöße geliefert. Trendelenburg spielt bereits in Anlehnung an Goethe das dynamische Leben gegen eine bloß klassifizierende Logik aus. Dilthey scheint den Begriff der Bewegung geradezu im Sinne des Lebens selbst gedeutet zu haben. Auf diese Weise hat der romantische Begriff der Lebenskraft (vis vitalis) Eingang in die Lebensphilosophie gefunden. Zur Lebensphilosophie siehe Kapitel 11.

Bewegung ist für Trendelenburg ein Werden, als dessen Motor eine Kraft wirkt, und zwar eine gewollte Kraft und keine irrationale „blinde Kraft",[33] wie sie insbesondere in Schopenhauers Weltwille vorliegt. Bewegung wird verstanden als ein zweckgerichtetes, geordnetes Werden. Damit erweist sich Trendelenburgs Philosophie letztlich als eine Metaphysik des Wandels in der Tradition Heraklits, und zwar in der rationalen Version Hegels.

Seine teleologische Weltanschauung versucht Trendelenburg in Orientierung an den Wissenschaften zu entwickeln. Insofern gehört er zu den Vätern einer für das 19. Jahrhundert charakteristischen induktiven Metaphysik (siehe Kapitel 8.1). Die methodologische Ausrichtung der Logik macht Trendelenburg in seiner Definitionslehre deutlich, indem er eine scharfe Begrenzung der Begriffe fordert:

> Diese Definitionen bezeichnen den Philosophen, welcher nicht geistreich nur im Allgemeinen schwärmt oder wie Neuere, weil die Unterschiede der Begriffe fliessende Unterschiede seien, die Begrenzung verschmäht, sondern den Philosophen, welcher, im Aristoteles erwachsen, in der Mathematik und in der Rechtswissenschaft an Definitionen gewöhnt, den strengen und scharfen Begriff zum eigentlichen Gesetzgeber macht.[34]

Die Gründlichkeit des logischen Scharfsinns (im Einzelnen) wird damit über die geistreiche Kühnheit des analogischen Witzes (im Allgemeinen) gestellt. Der „Kühnheit des reinen Gedankens" wird sein bele-

33 Ebd., Bd. 2, S. 9.

34 Ebd., Bd. 3, S. 20f.

bender heuristischer Wert nicht bestritten, betont wird aber: „Kühnheit ist noch keine Wahrheit und ein flüchtiges Spiegelbild keine gegründete Erkenntnis."[35] Das zu allgemeine und begrifflich vage Denken soll ersetzt werden durch scharfsinnige Begriffsbildung, die sich auf konkrete Inhalte in den Wissenschaften erstreckt.

Die Bedeutung der Definitionen für die Methodologie der Wissenschaften hebt Trendelenburg besonders hervor, indem er die Definition aus heuristischer Sicht „eine logische *Erfindung*" nennt.[36] Explizit werden Schelling und Hegel als diejenigen benannt, die „auf die Identität der Gegensätze gerichtet" die „scharfe Unterscheidung" durch Definitionen vernachlässigt hätten. Hier liegt Trendelenburg also auf der Linie von Fries' Kritik, dass die Vertreter des Deutschen Idealismus dem Witz den Vorrang vor dem Scharfsinn einräumen.

In seinen Ansichten zur Logik orientiert sich Trendelenburg eng an Aristoteles. Dies gilt insbesondere für seine Definitionstheorie, die daran festhält, dass Definitionen durch die Angabe von *genus proximum* und *differentia specifica* zu erfolgen haben. Definitionen sind danach mehr als die konjunktive Verbindung von Merkmalen. Der Konzeption der aristotelischen Realdefinition folgend besteht Trendelenburg darauf, dass sich „in den Formen des Geschlechts und der spezifischen Differenz ein reales Verhältnis abbilde".[37] Deutlich zeigt sich hier Trendelenburgs ontologisches Verständnis der Logik. Soweit mit Hegel übereinstimmend markiert er aber auch den Gegensatz zu dem von ihm kritisierten dialektischen Denken:

> Glänzende Konstruktionen und nüchterne Definitionen, die Richtung auf dialektische Übergänge von einem Begriff zum andern und die scharfe Grenzbestimmung, liegen nach zwei entgegengesetzten Seiten.[38]

---

35 Logische Untersuchungen, Bd. 1, S. VIII (Vorwort).

36 Historische Beiträge zur Philosophie, Bd. 3, S. 51.

37 Ebd., Bd. 3, S. 54.

38 Ebd., S. 53.

Wenn Trendelenburg die Definition als „Werkzeug für *bestimmte* Zwecke des Erkennens" bestimmt,[39] so läuft diese Einschränkung doch nicht auf eine komplementäre Sicht von wissenschaftlicher und ästhetischer Erkenntnis hinaus:

> Einfach in der Übersicht und reich in den Folgen ist die scharfe und tiefe Definition immer ein Meisterstück. Dem Bilde der Poesie und dem Farbenspiel der Metapher entgegengesetzt ist sie das Monogramm des logischen Verstandes.[40]

Insofern lässt Trendelenburg keinen Zweifel daran, dass er dem logischen Scharfsinn den Vorrang gegenüber dem poetischen Witz einräumt. Andererseits betont er, dass die Wissenschaften aus methodologischen Gründen des analogischen Denkens bedürfen. Den Mangel der formalen Logik sieht er insbesondere darin, dass sie der induktiven Methode nicht gerecht werde: „Wenn daher die Logik die Induktion und Analogie, deren Bahn die Wissenschaften vorzeichnen, aus sich nicht zu verstehen vermöchte, so bliebe sie das Grösseste schuldig [...]."[41] Daher belässt es Trendelenburg aus wissenschaftstheoretischen Gründen nicht bei Kants Verständnis der Logik als bloßem Kanon der Beurteilung. Sein Bemühen gilt vielmehr einer Logik als Organon der Wahrheit im Sinne einer wissenschaftlichen Entdeckungslogik. Ins Zentrum rückt damit die Methodenlehre, die in Kants formaler Logik schon dem Umfang nach gegenüber der Elementarlehre, die aus den Lehren vom Begriff, vom Urteil und vom Schluss besteht, nur ein Schattendasein fristet. Trendelenburg wird damit zu einem Vorläufer der Entwicklung der Logik im 19. Jahrhundert, die zu einem Anwachsen der Methodenlehre und schließlich sogar zu deren Übergewicht gegenüber der Elementarlehre führt, zum Beispiel in den Logiken von Christoph Sigwart und Wilhelm Wundt. Insofern kann man sagen, dass Trendelenburg eine Entwicklung eingeleitet hat, die zur modernen Wissenschaftstheorie führt. Diese hat freilich die metaphysischen

39 Ebd., S. 52. Hervorhebung G. G.

40 Ebd., S. 62.

41 Logische Untersuchungen, Bd. 1, S. 30.

Motive eliminiert (wie im Logischen Empirismus Rudolf Carnaps) oder einer nicht-methodologischen Heuristik zugewiesen (wie im Kritischen Rationalismus Karl R. Poppers).

Noch zu erwähnen bleibt, dass von Trendelenburg Anregungen zur Ausarbeitung einer philosophischen Terminologie- und Begriffsgeschichte ausgingen, die seine Schüler Gustav Teichmüller und Rudolf Eucken umgesetzt haben.[42] Eine Weiterführung haben diese Bemühungen in dem dreizehnbändigen *Historischen Wörterbuch der Philosophie* gefunden. Die Begriffsgeschichte hat sich inzwischen als hermeneutische Methode der Problemgeschichte etabliert. Ihren Erkenntniswert belegt die Geschichte der Begriffe ‚Witz' und ‚Scharfsinn' sowie die Geschichte der verschiedenen Verwendungen des Terminus ‚Idee'.

7.5 Existentielle Denker

Während die naturwissenschaftlich orientierten Kritiker Hegels die angemessene Behandlung der Objektseite vermissen, gibt es andere Autoren, die ihm gerade die verfehlte Behandlung der Subjektseite vorwerfen. Zu nennen sind hier so unterschiedliche Denker wie Kierkegaard (1813–1855) und Stirner (Pseudonym für Johann Caspar Schmidt, 1806–1856).

7.5.1 Subjektivität und Unaussagbarkeit: Søren Kierkegaard

Kierkegaards Auseinandersetzung mit Hegel belegt besonders der Fragment gebliebene Text *Johannes Climacus oder De omnibus dubitandum est*. Darin wird in Erzählform das Scheitern eines jungen Mannes beschrieben, der den Satz „De omnibus dubitandum est (Über alles ist zu zweifeln)" existentiell ernst nimmt und daran verzweifelt.

42 Siehe unter anderem Teichmüller: Studien zur Geschichte der Begriffe; Eucken: Geschichte der philosophischen Terminologie.

> Beim Lauschen auf die Rede der andern, wurde er insbesondere aufmerksam auf einen Satz, der immer wieder vorgebracht wurde, der von Munde zu Munde ging, jederzeit gepriesen, jederzeit mit Ehrfurcht behandelt. Vielfältig hörte er es wiederholen: de omnibus dubitandum est. Damit stand er nun vor dem Satz, der eine entscheidende Rolle in seinem Leben spielen sollte. [...] Dieser Satz wurde eine Aufgabe für sein Denken. Ob es lange währen würde oder kurz, bis daß er ihn fertig durchdacht hätte, das wußte er nicht; aber das wußte er, daß er ihn, ehe dieser Augenblick käme, nicht würde fahren lassen, und wenn es ihn denn das Leben kosten sollte.[43]

Kierkegaards Kritik gilt einer Philosophie, die durch reines Denken, für das Descartes' *Cogito-ergo-sum* exemplarisch steht, ans Ziel kommen will. Über Descartes hinausgehend ist vor allem Hegel, aber auch die neuere Philosophie insgesamt gemeint. Die Formulierungen im Zitat lassen sich direkt auf die folgende Passage in Hegels *Vorlesungen über die Geschichte der Philosophie* beziehen:

> Er [Descartes] hat von vorn angefangen, vom Denken als solchen; und dies ist ein absoluter Anfang. Und daß nur vom Denken angefangen werden müsse, drückt er so aus, daß man an allem zweifeln müsse. Zum ersten Erfordernis der Philosophie macht Descartes, daß man *an allem zweifeln*, d.h. alle Voraussetzungen aufgeben müsse. *De omnibus dubitandum est*, war der *erste Satz* des Cartesius, – dies Versenken aller Voraussetzungen und Bestimmungen selbst. Es hat jedoch nicht den Sinn des Skeptizismus, der sich kein anderes Ziel setzt als das Zweifeln selbst, daß man stehenbleiben soll bei dieser Unentschiedenheit des Geistes, der darin seine Freiheit hat, sondern es hat vielmehr den Sinn, man müsse jedem Vorurteil entsagen – d.h. allen Voraussetzungen, die ebenso unmittelbar als wahr angenommen – und vom Denken anfangen, um erst vom Denken aus auf etwas Festes zu kommen, einen reinen Anfang zu gewinnen. Dies ist bei den Skeptikern nicht der Fall; da ist der Zweifel das Resultat. [...] Unfest ist alles, insofern ich davon abstrahieren kann, d. i. denken; eben reines Denken ist Abstrahieren von allem.[44]

---

43 Kierkegaard: Johannes Climacus, S. 121f.

44 Hegel: Vorlesungen über die Geschichte der Philosophie III (Werke, Bd. 20), S. 127.

Der hier angesprochene Zweifel als „Resultat“ ist der pyrrhonische Zweifel und nicht der methodische Zweifel Descartes’. Die „Unentschiedenheit des Geistes“ ist die im Pyrrhonismus angestrebte Urteilsenthaltung, die bei Descartes nicht endgültig ist, sondern lediglich ein Zwischenschritt auf dem Weg zur Gewissheit sein soll. Gegen das von Hegel unter Bezug auf Descartes geforderte reine Denken als „Abstrahieren von allem“ macht Kierkegaard geltend, dass es keine Wirklichkeit gewinnen könne: „Das reine Denken ist ein Phantom.“[45] Der allgemeine Satz „Die neuere Philosophie beginnt mit dem Zweifel“[46] impliziert, dass die Kritik an Hegel stellvertretend gemeint ist.

Für Kierkegaard ist nicht nur das Ich, sondern auch dessen Gegenüber, nämlich Gott, zu dem sich der Mensch in ein existentielles Verhältnis zu setzen hat, rational nicht erkennbar. Gott bleibt der verborgene Gott (deus absconditus). Kierkegaard steht insofern in der Tradition der negativen Theologie. Er setzte sich entschieden für ein existentielles Christentum ein, das ganz auf die Lebensführung ausgerichtet ist und jegliches theologische System ablehnt. Damit trat Kierkegaard in einen Gegensatz zur Amtskirche, mit der er sich polemisch auseinandergesetzt hat.

Bei Kierkegaard geht existentielle Subjektivität eine Verbindung mit dem Gedanken der Unaussagbarkeit ein. Ein Bezug zu Platon wird durch die eigenwillige Deutung hergestellt, dass die sokratische Ironie, die Betonung des eigenen Nichtwissens („Ich weiß, dass ich nicht weiß“), Ausdruck existentieller Subjektivität sei. Die unterschiedlichen Darstellungsformen, derer sich Kierkegaard in seinen Schriften bedient, sind Formen „indirekter Mitteilung“. Unaussagbarkeit in dem Sinne, dass die direkt aussagende Mitteilung nicht möglich ist, reklamiert Kierkegaard für ethische und religiöse Wahrheiten. Diese Wahrheiten seien nur durch das persönliche, existentielle Ich erkennbar. Die

---

45 Kierkegaard: Abschließende unwissenschaftliche Nachschrift, zweiter Teil, S. 17. Kierkegaard vertritt S. 18 die Auffassung, dass das *Cogito-ergo-sum* eine Tautologie sei, was dessen Bedeutung jedoch unterschätzt. Das Argument besteht recht verstanden, wie wir gesehen haben, vielmehr in der Aufdeckung einer Existenzpräsupposition.

46 Johannes Climacus, Überschrift S. 123.

direkte Mitteilung des Ethischen verfälsche dessen Wesen; „denn dozieren heißt, es unethisch mitteilen".[47] Die Vermittlung des Ethischen dürfe deshalb nicht die Form der „Mitteilung eines Wissens", sie müsse vielmehr die Form der „Mitteilung eines Könnens" haben, also eines praktischen Wissens. Hier besteht eine Verbindung zu Platons Dialogform, die ein praktisches Wissen, wie philosophische Gespräche zu führen sind, vergegenwärtigt. Ethisches ‚Wissen', wenn man das Wort noch gebrauchen will, ist für Kierkegaard jedenfalls kein propositionales Wissen in dem Sinne, dass man es durch die Anerkennung einer Aussage als wahr erwirbt. Weil man die indirekte Mitteilung des Könnens und des Könnensollens in die direkte (propositional verstandene) Mitteilung eines Wissens verwandelt habe, sei „das Existentielle ausgelöscht".[48] Diese „Grundverwirrung der heutigen Zeit" sucht Kierkegaard in angemessenen literarischen Darstellungsformen zu unterlaufen, zum Beispiel durch absichtliche ironische Irreführung des Lesers. Äußeres Kennzeichen dieser Irreführung sind die Pseudonyme. Die indirekte Mitteilung gibt Uneigentlichkeit („Betrug") vor, um das Gegenteil beim Leser im Sinne der mäeutischen Methode des Sokrates „geburtshelferisch" zu erreichen.[49]

7.5.2 Radikaler Egoismus: Max Stirner

In ganz anderer Weise als Kierkegaard stellt Stirner (1806–1856) das Individuum und dessen Existenzweise in den Mittelpunkt seiner Philosophie. Die Anerkennung von Instanzen lehnt er grundsätzlich ab. Das Ich habe sich nicht nur von äußeren Vorgaben, sondern auch von inneren Einschränkungen zu befreien. Damit tritt auch Stirner in einen Gegensatz zu Hegel, der bereits für das Kind fordert, dass ihm „das Vernünftige [...] als seine eigenste Subjektivität" erscheinen müsse und ihm „die Sittlichkeit [...] als Empfindung" einzupflanzen sei.[50] Wenn

47 Kierkegaard: Tagebücher, S. 135.

48 Ebd.

49 Ebd., S. 144f. und S. 146.

50 Hegel: Grundlinien der Philosophie des Rechts, S. 329.

Hegel herausstellt, ein „Hauptmoment der Erziehung“ bestehe in der „Zucht, welche den Sinn hat, den Eigenwillen des Kindes zu brechen“,[51] so erschreckt uns heute eine solche Formulierung. Gerichtet gegen den *Eigen*willen, geht es aber wohl darum, der kindlichen Ichbezogenheit und damit dem Egoismus zu begegnen. So wollen wir mal zu Gunsten Hegels annehmen.

Stirner beklagt dagegen, dass in der Erziehung „die Freiheit nicht zum Durchbruch, die Kraft der *Opposition* nicht zu Worte kommen: man will *Unterwürfigkeit*“.[52] Für ihn hat die „kindliche Eigenwilligkeit und Ungezogenheit“ ihr gutes Recht.[53] Daher will er „den Eigenwillen nicht gebrochen, sondern verklärt wissen“.[54] Es nimmt nicht wunder, dass Stirner als Vorläufer der so genannten ‚Antipädagogik‘ gilt.

Im Gegensatz zu Kierkegaards religiöser Existenzphilosophie kann man bei Stirner von einer nihilistischen Existenzphilosophie sprechen. Radikaler als in seinen Überlegungen zur Pädagogik ist Stirner in seinem Hauptwerk *Der Einzige und sein Eigentum* (1844, mit Angabe 1845). Darin denkt er einen extremen Egoismus zu Ende. Jede Autorität (Gott, Kirche, Staat) wird negiert. Sein Grundsatz lautet: „Ich hab‘ Mein‘ Sach‘ auf Nichts gestellt.“[55] Insofern steht Stirner dem Anarchismus nahe. Den Gedanken der Humanität und jedes Ideal als bloße Phrase zurückweisend hat für ihn nur Wert, was ‚Mir‘ als dem ‚Einzigen‘ nutzt: „Mir geht nichts über mich.“ Konsequent bedient sich Stirner in seiner Darstellung der Ich-Form mit stets groß geschriebenem ‚Ich‘. Das Ich ist nicht ein beliebiges abstraktes Ich, sondern ein sich seiner Einzigkeit bewusstes konkretes Ich, das sich in dieser seiner Einzigkeit im Text vergegenwärtigt.

Stirners Position läuft auf die These hinaus, dass jeder nur seinem Selbstinteresse folgt und die Maxime jeder Handlung das *eigene* Glück ist. Damit entfällt die Unterscheidung zwischen der Hilfsbereiten und

51 Ebd., S. 327.

52 Stirner: Das unwahre Prinzip unserer Erziehung, S. 250.

53 Ebd., S. 254.

54 Ebd., S. 256.

55 Dieser Satz steht am Anfang und am Ende von Stirner: Der Einzige und sein Eigentum, S. 3 und S. 412.

dem Rücksichtslosen. Hilfsbereitschaft wäre danach nichts anderes als eine masochistische Form des Glücksverlangens, ein sozusagen pathologischer Altruismus.

Diese abstruse These ist schwer zu widerlegen. Am besten verhält man sich dazu so, dass man auf einen ‚Anfall' moralischer Entrüstung des Einzigen wartet, um dann nach den Bedingungen der Möglichkeit einer solchen Entrüstung zu fragen. Im Übrigen dürfte es langfristig durchaus unklug sein, nämlich geradezu im Widerspruch zum Eigeninteresse stehen, sich rücksichtslos zu verhalten, weil man damit bei seinen Mitmenschen auf Ablehnung stoßen kann, wenn man Hilfe benötigt. Daher empfiehlt es sich bereits aus egoistischen Gründen, nicht zu egoistisch zu sein.

Obwohl Stirner die staatliche Ordnung als den großen Feind des Einzigen betrachtet, lehnt er Revolutionen ab, weil diese nur eine neue Ordnung an die Stelle der alten setzen würden. Als anarchischer Egoist ‚empört' er sich, indem er sich selbst über den Staat stellt. Er weigert sich, diesem zu Diensten zu sein mit dem Ziel, ihn dadurch absterben zu lassen. Das Pseudonym ‚Max Stirner' darf man wohl als bedeutungsvoll gewählt verstehen. Es bringt zum Ausdruck, dass der Autor jedweder Instanz maximal die Stirn bietet.

Stirners Werk geriet nach anfänglicher Beachtung in Vergessenheit. Aufmerksam wurde man darauf wieder Ende des 19. Jahrhunderts, als man Parallelen zwischen dem ‚Einzigen' und Nietzsches ‚Übermenschen' feststellte. Man verdächtigte Nietzsche sogar des Plagiats. Eine neuerliche Rezeption erfolgte im Vergleich mit dem französischen Existentialismus. Lesen lässt sich Stirner heute immerhin als vorausschauender Kritiker eines totalitären Sozialismus und Kommunismus.

8 Naturwissenschaft, Philosophie und Religion

Nachdem die erste Generation der Kritiker des Deutschen Idealismus eine stärkere Berücksichtigung der Naturwissenschaften seitens der Philosophie gefordert hatte, kam es im Verlauf des 19. Jahrhunderts zu Bestrebungen, von den naturwissenschaftlichen Ergebnissen ausgehend auf induktivem Wege eine metaphysisch ausgerichtete Philosophie zu etablieren. Andererseits versuchten radikale Materialisten, die Philosophie durch die Naturwissenschaften zu ersetzen. Parallel dazu erfolgten grundsätzliche Auseinandersetzungen mit der Religion.

8.1 Induktive Metaphysik: Hermann Lotze, Gustav Theodor Fechner und Wilhelm Wundt

Die Befürworter einer induktiven Metaphysik waren bemüht, den Zwist zwischen den „Bedürfnissen des Gemütes und den Ergebnissen menschlicher Wissenschaft" zu schlichten. So die klassisch gewordene Formulierung Hermann Lotzes (1817–1881),[1] der mit den Naturwissenschaften aufgrund seiner Ausbildung in der Medizin, für die er sich sogar habilitierte, bestens vertraut war.

Ein weiterer Vertreter dieses Versöhnungsbemühens ist der aus der Physik kommende Psychologe Gustav Theodor Fechner (1801–1887). Fechner ist der Begründer der Psychophysik, in der die Zusammenhänge zwischen physikalischen Reizen und psychischem Erleben untersucht werden. Er vertrat als Lösung des Leib-Seele-Problems einen psycho-physischen Parallelismus, wonach seelische und körperliche Vorgänge zwar zu unterscheiden sind, aber einander entsprechend parallel verlaufen (vgl. Kapitel 4.9). Auf Fechner geht die Entdeckung des Weber-Fechnerschen Gesetzes zurück. Es besagt, dass die Stärke der psychischen Empfindung proportional ist dem Logarithmus der physikalisch gemessenen Reizstärke.

1 Lotze: Mikrokosmus, Bd. 1, S. V.

Lotze und Fechner sind Vertreter einer Philosophie als Weltanschauung, die nicht nur mit den Naturwissenschaften im Einklang steht, sondern auch von deren Ergebnissen ausgehend zu einer Gesamtdeutung der Welt und des Lebens kommt. Mit diesem ganzheitlichen Bestreben gehören Lotze und Fechner zu denjenigen Nachgeborenen des Deutschen Idealismus, die zwar die Methoden ihrer Vorderen verwarfen, nicht aber deren Themen und Bedürfnisse. Am weitesten ging dabei Fechner, der einen Panpsychismus im Sinne einer Allbeseelung des Weltalls vertrat und sogar den Pflanzen ein Seelenleben zusprach.[2]

Fechner gab zu weiteren metaphysischen Spekulationen Anlass, indem er folgendes Gedankenexperiment anstellte: Wir können uns als logisch möglich denken, dass es Wesen gibt, die in einer zweidimensionalen Welt leben. Auf diese Flächenwesen könnten wir – selbst in einer dreidimensionalen Welt lebend – herabsehen, ohne selbst gesehen zu werden. Dementsprechend sind Wesen einer vierdimensionalen Welt denkbar, die uns sehen, ohne dass wir sie sehen können.[3] Dieses Gedankenspiel nahm der Physiker und Astronom Karl Friedrich Zöllner (1834–1882) ernst und behauptete, dass der dreidimensionalen Welt der Erscheinungen real eine vierdimensionale Welt an sich zugrunde liege.[4] Das Verschwinden in die vierte Dimension schien danach in den Bereich des Möglichen zu rücken, was Zöllner, der sich ansonsten als solider Naturwissenschaftler erwiesen hatte, zu spiritistischen Spekulationen und deren Umsetzungen in entsprechenden Séancen verleitete. Da entbehrt es nicht einer gewissen Ironie, dass ausgerechnet ein Mondkrater nach ihm benannt wurde.

Eine Fortsetzung der Bemühungen um eine induktive Metaphysik findet sich bei dem von Fechner beeinflussten Wilhelm Wundt (1832–1920). Wundt ist in einer Verbindung von naturwissenschaftlicher Einzelforschung und idealistischer Philosophie bemüht, ein einheitliches Weltbild unter Einschluss von Moral und Religion zu entwerfen. In diesem Sinne bestimmt er wie Lotze den Zweck der Philosophie als

2 Fechner: Nanna oder Über das Seelenleben der Pflanzen.

3 Fechner: Kleine Schriften, S. 260f.

4 Zöllner: Prinzipien einer elektrodynamischen Theorie der Materie, S. LXXXVff.

„Zusammenfassung der Einzelerkenntnisse zu einer die Forderungen des Verstandes und die Bedürfnisse des Gemütes *befriedigenden Welt- und Lebensanschauung*".[5] Leibniz ist für Wundt ein maßgeblicher Vordenker einer solchen Verbindung. Im Anschluss an ihn und Fechner sieht auch er die Lösung des Leib-Seele-Problems im psycho-physischen Parallelismus.

Die seelischen Vorgänge unterteilt Wundt in solche des Willens, des Intellekts und des Gefühls. Die Seele als geistige Substanz aufzufassen, lehnt er ab. Er identifiziert sie dagegen mit dem psychischen Geschehen und wird so zu einem der ersten Vertreter einer so genannten ‚Psychologie ohne Seele'. In der Beschränkung auf bewusste psychische Vorgänge unter Ablehnung unbewusster Vorstellungen weicht Wundt von seinem Vorbild Leibniz ab.

Wundt gründete 1879 an der Universität Leipzig das erste Institut für experimentelle Psychologie. Die Anwendung von Experimenten ermöglichte es, die Beschränkung der Psychologie auf Selbstbeobachtung aufzugeben. Als Ergänzung zur experimentellen Psychologie verstand Wundt die Völkerpsychologie, in der Sprache, Mythos und Sitte zu erforschen seien.

Besonders nachhaltig hat Lotze auf die nachfolgende Philosophie und darüber hinaus gewirkt. War er über seinen Lehrer Hermann Weiße (1801–1866) noch mit dem Deutschen Idealismus ‚im Geiste' verbunden, so warf er dessen Autoren aber vor, den Naturwissenschaften nicht gerecht zu werden. Dabei verteidigte er die mechanistische Naturauffassung gegen vitalistische Vorstellungen einer eigenen ‚Lebenskraft'. Die Ethik, die Lotze als Wertethik verstand, steht für ihn aber außerhalb der Naturerkenntnis. Erst das nach dem Guten strebende menschliche Bewusstsein gebe dem Naturgeschehen einen Sinn. Andererseits ermögliche es die mechanistische Auffassung, die Natur den gesetzten Zwecken des Menschen gefügig zu machen.

Obwohl Lotze selbst Systemdenker war, bestritt er die Möglichkeit eines abgeschlossenen philosophischen Systems. Philosophie sei abhängig von den jeweiligen Ergebnissen der Einzelwissenschaften. Da

5 Wundt: System der Philosophie, S. 2.

diese der Veränderung unterworfen seien, müsse dies auch für die auf ihnen aufbauende Philosophie gelten. Gegen eine Reduzierung der Philosophie auf Erkenntnis- und Wissenschaftstheorie als Methodenlehre der Wissenschaften wehrte sich Lotze mit den Worten, dass das beständige „Wetzen der Messer" langweilig sei, „wenn man Nichts zu schneiden vorhat".[6]

Lotzes leitendes Erkenntnisinteresse gilt dem Nachweis einer Einheit in der Vielheit. Dieses Bemühen teilt er mit den Autoren des Deutschen Idealismus. Metaphysisch vertritt er einen spiritualistischen Monismus. Von diesem Monismus geht Lotze aber nicht aus, sondern er versteht ihn als höchstes Ziel seiner Untersuchungen: „Mit demselben Begriff, mit welchem wir [...] *endigen*, dem des ‚Einen Absoluten', pflegen die *konstruierenden Systeme* zu *beginnen*."[7] Für Lotze bleibt „das höchste Prinzip" ein Postulat, das es induktiv einzulösen gilt. Die deduktive „'Ableitung' der gesamten Wirklichkeit" aus diesem Prinzip lehnt er ab.[8] Es ist dieses induktive Vorgehen, das Lotze von den „konstruierenden Systemen" der Deutschen Idealisten unterscheidet.

Lotzes Ankündigung, die Bedürfnisse des Gemüts mit den Ergebnissen der Wissenschaft versöhnen zu wollen, ist letztlich religiös motiviert. Wahrheiten der Religion zu beweisen, schickt sich Lotze nicht an; aber er ist bemüht, wenigstens die Vereinbarkeit von Religion und Wissenschaft plausibel zu machen. Im Sinne des Glaubens an Gott versucht er sogar die Möglichkeit darzulegen, das höchste Prinzip – das Absolute – als personalen Gott zu denken. Aus christlicher Sicht ist für ihn allein der Glaube an die Wirksamkeit der Liebe letzte Instanz einer sinnvollen Lebensführung.

Lotze ist eine zentrale Figur der zweiten Generation der nachidealistischen Philosophie. Sein bestimmender Einfluss bis ins 20. Jahrhundert ist dadurch verdeckt geblieben, dass viele seiner Ideen zu selbstverständlichen Bestandstücken der Werke anderer Denker geworden sind, die letztlich bedeutender werden sollten, wie zum Beispiel Frege und Husserl. Alle philosophischen Richtungen im Übergang zum

6 Lotze: Metaphysik, S. 15.

7 Grundzüge der Logik und Enzyklopädie der Philosophie, § 100.

8 Ebd., § 110.

20. Jahrhundert (Neukantianismus, Pragmatismus, Phänomenologie, Lebensphilosophie) sind bei Lotze in die Schule gegangen. Innerhalb der deutschen Diskussion hat vornehmlich die *Logik* fortgewirkt, insbesondere deren drittes Buch mit der geltungslogischen Deutung der Ideenlehre Platons. Diese Deutung ermöglichte es mit ihrer Zurückweisung der ontologischen Auffassung der Ideen, Platonismus und Kantianismus zu einem transzendentalen Platonismus zu verbinden. In Kreisen der englischen Neuhegelianer (Thomas Hill Green, Francis Herbert Bradley, Bernard Bosanquet), die Lotze durch ihre Übersetzungen der *Logik* und der *Metaphysik* im englischsprachigen Raum bekannt gemacht haben, hat dagegen auch die *Metaphysik* mit ihrer holistischen These vom Sein der Dinge als einem „in Beziehung Stehen" große Zustimmung erfahren. Ein solcher Holismus fand seinen Niederschlag in Bradleys Theorie der „internen Relationen", der dann Russell mit seinem Logischen Atomismus (Kapitel 14.5) widersprach.

Besonders wirkmächtig hat sich Lotzes Begriff der Geltung erwiesen. Die Unterscheidung zwischen Genese und Geltung haben der Sache nach zwar bereits Leibniz und Kant betont, der Terminus ‚Geltung' und damit die terminologische Festschreibung dieser Unterscheidung geht aber auf Lotze zurück. In die angelsächsische Philosophie hat sie als Gegenüberstellung von *context of discovery* und *context of justification* durch den Wissenschaftstheoretiker Hans Reichenbach Eingang gefunden.

Die Wertschätzung der *Logik* Lotzes bestand über Jahrzehnte im Wesentlichen ungeteilt. Noch der frühe, von dem Neukantianer Heinrich Rickert beeinflusste Heidegger spricht von ihr als dem „Grundbuch der modernen Logik".[9] Später nennt er (leider) den Ausdruck ‚Geltung' einen „Wortgötzen",[10] meint dabei aber weniger Lotze selbst als vielmehr die Neukantianer. Die moderne latente Wirkungsgeschichte Lotzes reicht bis zur Übernahme des Geltungsbegriffs in der Diskurstheorie von Jürgen Habermas.

9 Heidegger: Neuere Forschungen über Logik, S. 23, Anm. 9.
10 Sein und Zeit, S. 155f.

8.2 Naturwissenschaft statt Philosophie

Im Gegensatz zu den Bemühungen, Naturwissenschaft und Philosophie miteinander in Einklang zu bringen, versuchten radikalere Autoren, die Philosophie durch empirische Naturwissenschaft zu ersetzen. In erster Linie gilt dies für die Materialisten Carl Vogt (1817–1895), Ludwig Büchner (1824–1899), der Bruder des Dichters Georg Büchner, und Jakob Moleschott (1822–1893). Unter Berufung auf die Ergebnisse der Chemie und der Physiologie machte man sich daran, auch das Denken unter Leugnung eines eigenen Bereichs des Geistigen materialistisch zu erklären.

Moleschott, einer der Begründer der physiologischen Chemie, gab die Devise aus, dass die Lehre vom Stoffwechsel die „Angel" sei, „um welche die heutige Weltweisheit sich dreht".[11] Ausgehend von einer ursprünglich bestehenden und unauflöslichen Verbindung von Stoff und Kraft, verneint Moleschott sowohl die Existenz toter Materie als auch die Existenz einer vom Stoff abgelösten vitalistischen Lebenskraft. Gedanken werden als Bewegungen des Stoffs erklärt, der selbst durch die Eigenschaften der Schwere, Raumerfüllung und Bewegungsfähigkeit charakterisiert ist. Berühmt-berüchtigt wurde Moleschotts Kernsatz „ohne Phosphor kein Gedanke".[12] Für das Denken im Sinne eines physiologischen Vorgangs ist dies zwar ganz richtig. Der Gedanke aber als Träger des Wahrheitswertes, nämlich als dasjenige Gebilde, dem Wahrheit oder Falschheit zukommt, ist kein physiologischer Prozess. Dementsprechend bemerkt Gottlob Frege pointiert, ohne Moleschott namentlich zu nennen, dass wir bei der Frage nach der Wahrheit der Gedanken nicht des „Phosphorgehaltes unseres Gehirnes zu gedenken" haben.[13]

Charakteristisch für Moleschotts materialistische Weltanschauung ist, dass er einen strengen Determinismus verteidigte, der ihn in der praktischen Philosophie zu einem utilitaristischen Hedonismus und Sozialismus führte. Konsequent trat er dafür ein, die chemischen Be-

11 Moleschott: Der Kreislauf des Lebens, S. 363. Gemeint ist die Türangel.

12 Vgl. ebd., S. 367.

13 Frege: Grundlagen der Arithmetik, S. VI. Nachdruck, S. XVIII.

standteile menschlicher Gebeine durch Kremation in den „Kreislauf des Lebens" zurückzuführen. Einäschern lassen sich heute auch gläubige Christen. Seinerzeit wurde Moleschott an der Universität Heidelberg noch der Entzug der Lehrberechtigung als Privatdozent für Physiologie angedroht. Er verzichtete daraufhin auf eine Fortsetzung der Lehrtätigkeit mit dem Hinweis, dass die Freiheit der Lehre nicht garantiert sei. Später nahm er einen Ruf nach Zürich an, von wo ihn sein Weg weiter nach Turin und Rom führte.

Eine poetische Vergegenwärtigung von Moleschotts chemischem Kreislauf des Lebens findet sich in Gottfried Kellers Roman *Der grüne Heinrich*. Keller wurde mit Moleschott während seiner Zeit in Heidelberg bekannt und traf diesen dann in Zürich wieder. Bei Keller heißt es:

> Der kleine Gottesacker, welcher sich rings an die trotz ihres Alters immer schneeweiß geputzte Kirche schmiegt und niemals erweitert worden ist, besteht in seiner Erde buchstäblich aus den aufgelösten Gebeinen der vorübergegangenen Geschlechter, es ist unmöglich, daß bis zur Tiefe von zehn Fuß ein Körnlein sei, welches nicht seine Wanderung durch den menschlichen Organismus gemacht und einst die übrige Erde mit umgraben geholfen hat.[14]

Moleschott und Keller standen beide mit Ludwig Feuerbach in Kontakt. Auf Keller übte Feuerbachs kritische Genealogie der Religion einen maßgeblichen Einfluss aus.

8.3 Ludwig Feuerbach und die Religionskritik

Im Unterschied zu radikalen Positionen, die Religion überhaupt als Unsinn, Betrug oder Herrschaftsinstrument deklarieren, kommt Ludwig Feuerbach (1804–1872) in seinem Hauptwerk *Das Wesen des*

---

14 Keller: Der grüne Heinrich, S. 48. In der zweiten Fassung steht diese Passage gleich im ersten Kapitel, das überschrieben ist mit „Lob des Herkommens".

Christentums (1841) und in weiteren Schriften zu einer anthropologischen Deutung der Religion. Er führt deren Ursprung auf im Menschen angelegte positive Bestrebungen und emotionale Kräfte zurück. Da der Mensch selbst diese Kräfte, wie insbesondere die Liebe, nicht vollkommen verwirkliche, spreche er sie – zur Vollkommenheit idealisiert – Gott als einem eigenen von ihm getrennten externen Wesen zu. Zum Gehalt der Religion verhält sich Feuerbach somit durchaus zustimmend, will diesen aber aus seiner jenseitigen Verortung in das Leben der Menschen zurückholen. Den Satz der biblischen Schöpfungsgeschichte (1. Buch Mose I, 27) „Gott schuf den Menschen ihm zum Bilde" kehrt Feuerbach dementsprechend um zu „Der Mensch schuf Gott nach seinem Bilde".[15] Damit ist gesagt, dass der Mensch in Gott die Vervollkommnung der positiven Seiten seiner eigenen Gattung verehrt. Die religiösen Vorstellungen sind danach anthropomorphe Projektionen. Eine anthropologische Wende strebt Feuerbach konsequenterweise auch für die rationale Metaphysik an. Deren klassische Themen (vgl. die Aufzählung der Vernunftideen bei Kant) werden bereits im Titel der Schrift *Gottheit, Freiheit und Unsterblichkeit vom Standpunkte der Anthropologie* (1866) angesprochen.

In seinem Bemühen um eine anthropologische Transformation religiöser und philosophischer Inhalte wird Feuerbach auch zu einem Kritiker Hegels, bei dem er in Berlin studiert hatte und dessen Philosophie er zunächst verteidigte. Gegenüber Hegels latentem Rationalismus, demzufolge die Welt eine „Selbstentfaltung des Weltgeistes" ist, betont Feuerbach die Rolle der Sinnlichkeit. Die Welt sei dem Menschen sinnlich gegeben, und der Mensch habe sich selbst in erster Linie nicht als vernünftiges, sondern als empfindendes, emotionales Wesen zu begreifen. Mit dieser Hervorhebung des Gefühlslebens als Grundlage der Religion stimmt Feuerbach bei allen sonstigen Unterschieden mit dem romantischen Theologen Schleiermacher überein. Dabei betont er, dass der Mensch nicht als abstrakte Menschheit, sondern nur in seiner jeweils konkreten Individualität wirklich ist. Das

15 Vorlesungen über das Wesen der Religion, S. 236.

Allgemeine als Einheit in der Vielheit existiert für ihn daher nur im Denken. Damit nimmt Feuerbach in dem alten Universalienstreit eine konzeptualistische Position mit nominalistischer Tendenz ein.

Feuerbachs sensualistischer Anthropologismus hat den poetischen Realismus Kellers wesentlich mitgeprägt. Keller besuchte Feuerbachs öffentliche Vorlesung über das Wesen der Religion, die dieser vom 1. Dezember 1848 bis 2. März 1849 in Heidelberg hielt. Tief beeindruckt schreibt er:

> Für mich ist die Hauptfrage die: Wird die Welt, wird das Leben prosaischer und gemeiner nach Feuerbach? Bis jetzt muß ich des bestimmtesten antworten: Nein! im Gegenteil, es wird alles klarer, strenger, aber auch glühender und sinnlicher.[16]

Zum Ausdruck kommt hier, dass (in den Worten Max Webers gesprochen) mit Feuerbachs Deutung der Religion keine „Entzauberung der Welt" stattfinde, sondern eine emotionale Vertiefung der menschlichen Lebenssituation. Feuerbach wehrt sich selbst ganz entschieden gegen den Vorwurf, er habe mit seiner Aufklärung, dass die Religion ein Produkt der Phantasie sei, die Phantasie überhaupt und damit auch die Poesie zerstört. Ganz im Gegenteil gehe es ihm gerade um eine vertiefte poetische Anschauung der Natur.[17] Im Unterschied zu Spinoza wird Gott jedoch nicht mit der Natur *gleich*gesetzt. Vielmehr wird er durch die Natur *er*setzt. Feuerbach wendet sich nicht nur gegen den Theismus, sondern auch gegen den Pantheismus.

Keller hat seine ‚Bekehrung' im zwölften Kapitel des vierten Bandes seines *Grünen Heinrich* verarbeitet. Hier wird unter namentlicher Nennung Feuerbachs dieser mit Blick auf den spirituellen Gehalt seines Denkens sogar in Verbindung gebracht mit dem Mystiker Angelus Silesius, aus dessen *Cherubinischem Wandersmann* unter anderem die Zeilen zitiert werden:

---

16 Brief an Wilhelm Baumgartner vom 28. Januar 1849.

17 Vorlesungen über das Wesen der Religion, S. 227f.

> Ich bin so groß als Gott, Er ist als ich so klein:
> Er kann nicht über mich, ich unter Ihm nicht sein.

Allgemein heißt es in einem kühnen Vergleich vor dem Hintergrund einer Feuerbach und Keller gemeinsamen Grundstimmung:

> So werden auch stets ein recht herzlicher glühender Mystiker und ein rabiater Atheist besser miteinander auskommen und größeres Interesse aneinander haben als etwa ein dürrer orthodoxer Protestant und ein flacher Rationalist, weil jene beiden gegenseitig wohl fühlen, daß ein höherer spezifischer Wert in ihnen treibt und durchscheint.[18]

Hier sieht man, dass ein materialistischer Atheismus zwar einen Spiritualismus, nicht aber Spiritualität ausschließt.

Der anthropologisch ausgerichtete Materialismus Feuerbachs ist sowohl von Marx als auch von dessen Antipoden Stirner kritisiert worden. Für Stirner hat Feuerbach zwar das externe Jenseits abgeschafft; aber stattdessen ein internes Jenseits, nämlich ein humanistisches Ideal und damit – in den späteren Worten Freuds – ein Über-Ich etabliert. Der entscheidende Unterschied zwischen Stirners Egoismus und Feuerbachs Individualismus besteht darin, dass das Ich bei Feuerbach sich selbst und die Wirklichkeit erst durch die Begegnung mit dem Anderen erkennt. Erwähnung verdient, dass auch Hegel auf seine Weise betont: „Das Selbstbewußtsein ist *an* und *für sich*, indem und dadurch, daß es für ein Anderes an und für sich ist; d. h. es ist nur als ein Anerkanntes."[19] Feuerbachs Gedanke der Erkenntnis des Ich durch das Du ist im 20. Jahrhundert von dem jüdischen Religionsphilosophen Martin Buber in seiner Schrift *Ich und Du* (1923) aufgegriffen und vertieft worden.

Marx schließt sich teilweise Feuerbach an, kritisiert aber ebenfalls, wenn auch in anderer Hinsicht als Stirner, dass Feuerbach auf halbem

---

18 Der grüne Heinrich, S. 726. Die namentliche Nennung Feuerbachs und das Zitat aus dem *Cherubinischen Wandersmann* findet sich S. 727. Vgl. die entsprechende Passage aus der zweiten Auflage des *Grünen Heinrich*, S. 1064.

19 Hegel: Phänomenologie des Geistes, S. 145.

Wege stehen geblieben sei, indem er die praktisch-politische Dimension vernachlässigt habe und nicht sehe, „daß das ‚religiöse Gemüt' selbst ein *gesellschaftliches Produkt* ist".[20] Während Feuerbachs anthropologische Erklärung des religiösen Bedürfnisses psychologisch verbleibt, sucht Marx dieses Bedürfnis auf verkehrte soziale Verhältnisse zurückzuführen. Die Erfüllung der im Diesseits unbefriedigten Wünsche werde durch falsche Versprechungen auf eine zukünftige Existenz im Jenseits vertagt. Die so getrösteten und letztlich *ver*trösteten Menschen halte man davon ab, die realen politischen Verhältnisse nach ihren Bedürfnissen revolutionär umzugestalten. In diesem Sinne ist für Marx die Religion, wie er in der *Einleitung* zu seiner Schrift *Zur Kritik der Hegelschen Rechtsphilosophie* schreibt, das politisch einschläfernde „Opium des Volkes". Für ihn verbleibt Feuerbachs anthropologischer Materialismus mit seiner Orientierung an der sinnlichen *Anschauung* zu kontemplativ. Stattdessen fordert er eine Überführung in sinnliche *Tätigkeit*.[21] Dementsprechend heißt es in der berühmten elften These über Feuerbach: „Die Philosophen haben die Welt nur verschieden *interpretiert*; es kommt aber darauf an, sie zu *verändern*."[22] Damit bezieht sich Marx denn auch insbesondere auf Feuerbach. Festzuhalten ist gleichwohl, dass Feuerbachs Schriften politisch nicht wirkungslos geblieben sind, sondern einen großen Einfluss auf die demokratische Bewegung im 19. Jahrhundert ausübten.

Beachtung, obwohl nicht ohne kritische Abstriche, erfährt Feuerbach auch durch Friedrich Engels (1820–1895) in der Schrift *Ludwig Feuerbach und der Ausgang der klassischen deutschen Philosophie*. Hervorgehoben wird als Einsicht, Feuerbachs Position gut treffend: „außer der Natur und den Menschen existiert nichts, und die höhern Wesen, die unsere religiöse Phantasie erschuf, sind nur die phantastische Rückspiegelung unsers eignen Wesens."[23] Engels' gut verständliche Schrift ist grundlegend für das Verständnis und das Selbstver-

20 Marx: Thesen über Feuerbach, S. 372 (7. These).

21 Vgl. die erste These über Feuerbach.

22 So die von Engels redigierte Fassung. Im ursprünglichen Text von Marx steht „kömmt" statt „kommt".

23 Feuerbach und der Ausgang der klassischen deutschen Philosophie, S. 337.

ständnis des Marxismus. Dieses Selbstverständnis gilt es noch weiter auszuführen.

8.4 Der Materialismus von Karl Marx und Friedrich Engels

Marx und Engels legen großen Wert darauf, dass sich ihr Materialismus wesentlich von einem Materialismus unterscheidet wie ihn Vogt, Büchner und Moleschott vertreten haben. Engels spricht abwertend von „Vulgärmaterialisten". Der Unterschied besteht darin, dass man von Hegels Verständnis der Dialektik ausgehend einen Dialektischen Materialismus befürwortet, dessen Anwendung auf geschichtliche Entwicklungen zum Historischen Materialismus führt.

8.4.1 Engels und „die große Grundfrage" der Philosophie

Zu Beginn des zweiten Kapitels seiner *Feuerbach*-Schrift schreibt Engels: „Die große Grundfrage aller, speziell neueren Philosophie ist die nach dem Verhältnis von Denken und Sein."[24] Er unterscheidet zwei Aspekte dieser Frage. Als Kernfrage stellt er heraus: „Was ist das Ursprüngliche, der Geist oder die Natur?" Zugespitzt besage diese Frage: „Hat Gott die Welt erschaffen, oder ist die Welt von Ewigkeit da?"[25] Diejenige Richtung, die davon ausgeht, dass der Geist gegenüber der Natur ursprünglich ist, nennt Engels „Idealismus", und diejenige Richtung, für die umgekehrt die Natur gegenüber dem Geist ursprünglich ist, nennt er „Materialismus".[26] Es versteht sich, dass er selbst auf der Seite des Materialismus steht: „Die Materie ist nicht ein Erzeugnis des Geistes, sondern der Geist ist selbst nur das höchste Produkt der Materie."[27] Engels' Unterscheidung zwischen ‚Idealismus' und ‚Materialismus' bedarf der Erläuterung; denn sie ist terminologisch nicht

24 Ebd., S. 338.

25 Ebd., S. 339.

26 Ebd.

27 Ebd., S. 341.

selbstverständlich, obwohl Engels selbst meint, dass die beiden Ausdrücke ursprünglich nichts anderes bedeuten würden.[28]

Als zweiten Aspekt der Grundfrage nach dem Verhältnis von Denken und Sein bestimmt Engels die Frage, ob wir in der Lage sind, die wirkliche Welt zu erkennen. Diese Frage bejahend besteht für ihn das Erkennen darin, „in unsern Vorstellungen und Begriffen von der wirklichen Welt ein richtiges Spiegelbild [...] zu erzeugen",[29] wobei als wirkliche Welt die materielle Welt angesehen wird. Engels vertritt damit eine Abbildtheorie der Erkenntnis im Sinne eines erkenntnistheoretischen Realismus. Dieser Realismus besagt, dass es auf der Seite des Objekts der Erkenntnis eine vom erkennenden Subjekt unabhängig existierende Außenwelt gibt. Je nachdem, was als unabhängig Existierendes bestimmt wird, unterscheidet man zwischen einem naiven und einem kritischen Realismus. Der Ausdruck ‚naiv' ist hier nicht abwertend gemeint, sondern bringt eher zum Ausdruck, dass es sich um eine ‚alltägliche' Realitätsauffassung der Menschen handelt.

Der naive Realismus geht davon aus, dass die Außenwelt an sich so beschaffen ist, wie sie uns erscheint. Für den kritischen Realismus besteht die Außenwelt an sich ausschließlich aus den so genannten ‚primären Qualitäten', die den mathematisch und physikalisch erfassbaren Eigenschaften der Dinge (wie zum Beispiel Größe, Gestalt und Bewegung) entsprechen. Den sinnlichen ‚sekundären Qualitäten' wird lediglich eine Existenz in den erkennenden Subjekten zugebilligt. Das Standardbeispiel für diese Unterscheidung, die auf Locke zurückgeht, sind die Farbqualitäten. Danach gehören die messbaren Wellenlängen der Farben der objektiven Außenwelt an, während die Farbempfindungen selbst subjektabhängig seien. Engels nimmt zu dieser Unterscheidung nicht Stellung. Insofern scheint seine erkenntnistheoretische Position dem naiven Realismus zumindest nahe zu stehen.

Die Gegenposition zum erkenntnistheoretischen Realismus, welche die Existenz einer unabhängig vom erkennenden Subjekt bestehenden Außenwelt leugnet, wird üblicherweise ‚Idealismus' genannt. Als

28 Ebd., S. 339.

29 Ebd.

Hauptvertreter dieser Richtung gilt Berkeley,[30] der die Unterscheidung zwischen primären und sekundären Qualitäten bestreitet und behauptet, dass das Sein der Dinge generell in ihrem Wahrgenommenwerden bestehe: „Esse est percipi." Offensichtlich ist ein solcher Idealismus nicht derjenige, den Engels im Blick hat; denn bei ihm ist der Idealismus nicht die Gegenposition zum Realismus, sondern zum Materialismus.

Hier ist begriffsgeschichtlich an die unterschiedlichen Verwendungen des Ausdrucks ‚Idee' zu erinnern (siehe Kapitel 6). Engels' Begriff des Idealismus geht eindeutig auf den platonischen Begriff der Idee im Sinne eines ontologischen geistigen *Ur*bildes der Dinge zurück. Erkennbar ist dies an der Formulierung, die Welt sei für Hegel die stufenweise „Verwirklichung der absoluten Idee [...], welche absolute Idee von Ewigkeit her, unabhängig von der Welt und vor der Welt, irgendwo existiert hat".[31] Noch deutlicher formuliert Engels in der Einleitung zum *Anti-Dühring*:

> Hegel war Idealist, d. h., ihm galten die Gedanken seines Kopfs nicht als die mehr oder weniger abstrakten Abbilder der wirklichen Dinge und Vorgänge, sondern umgekehrt galten ihm die Dinge und ihre Entwicklung nur als die verwirklichten Abbilder der irgendwo schon vor der Welt existierenden ‚Idee'.[32]

Da Engels den Idealismus als diejenige Position bestimmt, die den Geist gegenüber der Materie als ursprünglicher auszeichnet, entspricht dieser Idealismus dem Spiritualismus, und zwar dessen Hauptvariante, welche die Existenz der Materie nicht leugnet (vgl. Kapitel 4.6). Hegels Idealismus, und überhaupt der Deutsche Idealismus, dessen Hauptvertreter Hegel ist, ist danach von dem erkenntnistheoretischen Idealismus grundsätzlich zu unterscheiden. Um dies deutlich zu machen, wird meistens zwischen einem erkenntnistheoretisch *subjektiven* und einem ontologisch *objektiven* Idealismus unterschieden.

---

30 Genauer betrachtet läuft Berkeleys Position letztlich wegen der Leugnung der Existenz von Materie auf die extreme Version des Spiritualismus hinaus (vgl. Kapitel 4.6).

31 Ebd., S. 339.

32 Anti-Dühring, S. 23.

Der transzendentale Idealismus Kants ist von beiden idealistischen Positionen verschieden. Im Unterschied zum subjektiven Idealismus erkennt Kant mit dem Ding an sich eine subjektunabhängige Instanz an. Vom objektiven Idealismus unterscheidet ihn, dass bei ihm im Rahmen seiner Vernunftkritik für eine metaphysische Position wie den Spiritualismus – und natürlich auch für die Gegenposition des Materialismus – kein Platz ist. Rückblickend ist noch einmal zu betonen: Kants transzendentaler Idealismus besagt, dass das erkennende Subjekt durch seine Kategorien und Anschauungsformen eine Vorstrukturierung des erkannten Objekts vornimmt. Dieser Idealismus ist ein Idealismus des Soseins der Dinge, nicht des Daseins der Dinge, wie der subjektive Idealismus.

Aus Engels' Formulierung der Grundfrage geht hervor, dass der Materialismus einen erkenntnistheoretischen Realismus bedingt und letztlich begründet. Allerdings heißt es: „Die Materie als solche ist eine reine Gedankenschöpfung und Abstraktion."[33] Materie ist danach nicht der einheitliche Träger verschiedener Eigenschaften und damit keine Substanz im traditionellen metaphysischen Sinne: „Der Stoff, die Materie ist nichts andres als die Gesamtheit der Stoffe, aus der dieser Begriff abstrahiert [ist]."[34] Die Auffassung der Materie als *Stoff* weist Engels Materiebegriff gleichwohl als ontologischen aus; denn es wird durch ihn die Beschaffenheit oder Seinsweise der Wirklichkeit bestimmt.

Der von Engels in seiner Formulierung der Grundfrage aufgestellte Gegensatz zwischen Idealismus (im Sinne des Spiritualismus) und Materialismus berücksichtigt nicht die Position des Dualismus, der die Existenz von Geist *und* Materie anerkennt. Außer den ontologischen Positionen des monistischen Spiritualismus, des monistischen Materialismus und des Dualismus gibt es noch den ontologisch neutralen Monismus Spinozas (siehe Kapitel 4.6) und den erkenntnistheoretischen Monismus (siehe Kapitel 12.4).

33 Dialektik der Natur, S. 519.

34 Ebd., S. 503.

8.4.2 Dialektischer und Historischer Materialismus

Der Materialismus wird von Marx und Engels durch Hegels Dialektik wesentlich ergänzt. Danach vollzieht sich die Entwicklung der Wirklichkeit dialektisch in Widersprüchen nach dem Schema „These-Antithese-Synthese". Von dem Materialismus des 18. und 19. Jahrhunderts setzt man sich dadurch ab, dass man diesem in seiner „verflachten, vulgarisierten Gestalt" eine bloß mechanistische, unhistorische Auffassung der Natur und insbesondere der Geschichte vorwirft.[35]

Die dialektische Entwicklung wird im Gegensatz zu Hegel allerdings nicht als geistiger, sondern als materieller Prozess gedeutet. Dadurch werde die hegelsche Dialektik, wie es heißt, „vom Kopf, auf dem sie stand, wieder auf die Füße gestellt".[36] Das dialektische Denken wird sodann von der Natur auf die Geschichte übertragen und so der Dialektische Materialismus um einen Historischen Materialismus erweitert. Übernommen wird dabei von Hegel der Gedanke, dass die historische Entwicklung in ihrer Dialektik gesetzmäßig und zielgerichtet verlaufe. Diese Entwicklung wird materialistisch dahingehend gedeutet, dass „*alle* bisherige Geschichte die Geschichte von Klassenkämpfen" war, die sich auf der Grundlage „der *ökonomischen* Verhältnisse ihrer Epoche" vollzogen haben.[37] Das gesellschaftliche Sein, die ökonomische Basis, bestimmt für Marx und Engels jeweils das Bewusstsein der Menschen und nicht umgekehrt das Bewusstsein der Menschen das Sein. Die „ökonomische Struktur der Gesellschaft" bilde die Grundlage, „aus der der gesamte Überbau der rechtlichen und politischen Einrichtungen sowie der religiösen, philosophischen und sonstigen Vorstellungsweise eines jeden geschichtlichen Zeitabschnittes in letzter Instanz zu erklären sind".[38]

Dieser einseitige Ökonomismus besagt, dass das Verhältnis von Denken und Sein einzig unter dem Aspekt betrachtet wird, wie die ökonomischen Verhältnisse als materielle Basis den ideellen weltan-

35 Feuerbach und der Ausgang der klassischen deutschen Philosophie, S. 342ff.

36 Ebd., S. 355.

37 Anti-Dühring, S. 25.

38 Ebd.

schaulichen Überbau bestimmen. Diese Auffassung bildet letztlich auch die Grundlage für die bereits angeführte Kritik von Marx und Engels an Feuerbach, dass dieser nämlich die Religion nicht auf ihre materiellen Bedingungen zurückführe und sie deshalb nicht wirklich überwinde. Die Religionskritiken von Feuerbach, Marx und Engels stimmen darin überein, dass sie genealogisch angelegt sind, indem sie kausal zu erklären versuchen, wie es zur Entstehung von Religionen kommen konnte. Feuerbachs Erklärung benennt menschliches Wunschdenken als Ursache, Marx und Engels meinen tiefer zu gehen, indem sie beanspruchen, dieses Wunschdenken als Folge ökonomisch bedingter verkehrter sozialer Verhältnisse entlarvt zu haben.

Obwohl man sich mit genealogischen Methoden ernsthaft auseinanderzusetzen hat, Nietzsches *Genealogie der Moral* und Freuds Psychoanalyse sind weitere Kandidaten, ist doch auf eine permanente Gefahr hinzuweisen. Diese Gefahr besteht darin, dass Positionen nicht einer Prüfung ihrer Gründe, sondern lediglich einer Erklärung ihrer Ursachen unterzogen werden, also Fragen der Geltung und Fragen der Genese nicht hinreichend unterschieden werden. Eine besondere Gefahr geht von genealogischen Methoden aus, die wie der Historische Materialismus mit seinem Ökonomismus monokausal verfahren, indem sie alles auf eine Art von Ursachen zurückführen.

Die Auffassung des Historischen Materialismus, dass die Geschichte gesetzmäßig verlaufe, verdient noch eine gesonderte Prüfung. Zwar wird nicht behauptet, konkrete Ereignisse vorhersagen zu können, festgehalten wird aber daran, dass es eine gesetzmäßige Entwicklung auf ökonomischer Grundlage in folgender Abfolge gibt: Von der Stammesgesellschaft über die Sklavenhaltergesellschaft, die Feudalgesellschaft und die bürgerliche Gesellschaft bis hin zum Kapitalismus und dessen „höchster Form", dem Imperialismus. An diese kausale Erklärung der bisherigen Entwicklung – handelnde Subjekte spielen in der marxistischen Deutung der Geschichte keine besondere Rolle – schließt sich dann die Prognose des Übergangs vom Sozialismus zum Kommunismus mit dem endgültigen Eintritt in eine klassenlose Gesellschaft an. In diesem Sinne geht der Historische Materialismus zwar nicht von einer Determiniertheit einzelner Ereignisse, aber – von Hegels Geschichtsphilosophie beeinflusst – doch von einer teleologischen Gerichtetheit der Menschheitsentwicklung insgesamt aus. Unverkennbar sind die Parallelen zur christlichen Heilsgeschichte. Die klassenlose Gesellschaft ist nichts anderes als das Paradies auf Erden, nämlich in dieser und nicht in einer anderen, jenseitigen Welt.

Ergänzend ist darauf hinzuweisen, dass auch der Nationalsozialismus auf heilsgeschichtliche Traditionen zurückgreift. Vom so genannten deutschen Gruß „*Heil* Hitler" mal ganz abgesehen meint die Rede vom ‚Dritten Reich' nicht nur politisch das dritte der Deutschen Reiche. Dieses folgte auf das Heilige Römische Reich Deutscher Nation (erstes Reich), das 1806 von Napoleon aufgelöst wurde, und auf das Bismarcksche Kaiserreich (zweites Reich). Die Rede vom Dritten Reich als Tausendjährigem Reich nutzt zusätzlich die Wirkungsgeschichte der johanneischen Prophetie des Tausendjährigen Reiches Christi auf Erden und die auf Joachim von Fiore (Geschichtstheologe des 12. Jahrhunderts) zurückgehenden Periodisierung der Heilsgeschichte im Sinne der christlichen Trinität. Danach folgt auf das Reich des Vaters (Alter Bund) und das Reich des Sohnes (Neuer Bund) das Reich des Heiligen Geistes als das Dritte Reich. Bemerkenswert ist, dass der frühe Ernst Bloch dem Nationalsozialismus den Gebrauch des Begriffs ‚Drittes Reich' streitig zu machen suchte und dessen utopisch-revolutionäres Potential dem Marxismus erhalten wollte. Allen Ernstes meinte er, dass das Dritte Reich in der Sowjetunion Stalins realisiert werde.

Die heilsgeschichtlichen Wurzeln des Marxismus kommen auch darin zum Ausdruck, dass das „letzte Gefecht" das Jüngste Gericht ersetzt. So heißt es im Refrain der *Internationalen* (deutsche Version von Emil Luckhardt):

> Völker, hört die Signale!
> Auf zum letzten Gefecht!
> Die Internationale
> erkämpft das Menschenrecht.

Das letzte Gefecht wird freilich nicht als das Ende aller Tage, sondern als der Beginn einer sozialistischen Zukunft verstanden.

Die Prognosen des Marxismus haben sich vorläufig nicht erfüllt. Ganz im Gegenteil wird seit dem Ende der Sowjetunion und der DDR vom

Scheitern des sozialistischen ‚Experiments' gesprochen. Wissenschaftstheoretisch betrachtet ist eine solche Redeweise unangemessen. Experimente müssen jederzeit und an jedem Ort wiederholbar sein, was man von historischen Entwicklungen aber nicht sagen kann. Schon aus diesem Grunde ist zu fragen, ob der so genannte ‚wissenschaftliche Sozialismus' überhaupt als wissenschaftliche Theorie gelten kann. Eine empirische Theorie stellt eine komplexe Hypothese dar, die sich der Prüfung durch Erfahrung zu unterziehen hat und durch Gegenbeispiele falsifizierbar ist. Der wissenschaftliche Sozialismus hat sich auf ein derartiges Prüfverfahren nicht eingelassen. Das Scheitern seiner Prognosen hat er in keinem Fall als Gegenbeispiel und damit auch nicht als Falsifikation akzeptiert, sondern es stets durch störende Ursachen wegzuerklären versucht. Zur Methode der Falsifikation siehe Kapitel 16.1.

In Fortsetzung solcher Immunisierungsstrategie könnten verbliebene Marxisten darauf verweisen wollen, dass die Entwicklung in der Sowjetunion leider eine Fehlentwicklung war, weil man versucht hatte, die zaristische Feudalgesellschaft Russlands direkt in eine sozialistische Gesellschaft umzuwandeln. Dabei hätte man doch – Marx zufolge – wissen müssen, dass dieser Übergang erst auf der höchsten Stufe des Kapitalismus, nach dem Durchgang durch die bürgerliche Gesellschaft erfolgen könne. Daher wäre die Sache besser ausgegangen, wenn das Deutschland Rosa Luxemburgs und nicht die Sowjetunion Stalins Träger der revolutionären Bewegung in Europa geworden wäre. Und selbst in der Sowjetunion hätte die Entwicklung anders verlaufen können, wenn nicht Stalin, sondern Trotzki die Massen geführt hätte. Der Marxismus sei also mitnichten gescheitert.

Insofern ist nicht zu erwarten, dass die Utopien des Marxismus ihr Ende gefunden haben. Gewiss ist gegenwärtig eine gewisse Utopiemüdigkeit zu beobachten. Dabei dürfte es sich aber eher um einen vorübergehenden Zustand handeln und nicht das Ende aller Utopien bedeuten. Ein solches Ende ist auch gar nicht wünschenswert. Die entscheidende Frage ist allerdings, wie der Status von Utopien gefasst wird. Mit Kant ist daran zu erinnern, dass der Mensch nun mal „aus krummem Holze" ist, so dass *für* und *mit* ihm das Paradies auf Erden in welcher Form auch immer unrealisierbar bleibt. Und auf ein jenseitiges Paradies dürfen wir mit Kant lediglich hoffen.

Die unbedingte Durchsetzung von Utopien hat jedenfalls bisher nur Unheil gebracht. Dies gilt übrigens nicht nur für kommunistische, sondern auch für entsprechende christliche Projekte, wie zum Beispiel die Herrschaft der Wiedertäufer in Münster. Etwas ganz anderes ist es, wenn utopische Ideen (im Sinne Kants) als *regulative* Ideen verstanden werden, als Ideen, die uns eine Orientierung zur Verbesserung der bestehenden Verhältnisse bieten. So verstanden sind Utopien geradezu unverzichtbar – als Vorschein des Gerechten und Guten. An dieser Stelle ist dann auch die Kapitalismuskritik von Marx zu bedenken.

Auch wenn man gegen Hegel und Marx die Auffassung vertritt, dass es keine historisch notwendigen Entwicklungen gibt, so heißt das nicht, dass es ausgeschlossen ist, aus vergangener Geschichte etwas für die Gegenwart und die Zukunft lernen zu können. Die Geschichte selbst wiederholt sich zwar nicht, aber ähnliche historische Konstellationen können wiederkehren. Ein solches Lernen verlangt, historische Ereignisse nicht generell als bloße Einzelfälle zu betrachten, sondern manches Geschehen als *exemplarisches* Einzelnes zu deuten, als Besonderes, das auf Allgemeines verweist. Die historische Arbeit erhält so ihr Gewicht in der Ausbildung zwar nicht vorhersagender, aber doch vorausschauender Fähigkeit.

9 Die Rolle und der Status der Logik

Der Marxismus ist eine Philosophie der Praxis, die eine Veränderung der ökonomischen und politischen Verhältnisse fordert. Dem entsprechend schreibt Marx in der zweiten These über Feuerbach: „Die Frage, ob dem menschlichen Denken gegenständliche Wahrheit zukommt – ist keine Frage der Theorie, sondern eine *praktische* Frage." Die akademische Philosophie an den Universitäten hat sich nicht daran gehalten und sich weiterhin theoretischen Fragen zugewandt, deren Beantwortung dann allerdings auch praktische Konsequenzen hatte. So war es eine zentrale Frage der nachkantischen und nachhegelschen Philosophie, welche Stellung der Logik im System der Wissenschaften zukomme. Dabei ging es insbesondere darum, ob die Logik formal oder inhaltlich aufzufassen sei.

Kant hatte die Logik als formalen Kanon im Sinne einer Richtschnur für das Denken bestimmt und ihr die Rolle eines inhaltlichen Organons im Sinne eines Werkzeugs des Erkennens abgesprochen. Damit ist gemeint, dass die logischen Regeln für das Denken und Erkennen zwar verbindlich sind, da ein Verstoß gegen sie zu Irrtümern führt, mit ihrer Hilfe aber keine neuen inhaltlichen Wahrheiten aufgefunden oder begründet werden können. In der Sprache der Tradition heißt dies, dass die Logik keine Findekunst (ars inveniendi), sondern lediglich eine Beurteilungskunst (ars iudicandi) bietet. Zu erinnern ist daran, dass sich vor allem Herbart und sein Schüler Drobisch Kants Auffassung angeschlossen haben, während Trendelenburg dem widersprochen hat, indem er – hier Hegel folgend – die logischen Verhältnisse als Verhältnisse des Seins auffasste und ihnen damit nicht nur einen inhaltlichen, sondern sogar einen ontologischen Status zuwies.

In der Folgezeit beherrschte die Diskussion über den Status der Logik weniger die Frage nach dem Verhältnis zur Ontologie als vielmehr die Frage nach dem Verhältnis zur Psychologie. Diese Diskussion mündete in den so genannten Psychologismusstreit, in dem es auch um die Stellung der Erkenntnistheorie zwischen Logik und Psychologie ging. Im Folgenden wird zunächst dieser Streit verfolgt und dann die Entwicklung von der traditionellen Logik zur modernen Logik untersucht.

9.1 Der Psychologismusstreit

Bestimmt man die logischen Gesetze als Denkgesetze, so kann der Eindruck entstehen, als würde es sich um Gesetze des psychischen Vorstellungsverlaufs handeln, die empirisch beschreiben, wie sich das menschliche Denken faktisch vollzieht. Damit besteht die Gefahr, den Unterschied zwischen Genese und Geltung zu vernachlässigen. Genau dieser Gefahr erliegt der so genannte Psychologismus, worunter man die Auffassung versteht, dass die Logik einer psychologischen Begründung bedürfe. Der Psychologismusstreit ist die Auseinandersetzung zwischen Befürwortern und Gegnern des Psychologismus.

Bereits Kant hat die Unterscheidung von *empirischer* Psychologie und *normativer* Logik hervorgehoben und von daher psychologische Prinzipien in der Logik zurückgewiesen.[1] Herbart hat sich dem angeschlossen, weshalb ihn bereits Lotze in seiner frühen Logik dafür lobt, „daß er die psychologische Entstehung des Logischen ganz von seiner Giltigkeit trennte".[2] Gleichwohl gewann im 19. Jahrhundert mit der Etablierung der Psychologie als eigenständiger empirischer Wissenschaft der Psychologismus in Deutschland an Boden und unter dem Einfluss von John Stuart Mills *A System of Logic* (1843) sogar die Oberhand.

Die Logik wird von Mill als Teildisziplin der empirischen Psychologie verstanden. Den logischen Grundgesetzen wie zum Beispiel dem Satz vom ausgeschlossenen Widerspruch wird, wie den Axiomen der Mathematik, der Status allgemeingültiger Erfahrungssätze zugesprochen und damit der apriorische Charakter abgesprochen. Die Philosophen der psychologistischen Tradition folgen Mill allerdings nicht in allen Punkten. Während einige Autoren mit Mill eine Unterordnung der Logik unter die Psychologie vornehmen,[3] widersprechen dem andere ausdrücklich wegen der empiristischen Konsequenzen.[4] Andere ver-

1 Kant: Logik. AA IX, S. 14.
2 Lotze: Logik (1843), S. 8f.
3 Vgl. Lipps: Grundzüge der Logik.
4 Vgl. Erdmann: Logische Elementarlehre, S. 32.

stehen die Logik zwar als „empirische Erkenntniswissenschaft“,[5] halten aber dennoch daran fest, dass sie sich als normative Wissenschaft von der Psychologie unterscheide. So heißt es bei Wundt: „Während die Psychologie uns lehrt, wie sich der Verlauf unserer Gedanken wirklich vollzieht, will die Logik feststellen, wie er sich vollziehen *soll*, damit er zu wissenschaftlichen Erkenntnissen führe.“[6] Ähnlich erklärt auch Sigwart, dass die Logik „nicht eine Physik, sondern eine Ethik des Denkens sein will“.[7] Den Widerspruch zwischen der Auffassung der Logik einerseits als empirischer *und* andererseits als normativer Wissenschaft versucht Wundt so aufzulösen, dass „normativ“ als zweckrational im folgenden Sinne aufzufassen ist: Wer geistig überleben will, wird nach allem, was man *aus Erfahrung* weiß, diesen Gesetzen folgen *müssen*.

Mit der Anerkennung des Unterschieds zwischen faktisch-psychologischen und normativ-logischen Gesetzen des Denkens wird der Unterscheidung zwischen Genese und Geltung im Ansatz zwar zugestimmt, problematisch bleibt aber, dass die einschlägigen Autoren bei allen Differenzierungen im einzelnen am psychischen Status der Gesetze der Logik insofern festhalten, als sie diese auf Bewusstseinserlebnisse, Vorstellungsverbindungen oder Denkprozesse beziehen.

Kritiker des Psychologismus wie Gottlob Frege und Edmund Husserl heben demgegenüber hervor, dass denjenigen propositionalen Gebilden, denen Geltung zukommt (oder nicht zukommt) von vornherein der psychische Status zu bestreiten sei. Der Grund ist, dass psychische Gebilde einzelnen Subjekten angehören und von Subjekt zu Subjekt und selbst in demselben Subjekt dem Wechsel unterworfen sind. Danach ist es ein Kategorienfehler, einem subjektiven und sich ständig verändernden Gebilde Wahrheit zu- oder abzusprechen. Was wahr (oder falsch) sein kann, muss für alle Subjekte zeitunabhängig *Dassel-*

---

5 Wundt: Allgemeine Logik und Erkenntnistheorie, S. VIII.

6 Ebd., S. 1. Eine derartige Zwischenposition nimmt Wundt auch in der Ethik ein, indem er diese wie die Logik normativ versteht und sie gleichwohl auf die „Tatsachen des sittlichen Lebens“ zu gründen unternimmt.

7 Sigwart: Logik, Bd. 1, S. 22.

be sein.[8] Andernfalls ist eine diskursive Auseinandersetzung um die Wahrheit oder Falschheit einer Aussage gar nicht möglich. Es deutet sich an, dass der Psychologismusstreit problemgeschichtlich betrachtet in die Tradition des Gegensatzes zwischen Heraklit und Parmenides einzuordnen ist.

Als Wahrheitskandidaten setzt Frege an die Stelle psychischer Gebilde nicht-psychische „Gedanken". Diese machen den Sinn von Aussagesätzen aus, der sich aus dem Sinn der Wörter, aus denen diese Sätze aufgebaut sind, kompositionell ergibt. Von dem Sinn als dem intersubjektiven Inhalt sprachlicher Zeichen unterscheidet Frege die Vorstellungen als die subjektiven psychischen Gebilde, die das Verstehen des jeweiligen Sinns zwar begleiten mögen, aber nicht ersetzen können:

> Die Vorstellung ist subjektiv: die Vorstellung des einen ist nicht die des anderen. Damit sind von selbst mannigfache Unterschiede der mit demselben Sinne verknüpften Vorstellungen gegeben. [...] Die Vorstellung unterscheidet sich dadurch wesentlich von dem Sinne eines Zeichens, welcher gemeinsames Eigentum von vielen sein kann und also nicht Teil oder Modus der Einzelseele ist.[9]

Frege geht noch einen Schritt weiter, indem er für Sinngebilde nicht nur Intersubjektivität, sondern auch eine besondere Objektivität beansprucht. Neben dem Gebiet des Psychischen (als dem Gebiet des Subjektiv-Wirklichen) und dem Gebiet des Physischen (als dem Gebiet des Objektiv-Wirklichen) gibt es für ihn ein eigenes Gebiet des Objektiv-Nichtwirklichen,[10] dem er unter anderem die Gedanken zuordnet:

---

8 Vgl. zu Freges Auffassung insbesondere dessen Aufsätze *Der Gedanke* und *Die Verneinung*.

9 Über Sinn und Bedeutung, S. 29.

10 Grundgesetze der Arithmetik, Bd. 1, S. XVIII. Die Wirklichkeit ist kausal durch die Beziehung zwischen Ursache und Wirkung bestimmt. Damit dieser Aspekt nicht verloren geht, sollte man ‚Wirklichkeit' nicht mit ‚Realität' gleichsetzen; denn dieser Ausdruck verweist auf lat. ‚res' = ‚Sache'.

„Die Gedanken sind weder Dinge der Außenwelt noch Vorstellungen."[11] Anschließend heißt es:

> Ein drittes Reich muß anerkannt werden. Was zu diesem gehört, stimmt mit den Vorstellungen darin überein, daß es nicht mit den Sinnen wahrgenommen werden kann, mit den Dingen aber darin, daß es keines Trägers bedarf, zu dessen Bewußtseinsinhalte es gehört. So ist z. B. der Gedanke, den wir im pythagoreischen Lehrsatz aussprechen, zeitlos wahr, unabhängig davon wahr, ob irgend jemand ihn für wahr hält.

Freges Postulierung eines logischen dritten Reichs hat nichts mit der Tradition des (groß geschriebenen) politischen Dritten Reichs zu tun. Es gibt allerdings Hinweise auf eine unterschwellige Verbindung zur theologischen Tradition.

Freges Auffassung geht auf Lotze zurück, der von „denkbaren Inhalten" in „ihrer ewigen Geltung im Reiche der Ideen" spricht.[12] In seiner Vorlesung über Religionsphilosophie, die Frege nachweislich gehört hat, erklärt Lotze: „es hat keinen Sinn, daß Gott die Wahrheit *schaffe*, er muß sie vielmehr selbst *sein*."[13] Lotze dürfte hier von Leibniz beeinflusst sein, für den gilt: „Denn der Verstand Gottes ist das Reich [région] der ewigen Wahrheiten oder der Ideen, von denen sie abhängen."[14]

Die theologische Verankerung der ewigen Wahrheiten geht zurück auf deren platonisch-neuplatonische Deutung, die sich insbesondere bei Augustinus findet.[15] Auch ohne eine Identifizierung des logischen Reichs mit dem Reich Gottes bleibt ein Zusammenhang innerhalb der rationalistischen Tradition bestehen, so dass schließlich auch Freges drittes Reich – wenn nicht intendiert, so doch wirkungsgeschichtlich – indirekt als ein säkularer Abkömmling aus dem Schoße theologischen

---

11 Der Gedanke, S. 69.

12 Lotze: Logik (1874), § 347.

13 Lotze: Grundzüge der Religionsphilosophie, § 48.

14 Leibniz: Monadologie, § 43.

15 Vgl. dazu die Zustimmung des Theologen und Logikers Scholz: Mathesis Universalis, S. 337ff.

Gedankengutes erscheint. Mindestens eine Bestimmung hält sich dabei durch. Analog zur Ewigkeit Gottes wird die Ewigkeit der Gedanken nicht als unendliche Dauer in der Zeit, sondern als Außerzeitlichkeit in dem Sinne verstanden, dass Zeitbestimmungen für sie fehl am Platz sind.

Die Anerkennung eines objektiven logischen Reichs ist zu Freges Zeiten weit verbreitet. Zu nennen ist insbesondere Husserl, der ein „eigenes Reich der Wahrheit" ausruft, das in einer von psychologischen Erwägungen freien „reinen Logik" zu bearbeiten sei.[16]

Ein früher Vorläufer der objektivistischen Auffassungen Freges und Husserls ist Bernard Bolzano. Vor allem dessen Begriffe der „Wahrheit an sich" und des „Satzes an sich" sind hier zu nennen.

> Ich verstehe [...] unter einer Wahrheit an sich jeden beliebigen Satz, der etwas so, wie es ist, aussagt, wobei ich unbestimmt lasse, ob dieser Satz von irgend Jemand wirklich gedacht und ausgesprochen worden sei oder nicht. [...] So ist z. B. die Menge der Blüten, die ein gewisser, an einem bestimmten Orte stehender Baum im verflossenen Frühlinge getragen, eine angebliche Zahl, auch wenn sie Niemand weiß; ein Satz also, der diese Zahl angibt, heißt mir eine objektive Wahrheit, auch wenn ihn Niemand kennt u.s.w.[17]

Wahrheiten an sich haben die Form von Sätzen an sich. Sie sind wahre Sätze an sich. Die Sätze an sich entsprechen Freges Gedanken:

> unter einem *Satze an sich* verstehe ich nur irgend eine Aussage, daß etwas ist oder nicht ist; gleichviel, ob diese Aussage wahr oder falsch ist; ob sie von irgend Jemand in Worte gefaßt oder nicht gefaßt, ja auch im Geiste nur gedacht oder nicht gedacht worden ist.[18]

Wie bei Frege Gedanken aus Sinnbestandteilen aufgebaut sind, so setzen sich Bolzanos Sätze an sich aus Vorstellungen an sich zusam-

---

16 Husserl: Logische Untersuchungen, Bd. 1, S. 60.

17 Bolzano: Wissenschaftslehre, Bd. 11, Teil 1, S. 137 (§ 25).

18 Ebd., S. 104 (§ 19).

men.[19] Als Unterschied in der Terminologie, der aber keine sachliche Differenz bedingt, bleibt festzuhalten, dass Frege den Ausdruck ‚Vorstellung' ausschließlich für subjektive psychische Gebilde verwendet.

Freges Charakterisierung der Gedanken und der Wahrheiten als objektiv-nichtwirklich entspricht bei Bolzano, dass Sätzen an sich und Wahrheiten an sich, also wahren Sätzen an sich, kein wirkliches Dasein zukommt. Dies bedeutet insbesondere, dass Sätze an sich wie Freges Gedanken zeitlos im Sinne der Außerzeitlichkeit sind. Zeitliche Dauer kommt dagegen den subjektiven psychischen Realisierungen der jeweiligen objektiven Gebilde zu, zum Beispiel wenn ich eine zeitlang an den Satz des Pythagoras denke. Wenn ich aber nicht mehr an ihn denke oder sogar seinen Inhalt vergesse, tangiert dies den entsprechenden Gedanken oder Satz an sich in keiner Weise.

Leitend ist durchgehend das auf Parmenides zurückgehende Motiv, eine rationale Einheit in der empirischen Vielheit zu sichern, indem ein objektiv Beharrendes im Wechsel subjektiver Realisierungen anerkannt wird. Ohne Nennung der Namen stellt sich Frege auch sonst gegen Heraklit auf die Seite des Parmenides, indem er mit Blick auf die Objektivität von Begriffen und deren Verbindungen betont: „Wenn in dem beständigen Flusse aller Dinge nichts Festes, Ewiges beharrte, würde die Erkennbarkeit der Welt aufhören und Alles in Verwirrung stürzen."[20]

Es ist allerdings fraglich, ob Heraklit selbst so weit gegangen ist, seine Lehre von der permanenten Veränderung auch für das Denken aufrecht zu erhalten. So bezweifelt Freges Lehrer Lotze, dass für Heraklit „nicht bloß alles Wirkliche, sondern auch alles Denkbare diesem ewigen Flusse unterliegen" sollte; denn es „würde doch die allgemeine Unbeständigkeit jeder Denkbestimmung überhaupt jede Untersuchung und Behauptung unmöglich machen",[21] und damit auch – wie sich hinzufügen lässt – Heraklits eigene Behauptung.

Die Äußerungen Bolzanos und Freges zur Objektivität der Sätze an sich beziehungsweise der Gedanken legen es nahe, beide Denker in

19 Ebd., Teil 2, S. 28 (§ 48).

20 Frege: Grundlagen der Arithmetik, S. VII (Nachdruck S. XIX).

21 Lotze: Logik (1874), § 313.

die platonische Tradition zu stellen. Während Platon aber lediglich den ontologischen Primat allgemeiner Ideen gegenüber den Einzeldingen plausibel zu machen sucht, werden von Frege auch abstrakte Gegenstände wie insbesondere Begriffsumfänge anerkannt. Ferner weisen Frege und Bolzano mit den Gedanken beziehungsweise den Sätzen an sich auch propositionalen Gebilden und deren Bestandteilen einen platonischen Status zu. Zu unterscheiden ist daher zwischen einem extensionalen und einem intensionalen Platonismus.

Vor diesem Hintergrund verdient Lotze, der Frege und Husserl in deren antipsychologistischer Einstellung beeinflusst hat, noch einmal Beachtung. Auch er betont, dass Wahrheiten (wahre Sätze) unabhängig von ihrem Gedachtwerden gelten,[22] spricht ihnen aber eine eigene Seinsweise ab: „Wahrheiten *sind* nicht, sondern *gelten* nur."[23] Lotze verteidigt sogar Platon gegen die übliche ontologische Deutung der Ideenlehre.[24] Vielleicht lässt sich auch Frege weniger ontologisch verstehen. Worauf es ihm letztlich bei seiner Sicherung der Objektivität von Gedanken ankommt, ist eine Klärung der Bedingungen der Möglichkeit, einen Wahrheitsanspruch sinnvoll erheben zu können. Eine solche Bedingung ist, dass wir denselben Gedanken fassen können, und was Frege vorlegt, ist nicht anderes als eine kategoriale Erläuterung dessen, was hier ‚derselbe' heißt. Da es letztlich um die transzendentalen Bedingungen jeglichen Wahrheitsanspruchs geht, wird man Frege, wenn man ihn denn dem Platonismus zurechnen will, zutreffend einen transzendentalen Platonisten nennen dürfen.

Keinesfalls bedarf es einer ontologischen Hypostasierung der Gedanken, um dem Psychologismus zu begegnen und die Geltung logischer Gesetze zu begründen. Dazu trifft Frege eine zentrale Unterscheidung, die unabhängig von ontologischen Voraussetzungen Bestand hat. Er insistiert, dass die Gesetze der Logik „nicht psychologische Gesetze des Fürwahrhaltens, sondern Gesetze des Wahrseins" sind, wobei *Gründe* des Wahrseins von *Ursachen* des Fürwahrhaltens

22 Ebd., § 318.

23 Mikrokosmus, Bd. 3, S. 578f.

24 Logik (1874), §§ 317f.

unterschieden werden.[25] Der Unterschied lässt sich an dem außerlogischen Beispiel des Aberglaubens als einem Fürwahrhalten von Falschem erläutern. Für einen bestimmten Aberglauben lassen sich möglicherweise psychisch-soziale *Ursachen* dafür angeben, wie dieser entstehen konnte, aber es lassen sich für ihn keine *Gründe* des Wahrseins angeben. Auf die Logik übertragen heißt dies, dass eine psychologische Erklärung, wie es zum Fürwahrhalten eines logischen Gesetzes gekommen ist, keine Gründe für dessen Wahrsein liefern kann.

Als Biologismus hat der Psychologismus in der von Konrad Lorenz begründeten evolutionären Erkenntnistheorie der Gegenwart (Gerhard Vollmer, Rupert Riedl) eine Wiederbelebung erfahren. Den Kategorien und Anschauungsformen hat Kants Transzendentalphilosophie einen apriorischen Status als Bedingungen der Möglichkeit von Erfahrung zugesprochen. Statt eine Begründung zu geben, erklärt Lorenz den Einsatz der Kategorien und Anschauungsformen stammesgeschichtlich als aposteriorisches Ergebnis einer Anpassung an die Realität. Mit Frege zu sprechen, werden hier Gründe des Wahrseins durch Ursachen des Fürwahrhaltens ersetzt. Ein derartiges darwinistisches Missverständnis findet sich bereits im 19. Jahrhundert. Dagegen gerichtet fragt Frege ironisch mit Blick auf die apriorische Geltung der Arithmetik, ob sich genetisch „erst durch natürliche Züchtung im Kampf ums Dasein" aus dem Satz $2 \cdot 2=5$ der Satz $2 \cdot 2=4$ entwickelt habe, „der seinerseits vielleicht dazu bestimmt ist, auf demselben Wege sich zu $2 \cdot 2=3$ fortzubilden".[26]

Für die Logik würde die Anpassungsthese besagen, dass zum Beispiel der Satz vom ausgeschlossenen Widerspruch nur deshalb allgemeingültig sei, weil diejenigen, die sich an ihn halten, bessere Chancen bei der Selektion haben. Angesichts der gegenwärtigen Rede von „alternativen Fakten" belehrt uns jedoch die Erfahrung, dass man sich durchaus erfolgreich gegenüber anderen durchsetzen kann, wenn man sich nicht scheut, im Widerspruch zu den Fakten zu stehen und sogar Selbstwidersprüche hinzunehmen. Wie die Geschichte zeigt, ist

25 Grundgesetze der Arithmetik, Bd. 1, S. XVI.

26 Grundlagen der Arithmetik, S. VIf. (Nachruck S. XVIIIf.).

es möglich, dass kollektiver Irrsinn gegenüber der Vernunft Einzelner die Oberhand behält. Das Überleben der am besten angepassten menschlichen Lebewesen („survival of the fittest") – die phylogenetische Überlegenheit im Sinne Darwins – garantiert also nicht die Geltung der Überzeugungen dieser Wesen. Genese und Geltung bleiben zu unterscheiden.

Die Bestimmung des Verhältnisses von Psychologie und Logik an Hand der Unterscheidung zwischen Ursachen des Fürwahrhaltens und Gründen des Wahrseins lässt nach der Stellung der Erkenntnistheorie im Verhältnis zur Psychologie und zur Logik fragen. Frege liefert auch hier eine treffende Bestimmung. Ausgangspunkt ist die Frage der Rechtfertigung logischer Gesetze am Beispiel des Gesetzes der Identität:

> Die Frage nun, warum und mit welchem Rechte wir ein logisches Gesetz anerkennen, kann die Logik nur dadurch beantworten, dass sie es auf andere logische Gesetze zurückführt. Wo das nicht möglich ist, muss sie die Antwort schuldig bleiben. Aus der Logik heraustretend [und damit in die Erkenntnistheorie eintretend] kann man sagen: wir sind durch unsere Natur und die äußern Umstände zum Urteilen genötigt, und wenn wir urteilen, können wir dieses Gesetz [...] nicht verwerfen, wir müssen es anerkennen, wenn wir nicht unser Denken in Verwirrung bringen und zuletzt auf jedes Urteil verzichten wollen.[27]

Frege anerkennt damit in Fällen der genannten Art statt eines deduktiven Beweises logischer Gesetze deren nicht-deduktive Rechtfertigung. Diese Rechtfertigung bestimmt er als „Aufgabe der Erkenntnistheorie".[28] Es handelt sich bei ihr – in moderner Ausdrucksweise gesprochen – um eine transzendentalpragmatische Begründung, die besagt, dass die Anerkennung logischer Gesetze eine Bedingung der Möglichkeit jedes Urteilens ist, eines Urteilens nämlich, dem wir uns in unserem Streben nach Wahrheit prinzipiell nicht entziehen können.

---

27 Grundgesetze der Arithmetik, Bd. 1, S. XVII.

28 Nachgelassene Schriften, S. 3.

Frege bezieht die Normativität der logischen Gesetze dementsprechend auf den Willen zur Wahrheit. Für ihn sind die Gesetze der Logik „für unser Denken maßgebend, wenn es die Wahrheit erreichen *will*".[29] Sie bilden danach im Sinne Kants einen normativen Kanon für unser Denken.

Statt einer logischen Rechtfertigung, wodurch ein „Grund des Wahrseins" angegeben wird, gibt die erkenntnistheoretische Rechtfertigung einen „Grund unseres Fürwahrhaltens" an.[30] Im Unterschied zur Erkenntnistheorie sucht die Psychologie nicht nach Gründen sondern nach Ursachen unseres Fürwahrhaltens. Es ergeben sich damit folgende Zuordnungen: In der Logik geht es um *Gründe des Wahrseins*, in der Erkenntnistheorie um *Gründe des Fürwahrhaltens* und in der Psychologie um *Ursachen des Fürwahrhaltens*. Diese Bestimmung verdeutlicht die Stellung der Erkenntnistheorie ‚zwischen' Logik und Psychologie. Wie die Logik sucht sie nach Gründen, und wie die Psychologie bezieht sie sich auf das Fürwahrhalten. Obwohl Frege dies nicht weiter ausführt, sind erkenntnistheoretische Begründungen nicht auf unbeweisbare Gesetze der formalen Logik beschränkt. Vielmehr kommen sie, wie Kant dies zum Beispiel am Kausalgesetz vorgeführt hat, auch und insbesondere in der transzendentalen Logik zum Einsatz.

9.2 Von der traditionellen zur modernen Logik: Gottlob Frege

Die Bestimmung des Status der Logik im Vergleich mit der Psychologie ist unabhängig davon, ob es sich um die traditionelle oder um die moderne Logik handelt. Hinsichtlich ihres formalen Aufbaus und ihrer Leistungsstärke sind beide aber sehr verschieden. Die traditionelle Logik ist die auf Aristoteles zurückgehende Syllogistik, und die moderne Logik ist die von Frege entwickelte Junktoren- und Quantorenlogik.

29 Grundgesetze der Arithmetik, Bd. 1, S. XVI. Hervorhebung G. G.
30 Ebd., S. XVII.

Von Freges formaler Darstellung dieser Logik in seinem Buch *Begriffsschrift* weichen moderne Darstellungen zwar ab, in der Sache stehen sie aber in der Tradition Freges. Wenn daher im Folgenden von fregescher Logik die Rede ist, so ist damit letztlich die moderne Logik gemeint.

Frege hat die moderne Logik entwickelt, weil die traditionelle Logik nicht ausreichte, um sein ursprüngliches Anliegen zu realisieren. Dieses bestand darin, die Arithmetik auf die Logik zurückzuführen und sie damit als eine analytische Wissenschaft nachzuweisen. Mit seinem Anliegen widerspricht Frege Kants Auffassung, dass die Arithmetik eine synthetisch-apriorische Wissenschaft ist. Was die Geometrie anbelangt, so stimmt Frege mit Kant überein, dass diese eine synthetisch-apriorische Wissenschaft ist, weil sie im Unterschied zur Arithmetik des Rückgangs auf reine Anschauung bedürfe.

Die erkenntnistheoretischen Bestimmungen ‚analytisch', ‚synthetisch', ‚a priori' und ‚a posteriori' deutet Frege insgesamt als beweistheoretische Metaprädikate für Urteile und ganze Wissenschaften. Im Rückgang von den Urteilen einer Wissenschaft zu deren Voraussetzungen, also nach regressiver Methode, soll die Gesamtheit der „Urwahrheiten" (der Axiome oder Grundgesetze) ermittelt werden, aus denen sich die Urteile dieser Wissenschaft beweisen lassen. Von der erkenntnistheoretischen Natur der Urwahrheiten und Schlussweisen hängt es dann ab, welcher Natur die jeweilige Wissenschaft ist.

Die These der Analytiziät der Arithmetik besagt, dass deren Theoreme mit rein logischen Mitteln lückenlos, ohne die Anschauung zur Hilfe zu nehmen, aus logischen Grundgesetzen und Definitionen bewiesen werden können. Für diese These ist in der Wissenschaftstheorie die Bezeichnung ‚Logizismusprogramm' üblich geworden. Der Logizismus geht über die Behauptung der Analytizität insofern noch hinaus, als er die Begriffe der Arithmetik definitorisch auf Begriffe der Logik zurückführen will. Der Logizismus besagt also, dass die Arithmetik nicht nur in ihrem Aufbau, sondern auch in ihrem Inhalt rein logischer Natur ist.

Traditionelle und moderne Logik gehen beide von einem propositionalen Wahrheitsbegriff aus, der besagt, dass es Aussagen sind, die wahr (oder falsch) sein können. Außer Aussagen stellt die Geschichte der Logik noch weitere aussageartige Kandidaten als wahrheitsfähige Gebilde zur Verfügung, zum Beispiel Urteile, Behauptungen, Sätze und Gedanken. Als sprachliche, psychische oder ideale Gebilde sind diese Kandidaten keineswegs gleichwertig. Philosophisch betrachtet verbinden sich mit ihnen sehr unterschiedliche Theorien in der ganzen Bandbreite zwischen Nominalismus, Konzeptualismus und platonischem Realismus (vgl. dazu Kapitel 3.2).

Aspekte der Sprache, die nicht wahrheitsrelevant sind, wie zum Beispiel der Unterschied zwischen Aktiv- und Passivform von Sätzen, bleiben in Freges Logik unberücksichtigt. Dies gilt auch für pragmatische Ausdrucksmittel, die der Kommunikation in einer Sprecher-Hörer-Situation dienen:

> Alle Erscheinungen nun in der Sprache, die nur aus der Wechselwirkung des Sprechenden und des Hörenden hervorgehen, indem der Sprechende z. B. auf die Erwartungen des Hörenden Rücksicht nimmt und diese schon vor dem Aussprechen eines Satzes auf die richtige Fährte zu bringen sucht, haben in meiner Formelsprache nichts Entsprechendes, weil im Urteile hier nur das in Betracht kommt, was auf die *möglichen Folgerungen* Einfluss hat.[31]

Mögliche Folgerungen als wahre Urteile haben sprachlich die Form von Aussage- beziehungsweise Behauptungssätzen. Andere Sätze werden von Frege nur am Rande zu Abgrenzungszwecken erwähnt, ohne weiter untersucht zu werden. So betont er, dass Wunsch-, Frage-, Aufforderungs- und Befehlssätze in der Logik keinen Platz haben und nur Behauptungssätze in Betracht kommen.[32] Später berücksichtigt Frege immerhin den Fragesatz, sofern dieser eine Satzfrage ausdrückt, weil damit die Aufforderung ergeht, mit einem ‚Ja' oder einem ‚Nein' zu antworten und auf diese Weise eine Wahr-Falsch-Stellungnahme vorzunehmen.[33] Die moderne Logik hat inzwischen auch Logiken zu anderen Satzarten entwickelt.

---

31 Begriffsschrift, S. 3.

32 Nachgelassene Schriften, S. 140.

33 Der Gedanke, S. 62.

Abgesehen von der ihnen gemeinsamen propositionalen Ausrichtung unterscheiden sich traditionelle und moderne Logik wesentlich in der Strukturierung der propositionalen Inhalte. Die Syllogistik des Aristoteles kennt nur die folgenden vier Urteilsformen für Prämissen und Konklusionen in Schlüssen:

Alle S sind P,
Einige S sind P,
Kein S ist P,
Einige S sind nicht P.

Die traditionellen Urteilsformen drücken demnach unterschiedliche Verhältnisse von zwei Begriffen aus. Sie haben eine Subjekt-Prädikat-Struktur, wobei ‚S' für den Subjektbegriff und ‚P' für den Prädikatbegriff steht. Die Verbindung zwischen beiden Begriffen erfolgt nach traditioneller Auffassung durch die so genannte Kopula ‚ist' oder ‚sind'. Bejahung und Verneinung machen die *Qualität* des Urteils aus. Die *Quantität* des Urteils folgt den quantifizierenden Angaben ‚alle' und ‚einige' und wird als generell und partikulär bestimmt. Bereits im Mittelalter ist richtigerweise das singuläre Urteil, in dem etwas über einen einzelnen Gegenstand ausgesagt wird, auf Seiten der Quantität hinzugekommen. In dem bekannten Syllogismus, in dem aus den beiden Prämissen ‚Alle Menschen sind sterblich' und ‚Sokrates ist ein Mensch' auf die Konklusion ‚Sokrates ist sterblich' geschlossen wird, sind die zweite Prämisse und die Konklusion bejahende singuläre Urteile. Anscheinend galt das Interesse des Aristoteles den Begriffsverhältnissen, weil er davon ausging, dass in diesen allgemeine Seinsverhältnisse ausgedrückt werden. In der Berücksichtigung singulärer Urteile kann man eine Aufwertung des Individuellen sehen, an dem Aristoteles nicht interessiert war. Eine weitergehende Einteilung der Urteilsformen hat Kant vorgenommen, allerdings unter Beibehaltung der Subjekt-Prädikat-Struktur.[34]

34 Siehe zu Kants Einteilung: Logik, §§ 20–30; AA IX, S. 102–109. Kritik der reinen Vernunft B 95–101; AA III, S. 86–90. Diese Einteilung ist in der Folgezeit fast durchgehend kritisiert worden. Zur Entwicklung der nachkantischen Logik bis zu Frege siehe Gabri-

Die moderne Logik hat die traditionelle Logik nicht widerlegt, sondern schließt diese vielmehr ein. Gemeinsam ist beiden, wenn wir Freges Fassung der modernen Logik heranziehen, die Zweiwertigkeit. Danach ist jede korrekt gebildete Aussage mit Wahrheitsanspruch letztlich entweder wahr oder falsch, obwohl dies für uns Menschen nicht immer entscheidbar ist. Frege spricht hier von dem Wahrheitswert des Wahren und dem Wahrheitswert des Falschen als der Bedeutung von wahren beziehungsweise falschen Sätzen. Die zweiwertige Logik nennt man ‚klassische Logik' – im Unterschied zu nichtklassischen Logiken wie zum Beispiel einer dreiwertigen Logik, die außer den beiden Wahrheitswerten aus erkenntnistheoretischen Gründen noch den Fall der Unentscheidbarkeit berücksichtigt.

Der Fortschritt der modernen Logik gegenüber der traditionellen Logik besteht in der Ersetzung der Subjekt-Prädikat-Struktur der Aussage durch die Argument-Funktions-Struktur, wodurch eine größere Vielfalt der Bildung von Aussagen möglich wird. Der entscheidende Schritt ist die Erweiterung des mathematischen Funktionsbegriffs, indem Begriffe als Funktionen aufgefasst werden, deren Werte Wahrheitswerte sind.[35] So lässt sich der Begriff ‚Philosoph' funktional als ‚x ist ein Philosoph' oder ‚Philosoph(x)' darstellen. Setzt man für ‚Philosoph' abkürzend ‚P', so erhält man ‚P(x)' als funktionale Darstellung des Begriffs ‚Philosoph'. Die Funktion ‚P(x)' nimmt zum Beispiel für das Argument *Sokrates* den Wert des Wahren und für das Argument *Napoleon* den Wert des Falschen an. Dem entsprechen die wahre Aussage ‚Sokrates ist ein Philosoph' und die falsche Aussage ‚Napoleon ist ein Philosoph'. ‚P(x)' nennt man deshalb auch eine *Aussagefunktion* oder *Aussageform*.

In der funktionalen Darstellung der Aussage kommt die Kopula ‚ist' als eigener Bestandteil, der in der traditionellen Logik als Verbindung zwischen Subjekt- und Prädikatbegriff fungiert, nicht mehr vor. Die Aussage wird einfach dadurch gebildet, dass die Argumentstelle einer Aussagefunktion durch ein Argument ausgefüllt und die Funktion

---

el und Schlotter: Frege und die kontinentalen Ursprünge der analytischen Philosophie, Kapitel 3: Die Transformation und Reduktion der kantischen Urteilsformen.

35 Frege: Funktion und Begriff, S. 15f.

dadurch, wie Frege sagt, „gesättigt" wird. Neben Begriffen als einstelligen Funktionen gibt es Beziehungen (Relationen) als zwei- und mehrstellige Funktionen, deren Werte Wahrheitswerte sind.

In einem nächsten Schritt werden die Bedeutungen sprachlicher Ausdrücke wie ‚und', ‚oder', ‚wenn – so', die Aussagen miteinander verknüpfen, als Wahrheitswertfunktionen bestimmt. Das sind Funktionen, für die nicht nur die Werte, sondern auch die Argumente Wahrheitswerte sind. So ist zum Beispiel der Wert einer zusammengesetzten Aussage der Form ‚wenn p, so q', wobei ‚p' und ‚q' bereits Aussagen sind, dann und nur dann das Falsche, wenn der Vordersatz ‚p' das Wahre und der Nachsatz ‚q' das Falsche ist. Für die Verknüpfungen von Aussagen ist der Ausdruck ‚Junktoren' (von lat. ‚iungere' = ‚verbinden') üblich geworden. Die Bedeutungen der junktorenlogischen Verknüpfungen lassen sich durch Wahrheitstafeln darstellen. So entspricht dem ‚wenn p, so q' (formal dargestellt als ‚p→q') die folgende Wahrheitstafel:

p	q	p→q
W	W	W
W	F	F
F	W	W
F	F	W

Den vier möglichen Wahrheitswertverteilungen auf die Aussagen ‚p' und ‚q' in den ersten beiden Spalten wird jeweils der Wahrheitswert der Gesamtaussage in der dritten Spalte zugeordnet. Eine Besonderheit von Freges Aufbau der Junktorenlogik ist, dass sämtliche Aussagenverbindungen mit Hilfe des ‚wenn p, so q' und der Verneinung ‚nicht p' dargestellt werden.

Ein philosophisch besonders wichtiges Ergebnis von Freges Logik ist die Erkenntnis, dass Existenz keine Eigenschaft von Gegenständen, sondern von Begriffen ist. Begründen lässt sich dies im Sinne Freges folgendermaßen: Bei normalen Behauptungen über Gegenstände ist vorauszusetzen, dass die verwendeten Gegenstandsbezeichnungen tatsächlich etwas bezeichnen und nicht leer sind. Dies bedeutet, dass die *positive* Existenzbehauptung über einen Gegenstand nichtssagend ist, da sie nichts aussagt, was über die bereits erfolgte Setzung des Gegenstands der Aussage hinausgeht. Die *negative* Existenzbehauptung über einen Gegenstand wirft ein noch größeres Problem auf. Einem Gegenstand die Existenz abzusprechen, steht im Widerspruch dazu, dass dieser gesetzt sein muss, damit über ihn eine wahre (oder falsche) Behauptung aufgestellt werden kann. Daher verbietet es sich, ‚Existenz' als Eigenschaft von Gegenständen aufzufassen. Anders verhält es sich, wenn wir Existenz als Eigenschaft von Begriffen verstehen. Die positive Existenzbehauptung sagt dann aus, dass mindestens ein Gegenstand unter den entsprechenden Begriff fällt, der Begriff also die Eigenschaft hat, *erfüllt* oder *nicht leer* zu sein, und die negative Existenzbehauptung sagt aus, dass kein Gegenstand unter den entsprechenden Begriff fällt, der Begriff also die Eigenschaft hat, *nicht erfüllt* oder *leer* zu sein.

Da in Existenzbehauptungen etwas über Begriffe behauptet wird, nennt Frege den Existenzbegriff einen „Begriff zweiter Stufe". Begriffe erster Stufe sind Begriffe, unter die Gegenstände fallen. Dazu gehören Begriffe wie ‚Mensch', ‚Tier', ‚sterblich', ‚glücklich', ‚Quadratwurzel aus 1' usw. Diese haben wir als Funktionen kennen gelernt, deren Argumente Gegenstände und deren Werte Wahrheitswerte sind. Begriffe zweiter Stufe sind dagegen solche Funktionen, deren Werte ebenfalls Wahrheitswerte, deren Argumente aber Begriffe erster Stufe sind. Eine Existenzbehauptung der Form ‚∃xM(x)' (in Worten: ‚Es gibt (mindestens) einen Gegenstand, welcher ein M ist'), in der ‚M(x)' für den Begriff des Menschen steht, ist demnach funktional so aufgebaut, dass der Begriff erster Stufe ‚M(x)' als Argument des Begriffs (der Funktion) zweiter Stufe ‚∃xF(x)' fungiert, wobei ‚F' die Argumentstelle markiert, in die weitere Begriffe erster Stufe eingesetzt werden können. Entsprechendes gilt auch für den Begriff der Allheit ‚∀xF(x)' (in Worten: ‚Für alle Gegenstände gilt, dass sie F's sind'). Existenzquantor ‚∃x' und Allquantor ‚∀x' stehen also für Begriffe zweiter Stufe. Damit hat Frege die Grundlagen der Quantorenlogik geschaffen, in der Existenz niemals als Begriff erster Stufe, sondern stets mit

Hilfe des Existenzquantors als Begriff zweiter Stufe dargestellt wird. In Freges Formalismus wird allerdings kein eigener Existenzquantor eingeführt. Dieser wird vielmehr mit Hilfe des Allquantors und des Negators als ‚$\neg\forall x\neg F(x)$' dargestellt, indem die allgemeine Geltung der Verneinung verneint wird.

Für Frege hilft die Logik, „die Herrschaft des Wortes über den menschlichen Geist zu brechen, indem sie die Täuschungen aufdeckt, die durch den Sprachgebrauch über die Beziehungen der Begriffe oft fast unvermeidlich entstehen".[36] Dies bedeutet insbesondere, dass man nicht unbesehen an der Alltagssprache entlang philosophieren darf. So scheitert der ontologische Gottesbeweis (siehe dazu Kapitel 3.1) daran, den kategorialen Unterschied zwischen Begriffen erster und Begriffen zweiter Stufe nicht bedacht zu haben.[37] Er versucht nämlich, den Begriff der Existenz als Merkmal des Begriffs des vollkommensten Wesens nachzuweisen, indem er versucht, aus dem Inhalt des Begriffs ‚etwas, über das hinaus nichts Größeres gedacht werden kann' auf die Existenz eines solchen Etwas zu schließen. Dies ist aber unmöglich, da der Begriff des vollkommensten Wesens ein Begriff erster Stufe ist und als solcher keinen Begriff zweiter Stufe als Merkmal enthalten kann.

In Verbindung mit seiner Analyse des Existenzbegriffs liefert Frege eine stringente Erklärung, wie es zu der nicht unproblematischen Rede von dem ‚Sein' kommt. Freges Ausgangspunkt ist das kleingeschriebene Hilfszeitwort ‚sein', das als Subjekt und Prädikat verbindende Kopula in dem Beispielsatz ‚Der Himmel *ist* blau' verwendet wird. In diesem Satz werden die möglichen Eigenschaften des Himmels auf die Eigenschaft blau zu sein beschränkt. Indem man in einem nächsten Schritt das Prädikat ‚blau' sozusagen abschneidet, kommt man zu dem Satz ‚Der Himmel ist'. Diesen Satz deutet man nun als Aussage, dass der Himmel nicht *etwas* (zum Beispiel blau) ist, sondern ohne Beschränkung schlechthin *ist*, nämlich existiert. Treffend formuliert Frege, wohl insbesondere mit Bezug auf die Philosophen des Deutschen

36 Begriffsschrift, S. VI.

37 Funktion und Begriff, S. 27, Anm.

Idealismus: „Wenn die Philosophen von dem ‚absoluten Sein' sprechen, so ist dies eigentlich eine Vergötterung der Kopula."[38]

Über die Analyse des Existenzbegriffs erschließt sich dessen Zusammenhang mit dem Zahlbegriff: Existenzaussagen (‚Es gibt *mindestens* ein P') lassen sich als unbestimmte Zahlaussagen verstehen, und Zahlaussagen (‚Es gibt *zwei* P's') können als bestimmte Existenzaussagen aufgefasst werden.[39] Die Zahlangaben in ‚2 Bier' und ‚5 Bücher' sind danach als Begriffe zweiter Stufe aufzufassen, die als Antworten auf die Fragen ‚wie viele Biere?' und ‚wie viele Bücher?' die jeweilige Anzahl als eine Eigenschaft der Begriffe erster Stufe ‚Bier' und ‚Buch' aussagen.

Diese Deutung der Zahlen genügte Frege allerdings noch nicht. Sein Logizismus ist wesentlich mit der Auffassung verbunden, dass Zahlen (im Sinne von Anzahlen) logische Gegenstände sind. Frege meinte, dass sich diese Auffassung geradezu zwangsläufig ergebe, weil wir von *der* Eins, *der* Zwei usw. sprechen. Die Verwendung des bestimmten Artikels im Singular galt ihm als ein sprachliches Anzeichen dafür, dass Zahlen Gegenstände sind. Es ist nicht ohne tragische Ironie, dass Frege damit trotz seiner Bemühungen, Täuschungen durch die Sprache mit Hilfe der Logik aufzudecken, selbst einer solchen Täuschung erlegen ist. Dabei hatte bereits sein philosophischer Lehrer Lotze gewarnt, dass der Gebrauch des bestimmten Artikels im Singular zu „verhängnisvoller" metaphysischer Vergegenständlichung verleiten könne.[40] Frege beachtete diese Warnung nicht und schloss: Wenn Zahlen nicht anders denn als Gegenstände gedacht werden können und die Arithmetik auf die Logik zurückführbar ist, dann müssen Zahlen *logische* Gegenstände sein. Diese Auffassung versucht Frege bereits in den *Grundlagen der Arithmetik* (1884) zu festigen, wobei er

38 Nachgelassene Schriften, S. 71.

39 Hingewiesen wurde bereits (in Kapitel 7.2) darauf, dass Freges Erkenntnis des Zusammenhangs zwischen Existenz- und Zahlaussagen von Herbart vorbereitet worden ist. Siehe dazu ausführlich Gabriel und Schlotter: Frege und die kontinentalen Ursprünge der analytischen Philosophie, Kapitel 2.6: Existenz- und Zahlaussage.

40 Lotze: Mikrokosmus, Bd. 2, S. 251f.; vgl. auch Lotze: Logik (1874), §§ 3f.

indirekt gegen Kant gewendet betont, dass mit ihnen Gegenstände der Vernunft anzuerkennen sind:

> Man könnte wohl mit Abänderung eines bekannten Satzes sagen: der eigentliche Gegenstand der Vernunft ist die Vernunft. Wir beschäftigen uns in der Arithmetik mit Gegenständen, die uns nicht als etwas Fremdes von aussen durch Vermittlung der Sinne bekannt werden, sondern die unmittelbar der Vernunft gegeben sind, welche sie als ihr Eigenstes völlig durchschauen kann.[41]

Der abgeänderte Satz ist Popes „Das eigentliche Studium des Menschen ist der Mensch", dessen Bekanntheit (vgl. Kapitel 5.12) hier noch einmal bestätigt wird.

Frege definiert Zahlen als bestimmte Begriffsumfänge und erklärt in den *Grundgesetzen der Arithmetik*, dass ohne die Begriffsumfänge „gar nicht auszukommen" sei.[42] Zu deren Einführung stellt er ein Grundgesetz auf (in seiner Zählung das Grundgesetz V), welches besagt, dass sich die wechselseitige Unterordnung zweier Begriffe *stets* als Gleichheit der entsprechenden Begriffsumfänge darstellen lässt. Zugelassen ist damit die Bildung der Begriffsumfänge beliebiger Begriffe. Genau diese Unbeschränktheit der Umfangsbildung führt zu einer Antinomie, die Bertrand Russell Frege in einem Brief vom 16. Juni 1902 mitteilte.[43] Bei terminologischer Ersetzung des Ausdrucks ‚Begriffsumfang' durch den Ausdruck ‚Klasse' kommt die Antinomie folgendermaßen zustande:

Man bilde zu dem Begriff ‚x ist eine Klasse, die sich selbst nicht angehört' den Umfang, also die Klasse der Klassen, die sich selbst nicht angehören. Diese Klasse heiße *K*. Gehört *K* sich selbst an oder nicht? (Ist *K* Element von sich selbst oder nicht?) Gehört ein Gegenstand (Klassen sind ja Begriffsumfänge und damit nach Frege Gegenstände) einer Klasse an, so fällt er unter den Begriff, dessen Umfang diese Klasse ist. Angenommen *K* gehört sich selbst an. Dann fällt *K*

41 Grundlagen der Arithmetik, § 105.

42 Grundgesetze der Arithmetik, Bd. 1, S. X.

43 Wissenschaftlicher Briefwechsel, S. 211f.

unter den Begriff, dessen Umfang *K* selbst ist, nämlich unter den Begriff ‚x ist eine Klasse, die sich selbst nicht angehört', und gehört sich damit also selbst nicht an, was ein Widerspruch zur Annahme ist. Angenommen nun *K* gehört sich selbst nicht an. Dann fällt *K* unter den Begriff ‚x ist eine Klasse, die sich selbst nicht angehört' und gehört damit dem Umfang dieses Begriffes an, also der Klasse der Klassen, die sich selbst nicht angehören. Diese Klasse ist aber *K*. *K* gehört sich demnach selbst an, was wiederum ein Widerspruch zur Annahme ist.

Die Quelle dieser Antinomie ist die Selbstbezüglichkeit der Klassenbildung ‚Klasse der Klassen, die *sich selbst* nicht angehören'. Selbstbezüglichkeit führt häufig zu einer Antinomie. Ein bekanntes Beispiel ist die Lügner-Antinomie: Ein Kreter behauptet, dass alle Kreter (also auch er) lügen. Noch offensichtlicher kommt es zu einem Widerspruch durch Selbstbezüglichkeit in dem Satz ‚Dieser Satz ist falsch'. Ist der Satz wahr, dann ist er falsch, und ist er falsch, dann ist es falsch, dass er falsch ist. Also ist er wahr.

Nach vergeblichen Bemühungen, die Russellsche Antinomie in seinem System zu vermeiden, gab Frege das Logizismusprogramm auf. Das Scheitern dieses Programms darf man philosophisch als Bestätigung von Kants Auffassung verstehen, dass es keine Gegenstände der Vernunft gibt. Der späte Frege fordert denn auch selbstkritisch und geradezu pathetisch, es müsse eine „weithin sichtbare Warnungstafel" errichtet werden, damit niemand sich einfallen lasse, „einen Begriff in einen Gegenstand zu verwandeln", wie er dies mit der Formulierung „der Umfang des Begriffes *F*" zugelassen habe.[44] Freges Logik ist von der Russellschen Antinomie nicht betroffen.

44 Ebd., S. 86f.

10 Zurück zu Kant: Der Neukantianismus

Gegen Ende des 19. Jahrhunderts wurde der Neukantianismus zur führenden philosophischen Richtung in Deutschland. Die Bezeichnung leitet sich aus der Forderung ab, sich auf Kants Erkenntniskritik als Bestimmung der Möglichkeiten und Grenzen des menschlichen Erkenntnisvermögens zu besinnen. Eingeleitet wurde diese Entwicklung bereits durch Otto Liebmanns Auseinandersetzung mit den nachkantischen Philosophen in seiner Schrift *Kant und die Epigonen* (1865), worin jedes Kapitel mit dem Ruf endet: „Auf Kant muß zurückgegangen werden." Den Neukantianern war aber auch klar, dass man es nicht dabei belassen könne, auf Kant *zurück* zu gehen. Wilhelm Windelband formulierte es (1883) explizit: „Kant verstehen, heißt über ihn hinausgehen."[1] Trotz der übereinstimmenden Berufung auf Kant, stellt der Neukantianismus keine einheitliche Richtung dar. Unterschieden werden vor allem zwei Gruppierungen, die Marburger Schule (mit Hermann Cohen, Paul Natorp und Ernst Cassirer) und die Südwestdeutsche oder werttheoretische Schule (mit Wilhelm Windelband und Heinrich Rickert).

Das Verhältnis von *Sinnlichkeit* und *Verstand* als den von Kant unterschiedenen zwei Stämmen der menschlichen Erkenntnis war im Neukantianismus ein zentrales Thema. Die unterschiedlichen Auffassungen entzündeten sich an der Frage nach den Erkenntnisquellen der Mathematik. Zur Entscheidung stand hier, ob die Begründung der Mathematik rein logisch-begrifflich möglich sei oder ob sie zusätzlich der reinen Anschauung bedürfe, was Kant betont hat.

Die Vertreter der Südwestdeutschen Schule hielten grundsätzlich an Kants Unterscheidung zwischen Sinnlichkeit und Verstand und der entsprechenden Unterscheidung zwischen Anschauungen und Begriffen fest. Mit Kant wusste man sich auch darin einig, dass beide Erkenntnisquellen wechselseitig aufeinander angewiesen sind, um Erkenntnis zu ermöglichen. Danach liefern die Anschauungen den Inhalt

1 Präludien, Bd. 1, S. IV.

und die Begriffe dessen Ordnung. Im Gegensatz zu den Südwestdeutschen waren die Marburger Neukantianer darum bemüht, die Rolle der Anschauung zu minimieren oder gar zu eliminieren. Dementsprechend strebten sie für die Mathematik in kritischer Absetzung von Kant eine logische Begründung ohne Berufung auf reine Anschauung an. In dieser Frage sahen sich die Marburger durchaus im Einklang mit der modernen mathematischen und logischen Forschung, deren Ergebnisse sie intensiv zur Kenntnis nahmen. So erklärt Cassirer, dass die moderne Mathematik über die Lehre von der „reinen Sinnlichkeit" hinweg geschritten sei.[2] Für ihn stellt sich die Geschichte der Mathematik als eine Zurückdrängung anschaulicher Elemente dar, die von Descartes' analytischer Geometrie bis zu David Hilberts *Grundlagen der Geometrie* reiche. Der Marburger Position schließt sich später auch der logische Empirist Rudolf Carnap an, der ursprünglich in seiner von dem Neukantianer Bruno Bauch betreuten Jenaer Dissertation *Der Raum* (1922) dem „Anschauungsraum" neben dem „formalen Raum" und dem „physischen Raum" noch einen Platz einräumte.

Zwischen den Marburgern und den Südwestdeutschen steht Frege. Mit seinem Logizismusprogramm als dem Versuch, die Arithmetik auf die Logik zurückzuführen, schließt er für die Arithmetik den Rückgang auf reine Anschauung aus. In der Geometrie erkennt er einen solchen dagegen ausdrücklich an.

Auffällig sind weitergehende Übereinstimmungen zwischen Frege und Windelband, was darauf zurückzuführen sein dürfte, dass beide bei Lotze in die Schule gegangen sind und von diesem die Unterscheidung zwischen Genese und Geltung übernommen haben. Windelband betont, dass die Philosophie *„Geltungsansprüche"* erhebt. Dementsprechend heißt es: „Die genetischen Tatsachen sind in der Philosophie niemals Beweisgründe."[3]

Mit Blick auf das Problem der Letztbegründung logischer Grundgesetze stellt Windelband klar, dass deren Geltung nicht *be*wiesen, sondern lediglich *auf*gewiesen werden könne, indem wir uns besinnen,

2 Kant und die moderne Mathematik, S. 31.

3 Windelband: Kritische oder genetische Methode?, S. 130.

dass ihre Geltung unbedingt anzuerkennen sei, wenn „das Denken den Zweck wahr zu sein [...] in allgemein anzuerkennender Weise erfüllen will".[4] Hier haben wir eine ähnliche transzendentalpragmatische Argumentation, wie sie Frege in den *Grundgesetzen der Arithmetik* als erkenntnistheoretische Begründung von nicht weiter beweisbaren logischen Grundgesetzen vorgetragen hat, dass nämlich diese Grundgesetze anerkannt werden müssen, wenn unser Denken die Wahrheit erreichen *will*.

Im Anschluss an Descartes' voluntaristische Urteilstheorie stellt Windelband den Aktcharakter des Urteils heraus. Damit wird er zum Vorläufer der Urteilstheorie Freges, der mit dem Urteilsstrich ein eigenes Zeichen für den Urteilsakt eingeführt hat. Während Frege nur den Akt der Bejahung zulässt und den Akt der Verneinung auf die Bejahung eines negativen Inhalts zurückführt, stellt Windelband der Tradition folgend die beiden Akte der Bejahung (Zustimmung) und der Verneinung (Verwerfung) einander gegenüber. Die in diesen Akten vorgenommene Wahrheits-Bewertung macht für ihn das Hauptmoment des Urteils aus. Mit dieser Deutung des Urteilsaktes als einer Entscheidung über den Wahrheitswert eines propositionalen Inhalts ist die für den werttheoretischen Neukantianismus charakteristische Verbindung des Urteilsaktes mit einem wertenden Moment vollzogen, die sich auch bei Frege findet. Windelband führt den Terminus ‚Wahrheitswert' als Analogiebildung zur üblichen Rede von Werten ein und betont, der logische „Wahrheitswert" sei „den übrigen Werten zu koordinieren".[5] Diesen Gedanken hat Rickert weiter ausgearbeitet. Im Urteil sieht er eine „Anerkennung des Wahrheitswertes", in der sich ein „Wille zur Wahrheit" manifestiere. Neben dem moralischen anerkennt er ein „intellektuelles Gewissen", das „unser Erkennen leitet, wie das moralische Gewissen unser Handeln".[6]

Der Begriff des Wahrheitswertes wird von Frege in seiner Gleichsetzung der Bedeutung von Aussagesätzen mit ihrem jeweiligen Wahrheitswert übernommen. Als Unterschied bleibt bestehen, dass Frege

4 Ebd., S. 109.

5 Beiträge zur Lehre vom negativen Urteil, S. 173f.

6 Rickert: Der Gegenstand der Erkenntnis (1892), S. 89f.

von zwei Wahrheitswerten als „dem Wahren" und „dem Falschen" ausgeht, während Windelband und Rickert von einem einzigen positiven Wahrheitswert sprechen. Später führt allerdings auch Rickert das Falsche als *„negativen theoretischen* Wert" ein.[7] Hinzu kommt bei Frege die für die moderne Logik wesentliche funktionale Auffassung, der zufolge die beiden Wahrheitswerte als Funktionswerte von Begriffen und Relationen sowie als Argumente und Funktionswerte in Wahrheitswertfunktionen auftreten.

Im Unterschied zu Frege, der sich an den „strengen Wissenschaften" Mathematik, Physik und Chemie orientiert und den Geisteswissenschaften bescheinigt, „weniger wissenschaftlich" zu sein,[8] ist Windelband um eine wissenschaftstheoretische Fundierung auch der Geisteswissenschaften bemüht. Folgenreich in dieser Hinsicht ist seine Unterscheidung zwischen allgemeine Gesetze aufstellenden „nomothetischen" und besondere Eigentümlichkeiten beschreibenden „idiographischen" Wissenschaften.[9] Diese Unterscheidung dient einem Vergleich zwischen naturwissenschaftlichem Erklären und geisteswissenschaftlichem Verstehen. Dabei ist die Unterscheidung methodologisch und nicht bereichsbezogen gemeint. So ist es durchaus möglich, dass ein und derselbe Gegenstandsbereich sowohl nomothetisch als auch idiographisch untersucht wird. Die Unterscheidung erlaubt daher keine trennscharfe Einteilung der Wissenschaften. Dennoch darf als Prototyp nomothetischer Wissenschaften die Physik und als Prototyp der idiographischen Wissenschaften die Geschichtswissenschaft angeführt werden.

7 Der Gegenstand der Erkenntnis (1928), S. 264.

8 Frege: Der Gedanke, S. 63.

9 Windelband: Geschichte und Naturwissenschaft, S. 145. Der Terminus ‚idiographisch' ist abgeleitet von gr. ‚idios' = ‚eigen'.

11 Die Lebensphilosophie

Konkurrenz erwuchs dem Neukantianismus durch die Lebensphilosophie, die ihre Vorläufer in Schopenhauer und Friedrich Nietzsche hat, freilich hier mit gegensätzlichen Deutungen des Lebens. Während für Schopenhauer Leben Leiden heißt und der Wille zum Leben daher zu verneinen sei, steht Nietzsche mit seiner Rechtfertigung des Willens zur Macht auf Seiten der Bejahung des Willens zum Leben. Hauptvertreter der Lebensphilosophie sind Wilhelm Dilthey (1833–1911)[1] und Henri Bergson (1859–1941).

Lebensphilosophische Impulse finden sich bereits bei Goethe. Erinnert sei an die viel zitierten Worte von Goethes Sprachrohr Mephisto im *Faust*: „Grau, teurer Freund, ist alle Theorie, / Und grün des Lebens goldner Baum."[2] Als Stichwortgeber für die Lebensphilosophie wurde bereits Diltheys Lehrer Trendelenburg genannt. Dieser hebt den „eigentümlichen Zusammenhang" zwischen den Merkmalen eines Begriffs hervor, der es verbiete, Begriffe als eine bloße Zusammensetzung oder Summe ihrer Merkmale darzustellen, wie dies in der formalen Logik weitgehend der Fall sei:

> Dies organische Band, durch welches das *durchströmende Leben* des Ganzen bezeichnet wird, ist in der Ansicht der Zusammensetzung zerrissen und in eine blosse Summe äusserlicher Teile verwandelt.[3]

Hier klingt implizit ein Bezug auf Goethes ganzheitliches Denken an. Er wird von Diltheys Schüler und Schwiegersohn Georg Misch (1878–1965) explizit unter Rückgriff auf die Kritik an der scholastischen Logik in der Schülerszene im *Faust* hergestellt. Diese Kritik beginnt mit der ironischen Empfehlung Mephistos:

---

1 Diltheys Philosophie wird im Zusammenhang mit der Auseinandersetzung zwischen Carnap und Heidegger behandelt (siehe Kapitel 17).

2 Faust, Vers 2038f.

3 Trendelenburg: Logische Untersuchungen, Bd. 1, S. 21. Hervorhebung G. G.

Gebraucht der Zeit, sie geht so schnell von hinnen,
Doch Ordnung lehrt euch Zeit gewinnen.
Mein teurer Freund, ich rat' euch drum
Zuerst Collegium Logicum.[4]

Misch orientiert sich an der traditionellen Logik und nicht an der modernen Logik, die er anscheinend nicht zur Kenntnis genommen hat. Ausgangspunkt seiner eigenen Kritik ist die Lehre vom Urteil und der damit verbundene propositionale Wahrheitsbegriff.[5] Dieser Wahrheitsbegriff ist traditioneller und moderner Logik gemeinsam. Misch stellt dessen Berechtigung nicht infrage, bemängelt aber, dass die Logik zu einseitig auf den propositionalen Wahrheitsbegriff fixiert sei. In Erinnerung an Aristoteles' Unterscheidung zwischen semantischem und apophantischem Logos besteht Misch auf dem umfassenden Verständnis des Logos als bedeutungserfüllte Rede, die nicht auf die behauptende Rede reduziert werden dürfe.[6] Misch will dagegen auch die nicht-propositionalen Lebensäußerungen behandelt wissen.

Der Lebensphilosophie ist es ein besonderes Anliegen, das intuitive Denken gegenüber dem diskursiven Denken aufzuwerten. Nun schließt der Ausdruck ‚Intuition' zwei Aspekte ein. Wörtlich genommen bedeutet er ‚Anschauung' (von lat. ‚intueri' = ‚anschauen'). Der philosophische Terminus ‚Anschauung' wird im Englischen dementsprechend mit ‚intuition' übersetzt. Die Passivform des lateinischen Verbs deutet an, dass Anschauungen einem zuteil werden. Daraus erwächst die zweite Bedeutung von ‚Intuition' im Sinne eines unmittelbaren Erfassens. Intuition geht so eine Verbindung mit Evidenz ein. Beide Aspekte finden sich im lebensphilosophischen Verständnis der Intuition als *unmittelbare Anschauung*. Eine Schlüsselrolle spielt dabei die Gegenüberstellung von wissenschaftlicher Erkenntnis als „cognitio circa rem" und intuitiver Erkenntnis als „cognitio rei". Die Erläuterung

---

4 Faust, Vers 1908–1911.

5 Misch: Der Aufbau der Logik, S. 55.

6 Hier besteht Übereinstimmung mit der Sprechakttheorie der normalsprachlichen Richtung der analytischen Philosophie (siehe Kapitel 14.8).

liefert Bergson: „Die erste geht gleichsam um ihren Gegenstand herum, die zweite dringt in ihn ein."[7]

Bergson bestreitet nicht die Bedeutung der wissenschaftlichen Erkenntnismethode; aber in der Philosophie räumt er der Intuition den Vorrang ein. Die Wissenschaft mit ihren allgemeinen Begriffen sei nicht in der Lage, den „Lebensschwung (élan vital)" in seinem permanenten Wandel zu erfassen. Um diesem gerecht zu werden, setzt Bergson dem physikalischen Begriff einer homogen verlaufenden Zeit die „Dauer (durée)" als individuell empfundene Lebenszeit entgegen. Mit der Betonung des Wandels stellt er sich in die Tradition Heraklits.

An dieser Stelle ist kurz innezuhalten und die Diskussion im Neukantianismus über Kants Unterscheidung zwischen Anschauungen und Begriffen in Erinnerung zu bringen. Hatte Rickert die Marburger Neukantianer wegen Vernachlässigung der Anschauung kritisiert, so wirft er der Lebensphilosophie nun umgekehrt eine Überbetonung der Anschauung und eine Vernachlässigung des Begrifflichen vor. Kritisiert wird die Unterstellung, es gäbe eine „durch keine Konstruktion gefälschte Unmittelbarkeit der Anschaulichkeit".[8] Rickerts Kritik folgt der Auffassung Kants, dass erst die Verbindung von Anschauungen mit Begriffen Erkenntnis ermöglicht.

Gegen Bergsons Behauptung eines Gegensatzes zwischen wissenschaftlicher Erkenntnis und philosophischer Intuition ist einzuwenden, dass es auch in den Wissenschaften intuitive Erkenntnis gibt. Ein klassisches Beispiel hierfür ist August Kekulés Entdeckung des Benzolrings. Auslöser dieser Entdeckung war, dass Kekulé im Feuer seines Kamins Flammen sah, die in sich selbst zurückschlugen – vergleichbar der Uroboros-Schlange, die sich in den eigenen Schwanz beißt. Kekulé berichtet, dass ihn daraufhin der Gedanke, die chemische Struktur des Benzols könnte einer „geschlossenen Kette" entsprechen, wie ein „Blitzstrahl" traf. Mit diesem Vergleich hebt Kekulé die Unmittelbarkeit seiner Einsicht hervor. Zudem liefert das Bild der Uroboros-Schlange

7 Bergson: Denken und schöpferisches Werden, S. 180. Misch greift ebenfalls auf diese Unterscheidung zurück: Der Aufbau der Logik, S. 324. Vgl. dazu die Hinweise von Gudrun Kühne-Bertram und Frithjof Rodi ebd., S. 37f.

8 Rickert: Kennen und Erkennen, S. 146.

die Anschauung zu Kekulés kreativer Lösung. Wir haben es also mit einer Intuition im vollen Sinne zu tun, nämlich mit einer Verbindung von Anschaulichkeit und Unmittelbarkeit. Kekulé betont allerdings, dass er sofort daran ging, „die Konsequenzen der Hypothese auszuarbeiten".[9] Damit erkennt er an, dass der intuitive Einfall, die kreative Idee sich erst nach sorgfältiger diskursiver Prüfung als Erkenntnis erweist, und diese Prüfung erfordert Begriffe.

Diskursivität als argumentatives Durchlaufen von Erkenntnissen in Begriffen steht zu beiden Formen der Intuition – zur Anschaulichkeit und zur Unmittelbarkeit – im Gegensatz. Wörtlich genommen wäre Diskursivität (abgeleitet von lat. ‚discursus') freilich ein Auseinanderlaufen oder Hin- und Herlaufen. Ein solches Durcheinander ist aber gerade nicht gewollt. Angesagt ist vielmehr ein geordnetes Argumentieren in Form eines schlussfolgernden Übergangs von wahren Urteilen zu wahren Urteilen. Diskursivität setzt somit einen propositionalen Wahrheitsbegriff voraus. Dementsprechend betont Misch: „Das diskursive Denken, wie es im Urteil sich darstellt, ist eine einseitige Erfassungsweise der Realität."[10]

Das diskursive Denken – und damit die Logik als dessen Disziplin – wird nicht nur als zu einseitig, sondern außerdem fürs Erkennen als wenig fruchtbar eingestuft. Misch kann sich dabei auf Goethe berufen, der Mephisto die Kreativität des intuitiven Denkens im Gegensatz zum angeblich unfruchtbaren logischen Vorgehen hervorheben lässt:

> Zwar ist's mit der Gedanken-Fabrik
> Wie mit einem Weber-Meisterstück,
> Wo Ein Tritt tausend Fäden regt,
> Die Schifflein herüber hinüber schießen,
> Die Fäden ungesehen fließen,
> Ein Schlag tausend Verbindungen schlägt.[11]

---

9 Rede gehalten bei der ihm zu Ehren veranstalteten Feier der Deutschen Chemischen Gesellschaft, S. 942.

10 Der Aufbau der Logik, S. 426.

11 Faust, Vers 1922–27. Vgl. dazu Misch: Der Aufbau der Logik, S. 425 und S. 429.

Der Aspekt der intuitiven Unmittelbarkeit wird dadurch bildlich ausgedrückt, dass die Fäden des Denkens „*ungesehen* fließen". Angedeutet ist ferner das komplexe Verhältnis von Teil und Ganzem, wie es einem organischen Denken eigentümlich ist. Die Botschaft lautet: Nur ein ganzheitliches Denken kann den Lebensphänomenen gerecht werden. Das logische Denken, das alles zu „reduzieren" und zu „klassifizieren" versucht,[12] versage hier. Ironisch vorgeführt wird es in der Fortsetzung:

> Der Philosoph, der tritt herein
> Und beweist Euch, es müßt' so sein:
> Das Erst' wär' so, das Zweite so
> Und drum das Dritt' und Vierte so,
> Und wenn das Erst' und Zweit' nicht wär',
> das Dritt' und Viert' wär' nimmermehr.
> Das preisen die Schüler aller Orten,
> Sind aber keine Weber geworden.[13]

Der Einwand, dass das herkömmliche logische Denken als Erkenntnismethode unfruchtbar sei, kommt in den Worten zum Ausdruck: „Sind aber keine Weber geworden."

Goethe unterstellt in seiner Kritik an der Logik, dass diese als „Gedanken-Fabrik" und damit als Organon der Erkenntnis im Sinne einer Heuristik der Erkenntnis eingesetzt wird. Unter dieser Voraussetzung, wäre die Kritik berechtigt; denn in der deduktiv verfahrenden Logik stellt eine Konklusion stets eine ‚Verdünnung' des Inhalts der Prämissen dar und kann daher nicht mehr erbringen als in den Prämissen bereits enthalten ist. Nicht angemessen ist die Kritik aber an einer Logik, die sich als Kanon der Erkenntnis versteht, indem sie die Regeln festlegt, gegen die man nicht verstoßen darf.

Wie steht es nun mit der Möglichkeit intuitiver Erkenntnis? Die entscheidende Frage ist, ob beansprucht wird, dass die Intuition eine

12 Faust, Vers 1944f.

13 Faust, Vers 1928–35.

eigene anschaulich-unmittelbare Erkenntnisweise ist, die begrifflich-diskursives Erkennen überbietet. Mit diesem Anspruch stünde die Intuition als Verbindung von Unmittelbarkeit und Anschaulichkeit in der Tradition der intellektuellen Anschauung. Sie wäre dann aus kantischer Sicht als unmöglich abzulehnen. Schränkt man die Intuition aber auf Unmittelbarkeit im Sinne einer Abkürzung der Erkenntniswege ein, so gilt selbst für logische Schlüsse, dass sie im Alltag meistens intuitiv erfolgen. Darauf spielt Goethe an, wenn er aus seinen Studienerfahrungen in *Dichtung und Wahrheit* berichtet:

> In der Logik kam es mir wunderlich vor, daß ich diejenigen Geistesoperationen, die ich von Jugend auf mit der größten Bequemlichkeit verrichtete [also intuitiv beherrschte], so aus einander zerren, vereinzelnen und gleichsam zerstören sollte, um den rechten Gebrauch derselben einzusehen.[14]

Es ist richtig, dass die genannten „Geistesoperationen" des logischen Schließens weitgehend intuitiv ablaufen. Gleichwohl ist die Logik damit nicht überflüssig. Hier hilft ein Vergleich mit der Grammatik weiter. Der so genannte *native speaker*, der die Regeln der Grammatik seiner Sprache im Gebrauch gelernt hat, benötigt für sein korrektes Sprechen keine Belehrung durch die Zusammenstellung der Regeln in einem Grammatiklehrbuch. Auf dieses greift er erst im Zweifelsfall zurück. Treffend bemerkt Kant:

> Man spricht aber auch, ohne Grammatik zu kennen; und der, welcher, ohne sie zu kennen, spricht, hat wirklich eine Grammatik und spricht nach Regeln, deren er sich aber *nicht bewußt* ist.[15]

Analog gilt auch, dass wir die Regeln des korrekten Schließens in Alltagsargumentationen implizit lernen, und diesen dann meistens auch ohne dass sie uns bewusst sind, intuitiv richtig folgen. Erst im Zweifelsfall oder um Fehlschlüsse, wie zum Beispiel die Verwechselung

---

14 Goethe: Werke, Bd. 9, S. 247f.

15 Kant: Logik, AA IX, S. 11. Hervorhebung G. G.

von notwendiger und hinreichender Bedingung, aufzudecken, rekurrieren wir auf die in der Logik explizit aufgestellten Regeln.

Eine der goetheschen Position ähnliche Auffassung hat gegenwärtig der Psychologe Gerd Gigerenzer vertreten, wobei er die Intuition als „Bauchgefühl" bestimmt und empfiehlt, sich bei Entscheidungen eher auf dieses Gefühl als auf den diskursiven Verstand zu verlassen. Zur Rolle der Logik heißt es dementsprechend:

> Intelligenz stellen wir uns als eine überlegte, bewusste Tätigkeit vor, die von den Gesetzen der Logik bestimmt wird. Doch ein Großteil unseres geistigen Lebens vollzieht sich unbewusst und beruht auf Prozessen, die nichts mit Logik zu tun haben.[16]

Hier schafft – analog zur Unterscheidung zwischen Finden und Beurteilen – die Unterscheidung zwischen Entscheiden und Beurteilen Klarheit. Richtig ist, dass wir Entscheidungen häufig intuitiv treffen und dies auch deshalb müssen, weil uns die Zeit zu einer ausführlichen Abwägung von Gründen und Gegengründen fehlt. Bei der nachträglichen Beurteilung, ob die Entscheidung gegebenenfalls folgerichtig war, kommt aber die Logik zum Einsatz.

Zu fragen ist grundsätzlich, ob es angemessen ist, intuitive Entscheidungen ausgerechnet dem Bauch zuzuweisen. Nun haben Mediziner immerhin festgestellt, dass ein gesunder Darm ein Gehilfe des Gehirns ist. Das heißt ja aber nicht, dass der Darm das Gehirn ersetzt, sondern dass er dieses beim Denken unterstützt. Als metaphorische Ausdrucksweise mag die Rede vom Bauchgefühl durchgehen. Zu bedenken ist aber, dass eine Entscheidung ‚aus dem *hohlen* Bauch' besagt, dass sie ohne Sachkenntnis erfolgt ist. Der Sache nach ist die richtige Intuition keine Leistung des Bauches, sondern des Kopfes. Allerdings handelt es sich – mit Kant zu sprechen – dabei nicht um eine Tätigkeit des diskursiv verfahrenden Verstandes, sondern um eine Tätigkeit erfahrungsgesättigter bestimmender Urteilskraft.

---

16 Gigerenzer: Bauchentscheidungen, S. 11.

Soweit es nicht um das Treffen von Entscheidungen, sondern um das Finden neuer Erkenntnisse geht, ist statt der bestimmenden die reflektierende Urteilskraft gefragt. Sie kommt zum Einsatz, wenn es im obigen Zitat aus dem *Faust* heißt: „Ein Schlag tausend Verbindungen schlägt." Verbindungen zu schlagen, meint Zusammenhänge, insbesondere Ähnlichkeiten im Verschiedenen zu entdecken. Angesprochen ist damit das Erkenntnisvermögen des analogisch verfahrenden Witzes, dessen Erbe bei Kant die reflektierende Urteilskraft angetreten hat.

Kommen wir nach dem Versuch, der Intuition als unmittelbarer Erkenntnis gerecht zu werden, ohne sie zu intellektueller Anschauung zu überhöhen, abschließend noch einmal auf Mischs Kritik an der Logik zurück. Diese richtet sich vor allem gegen die Beschränkung auf propositionale Wahrheit und trifft daher nicht nur die traditionelle, sondern auch die moderne Logik. Wir haben in Kapitel 9.2 gesehen, dass Freges Begriffsschrift alle sprachlichen Ausdrucksweisen, die keinen wahrheitsrelevanten Beitrag leisten, als logisch irrelevant unberücksichtigt lässt. Nun bestreitet Frege aber nicht deren Bedeutung, sondern betont im Gegenteil, dass ihnen eine wichtige Funktion für die lebenspraktische Verständigung zukommen kann. Um dem gerecht zu werden, besteht das angemessene Vorgehen nicht darin, eine andere Logik zu fordern, sondern die Logik durch eine Pragmatik (in Verbindung mit der Rhetorik) zu ergänzen, die sich der Vielfalt der Lebensäußerungen annimmt. Erwähnung verdient an dieser Stelle, dass die moderne Logik nicht bei der Logik der Aussagen stehen geblieben ist, sondern Logiken der Fragen, der Imperative usw. entwickelt hat.

Mischs Kritik tangiert die Logik nicht, sofern die Ebene der „rein diskursiven" Aussage betroffen ist. Auch wenn Misch mit Dilthey insistiert, dass wir „hinter das Leben" nicht zurückgehen können, so scheint er nicht bestreiten zu wollen, dass wir in der Logik über das Leben hinaus kommen können, indem auf der Ebene der reinen Diskursivität der Lebensbezug ausgeklammert bleibt. Die logischen Verhältnisse sind hier sozusagen lebensinvariant.[17] Gleichwohl ist Misch

17 Vgl. Misch: Der Aufbau der Logik, S. 503f..

zuzustimmen, dass eine einseitige Fixierung auf den apophantischen Logos und dessen propositionalen Wahrheitsbegriff zu vermeiden ist; denn der Wert einer sprachlichen Äußerung kann außer in ihrer Wahrheit auch in ihrer „evozierenden" Kraft bestehen.[18] Misch betont dies besonders mit Blick auf die Geisteswissenschaften. Hier kann man auf die Literaturwissenschaft verweisen, die es bei der Interpretation dichterischer Texte mit ganz anderen Äußerungen als wahrheitsfähigen Aussagen zu tun bekommt.

Ein Gegensatz zwischen Logik und Leben entsteht nur dann, wenn man die unterschiedlichen Gewichtungen als prinzipielle ansieht, statt sie als arbeitsteilige, komplementäre zu begreifen. Ein komplementärer Ausgleich ergibt sich, indem man erstens zwischen *präzisen* (exakten) und *prägnanten* (bedeutungsvollen) Ausdrucksformen und zweitens zwischen Wahrheit und Erkenntnis unterscheidet. Misch tendiert dazu, die Unterscheidung innerhalb des Wahrheitsbegriffs zu vollziehen und diesen um den Aspekt der Wahrhaftigkeit zu ergänzen: „nicht bloß das Urteil ist der Ort der Wahrheit. Die Wahrheit fällt hier mit der Echtheit und Treue des Ausdrucks zusammen."[19] Angemessener dürfte es sein, Wahrheit im Sinne der logischen Tradition weiterhin an Propositionalität zu binden, Erkenntnis aber nicht auf die Wahrheit von Aussagen zu beschränken. Es gibt dann nicht-propositionale Erkenntnisse, aber keine derartigen Wahrheiten. Erkenntnisse gewinnen wir auch durch die *prägnante Vergegenwärtigung* von Lebenssituationen.[20] In Vergegenwärtigungen werden keine Aussagen über die Realität getroffen, sondern die Realität selbst wird „hingestellt".[21] Mit einer solchen auf wechselseitige Ergänzung bedachten Gegenüberstellung wird man sowohl der Logik als auch dem Leben gerecht. Zusätzlich gewinnen wir damit einen Ansatz, wissenschaftliche und literarische Erkenntnisformen zu unterscheiden (siehe Kapitel 15.2).

---

18 Ebd., S. 119.

19 Ebd., S. 538.

20 Misch spricht selbst mehrfach von ‚Prägnanz' (im Sinne von ‚Bedeutsamkeit') und von ‚Vergegenwärtigung'.

21 Der Aufbau der Logik, S. 519.

12 Der Monismus

Das Leben ist nicht nur Thema der Lebensphilosophie, sondern auch anderer Strömungen. In Verbindung mit der Diskussion zwischen Philosophie und Naturwissenschaften kommt es im Übergang vom 19. zum 20. Jahrhundert zu einer Wiederaufnahme von Bemühungen, den Dualismus der beiden voneinander getrennten Substanzen Materie und Geist durch einen Monismus zu überwinden. Es entstand einerseits eine weltanschauliche Bewegung, die sich als *Deutscher Monistenbund* etablierte, und andererseits ein neutraler Monismus, der sich als metaphysikkritische Erkenntnismethode verstand.

12.1 Der Monistenbund: Ernst Haeckel und Wilhelm Ostwald

Von der monistischen Bewegung ist heutzutage kaum noch etwas bekannt. Sie verdient aber unsere Aufmerksamkeit, weil sie exemplarisch für Verirrungen gestandener Wissenschaftler ist, wenn diese sich der Philosophie zuwenden. Der Monistenbund propagierte eine freisinnige, antiklerikale, an den Ergebnissen der Naturwissenschaften, insbesondere der Evolutionstheorie, orientierte Weltanschauung. Man verstand sich gezielt als Ersatz der christlichen Religion und strebte sogar die Anerkennung als „monistische Kirche" mit einem eigenen Kultus an.[1] Die Gründung erfolgte am 11. Januar 1906 im Zoologischen Institut der Universität Jena unter dem Ehrenvorsitz von Ernst Haeckel, dem Repräsentanten des Darwinismus in Deutschland. Kritik blieb nicht aus. Haeckel erfuhr sie im eigenen Haus, nämlich an der Universität Jena, durch den Philosophen und Nobelpreisträger für Literatur Rudolf Eucken (1846–1926), mit dem er gleichwohl persönlich befreundet war. Während Haeckel von einer biologischen Konzeption

1 Haeckel: Die Welträtsel, S. 462f.

des Lebens ausging, war Eucken um eine Überhöhung zu einem geistigen Leben bemüht:

> An keiner Stelle aber stehen die Geister heute in härterem Streit als bei der Frage, ob das menschliche Leben als eine bloße Fortführung der Natur zu verstehen und zu gestalten sei, oder ob eine neue Stufe der Wirklichkeit in ihm erscheine, zu deren Bezeichnung von Alters her der Begriff des Geistes diente.[2]

Immerhin heißt es auch bei Haeckel: „Materielle Körperwelt und immaterielle Geisteswelt bilden ein einziges, untrennbares und allumfassendes Universum."[3] Leben ist für Haeckel und Eucken Natur *und* Geist; aber die Akzente sind anders gesetzt: Wo Haeckel *Natur* betont, betont Eucken *Geist*.

Der Monistenbund hatte einige renommierte Mitglieder wie zum Beispiel den naturalistischen Schriftsteller Wilhelm Bölsche und den Philosophen Friedrich Jodl. Auch der junge Hans Reichenbach, der später ein führender Vertreter des Logischen Empirismus wurde und mit Rudolf Carnap die einflussreiche Zeitschrift *Erkenntnis* herausgab, war für den Monistenbund tätig. Selbst Carnap las die einschlägigen Schriften, obwohl er sie nach eigenem Bekunden philosophisch nicht ernst nahm.[4]

Festzuhalten ist, dass die monistische Bewegung einigen aufklärerischen Motiven folgte, allerdings bisweilen auch Züge eines verquasten Biologismus an der Schwelle zur Esoterik aufwies. Das änderte sich auch nicht, als Wilhelm Ostwald (1853–1932), immerhin (1909) Nobelpreisträger für Chemie, 1911 den Vorsitz des Deutschen Monistenbundes übernahm, „das monistische Jahrhundert" ausrief und die Anhänger mit *Monistischen Sonntagspredigten* versorgte. Diese Predigten waren gesonderte Beilagen des von Ostwald selbst herausgegebenen Organs des Deutschen Monistenbundes *Das monistische Jahrhundert. Zeitschrift für wissenschaftliche Weltanschauung und Kulturpolitik*. Programm und Anspruch bringt bereits der Titel zum Ausdruck, dass man sich nämlich als kulturpolitische *Jahrhundert*-Be-

2 Eucken: Der Sinn und Wert des Lebens, S. 173.

3 Die Welträtsel, S. 420.

4 Mein Weg in die Philosophie, S. 11.

wegung mit *wissenschaftlicher* Weltanschauung verstand. Ostwald gibt ein besonders eindrückliches Beispiel dafür ab, wie anerkannte Wissenschaftler philosophisch auf Abwege geraten können.

Als Naturwissenschaftler hat sich Ostwald insbesondere um die Entwicklung der physikalischen Chemie und durch die Begründung der *Zeitschrift für physikalische Chemie, Stöchiometrie und Verwandtschaftslehre* (1887) verdient gemacht. Hervorzuheben sind ferner seine Arbeiten zur quantitativen Farbenlehre, in denen er nach einer Farbstandardisierung einen Farbatlas (mit über 2500 Farben) und eine Harmonielehre entwarf. Die farbästhetischen Ideen, die Ostwald auch den Mitgliedern des Bauhauses näher zu bringen versuchte, stießen wegen ihres wissenschaftlich-technischen Zuschnitts fast durchgehend auf Ablehnung. Die Farbstandardisierung für sich genommen erlangte allerdings Anerkennung, vor allem in den USA.

Ostwalds Auffassungen als Wissenschaftler bilden den Hintergrund für seine Weltanschauung, den so genannten Energetismus oder energetischen Monismus. Ausgehend von später allerdings zurückgenommenen Zweifeln an der materiellen Realität der Atome, getragen von einem Einheitsdenken und einer Abneigung gegenüber mechanistischen Anschauungen, anerkannte Ostwald Energie als einzig Reales. Materie ist danach nicht der Träger, sondern eine Erscheinungsform von Energie, und alles Geschehen, auch geistiges, wird letztlich als Umwandlung von Energie erklärt. Auf diese Weise meinte Ostwald, den Dualismus von Materie und Geist überwunden zu haben. Entsprechend übertrug er seinen energetischen Grundgedanken auf alle Lebensbereiche. Er bestimmte verschiedene Formen des Genies durch unterschiedliche geistige Reaktionsgeschwindigkeiten, entwickelte mathematische Formeln zur energetischen Bestimmung von Glück und suchte Kants kategorischen Imperativ angesichts des zweiten Hauptsatzes der Thermodynamik und seiner Konsequenzen durch folgenden *energetischen Imperativ* zu ersetzen: „Vergeude keine Energie; verwerte sie!" Diesem Imperativ wird man als solchem – gerade angesichts der gegenwärtigen Probleme bei der Energiebeschaffung – durchaus zustimmen wollen, nicht aber der Zumutung, dass er den kategorischen Imperativ ersetzen soll. Der energetische Imperativ verstand sich als Forderung, das menschliche Handeln von der Technik bis zur Ethik zweckrational im Sinne des Ökonomieprinzips zu regeln. Aus ihm folgerte Ostwald nicht nur die Notwendigkeit eines systematischen Plans für die Erhaltung natürlicher Energievorräte, sondern auch die Verpflichtung zur Vermeidung von Krieg, der für ihn Energievergeudung schlimmster Art war. Seine ursprünglich pazifistische Einstellung gab Ostwald allerdings beim Ausbruch des Ersten Weltkriegs auf. Von der technischen Lösbarkeit auch der Menschheitsprobleme überzeugt, bemühte sich Ostwald, seine weit gestreuten Aktivitäten dem Gedanken einer wissenschaftlichen, fortschrittsorientierten Weltanschauung dienstbar zu machen.

War Ostwald als Organisator, Sprecher und Multiplikator des Monismus tätig, Prophet der monistischen Bewegung blieb Haeckel. Das Buch der Bücher der Monisten war Haeckels Bestseller *Die Welträtsel*. Der Titel nimmt Bezug auf den Vortrag *Die Sieben Welträtsel* (1880) des Naturforschers Emil du Bois-Reymond.[5] Bei dessen Festlegung auf genau *sieben* Welträtsel dürfte die Analogie zu den sieben Weltwundern bestimmend gewesen sein. Unterschieden werden die folgenden Themen:

1. das Wesen von Materie und Kraft,
2. der Ursprung der Bewegung,
3. das Entstehen der Empfindung,
4. die Willensfreiheit,
5. der Ursprung des Lebens,
6. die Zweckmäßigkeit der Lebewesen,
7. die Entstehung des vernünftigen Denkens und der Sprache.

Du Bois-Reymond hält die Welträtsel (1)–(3) für transzendent im Sinne Kants und daher für unlösbar. So ist sein bekannt gewordenes Bekenntnis „Ignorabimus (wir werden nicht wissen)" als Ausdruck eines Agnostizismus gemeint. Es ist daher als ein *Ignorabimus* aus *kategorialen* Gründen zu verstehen und nicht so, als handele es sich bei den Welträtseln um Geheimnisse, die von anderen gewusst werden, uns aber verborgen bleiben. Im Fall von (4), dem Rätsel der Willensfreiheit,

5 Über die Grenzen des Naturerkennens. Die Sieben Welträtsel.

ist er unentschieden. Die Welträtsel (5)–(7) sieht er dagegen als lösbar an. Haeckel ist da weniger skeptisch. Zweifel an der Lösbarkeit hat er nur bei dem Rätsel der Willensfreiheit, das er als ein auf Täuschung beruhendes Dogma zu eliminieren sucht.

12.2 Haeckel und Pierre Teilhard de Chardin

Haeckel beruft sich zwar auf Spinoza, sein Monismus läuft aber nicht auf dessen neutralen Monismus hinaus, für den es nur eine Substanz gibt, die weder materieller noch geistiger Art ist. Für Haeckel ist die Natur dagegen sowohl materiell als auch geistig, so dass sie Materielles und Geistiges in sich vereint. Eine solche Position kann auch zu einer im Vergleich mit Haeckel geradezu konträren Auffassung führen. Zu nennen ist hier der französische Paläontologe, Anthropologe und Philosoph Teilhard de Chardin (1881–1955).

Teilhard war Jesuit und Naturforscher und als solcher zeit seines Lebens darum bemüht, die Ergebnisse der modernen Naturwissenschaft, vor allem diejenigen der Evolutionstheorie seit Darwin, mit den christlichen Lehren in Einklang zu bringen. Es gelang ihm jedoch nicht, die Vertreter der Kirche zu überzeugen. Da sich Teilhard deren Entscheidungen fügte, wurden seine Arbeiten, mit Ausnahme der naturwissenschaftlichen, erst nach seinem Tode gedruckt. Zu diesen Arbeiten gehört vor allem sein philosophisches Hauptwerk *Le phénomène humain* (1955).[6]

Ein langer Aufenthalt in China war nicht nur durch paläontologische Arbeiten bedingt, sondern kam auch einem Exil gleich. Sinnigerweise war Teilhard in dieser Zeit an den Ausgrabungen des affenähnlichen Peking-Menschen (Sinanthropus pekinensis) wesentlich beteiligt und fand damit ein wichtiges Verbindungsglied in der Evolution des Menschen.

Der wesentliche Punkt in Teilhards Versuch, Evolutionstheorie und christliche Heilslehre miteinander zu versöhnen, ist die These, dass die Materie, um Geist in Gestalt des Selbstbewusstseins hervorbringen zu

---

6 Deutsche Übersetzung: Der Mensch im Kosmos.

können, nicht bloß tote Materie sein könne, für die sie in der mechanistischen Naturauffassung gehalten wird. Vielmehr müsse die Urmaterie bereits beseelt sein, obwohl diese Seite zunächst noch nicht zum Tragen komme.

Teilhard unterscheidet zwischen einer Innenseite und einer Außenseite der Dinge. Je komplexer die Materie in ihrem Außen (in der Molekülbildung usw.) werde, umso deutlicher trete ihr Innen (die Beseelung) in die Erscheinung, um sich schließlich im Bewusstsein des Menschen ihrer selbst bewusst zu werden. Auf dieser Stufe der Evolution, dem qualitativen Sprung von der Biosphäre zur Noosphäre, werde der Mensch zum Träger der weiteren teleologisch ausgerichteten Entwicklung. Den ‚Punkt Omega' genannten Endpunkt dieser Entwicklung denkt sich Teilhard in einer mystischen Vision als eine Vereinigung aller menschlichen Kulturen zu einer einzigen Weltkultur. Deutet man den Punkt Omega als klassenlose Gesellschaft, so ist Teilhards Lehre bis hierhin sogar mit einer dialektisch-materialistischen Position vereinbar. Der entscheidende Unterschied ist jedoch, dass Teilhard dieses Ziel nicht durch Klassenkämpfe, sondern durch die christliche Liebe erreicht wissen will.

Die katholische Kirche hat Teilhard nicht nur seinen Evolutionismus vorgehalten, sondern auch seinen damit zusammenhängenden Optimismus, der mit den christlichen Grundannahmen der Erbsünde und des Jüngsten Gerichts in der Tat nur schwer vereinbar ist.

12.3 Das *Philosophische Wörterbuch* des weltanschaulichen Monismus: Heinrich Schmidt

Eine zentrale Vermittlerrolle bei der Verbreitung des weltanschaulichen Monismus kommt dem Haeckel-Schüler Heinrich Schmidt (1874–1935) zu,[7] der zu diesem Zweck das von ihm verfasste *Philosophische*

7 Vgl. Schmidt: Die Gründung des Deutschen Monistenbundes. Dort ist auch (S. 748f.) der Aufruf von 1906 zur Gründung des Deutschen Monistenbundes wiederabgedruckt.

Wörterbuch einsetzte.[8] Es erschien von Anfang an im Alfred Kröner Verlag und wird bis heute in ständiger Überarbeitung aufgelegt. 2009 erschien die 23. Auflage. In seinen unterschiedlichen Bearbeitungen und Bewertungen dokumentiert es exemplarisch die wechselvolle Geschichte des deutschen ‚Geistes' im Verlauf des 20. Jahrhunderts. Insofern lädt es geradezu zu einem Textvergleich ein, der hier aber auf einige Hinweise zur Monismus-Thematik beschränkt bleiben muss.

Schmidt betreute sein Wörterbuch von der ersten Auflage (1912) bis zur neunten Auflage (1934). Das Bemühen um sachgerechte Darstellung wird man ihm nicht absprechen können, obwohl er sich in den Vorworten der einzelnen Auflagen offen zum Monismus bekennt und sich nicht scheut, im Artikel *Monismus* der achten Auflage (1931) das „Glaubensbekenntnis eines Monisten" abzudrucken. Inhalt dieses Bekenntnisses ist der Glaube an eine Natur, deren Entwicklung im Menschen als höchster Stufe ihre Vollendung finde und so der Mensch selbst Gott werde. Diese „monistische Religion mit ihrem Evangelium vom ‚werdenden Gott' zu verbreiten", sei „die vornehmste Aufgabe eines Monistenbundes".[9] Die christlich verstandene Menschwerdung Gottes in Gestalt Jesu als Sohn Gottes wird durch die Hybris der Gottwerdung des Menschen ersetzt.

Das *Philosophische Wörterbuch* ist in den von Schmidt verfassten Auflagen ein Dokument der monistischen Bewegung bis zu deren Ende im nationalsozialistischen Deutschland. In der neunten Auflage von 1934 fasst Schmidt im Artikel *Monismus* noch einmal die Ziele des Monistenbundes zusammen. An der Stelle des „Glaubensbekenntnisses" aus der achten Auflage steht aber ohne weiteren Kommentar: „Der Bund hat sich 1933 aufgelöst."[10] Diese Auflösung ist sicher nicht bei allen Mitgliedern auf Widerspruch gestoßen. Vor allem das biolo-

8 Auf Schmidts Bearbeitung des Wörterbuchs geht auch die obige Zusammenstellung der Welträtsel zurück: Philosophisches Wörterbuch (1934), S. 723. Vgl. die Darstellung bei Haeckel: Die Welträtsel, S. 17–19. Du Bois-Reymond selbst hat eine andere Reihenfolge.

9 Philosophisches Wörterbuch (1931), S. 282f.

10 Philosophisches Wörterbuch (1934), S. 421.

gistische Erbe ließ sich unschwer umwidmen und nationalsozialistisch vereinnahmen.

Exemplarisch ist in diesem Zusammenhang das Anwachsen der Artikel zum Wortfeld ‚Rasse' in der neunten Auflage sowie eine entsprechende Änderung im Artikel *Eugenetik/Eugenik*, also zum Thema der so genannten Rassenhygiene. Heißt es in der achten Auflage noch „Die E[ugenetik] ist eines der wichtigsten Kapitel einer künftigen Sozialpolitik",[11] so hat in der neunten Auflage die Zukunft bereits konkrete politische Gestalt angenommen: „Die E[ugenetik] ist eines der wichtigsten Kapitel der nationalsoz[ialistischen] Volkspolitik."[12] Das *Philosophische Wörterbuch* geht auf Kurs, dem auch Schmidt folgte.

12.4 Der erkenntnistheoretische Monismus: Ernst Mach

Der neutrale Monismus Spinozas bleibt mit seiner Anerkennung einer neutralen Substanz dem Substanz-Denken noch verhaftet. Außer dieser ontologischen gibt es eine erkenntnistheoretische Version des neutralen Monismus, die vor allem von dem Physiker und Sinnesphysiologen Ernst Mach (1838–1916) vertreten wurde. Obwohl auch Mach die Reihe seiner Vorgänger mit Spinoza beginnen lässt,[13] übernimmt er dessen Substanz-Denken nicht, sondern lehnt jede ontologische Bestimmung ab. Er versucht nicht nur den Begriff der geistigen und den Begriff der materiellen Substanz, sondern auch den Begriff der neutralen Substanz zu beseitigen. Dabei folgt er der Argumentationslinie, die von Berkeley zu Hume führt.

Gegen die Annahme einer materiellen Substanz hatte schon Berkeley in seiner Auseinandersetzung mit Locke Stellung bezogen und das Sein der Dinge der Außenwelt als ihr Wahrgenommenwerden bestimmt. An der Existenz geistiger Substanz hatte er aber festgehalten. Hume folgt Berkeley in der Ablehnung der materiellen Substanz, betont aber, dass wir auch keine Vorstellung von einer geistigen Sub-

11 Philosophisches Wörterbuch (1931), S. 121.

12 Philosophisches Wörterbuch (1934), S. 173.

13 Mach: Analyse der Empfindungen, S. 38.

stanz als Träger von Perzeptionen haben. Fraglich wird damit der Gedanke der personalen Identität. Das Ich sei nämlich, so Hume, letztlich nichts anderes als „ein Bündel oder Zusammen verschiedener Perzeptionen, die einander mit unbegreiflicher Schnelligkeit folgen und dauernd in Fluss und Bewegung sind".[14] Mit der Leugnung eines identischen Ichs im dauernden „Fluss" der Perzeptionen steht diese Auffassung in der Tradition Heraklits.

Humes Analyse macht sich Mach zu eigen, wobei er erklärt, dass es ihm nicht um die Begründung einer philosophischen Position, sondern einzig darum gehe, die Erscheinungswelt wissenschaftlich angemessen zu beschreiben. Aus methodologischen Gründen fordert er, ontologisch neutrale „Elemente" als das Identischbleibende anzuerkennen,[15] um auf dieser Grundlage „einen einheitlichen *monistischen* Bau aufzuführen und den leidigen verwirrenden Dualismus los zu werden".[16] Die Elemente werden als phänomenale Bausteine der psychischen, physischen und psychisch-physischen Erscheinungswelt verstanden, die Gegenstand der verschiedenen empirischen Einzelwissenschaften ist. Der methodologisch ausgerichtete neutrale Monismus, dessen erklärtes Ziel es ist, die Wissenschaften von metaphysischen Scheinfragen zu reinigen, war nach 1900 eine einflussreiche wissenschaftstheoretische Position, für die als Bezeichnung ‚Phänomenalismus' üblich geworden ist. Der Einwand liegt allerdings nahe, dass der Phänomenalismus die sinnliche Seite der empirischen Erkenntnis überbetont und die begriffliche Seite vernachlässigt. Machs antimetaphysische Einstellung haben die Mitglieder des Wiener Kreises (Moritz Schlick, Rudolf Carnap, Otto Neurath und andere) in ihrem Programm einer „wissenschaftlichen Weltauffassung" übernommen.

Machs Einfluss blieb nicht auf die Wissenschaftstheorie beschränkt. Seine These von der Auflösung des Ichs, die er in dem Kernsatz „Das

---

14 Hume: Traktat, S. 327; Treatise, S. 252: „a bundle or collection of different perceptions, which succeed each other with an inconceivable rapidity, and are in a perpetual flux and movement".

15 Analyse der Empfindungen, Kapitel I: Antimetaphysische Vorbemerkungen.

16 Analyse der Empfindungen, S. 255.

Ich ist unrettbar" zugespitzt hat,[17] fiel im literarischen Impressionismus auf fruchtbaren Boden, indem sie diesem die theoretische Grundlage lieferte. So schreibt Hermann Bahr (1863–1934), der Literaturpapst der Wiener Moderne, mit deutlichem Bezug auf Heraklits Flussmetapher:

> Seine [Machs] ‚Analyse der Empfindungen' [...] ist wohl das Buch, das unser Gefühl der Welt, die Lebensstimmung der neuen Generation auf das größte ausspricht. Alle Trennungen sind hier aufgehoben, das Physikalische und das Psychologische rinnt zusammen, Element und Empfindung sind eins, das Ich löst sich auf und alles ist nur eine ewige Flut, die hier zu stocken scheint, dort eiliger fließt, alles ist nur Bewegung von Farben, Tönen, Wärmen, Drücken, Räumen und Zeiten, die auf der anderen Seite, bei uns herüben, als Stimmungen, Gefühle und Willen erscheinen. [...] Ich habe [...] seit Jahren nichts gelesen, dem ich sogleich leidenschaftlicher zugestimmt hätte, wahrhaft aufatmend und mit dem Gefühl, daß hier endlich offenbar wird, was wir alle längst dunkel bei uns geahnt haben.[18]

Bahr bezieht sich im Weiteren als Beleg für das impressionistische Lebensgefühl auf die Maler des Impressionismus, namentlich auf Manet, Degas und Renoir. In deren Gemälden wird freilich der Fluss des Heraklit in Momentaufnahmen festgehalten. Ein literarisches Beispiel für die Reduzierung des Ichs auf dessen Bewusstseinsströme bietet Arthur Schnitzlers als innerer Monolog verfasste Novelle *Leutnant Gustl* (1900).

---

17 Ebd., S. 20.

18 Hermann Bahr: Impressionismus, S. 258f.

13 Erkenntnistheorie und Logik im Marxismus-Leninismus

Eine besonders folgenreiche Wirkung entfaltete Machs Phänomenalismus dadurch, dass er von marxistischen Denkern in Russland aufgegriffen wurde, die den Materialismus als metaphysisch verwarfen. Dabei bezog man sich auch auf weitere Autoren, wie vor allem Richard Avenarius (1843–1896), der eine ähnliche Auffassung wie Mach vertrat. Er nannte seine Philosophie ‚Empiriokritizismus'. Diese Bezeichnung wurde als Sammelname auch für Machs Phänomenalismus üblich. Hauptvertreter des Empiriokritizismus in Russland war Alexander Bogdanow (1873–1928). Gegen die antimetaphysische Revision des Marxismus trat Lenin (1870–1924) mit seiner Schrift *Materialismus und Empiriokritizismus* (1909) an. Der Untertitel *Kritische Bemerkungen über eine reaktionäre Philosophie* macht deutlich, dass es Lenin darum ging, seine Gegner politisch zu diffamieren, indem er sie der Abweichung von der marxistischen Grundlehre des Materialismus bezichtigte.

Materie ist für Lenin zunächst der Stoff, aus dem die Welt besteht. Außerdem garantiert sie die Realität der Außenwelt. Die Ableitung des erkenntnistheoretischen Realismus aus dem Materialismus hatte bereits Engels in seiner Behandlung der „Grundfrage" vollzogen (siehe Kapitel 8.4.1). Auf Engels' Darstellung gestützt avancierte Lenins Buch zum grundlegenden Text der Erkenntnistheorie des Marxismus-Leninismus. Deren Kerngedanke ist – wiederum im Anschluss an Engels – eine Abbildtheorie der Erkenntnis:

> Die Materie ist eine philosophische Kategorie zur Bezeichnung der objektiven Realität, die dem Menschen in seinen Empfindungen gegeben ist, die von unseren Empfindungen kopiert, fotografiert, abgebildet wird und unabhängig von ihnen existiert.[1]

1 Lenin: Materialismus und Empiriokritizismus, S. 124.

Diese Abbildtheorie wird als Widerspiegelungstheorie gefasst: „Die Anerkennung der objektiven Gesetzmäßigkeit der Natur und der annähernd richtigen Widerspiegelung dieser Gesetzmäßigkeit im Kopf des Menschen ist Materialismus."[2] Der transzendentalphilosophische Gedanke, dass unsere Erkenntnis durch Bedingungen des erkennenden Subjekts vorgeprägt ist, wird von Lenin von vornherein als idealistisch verworfen.

Gegen den Einwand, Lenin würde Erkenntnis als bloß passiven Vorgang verstehen, haben Vertreter des Marxismus-Leninismus eingewandt, dass Erkenntnis letztlich als ein gesellschaftlicher Prozess zu verstehen sei. Dabei wird im Sinne des Historischen Materialismus die aktive Rolle des Erkenntnissubjekts in den an der Praxis orientierten, sich historisch entfaltenden kollektiven Aneignungsprozess verlegt, der sich von der elementaren Bedürfnisbefriedigung bis zu hochkomplexen industriellen Produktionsformen erstrecke.

Die Widerspiegelungstheorie diente später auch als erkenntnistheoretische Grundlage der marxistisch-leninistischen Ästhetik. Selbst weniger dogmatische Autoren wie Georg Lukács griffen auf sie zurück. Dabei wird nicht nur der klassische Begriff der Nachahmung (Mimesis) als Widerspiegelung interpretiert, sondern auch die Funktion der Kunst dahingehend bestimmt, dass diese als Ausprägung des gesellschaftlichen Bewusstseins das gesellschaftliche Sein widerzuspiegeln habe.

Lenins Position in der Auseinandersetzung mit den Anhängern des Empiriokritizismus kann man dahingehend zusammenfassen, dass es nicht möglich sei, dialektischer und historischer Materialist zu sein, ohne auch den ontologischen Materialismus zu vertreten. Ohne diese notwendige Voraussetzung, so meint Lenin, würde man unweigerlich dem bürgerlichen Idealismus und Fideismus in die Arme laufen. Dementsprechend beschließt er seine Schrift mit den Worten:

> Objektiv, klassenmäßig besteht die Rolle des Empiriokritizismus ausschließlich in Handlangerdiensten für die Fideisten in deren Kampf gegen den

---

2 Ebd., S. 150f.

> Materialismus überhaupt und gegen den historischen Materialismus insbesondere.[3]

Das Verwerfliche an Lenins Vorgehen ist nicht die entschiedene Ablehnung einer gegnerischen Position, sondern das Ziel, den Gegner politisch zu diffamieren und gar zu vernichten – ein Verfahren, das man in analoger Weise aus dem Umgang religiöser Dogmatiker mit so genannten Häretikern kennt.

Im Marxismus-Leninismus setzt sich dieses Verfahren bis in die Diskussion um das Verhältnis zwischen Dialektik und Logik fort. Die speziell in der DDR geführte Auseinandersetzung geht aus von einer 1951 an der Jenaer Universität veranstalteten Logik-Konferenz.[4] Um des problemgeschichtlichen Zusammenhangs willen nehmen wir an dieser Stelle einen weiten zeitlichen Vorgriff in Kauf.

Wiederkehrender Bezugspunkt in der Diskussion in Jena war die kurz zuvor erschienene Schrift Stalins *Der Marxismus und die Fragen der Sprachwissenschaft*. Stalin vertrat darin die Auffassung, dass die natürliche Sprache kein Überbauphänomen sei und damit keinen klassenspezifischen Charakter habe. Damit verneinte Stalin letztlich die Auffassungen Herders und Humboldts, dass unterschiedliche Sprachen unterschiedliche Weltbilder prägen. Diese Aussage bot die willkommene Gelegenheit, auch den allgemeinen Regeln des Denkens einen analogen übergreifenden Status unabhängig vom ideologischen Überbau zu sichern und damit die Logik als Disziplin unabhängig vom Klassenstandpunkt der marxistisch-leninistischen Philosophie zu etablieren. Erstaunt nimmt man zur Kenntnis, dass es zu einem solchen Schritt der Berufung auf die ‚Autorität' Stalins bedurfte.

In der Diskussion standen sich einerseits Vertreter der modernen Logik und Verteidiger der traditionellen Logik gegenüber. Andererseits kam es zu einem internen Konflikt zwischen den Vertretern der mo-

---

3 Ebd., S. 363. ‚Fideisten' (von lat. ‚fides' = ‚Glaube') nennt Lenin solche Philosophen, die den religiösen Glauben verteidigen. Als Repräsentant wird von ihm vor allem der Bischof Berkeley angeführt.

4 Baumgarten, Bloch, Harich und Schröter (Hg.): Protokoll der philosophischen Konferenz über Fragen der Logik.

dernen Logik. Die einen wollten diese als mathematische Logik und damit als eine von der Philosophie unabhängige Teildisziplin der Mathematik verstanden wissen (so der Mathematiker Karl Schröter). Andere sahen sie als Teilgebiet der Philosophie und forderten dementsprechend eine Rückbindung an marxistisch-leninistische Grundlehren wie die Widerspiegelungstheorie (so der Philosoph Georg Klaus).

Als Verteidiger der traditionellen Logik und Kritiker der modernen Logik tat sich besonders Ernst Bloch hervor, zu dieser Zeit noch vor seinem Wechsel in die Bundesrepublik Professor an der Universität Leipzig. Er verortete die moderne Logik gezielt in Feindstellung zum dialektischen Materialismus:

> Die bisherige Logistik ist alles andere als dialektisch-materialistisch, konträr: die Pseudophilosophie in ihr verhält sich zur wirklichen feindlich. Sie macht in ihren repräsentativen Köpfen aus dieser Feindschaft auch gar keinen Hehl und ist noch stolz auf sie.[5]

Noch deutlicher wurde Bloch in seinen Stellungnahmen nach der Jenaer Konferenz. Die Vertreter der modernen Logik in der DDR setzte er dem Verdacht des „Nihilismus" und gar der „imperialistischen Ideologie" aus, wobei er sich dazu verstieg, ausgerechnet Russell, Reichenbach und die Autoren des Wiener Kreises als Belege anzuführen,[6] obwohl diese politisch zu einem großen Teil dem Sozialismus nahe standen. Otto Neurath, ein führendes Mitglied des Wiener Kreises, war sogar an der Münchner Räterepublik beteiligt gewesen. Blochs Parteinahme für die traditionelle Logik und seine Ablehnung der modernen Logik zeugt zwar von mangelnder Sachkenntnis, ist ihm aber nicht persönlich vorzuwerfen. Problematisch in moralischer Hinsicht ist aber sein Rückgriff auf das politische Diffamierungsvokabular des Leninismus in der Kritik an seinen wissenschaftlichen Gegnern. Dazu passt, dass Bloch zunächst die politischen ‚Säuberungen' Stalins recht-

5 Ebd., S. 43. Die Bezeichnung ‚Logistik' war ursprünglich als Selbstbezeichnung der mathematischen Logik üblich. Später wurde sie auch als Schimpfwort verwendet.

6 Siehe die von Kreiser publizierten Dokumente in: Logik und Logiker in der DDR, S. 60–62.

fertigte und sich erst spät davon distanzierte. Daher fragt man sich, wie sich Bloch verhalten hätte, wenn er nicht zu den Unterlegenen, sondern zu den Gewinnern in den politischen Auseinandersetzungen in der DDR gehört hätte.

14 Die sprachphilosophische Wende

In etwas grober Einteilung habe ich der antiken Philosophie mit ihrer Frage nach dem Sein die Ontologie als philosophische Grunddisziplin zugewiesen. So werden von den Atomisten materielle Atome und von Platon und Plotin geistige Ideen als das Identische im Verschiedenen und damit als das eigentlich Seiende bestimmt. Im Universalienstreit des Mittelalters setzt sich die ontologische Tradition fort, indem danach gefragt wird, ob es außer den individuellen Dingen auch Universalien gibt. In der neuzeitlichen Philosophie wird die Erkenntnistheorie zur zentralen Disziplin. Das Identische sind nun die durch Absehung von den Verschiedenheiten der Einzeldinge gewonnenen Begriffe, die gemeinsame Eigenschaften der unter sie fallenden Gegenstände festlegen. Im Psychologismusstreit geht es unter anderem um den Status der Begriffe. Zu Recht weisen die Gegner des Psychologismus darauf hin, dass Begriffe nicht als psychische Gebilde aufgefasst werden dürfen, da diese einzelnen Individuen angehören und daher intersubjektiv nicht vermittelbar sind.

In einem nächsten Schritt rückt die Sprachphilosophie zur zentralen Disziplin der Philosophie auf. Diese Entwicklung bahnt sich bereits bei Herder und Wilhelm von Humboldt an, für die Sprache nicht nur Erkenntnis vermittelt, sondern auch das jeweilige Weltbild prägt. Die Einsicht in die Vielfalt der Sprachen führt dann zur Anerkennung unterschiedlicher Weltbilder. Während Herder und Humboldt diese Vielfalt nicht als Relativismus beklagen, sondern eher als Reichtum begrüßen, ist bei späteren Autoren auch die Tendenz zu einer negativen Deutung festzustellen, wonach Sprache ein intersubjektives Verstehen und Erkennen verstelle.

Die Hinwendung zur Sprache erreicht im 20. Jahrhundert ihren Höhepunkt. Man spricht geradezu von einer „sprachphilosophischen Wende" (engl. ‚linguistic turn'). Hier ergibt sich eine Parallele zur erkenntnistheoretischen Frage nach dem Status von Begriffen. Die Frage ist nun, ob die Bedeutungen der Wörter psychische Vorstellungen sind oder ob diese das Verstehen intersubjektiver oder objektiver Bedeutungen lediglich subjektiv begleiten. Danach wären die intersubjektiven oder objektiven Bedeutungen das Identische in den verschiedenen subjektiven Realisierungen im Bedeutungsverstehen.

Nun können sprachliche Ausdrücke nicht nur Bedeutung haben, meistens haben sie auch einen Bezug zur Realität. Neuerdings heißt es sogar ‚Sprache schafft Realität'. Wie bei der erkenntnistheoretischen Analyse der Beziehung zwischen erkennendem Subjekt und erkanntem Objekt, so gibt es auch bei der Analyse der Beziehung zwischen Sprache und Realität unterschiedliche Auffassungen in der ganzen Bandbreite zwischen Subjektivismus und Objektivismus. Die Frage ist, ob Sprache uns eine bestimmte Gliederung der Welt aufzwingt oder ob die Welt in ihrer Beschaffenheit objektiv erkennbar bleibt.

Die Hinwendung zur Sprache ist durch unterschiedliche Methoden der Sprachkritik bestimmt, die teilweise in Metaphysikkritik münden oder durch eine solche Kritik motiviert sind. Insofern ist die Sprachkritik eine Fortsetzung der Vernunftkritik. In der Sprachkritik des 19. und 20. Jahrhunderts lassen sich vor allem drei Richtungen unterscheiden:

(1) Eine erkenntniskritische, an der Rhetorik orientierte Richtung, die von Friedrich Nietzsche vertreten wird und bei Fritz Mauthner in eine radikale Sprachskepsis mündet. In diese Tradition lässt sich auch die Dekonstruktion Jacques Derridas einreihen.

(2) Eine an der formalen Logik orientierte idealsprachliche Richtung der analytischen Philosophie. Deren Vertreter sind bemüht, die Verführungen durch die Sprache, denen das philosophische Denken ausgesetzt ist, durch logische Analyse zu beseitigen. Als Klassiker dieser Richtung haben wir bereits Gottlob Frege kennen gelernt. Zu nennen sind ferner vor allem Bertrand Russell, der frühe Wittgenstein (als Autor des *Tractatus logico-philosophicus*) und Rudolf Carnap. In Absetzung von der erkenntniskritischen Richtung unterstreicht Wittgenstein: „Alle Philosophie ist ‚Sprachkritik'. (Allerdings nicht im Sinne Mauthners.)"[1]

(3) Eine an der Umgangssprache orientierte normalsprachliche Richtung der analytischen Philosophie, die im englischen Sprachraum ‚or-

1 Tractatus 4.0031.

dinary language philosophy' oder ‚linguistic philosophy' genannt wird. Für deren Vertreter sind gerade die Abweichungen von der normalen Sprache für philosophische Verwirrungen verantwortlich. Dieser Richtung gehören der späte Wittgenstein (als Autor der *Philosophischen Untersuchungen*), John L. Austin, Gilbert Ryle und Peter F. Strawson an. Eine vermittelnde Position zwischen der idealsprachlichen und der normalsprachlichen Richtung nimmt John R. Searle in seiner Ausarbeitung der Sprechakttheorie Austins ein.

14.1 Sprachkritik als Erkenntniskritik: Friedrich Nietzsche

Ausgehend vom grundsätzlich metaphorischen Charakter der Sprache behauptet Nietzsche, dass die Wahrheit lediglich „ein bewegliches Heer von Metaphern, Metonymien, Anthropomorphismen" sei, „eine Summe von menschlichen Relationen, die, poetisch und rhetorisch gesteigert, übertragen, geschmückt wurden und die nach langem Gebrauch einem Volke fest, kanonisch und verbindlich dünken".[2] Angebliche Wahrheiten sind danach tote Metaphern. Nietzsche nimmt damit nicht nur eine Aufwertung der rhetorischen Dimensionen der lebendigen Sprache gegenüber dem abstrakten Denken in Begriffen vor. Mit seinem Versuch, den Wahrheitsbegriff der Logik rhetorisch aufzulösen, stellt er sich zudem in dem alten Konflikt zwischen Logik und Rhetorik auf die Seite der Rhetorik. Es wundert daher nicht, dass im Anschluss an Nietzsche von Seiten der Dekonstruktion geradezu eine „Suspendierung der Logik" durch Rhetorik ausgerufen wird.[3]

In seiner Kritik am Wahrheitsanspruch der Logik versucht Nietzsche zu zeigen, dass die Begriffsbildung, die den Wahrheitsanspruch allererst ermöglicht, bereits eine *bestimmte*, und damit eingeschränkte Darstellung der Wirklichkeit vornimmt:

2 Nietzsche: Über Wahrheit und Lüge im außermoralischen Sinn, S. 314.

3 Vgl. Man: Allegorien des Lesens, S. 40.

> Jeder Begriff entsteht durch Gleichsetzen des Nichtgleichen. So gewiß nie ein Blatt einem andern ganz gleich ist, so gewiß ist der Begriff Blatt durch beliebiges Fallenlassen dieser individuellen Verschiedenheiten, durch ein Vergessen des Unterscheidenden gebildet [...].[4]

Dadurch komme es zu der verfehlten Ansicht, dass es außer den Einzeldingen so etwas wie eine „Urform" gäbe, deren Abbilder im platonischen Sinne die Einzeldinge seien. In Verbindung mit der These, dass Begriffe nichts anderes als tote Metaphern seien, verneint Nietzsche deren Erkenntniswert, weil sie „den ursprünglichen Wesenheiten ganz und gar nicht entsprechen".[5]

Rätselhaft bleibt hier, auf welcher Grundlage Nietzsche die ursprünglichen Wesenheiten meint erkennen zu können. Zu betonen ist außerdem, dass die Anerkennung abstrahierender Begriffsbildung keineswegs impliziert, diesen Begriffen den Status von platonischen Ideen zubilligen zu müssen. Grundlage der Begriffsbildung ist lediglich die Feststellung von Gemeinsamkeiten zwischen verschiedenen Dingen unter Absehung von deren Verschiedenheiten. Nietzsche kommentiert diesen Sachverhalt so, dass die Logik an die Bedingung geknüpft sei, „an sich ungleiche Fälle" als „identische" zu behandeln:

> Tatsächlich, damit logisch gedacht und geschlossen werde, *muß diese* Bedingung erst als erfüllt fingiert werden. Das heißt: der Wille zur *logischen Wahrheit* kann erst sich vollziehen, nachdem eine grundsätzliche *Fälschung* alles Geschehens angenommen ist. Woraus sich ergibt, daß hier ein Trieb waltet, der beider Mittel fähig ist, zuerst der Fälschung und dann der Durchführung seines Gesichtspunktes: die Logik stammt *nicht* aus dem Willen zur Wahrheit.[6]

Man möchte meinen, dass Windelband, Rickert und Frege mit ihrer Berufung auf den Willen zur Wahrheit eine direkte Antwort auf den letzten Satz in diesem Zitat geben wollten.

---

4 Über Wahrheit und Lüge im außermoralischen Sinn, S. 313.

5 Ebd., 312f.

6 Nietzsche: Aus dem Nachlaß der Achtzigerjahre, S. 476.

Wenn Nietzsche der Logik wegen ihrer Verallgemeinerungen bestreitet, dass sie dem Willen zur Wahrheit entstammt, meint er dann, dass sie dem Willen zur Macht als Herrschaftsinstrument dient? Das bleibt hier offen, ist aber später so von Horkheimer und Adorno behauptet worden: „Die Allgemeinheit der Gedanken, wie die diskursive Logik sie entwickelt, die Herrschaft in der Sphäre des Begriffs, erhebt sich auf dem Fundament der Herrschaft in der Wirklichkeit."[7] Dabei wird die Bildung allgemeiner Begriffe zwar nicht grundsätzlich abgelehnt; denn: „Der Kampf gegen Allgemeinbegriffe ist sinnlos." Gleichwohl wird dem Allgemeinen als dem Identischen im Verschiedenen der Vorrang gegenüber den verschiedenen Einzelnen bestritten:

> Die Welt ist einmalig. Das bloße Nachsprechen der Momente, die immer und immer wieder als dasselbe sich aufdrängen, gleicht eher einer vergeblichen und zwanghaften Litanei als dem erlösenden Wort. Klassifikation ist Bedingung von Erkenntnis, nicht sie selbst, und Erkenntnis löst die Klassifikation wiederum auf.[8]

Nicht erkannt wird hier der Erkenntniswert vorpropositionaler begrifflicher Unterscheidungen und die Abhängigkeit propositionaler Erkenntnis von zuvor getroffenen Unterscheidungen.

Die Fälschungs-These bietet eine der vielen für Nietzsche typischen tendenziösen Übertreibungen – freilich in sprachlich bestechender Form. Nietzsche schreibt zu schön, um auch noch wahr zu sein. Zuzugestehen ist, dass die durch logische Begriffsbildungen gezogenen Grenzen, die nicht immer ‚scharfe' Grenzen sein müssen, nicht Grenzen der Wirklichkeit *an sich* sind; aber zur Wirklichkeit an sich hat auch Nietzsche keinen Zugang. Auch er muss sich mit einer in Begriffen erschlossenen Wirklichkeit begnügen. Damit erweist sich die Behauptung, abstrahierende Begriffsbildungen würden eine „grundsätzliche *Fälschung*" vornehmen, als haltlos.

---

7 Horkheimer und Adorno: Dialektik der Aufklärung, S. 30.

8 Ebd., S. 249.

Nietzsches Behauptung ist überdies in sich widersprüchlich. Um Dinge in ihren Eigenschaften als verschieden ausmachen zu können, muss man erkennen, *worin* diese verschieden sind. So muss man, um mit Nietzsche sagen zu können, dass alle Blätter voneinander nicht nur numerisch, sondern auch in Farbe und Form verschieden sind,[9] bereits über die allgemeinen Begriffe ‚Blatt', ‚Farbe' und ‚Form' verfügen. Dazu bedarf es zwar keiner deutlichen Begriffe durch entsprechende Definitionen, aber doch klarer Begriffe in dem Sinne, dass die unter sie fallenden Gegenstände in ihrer Gleichartigkeit wiedererkennbar sind.[10] Rückblickend auf den Universalienstreit vertritt Nietzsche einen extremen Nominalismus, dem er als einzige Alternative einen platonistischen Begriffsrealismus gegenüberstellt und damit die Zwischenposition eines Konzeptualismus außer Acht lässt.

Nietzsches erkenntnisleitendes lebensphilosophisches Interesse besteht darin, das Leben und die Lüge (im außermoralischen Sinn) gegen die Logik und die Wahrheit auszuspielen. So spricht er von der „irrtum*wollenden* Kraft in allem Leben" und setzt noch eins drauf, indem er hinzufügt: „Bevor ‚gedacht' wird, muß schon ‚gedichtet' worden sein".[11] Damit hebt er den Unterschied zwischen Fakten und Fiktionen auf.

14.2 Sprachskepsis: Fritz Mauthner

Die erkenntniskritische Linie Nietzsches wird von Fritz Mauthner als radikale Sprachskepsis fortgesetzt.[12] Die Sprache ist für ihn nicht mehr das Kleid der Gedanken, sondern sozusagen eine Zwangsjacke, in der das Denken gefangen ist. Die Schwächen der Sprache werden zu Schwächen des Denkens selbst. Eine Erkenntnis der Welt bleibt uns damit grundsätzlich versperrt. Obwohl Mauthner nicht explizit auf die

---

9 Über Wahrheit und Lüge, S. 313.

10 Vgl. zu dieser auf Leibniz zurückgehenden Unterscheidung das Kapitel 5.11.

11 Aus dem Nachlaß der Achtzigerjahre, S. 477.

12 Siehe besonders: Beiträge zu einer Kritik der Sprache; ferner: Wörterbuch der Philosophie. Neue Beiträge zu einer Kritik der Sprache.

Rhetorik Bezug nimmt, greift er doch – Nietzsche folgend – implizit auf deren Erbe zurück. Während Nietzsche aber noch die rhetorischen Möglichkeiten der Sprache als Mittel zur Befreiung von dem logischen „Bretterwerk der Begriffe" feiert,[13] strebt Mauthner mit seiner Sprachkritik – in der Tradition des Pyrrhonismus – eine Befreiung von der „Tyrannei der Sprache" überhaupt an. Die Funktion der Sprache, der Verständigung im alltäglichen Leben zu dienen, wird nicht bestritten. Ein besonderer Wert wird daraus aber nicht abgeleitet. Ganz im Gegenteil zeige sich hier nur, wie ‚gemein' sich die Sprache mache.

Nietzsches Auffassung vom durchgehend metaphorischen Charakter der Sprache aufgreifend, leugnet Mauthner vor allem die Erkenntnisfunktion der Sprache und billigt ihr einzig einen Wert als Ausdrucksmittel der Dichtung zu. Dieses Zugeständnis erfolgt aber nur, weil es in der Dichtung nicht um die Mitteilung von Gedanken, sondern um die Wirkung auf Gefühle gehe. Damit wird Mauthner nicht nur zu einem Vertreter einer emotivistischen Dichtungstheorie, er schränkt den Wert der Sprache insgesamt auf ihre persuasive Funktion im Sinne rhetorischer und poetischer Wirksamkeit ein.

Man sollte erwarten, dass der dichtungstheoretische Emotivist Mauthner nach der Zurückweisung der Sprache als philosophisches *Erkenntnis*mittel diese nun wenigstens als poetisches *Ausdrucks*mittel feiern würde. Diesen Schritt verhindert die Übernahme von Herders Dekadenztheorie, nach der die Sprache im Zeitalter der Vernunft dazu tendiere, zu einer anschauungslosen Begriffssprache zu degenerieren. Genau diesen Zustand sieht Mauthner bereits als gegeben an. Selbst der poetischen Sprache mangele es an ursprünglicher Anschaulichkeit. Auch sie böte „immer nur Bilder von Bildern von Bildern".[14] Sie verweise also lediglich – ‚intertextuell', wie man heute sagen würde – auf sprachlich artikulierte Anschauungen *Anderer*, ohne zu eigener authentischer Anschauung vorzudringen.

Es verwundert nicht, dass solche Skepsis besonders Dichter und Dichterinnen angesprochen hat. Ist doch bei diesen das Bewusstsein

---

13 Über Wahrheit und Lüge, S. 321.

14 Beiträge zu einer Kritik der Sprache, Bd. 1, S. 122.

für die Schwierigkeit, in Worten zu artikulieren, was man meint, besonders ausgeprägt. Sprachkritik erwächst hier aus der Verzweiflung darüber, dass die abstrakte Sprache es nicht vermag, Anschauungen angemessen zum Ausdruck zu bringen. So betont schon Schiller im letzten seiner Kallias-Briefe (1793), der Dichter habe „kein anderes Mittel, um das Besondere darzustellen, als die künstliche *Zusammensetzung des Allgemeinen*", und er beklagt: „die Dichtkunst will *Anschauungen*, die Sprache gibt nur *Begriffe*."[15]

Sprachskepsis ist freilich nicht auf die Dichtung beschränkt. Aus der Sicht der bildenden Kunst haben wir sie bereits in den Äußerungen der Figur Reinhold in August Wilhelm Schlegels Schrift *Die Gemälde* kennen gelernt. Danach sollte man gar nicht über Kunst reden, weil die Sprache versage, das auszudrücken, was die Kunst darstelle. Die Sprachskepsis erwächst hier aus dem Medienwechsel, aus den Schwierigkeiten, die sich bei dem Versuch ergeben, im Medium der Sprache zu *sagen*, was Objekte im Medium Bild *zeigen*.

Exemplarisch für die Sprachskepsis der Dichter ist die berühmte Klage im *Lord-Chandos-Brief* von Hugo von Hofmannsthal:

> Die abstrakten Worte, deren sich doch die Zunge naturgemäß bedienen muß, um irgendwelches Urteil an den Tag zu geben, zerfielen mir im Munde wie modrige Pilze.[16]

Es kann unentschieden bleiben, ob die angesprochene Sprachskepsis Ausdruck von Hofmannsthals eigener dichterischer Krise ist oder ob eine solche Krise lediglich fiktional vergegenwärtigt wird. In jedem Fall steht sie symptomatisch für das empfundene poetologische Problem, dass die abstrakte Begrifflichkeit der Worte bei der Vermittlung lebendiger Anschauung versage und die Sprache sich sogar als zu arm erweise, auch nur die einfachsten Dinge des Lebens auszudrücken:

---

15 Schiller: Kallias, S. 432.

16 Hofmannsthal: Ein Brief, S. 12.

> Eine Gießkanne, eine auf dem Felde verlassene Egge, ein Hund in der Sonne, ein ärmlicher Kirchhof, ein Krüppel, ein kleines Bauernhaus, alles dies kann das Gefäß meiner Offenbarung werden. Jeder dieser Gegenstände und die tausend anderen ähnlichen, über die sonst ein Auge mit selbstverständlicher Gleichgültigkeit hinweggleitet, kann für mich plötzlich in irgendeinem Moment, den herbeizuführen auf keine Weise in meiner Gewalt steht, ein erhabenes und rührendes Gepräge annehmen, das auszudrücken mir alle Worte zu arm scheinen.[17]

Angedeutet findet sich hier ein weiterer Aspekt der Sprachskepsis, die Sehnsucht nach einer durch kein Medium verstellten Unmittelbarkeit des Erlebens, bis hin zu einer Steigerung ins Mystische. Diese Verbindung zwischen Sprachskepsis und Mystik ist charakteristisch für Teile der deutschsprachigen Literatur um 1900. Mystik ist dabei keineswegs an Religion gebunden, sondern begreift sich vielfach, wie im Falle Mauthners, geradezu als gottlose Mystik, die exemplarisch für das Erkenntnisideal sprachloser Präsenzerfahrung steht.

Bei allem Respekt vor solcher Erfahrung, problematisch bleibt es, diese zum Maßstab für gelingende Erkenntnis zu machen. Derartige Ansprüche führen zwangsläufig zu Entzugstheorien wie der negativen Theologie oder zu deren säkularen Abkömmlingen, wie zum Beispiel der Negativitätsästhetik. Als Beispiel ist hier Adornos These vom Rätselcharakter des Kunstwerks anzuführen, die besagt, dass sich das Kunstwerk dem Verstehen permanent entziehe: „Daß Kunstwerke etwas sagen und mit dem gleichen Atemzug es verbergen, nennt den Rätselcharakter unterm Aspekt der Sprache."[18] Angemessener ist es zuzugestehen, dass sich das Kunstwerk einer *abschließenden* Deutung verweigert. Aber eine solche interpretatorische Unbestimmtheit besagt ja nicht, dass man überhaupt nichts versteht.

---

17 Ebd., S. 14.

18 Adorno: Ästhetische Theorie, S. 182.

14.3 Dekonstruktion und Metaphorologie: Jacques Derrida und Hans Blumenberg

In die Negativitäts-Tradition lässt sich auch Derrida und die Dekonstruktion mit dem Bemühen einreihen, die diskursive Erkenntnis immer wieder zu unterlaufen. Wie bei Mauthner ist der Ausgangspunkt, dass wir den Sinn eines sprachlichen Ausdrucks nicht genau bestimmen können. Dabei hat die Auffassung des Sprachwissenschaftlers Ferdinand de Saussure Pate gestanden, dass sich Sprache ständig verändert. Einmal mehr klingt hier heraklitisches Denken an. Ist doch die von der Dekonstruktion unterstellte permanente Sinnverschiebung nichts anderes als eine semantische Variante des heraklitschen Flusses.

Nachteilig hat sich ausgewirkt, dass Saussure die semantische Seite des sprachlichen Zeichens (des Signifikanten), nämlich den jeweiligen Zeicheninhalt (das Signifikat), psychologisch aufgefasst hat. Damit steht die Möglichkeit von Intersubjektivität, wie bereits Frege in seiner Psychologismuskritik ausgeführt hat, von vornherein infrage. Unter solchen Voraussetzungen ergeben sich die negativen Konsequenzen, die Derrida für das Sinnverstehen und die Möglichkeit sicherer Erkenntnis zieht, fast zwangsläufig. Entsprechendes gilt für Mauthners Erkenntniskritik durch Sprachkritik, die ebenfalls auf einer psychologischen Bedeutungstheorie fußt. Mauthner darf daher als Vorläufer der Dekonstruktion gelten, obwohl deren Vertretern dieser Zusammenhang anscheinend nicht bewusst ist.

Die Dekonstruktion teilt mit Mauthner die Auffassung, dass der Zugang zur Erkenntnis sprachlich vermittelt ist, sodass dann – negativ gewendet – mit der Möglichkeit des genauen Sinnverstehens von Sprache auch die Möglichkeit der Erkenntnis verneint wird. Die Übereinstimmungen zwischen Mauthner und Derrida dürfte auch dadurch bedingt sein, dass beide von Nietzsche beeinflusst sind. Einigkeit besteht auch darin, dass die jeweilige Sprachkritik gegen die abendländische Vernunfttradition gerichtet ist. Derrida spricht hier von einem „Logozentrismus", dessen Entstehung er auf einen „Phonozentrismus" zurückführt. Der Phonozentrismus besagt, dass die Schrift der mündlichen Rede unterzuordnen ist, weil sie lediglich deren Imitation sei. Dabei ist man davon ausgegangen, dass der Sinn vornehmlich in der gesprochenen Sprache präsent sei, weil die Stimme „wesentlich und unmittelbar mit der Seele verwandt ist".[19] Akzeptiert man diese Auffassung, dann ergibt sich als Konsequenz: „Jeder Signifikant, zumal der geschriebene, wäre bloßes Derivat, verglichen mit der von der Seele oder dem denkenden Erfassen des Sinns [...] untrennbaren Stimme."[20]

Nun ist es sicher richtig, dass die abendländische Tradition – beginnend mit Platons Schriftkritik – weitgehend der gesprochenen gegenüber der geschriebenen Sprache eine Vorrangstellung eingeräumt hat. Es gibt aber auch differenziertere Auffassungen. Eine solche finden wir zum Beispiel bei Wilhelm von Humboldt. Zunächst geht auch Humboldt von einer „Unterordnung" der Schrift unter den Ton und damit unter die Stimme aus,[21] weil durch den Ton die Seele unmittelbar angesprochen werde.[22] Die Schrift könne dagegen „der Lebendigkeit der Sprache, und ihrer Einwirkung auf den Geist nachteilig werden".[23] Im selben Zusammenhang betont Humboldt aber, dass die Schrift „die logische Bearbeitung" befördere. Insofern muss es verwundern, dass Derrida mit seiner Kritik am Phonozentrismus und der damit einhergehenden Aufwertung der Schrift den Logozentrismus treffen will, der gerade in der Schrift ein unterstützendes Medium findet. Verdeutlichen lässt sich dies an Freges Ausführungen zu den Vorzügen seiner Begriffsschrift, ausgehend von einer Bestimmung des Verhältnisses zwischen stimmlich-mündlicher und optisch-schriftlicher Sprache.

Was Humboldt als Gefahr anspricht, wendet Frege ins Positive, indem er in *logischer* Hinsicht der *sichtbaren* Schrift den Vorzug vor der *hörbaren* Rede einräumt. Dabei betont auch er die enge Beziehung des Hörens zum Gemüts- und Seelenleben:

19 Derrida: Grammatologie, S. 24.

20 Ebd., S. 25.

21 Humboldt: Über die Buchstabenschrift und ihren Zusammenhang mit dem Sprachbau, S. 89.

22 Ebd., S. 87.

23 Ebd., S. 105.

> Insbesondere zum Gemütsleben haben die Töne eine innigere Beziehung als Gestalten [...]; und die menschliche Stimme in ihrer unendlichen Biegsamkeit vermag auch den feinsten Mischungen und Abwandlungen der Gefühle gerecht zu werden. Aber wie wertvoll diese Vorzüge auch für andere Zwecke sein mögen, für die Strenge der Schlußfolgerungen sind sie ohne Bedeutung. Dies enge Anschmiegen der hörbaren Zeichen an die leiblichen und seelischen Bedingungen der Vernunft hat vielleicht grade den Nachteil, diese von jenen abhängiger zu erhalten.[24]

Man beachte, dass Frege hier zunächst die Bedeutung der Stimme als Medium des Ausdrucks von Gefühlen hervorhebt und damit ganz im Sinne Humboldts den Vorzug der mündlichen Sprache für die zwischenmenschliche Kommunikation einräumt, dann aber dagegen hält, dass dieser Vorzug logisch irrelevant ist. Die Logik muss Frege zufolge auf die Schrift setzen, weil diese den Sinn auf Dauer festhält. Die durch die Stimme vermittelte Präsenz des Sinns ist psychischer Natur und daher nur momentan. Im Gegensatz zum „rastlosen Fließen unserer wirklichen Gedankenbewegung" biete die Schrift die Möglichkeit, „Vieles gleichzeitig gegenwärtig zu halten".[25] Mit diesem Votum stellt sich Frege einmal mehr auf die Seite des Parmenides gegen das dauernde Fließen des Heraklit.

Freges differenzierter Vergleich zwischen den semantischen Leistungen von Stimme und Schrift erbringt den Nachweis, dass entgegen Derridas Deutung nicht der Phonozentrismus der Ursprung des vernunftorientierten Logozentrismus ist, sondern dass dieser eher mit einer Vorrangstellung der Schrift einhergeht. Unabhängig von der Frage nach dem Ursprung des Logozentrismus versteht es sich, dass Frege im Gegensatz zu Derrida die Vernunftorientiertheit für das Denken befürwortet, ohne die Bedeutung der Gefühle für den Menschen zu unterschlagen.

Den Vorzug der Schrift für die Logik sucht Frege in seiner gezielt so genannten Begriffs*schrift* zu optimieren, indem er es nicht bei einer

---

24 Frege: Über die wissenschaftliche Berechtigung einer Begriffsschrift, S. 52.

25 Ebd., S. 53.

linearen Darstellung der logischen Verhältnisse belässt, sondern „die zweifache Ausdehnung der Schreibfläche für die Übersichtlichkeit" nutzt.[26] Die zweidimensionale Darstellung hat sich wegen des größeren drucktechnischen Aufwandes nicht durchsetzen können, obwohl sie tatsächlich sehr viel übersichtlicher als die eindimensionale ist. So kommt sie auch bei sehr komplexen Formeln ohne eine Flut von Klammern aus, so dass man die logische Struktur optisch schnell erfassen kann.

Sieht man von den erkenntniskritischen Übertreibungen der Dekonstruktion und ihrer Vorläufer Nietzsche und Mauthner ab, so ist positiv zu vermerken, dass in dieser Tradition der Sinn für die Rolle metaphorischer Rede geschärft wurde. Zu Recht ist hervorgehoben worden, dass die von Philosophen häufig vorgebrachte Ablehnung von Metaphern, wie sie exemplarisch bei Locke zu finden ist, in sich widersprüchlich ist, da man sich der Metaphern selbst bedient. Tatsächlich lässt sich die Verwendung von Metaphern auch gar nicht vermeiden, da zentrale philosophische Begriffe metaphorischen Ursprungs sind. Eindrücklich nachgewiesen hat dies Hans Blumenberg in seinen Beiträgen zur Metaphorologie, in denen er an „die Substruktur des Denkens" heranzukommen sucht.[27] Dabei geht es nicht um rhetorisch ausschmückende Metaphern, sondern um solche Metaphern, „die sich nicht ins Eigentliche, in die Logizität zurückholen lassen" und deshalb „absolute Metaphern" genannt werden.[28] Obwohl eine absolute Metapher für Blumenberg begrifflich nicht einholbar ist, räumt er doch ein, dass sie „durch eine andere ersetzt bzw. vertreten oder durch eine genauere korrigiert werden kann".[29] Er bestreitet zwar eine generelle begriffliche Hintergehbarkeit von Metaphern, im Gegensatz zu Mauthner behauptet er aber nicht, dass wir in Metaphern gefangen sind.

Nachdem in der Nietzsche-Tradition zunächst die Tendenz bestand, Begriffe einseitig als verkappte Metaphern zu entlarven und ihnen

26 Ebd., S. 55.

27 Blumenberg: Paradigmen zu einer Metaphorologie, S. 13.

28 Ebd., S. 10.

29 Ebd., S. 12f.

dementsprechend den Erkenntniswert abzusprechen, gibt Derrida immerhin zu bedenken, ob nicht umgekehrt alle Metaphern „streng genommen" (!) Begriffe seien. Daher fragt er, ob es überhaupt sinnvoll sei, Metaphern und Begriffe „in Opposition zu setzen".[30] Damit weist Derrida in die richtige Richtung, dass man nämlich auf eine strenge Grenzziehung zwischen Begriffen und Metaphern verzichten sollte. Der nächste Schritt wäre dann, damit aufzuhören, Begriffen wegen ihres letztlich metaphorischen Charakters den Erkenntniswert abzusprechen, und stattdessen anzuerkennen, dass – egal, ob Begriff oder Metapher – beide eine Erkenntnisleistung erbringen.

Frege gibt ein Beispiel dafür, wie eine absolute Metapher sogar der Erläuterung eines zentralen Begriffs der Logik zu Hilfe kommt. So greift er zur Erläuterung des logischen Grundbegriffs der Funktion auf eine aus der Chemie übernommene Metapher zurück, indem er Funktionen „ungesättigt" nennt, weil sie der Ergänzung durch Argumente bedürfen.[31] Frege stellt fest, dass es unmöglich sei, logisch einfache Begriffe, zu denen er den Grundbegriff der Funktion zählt, zu definieren. Es bleibe dann nur die Möglichkeit, durch Erläuterungen „auf das hinzudeuten, was gemeint ist".[32] Zur Rechtfertigung der metaphorischen Ausdrucksweise erklärt Frege, dass ‚ungesättigt' zwar ein bildlicher Ausdruck sei, er hier statt einer Definition aber ohnehin „nur Winke" geben könne.[33] Gesagt ist damit, dass sich die bildliche Ausdrucksweise nicht durch eine begriffliche ersetzen lässt. Demgemäß haben wir es mit einer absoluten Metapher im Sinne Blumenbergs zu tun.

Inzwischen hat sich weitgehend die Einsicht durchgesetzt, dass metaphorische Sprache nicht die Erkenntnis verstellt, sondern sie geradezu erhellt und prägnant auf den Punkt bringt – wie dies das Beispiel Freges belegt. Von analytischer Seite ist der Erkenntniswert der

---

30 Derrida: Die weiße Mythologie. Die Metapher im philosophischen Text, S. 252.

31 Frege: Funktion und Begriff, S. 17. Zu Freges Unterscheidung verschiedener Arten von Funktionen siehe Kapitel 9.2.

32 Funktion und Begriff, S. 18.

33 Begriff und Gegenstand, S. 205.

Metaphern besonders von Nelson Goodman und von kontinentaler Seite von Paul Ricœur verteidigt worden.[34]

14.4 Gottlob Frege als Sprachphilosoph

Obwohl im Zentrum seiner Arbeiten die Logik als „Formelsprache des reinen Denkens“ steht,[35] beweist Frege, wie bereits sein Vergleich zwischen mündlicher und schriftlicher Sprache zeigt, ein feines Gespür für die Leistungen der natürlichen Sprache. Das Verhältnis zwischen logischer Begriffsschrift und alltäglicher „Sprache des Lebens“ vergleicht Frege treffend mit dem Verhältnis zwischen Mikroskop und Auge. Danach dient die Begriffsschrift wie das Mikroskop der Präzision für bestimmte wissenschaftliche Zwecke. In dieser Hinsicht sei die Begriffsschrift der Alltagssprache überlegen, wie das Mikroskop dem Auge. Umgekehrt bewähre sich die Alltagssprache im praktischen Leben, wie das Auge gegenüber dem Mikroskop, aufgrund der besseren situationsbezogenen Anpassungsfähigkeit.[36]

Vor allem in seinem Aufsatz *Über Sinn und Bedeutung* trifft Frege Unterscheidungen, die für die Sprachphilosophie grundlegend geworden sind. Den Auftakt bildet die Unterscheidung zwischen drei semantischen Ebenen sprachlicher Zeichen, die andeutungsweise bereits zur Sprache kamen. Es sind dies:

(1) der intersubjektive „Sinn“, der durch das Zeichen „ausgedrückt“ wird,
(2) die objektive „Bedeutung“, die durch das Zeichen „bezeichnet“ wird,
(3) die subjektive „Färbung (des Sinns)“, die das Mitteilen und Verstehen des Sinns eines Zeichens in Form von psychischen „Vorstellungen“ begleitet.

Die Unterscheidung zwischen Sinn und Bedeutung erläutert Frege anhand seines berühmt gewordenen Vergleichs der Ausdrücke ‚der Morgenstern‘ und ‚der Abendstern‘. Beide Ausdrücke haben dieselbe

34 Goodman: Sprachen der Kunst; Paul Ricœur: Die lebendige Metapher.
35 So im Untertitel der *Begriffsschrift*.
36 Begriffsschrift, S. V.

Bedeutung, sie bezeichnen beide den Planeten Venus, ihr Sinn ist aber verschieden, weil ‚Morgenstern' die morgendliche Situation der Venus und ‚Abendstern' die abendliche Situation der Venus zum Ausdruck bringt; denn der Morgenstern ist der Stern, der morgens noch als letzter am Firmament zu sehen ist, und der Abendstern ist der Stern, der abends als erster Stern zu sehen ist – sofern die Venus überhaupt zu sehen ist. Den Sinn kann man als den Inhalt und die Bedeutung als den Gegenstand des sprachlichen Meinens auffassen. In der Verwendung des Ausdrucks ‚Sinn' schwingt die Nebenbedeutung von ‚Richtung' mit, wie sie in der Rede vom Uhrzeigersinn noch präsent ist. Der Sinn gibt sozusagen die Richtung oder den Weg zur Bestimmung der Bedeutung an.

Terminologisch zu beachten ist, dass Freges ‚Sinn' dem entspricht, was heute meist ‚Bedeutung' genannt wird. So wird der Sinn eines Aussagesatzes als dessen ausgedrückter Gedanke bestimmt. ‚Bedeutung' meint bei Frege dagegen dasjenige, worauf sich ein Zeichen bezeichnend bezieht. Diese Bestimmung trifft allerdings genau genommen nur auf Eigennamen und Kennzeichnungen zu. Kennzeichnungen sind sprachliche Ausdrücke der Form ‚der (die, das) Soundso', Ausdrücke also, die aus der Verbindung des bestimmten Artikels im Singular mit einem begrifflichen Ausdruck bestehen. Der Unterschied zwischen Eigennamen und Kennzeichnungen besteht darin, dass Eigennamen ihren Gegenstand bezeichnen, ohne ihn näher zu beschreiben, während Kennzeichnungen ihn zusätzlich beschreiben. So ist es keineswegs gesichert, dass jemand, der den Namen ‚Gottlob' trägt, dem Wunsch seiner Namengeber entspricht, Gott zu loben. Eine Kennzeichnung wie ‚der Begründer der modernen Logik' spricht dagegen dem so Bezeichneten eine bestimmte Eigenschaft zu.

Bei Eigennamen und Kennzeichnungen ist die Rede von Bezeichnung und Bezugnahme passend. Weniger passend ist sie bei Begriffsausdrücken und bei ganzen Sätzen (im Sinne von Aussagesätzen). Als Bedeutung von Begriffsausdrücken bestimmt Frege den jeweiligen Begriff und als Bedeutung von Sätzen den jeweiligen Wahrheitswert. Die Gleichsetzung der Bedeutung eines Satzes mit dessen Wahrheitswert begründet Frege damit, „daß zu einem Satze immer dann eine Bedeutung zu suchen ist, wenn es auf die Bedeutung der Bestandteile ankommt; und das ist immer dann und nur dann der Fall, wenn wir nach dem Wahrheitswerte fragen".[37] Zudem bleibt der Wahrheitswert erhalten, wenn in einem Satz bedeutungsgleiche Bestandteile durch einander ersetzt werden. So darf in dem Satz ‚der Morgenstern ist die Venus' der Ausdruck ‚der Morgenstern' durch den gleichbedeutenden Ausdruck ‚der Abendstern' ersetzt werden, ohne dass sich der Wahrheitswert ändert.

In der englischsprachigen Literatur wird ‚Bedeutung' häufig – dem Gedanken der Bezugnahme folgend – mit ‚reference' übersetzt. Eine genaue Entsprechung gibt es im Englischen nicht, so dass man es schließlich auch unübersetzt bei ‚Bedeutung' belassen hat.[38] In der Übersetzung durch ‚reference' geht eine wichtige Nuance der Bedeutung von ‚Bedeutung' verloren, nämlich dass Bedeutung zu haben auch besagt, dass etwas wichtig ist und einen Wert hat. Diese Nuance kommt insbesondere in Freges Identifizierung der Bedeutung des Satzes mit dessen Wahrheitswert zum Tragen; denn der Wahrheitswert ist nicht nur der Funktionswert von Begriffen und Relationen, sondern er ist es auch, worauf es uns beim Satz in unserem „Streben nach Wahrheit"[39] ankommt, was in diesem Sinne also ‚von Bedeutung' ist.

Die Unterscheidung zwischen Sinn und Bedeutung liefert Frege die Grundlage für seine Erklärung, worin der Erkenntniswert von Identitätsaussagen besteht. Er besteht nämlich darin, dass dasselbe auf verschiedene Weisen gegeben sein kann. Am Abendstern-Morgenstern-Beispiel erläutert ergibt sich der Erkenntniswert des Identitätssatzes ‚der Morgenstern ist der Abendstern' dadurch, dass *derselbe* Gegenstand (nämlich die Venus) auf *verschiedene* Weisen (nämlich als Morgenstern und als Abendstern) gegeben ist. Ein Identitätssatz ‚a=b' hat demnach genau dann einen Erkenntniswert, wenn die Gegenstandsnamen ‚a' und ‚b' dieselbe Bedeutung haben, aber verschiedenen Sinn ausdrücken. Wir haben es mit einer semantischen Variante

37 Über Sinn und Bedeutung, S. 33.

38 So in der maßgeblichen Übersetzung von Schriften Freges in Frege: The Frege Reader.

39 Über Sinn und Bedeutung, S. 33.

der Identität des Verschiedenen und der Verschiedenheit des Identischen zu tun.

Der Gedanke, dass dasselbe auf verschiedene Weisen gegeben sein kann, liefert nebenbei eine Auflösung des seit der Antike bekannten Trugschlusses des Verhüllten. Dieser Trugschluss ist folgendermaßen aufgebaut:

> Kennst du deinen Vater? Ja. – Kennst du diesen Verhüllten? Nein. – Du widersprichst dir; denn dieser Verhüllte ist dein Vater. Du kennst deinen Vater und kennst ihn zugleich nicht.

Dagegen wendet bereits Hegel ein: „Der Sohn kennt den Vater, wenn er ihn sieht, d. h. wenn er ein Dieser für ihn ist; verborgen aber ist er nicht ein Dieser für ihn, sondern ein aufgehobener Dieser."[40] Hegel und Frege miteinander verbindend ist das Ergebnis: Wenn man den eigenen Vater unverhüllt (und damit in einer bestimmten Weise gegeben) erkennt, muss man ihn nicht erkennen, wenn dieser einem verhüllt (und damit in anderer Weise gegeben) begegnet.

Indem Frege als dritten semantischen Aspekt der Sprache – außer Sinn und Bedeutung – die „Färbung" des Sinns anerkennt, wird deutlich, dass er auch rhetorische und poetische Bedeutungsaspekte der Sprache zu würdigen weiß.[41] Frege hebt dabei vor allem den Unterschied zwischen deskriptiver und emotiver Bedeutung hervor. Wenn man zum Beispiel von einem ‚Köter' statt von einem ‚Hund' spreche, so gebe man dem Hörer „einen Wink, sich den Hund etwas ruppig vorzustellen".[42]

Die Färbungen entsprechen nicht nur sachlich den *colores rhetorici* der antiken Rhetorik, wir haben es sogar mit einer wörtlichen Übersetzung des Terminus zu tun. Der Zuordnung zur Rhetorik entspricht, dass das Verhältnis zwischen Zeichen und Vorstellung als Ursache-Wirkungs-Relation bestimmt wird. Danach gibt der Sprecher dem Hörer in bestimmten Situationen nicht nur einen Sinn zu verstehen, er ruft

40 Hegel: Vorlesungen über die Geschichte der Philosophie I (Werke, Bd. 18), S. 532.

41 Vgl. Über Sinn und Bedeutung, S. 31.

42 Nachgelassene Schriften, S. 152.

in ihm mit Hilfe der Färbungen auch assoziativ einen Überschuss an imaginativen Vorstellungen hervor und wirkt dadurch auf die Gefühle des Hörers. Auf eine solche Wirkung bei Lesern zielt nach Frege auch die Sprache der Dichtung ab. Daher weist er ihr eine emotivistische Funktion zu und spricht ihr einen Erkenntniswert ab. Diese Konsequenz ist allerdings nicht zwingend. Ohne die Rolle der Gefühle bei der Rezeption der Dichtung zu bestreiten, lässt sich der Erkenntniswert der Dichtung begründen, und dies sogar mit Hilfe von Unterscheidungen Freges (siehe dazu Kapitel 15.2).

14.5 Logischer Atomismus: Bertrand Russell

Ein zentraler Repräsentant der idealsprachlichen Richtung der analytischen Philosophie ist Bertrand Russell. Er vertritt einen logischen Atomismus, der analog zum materiellen Atomismus ebenfalls von einer Einheit in der Vielheit ausgeht. Diese besteht darin, dass nach Russell sämtliche komplexe Tatsachen durch logische Analyse in einfache Tatsachen zerlegt werden können, die ihrerseits funktional aus Begriffen oder Relationen sowie Gegenständen als deren Argumente aufgebaut sind. Dem entspricht auf sprachlicher Seite der logische Aufbau molekularer Sätze aus atomaren Elementarsätzen, die ihrerseits funktional aus prädikativen oder relationalen Ausdrücken in Verbindung mit singulären Ausdrücken aufgebaut sind.[43] Der jeweilige Aufbau folgt damit der in Kapitel 9.2 beschriebenen fregeschen Logik, ist allerdings nicht immer unmittelbar ersichtlich. Bezogen auf diese Schwierigkeit hebt Wittgenstein im *Tractatus* lobend hervor: „Russells Verdienst ist es, gezeigt zu haben, daß die scheinbare logische Form des Satzes nicht seine wirkliche sein muß."[44] Angesprochen ist damit Russells Kennzeichnungstheorie, die als Musterbeispiel der Methode der logischen Sprachanalyse gilt.

43 Russell: Die Philosophie des Logischen Atomismus, S. 179.

44 Tractatus 4.0031.

Russell will mit seiner Theorie der Kennzeichnungen (engl. definite descriptions) die Anerkennung fiktiver Gegenstände überflüssig machen. Kritisch bezieht es sich dabei auf die Gegenstandstheorie von Alexius Meinong (siehe zu dieser Kapitel 15.1). Sein Ausgangspunkt ist die Feststellung, dass man die Bedeutung von Sätzen, in denen fiktionale Kennzeichnungen vorkommen, versteht. Wie kann das aber sein, da solche Sätze einen bedeutungslosen Ausdruck – eben eine fiktionale Kennzeichnung – enthalten? (Anzumerken ist hier, dass Russell nicht der Unterscheidung Freges zwischen Sinn und Bedeutung folgt, der gemäß man im Fall einer Kennzeichnung ohne Bedeutung den Sinn verstehen kann.) Betrachten wir Russells Antwort anhand seiner Analyse des sinnigen Beispielsatzes ‚Der gegenwärtige König von Frankreich ist kahlköpfig'. Der bedeutungslose Ausdruck ist hier die Kennzeichnung ‚der gegenwärtige König von Frankreich'; denn es gibt (und es gab auch zu Russells Zeiten) keinen gegenwärtigen König von Frankreich – obwohl die Präsidenten der Republik Frankreich mitunter wie Könige auftreten. Da Russell es ablehnt, fiktive Gegenstände als Bedeutungen von fiktionalen Kennzeichnungen einzuführen, entwickelt er eine logische Analyse, die solche Bezeichnungen eliminiert.[45]

Nun besagt der kennzeichnende Gebrauch des bestimmten Artikels im Singular nach üblichem Verständnis, dass es genau einen Gegenstand gibt, auf den der nachgestellte prädikative Ausdruck zutrifft. Dementsprechend gibt Russell die Bedeutung des Satzes ‚Der gegenwärtige König von Frankreich ist kahlköpfig' folgendermaßen an:

> Es gibt mindestens ein x, welches gegenwärtiger König von Frankreich ist, und es gibt höchstens ein x, welches gegenwärtiger König von Frankreich ist, und dieses x ist kahlköpfig.

Die Verbindung von ‚mindestens ein' und ‚höchstens ein' besagt ‚genau ein' und gibt damit die Bedeutung des bestimmten Artikels im

45 Der klassische Aufsatz Russells ist: On Denoting. Deutlicher wird seine Auffassung in: Die Philosophie des logischen Atomismus, S. 239–251 und S. 285f. (Anmerkungen).

Singular an. Die fiktionale Kennzeichnung ‚der gegenwärtige König von Frankreich' tritt in dieser Umformulierung gar nicht mehr auf. Statt des bestimmten Artikels im Singular wird der unbestimmte Artikel ‚ein' verwendet. Aus einer problematischen benennenden Bezeichnung ist ein unproblematischer prädikativer Ausdruck geworden. Der Ergebnissatz besteht aus der konjunktiven Verbindung von drei Teilsätzen. Die formale Darstellung ergibt:

(*) $\exists x[F(x) \land \forall y(F(y) \rightarrow y=x) \land K(x)]$
‚F(x)' steht für ‚x ist ein gegenwärtiger König von Frankreich'
‚K(x)'steht für ‚x ist kahlköpfig'

Das Ergebnis ist, dass der Gesamtsatz falsch ist, weil der Existenzsatz, dass es mindestens einen gegenwärtigen König von Frankreich gibt, falsch ist. Eine konjunktive Verbindung von Sätzen ist bereits falsch, wenn einer der Sätze falsch ist. Wegen der Falschheit des Existenzsatzes ist auch der Satz (**), dass der gegenwärtige König von Frankreich *nicht* kahlköpfig ist, falsch:

(**) $\exists x[F(x) \land \forall y(F(y) \rightarrow y=x) \land \neg K(x)]$
(hier wird die Kahlköpfigkeit verneint)

Wird die Verneinung des Satzes, dass der gegenwärtige König von Frankreich kahlköpfig ist, nicht auf die Kahlköpfigkeit, sondern auf den Gesamtsatz bezogen (***), so ergibt sich ein wahrer Satz, weil der falsche Satz (*) verneint wird. In formaler Darstellung:

(***) $\neg \exists x[F(x) \land \forall y(F(y) \rightarrow y=x) \land K(x)]$
(hier wird der Gesamtsatz verneint)

Der Unterschied zwischen den beiden Arten der Verneinung ist in der formalen Darstellung an der Stellung des Zeichens für die Verneinung ‚¬' erkennbar.

Russells Kennzeichnungstheorie schließt Eigennamen ein, die als verkappte Kennzeichnungen gedeutet und daher durch solche ersetzt werden. Danach kann zum Beispiel der Name ‚Aristoteles' durch die

Kennzeichnung ‚der Schüler Platons und Lehrer Alexanders des Großen' ersetzt werden. Da diese Kennzeichnung mit ‚Platon' und ‚Alexander der Große' wiederum Eigennamen enthält, ist die Analyse fortzusetzen, indem auch diese Eigennamen durch Kennzeichnungen ersetzt werden usw. Die jeweiligen Kennzeichnungen werden in der angegebenen Weise analysiert, so dass sämtliche benennenden Ausdrücke in prädikative Ausdrücke überführt werden. Als einfacher, nicht mehr weiter analysierbarer Eigenname bleibt nach Russells Auffassung dann nur noch der deiktische Ausdruck ‚dies' übrig.[46]

Diese Auffassung entspricht in etwa dem Verständnis der Diesheit bei Duns Scotus. In Russells Kennzeichnungstheorie der Eigennamen wird das Individuelle allerdings zu Gunsten des Allgemeinen zum Verschwinden gebracht. Dadurch wird der Eindruck erweckt, als sei das normale Individuum doch kein unteilbares In-dividuum, da es sich in seine Eigenschaften ‚zerlegen' lasse (lat. ‚dividere' = ‚teilen'). Duns Scotus geht es dagegen gerade um die Anerkennung des Individuums. Ein Unterschied zwischen den Auffassungen der Diesheit lässt sich vielleicht so ausmachen, dass Russell lediglich ein logisch einfaches Einzelnes und Duns Scotus ein semantisch komplexes Besonderes meint. Eine Übereinstimmung zwischen beiden besteht immerhin darin, dass die Erkenntnis des Individuellen jeweils unmittelbar erfolgt. Russell spricht hier von einer anschaulichen Erkenntnis durch Bekanntschaft (knowledge by acquaintance) im Unterschied zu einer begrifflichen Erkenntnis durch Beschreibung (knowledge by description).[47]

Willard V. O. Quine hat Russells Idee zu Ende gedacht, indem er es gar nicht erst auf eine prädikative Analyse von Eigennamen via Kennzeichnungen ankommen lässt. Eigennamen werden stattdessen gleich durch künstliche Prädikate ersetzt, zum Beispiel der fiktionale Eigenname ‚Pegasus' durch das Prädikat ‚pegasierend'. Der Satz ‚Pegasus ist ein Dichterross' wird dann Russells Kennzeichnungstheorie zufolge

46 Die Philosophie des Logischen Atomismus, S. 200. Vgl. dazu die spätere Kritik Wittgensteins: Philosophische Untersuchungen, §§ 38f. und § 45.

47 Erkenntnis durch Bekanntschaft und Erkenntnis durch Beschreibung. Siehe hier S. 76 zur Rolle von ‚dies'.

überführt in die Existenzaussage zu ‚Es gibt ein und nur ein x, welches pegasierend ist, und x ist ein Dichterross'.[48]

Russells Ersetzung der Eigennamen durch einzelne Kennzeichnungen ist umstritten.[49] Vor allem wird dieses Verfahren der Logik des Individuellen nicht gerecht. Besagt doch der alte Grundsatz ‚individuum est ineffabile', dass das Individuum durch allgemeine Prädikate nicht vollständig erfasst werden kann. Logisch bedeutet dies, dass eine noch so ausführliche Konjunktion von Kennzeichnungen die Eigenschaften eines Individuums nicht erschöpfend bestimmen kann.

Russells Theorie der Kennzeichnungen wurde als Musterbeispiel für das Vorgehen der idealsprachlichen analytischen Philosophie vorgestellt. Dementsprechend steht Strawsons spätere Kritik an dieser Theorie exemplarisch für die normalsprachliche Richtung der analytischen Philosophie (siehe Kapitel 14.8).

14.6 An den Grenzen der Sprache: Ludwig Wittgensteins *Tractatus logico-philosophicus*

Wittgenstein versucht im *Tractatus* das Programm des logischen Atomismus auf seine Weise umzusetzen, und zwar wie Russell auf der Grundlage der fregeschen Logik. Die folgende Darstellung ist auf die sprachphilosophischen Aspekte und deren Konsequenzen für die Bestimmung der Stellung der Philosophie konzentriert.

Wittgenstein bestimmt den Sinn eines jeden Satzes durch die wahrheitswertfunktionale (kurz: wahrheitsfunktionale) Kombination seiner Elementarsätze. Danach verstehen wir komplexe Sätze, wenn wir deren junktorenlogischen Aufbau aus den Elementarsätzen und den Sinn dieser Elementarsätze kennen. Satz 6 des *Tractatus* bestimmt die allgemeine Form des Satzes dahingehend, dass sich die junktorenlogischen Verknüpfungen von Sätzen auf einen einzigen Junktor reduzieren lassen. Hier gibt es zwei Möglichkeiten. In dem

48 Vgl. Quine: On What There Is, S. 27.

49 Zur Diskussion der unterschiedlichen Theorien der Eigennamen siehe Wolf (Hg.): Eigennamen.

Schema in Satz 5.101 sind diese Junktoren in Zeile 2 (,nicht beide') und in Zeile 12 (,beide nicht' oder ,weder – noch') wahrheitsfunktional bestimmt. Wittgenstein entscheidet sich für das ,weder – noch', das er durch den so genannten Shefferschen Strich symbolisiert, so dass ,weder p noch q' als ,p|q' dargestellt wird. Der Strich wurde ursprünglich von dem amerikanischen Logiker Henry Maurice Sheffer für das ,nicht beide' eingeführt. Als Beispiel dafür, wie die anderen Junktoren durch das ,weder – noch' definiert werden können, führt Wittgenstein (in 5.1311) die Darstellung des nicht ausschließenden ,oder' als ,(p|q)|(p|q)' an. (Die Punkte sind hier durch Klammern ersetzt worden.) Der Anspruch, die allgemeine Form des Satzes bestimmt zu haben, impliziert, dass sämtliche sinnvollen komplexen Sätze – von Elementarsätzen ausgehend – wahrheitsfunktional mit Hilfe des Shefferschen Strichs als einzigem Junktor darstellbar sein müssen.

Gegen Wittgensteins Anspruch ist einzuwenden, dass die wahrheitsfunktionale Analyse nicht bei allen Sätzen durchführbar ist. Bereits Frege hat als Gegenbeispiele unter anderem Glaubenssätze angeführt. So ist die Wahrheit oder Falschheit des Satzes ,Hans glaubt, dass p' nicht wahrheitsfunktional von der Wahrheit oder Falschheit des Teilsatzes ,p' abhängig. Der Wahrheitswert des Gesamtsatzes ist vielmehr abhängig von dem, was Hans glaubt, also von dem Sinn von ,p', egal ob das, was Hans glaubt, wahr oder falsch ist.

Wittgenstein setzt die Gesamtheit der sinnvollen Sätze mit den zutreffenden oder nicht zutreffenden Weltbeschreibungen gleich. Sätze, die keinen wirklichen oder möglichen Sachverhalt beschreiben, sind danach keine sinnvollen Sätze. Zu ihnen gehören sowohl die Sätze der Logik als auch diejenigen der Philosophie. Innerhalb der Gruppe der nicht-sinnvollen Sätze wird noch einmal zwischen sinnlosen und unsinnigen Sätzen unterschieden. So sind die Sätze der Logik sinnlos, weil sie keine inhaltlichen Aussagen über die Welt machen. Mit dieser Charakterisierung ist aber keineswegs eine Wertminderung verbunden. Ganz im Gegenteil garantiert der formale Charakter der Logik die Isomorphie zwischen den Tatsachen der Welt, dem gedanklichen Erfassen dieser Tatsachen und dem Ausdruck der entsprechenden Gedanken durch die Sprache. Die der Welt, dem Denken und der

Sprache gemeinsame logische Form ist – kantisch gesprochen – die Bedingung der Möglichkeit der Welterkenntnis.

Die sonst nicht übliche Unterscheidung zwischen sinnlosen und unsinnigen Sätzen ist eine Besonderheit Wittgensteins. Der Ausschluss der philosophischen Sätze als unsinnig hat keine inhaltlichen, sondern formale Gründe. Wittgensteins Argument ist, dass die Sätze der Philosophie nicht den logisch-syntaktischen Regeln gehorchen, die sinnvolles Sprechen erst möglich machen. Damit geht Wittgenstein über Autoren wie Hume und Kant wesentlich hinaus. Diese haben zwar die Erkenntnisansprüche der rationalistischen Metaphysik als sinnlos zurückgewiesen. Es stand für sie aber außer Frage, dass es sinnvolle Sätze der Philosophie gibt, insbesondere die metaphysikkritischen Sätze selbst.

Für Wittgenstein beginnt der philosophische Unsinn dagegen nicht erst bei den Gottesbeweisen der rationalen Theologie, sondern bereits bei der Rede über solche kategorialen Grundbegriffe wie ‚Tatsache', ‚Sachverhalt', ‚Begriff', ‚Gegenstand' usw., deren Analyse doch gerade eine wesentliche Aufgabe der Philosophie ist. Wittgenstein nennt solche kategorialen Grundbegriffe „formale Begriffe" (4.126–4.1274). Wir verwenden sie nicht, um über Sachverhalte in der Welt zu sprechen, wie wir dies zum Beispiel mit Begriffen wie ‚Tisch' und ‚grün' in Sätzen wie ‚dieser Tisch ist grün' tun, sondern wir verwenden sie, um metasprachlich über unsere Sprache über die Welt zu sprechen. Die Sätze des *Tractatus*, nämlich die Sätze, aus denen der Text des *Tractatus* besteht, sind solche metasprachlichen Sätze. Da sie nicht die in Satz 6 angegebene allgemeine Form sinnvoller Sätze haben, sind sie keine Sätze im Sinne des *Tractatus*. Als logisch-syntaktisch nicht wohlgeformte Sätze sind sie unsinnig.

Vergleichen wir als Beispiel die Rede von Gegenständen in dem empirischen Existenzsatz ‚Es gibt Bücher' und in dem analog gebildeten kategorialen Existenzsatz ‚Es gibt Gegenstände'. Der empirische Existenzsatz hat die logische Form ‚Es existiert (mindestens) ein x, welches ein Buch ist'. In formaler Darstellung: $\exists xB(x)$. Man kann ihn auch unter Ersetzung der gebundenen Variablen ‚x' durch das Wort ‚Gegenstand' folgendermaßen ausdrücken: ‚Es gibt (mindestens) einen Gegenstand, welcher ein Buch ist'. Für den kategorialen Existenzsatz hieße die entsprechende Umformulierung: ,Es gibt (mindestens) einen Gegenstand, welcher ein Gegenstand ist.' Hier zeigt sich bereits, dass da etwas nicht stimmen kann.

Bei dem Bemühen, die Bedingung der Möglichkeit von Welterkenntnis verständlich zu machen, bedient sich Wittgenstein gerade solcher Sätze, die gegen die geforderte logisch-syntaktische Wohlgeformtheit verstoßen. So sagt er, dass es Gegenstände geben muss (2.026), und zwar aus folgendem Grund: Sätze haben dann und nur dann einen Sinn, wenn sie einen möglichen Sachverhalt aussagen, und der Sachverhalt ist eine Verbindung von Gegenständen. Demgemäß könnten Sätze keinen Sinn haben, wenn es keine Gegenstände geben würde. Der unsinnige Satz ,Es gibt Gegenstände' wird also benötigt, um zu erläutern, was es heißt, dass Sätze sinnvoll sind. Diese Konsequenz, ergibt sich daraus, dass das Sinnkriterium auf sich selbst angewendet wird.

Die Selbstbezüglichkeit von Sinnkriterien stellt ein grundsätzliches Problem dar, das sich bereits bei Hume und Kant andeutet. Wittgenstein bringt es im *Tractatus* auf den Punkt. Konsequent, allerdings mit paradoxem Ergebnis, bestimmt er seine eigenen Sätze, in denen er das Sinnkriterium formuliert, als „unsinnig", weil sie logisch-syntaktisch nicht wohlgeformt sind. Wenn Wittgensteins Formulierung des Sinnkriteriums zwangsläufig gegen sich selbst verstößt, dann ist zu erwägen, ob er nicht besser auf die Angabe eines *generellen* Sinnkriteriums verzichtet hätte, zumal er den unsinnigen Sätzen des *Tractatus* als „Erläuterungen" die zentrale Rolle zuweist, zur richtigen Sicht der Welt zu führen:

> Meine Sätze erläutern dadurch, daß sie der, welcher mich versteht, am Ende als unsinnig erkennt, wenn er durch sie – auf ihnen – über sie hinausgestiegen ist. (Er muß sozusagen die Leiter wegwerfen, nachdem er auf ihr hinaufgestiegen ist.) – Er muß diese Sätze überwinden, dann sieht er die Welt richtig. (6.54)

Wittgenstein hätte die Anwendung des Sinnkriteriums auf solche Sätze beschränken können, die bestehende und nicht bestehende Sachverhalte aussagen. Diesen Ausweg wählt er aber nicht. Stattdessen setzt er noch eins drauf, indem er – den *Tractatus* kommentierend – erklärt, dass sein Werk aus zwei Teilen bestehe, nämlich „aus dem, der hier vorliegt, und aus alledem, was ich *nicht* geschrieben habe". Weiter heißt es dann: „Und gerade dieser zweite Teil ist der Wichtige." Das Wichtige ist für Wittgenstein „das Ethische", das er festgelegt habe, indem er darüber „schweige".[50] Gemeint ist ein bedeutsames Schweigen, das der Schlusssatz 7 des *Tractatus* zum Ausdruck bringt: „Wovon man nicht sprechen kann, darüber muß man schweigen."

Der *Tractatus* kommt somit in zweifacher Hinsicht zu paradoxen Ergebnissen. Nicht nur sind für Wittgenstein seine eigenen Sätze und damit auch die Formulierung des Sinnkriteriums unsinnig. Es kommt hinzu, dass er die logischen Bedingungen der Sagbarkeit formuliert, ihm aber das Unsagbare das Wichtigere ist.

Den paradoxen Ergebnissen seines *Tractatus* sucht Wittgenstein anscheinend durch die Wahl der literarischen Darstellungsform des Aphorismus gerecht zu werden. So heißt es in dem zuvor zitierten Brief: „Die Arbeit ist streng philosophisch und zugleich literarisch."[51] Im Vorwort gibt Wittgenstein einen Hinweis, wie dies gemeint ist. Dort schreibt er, der Wert seiner Arbeit werde umso größer sein, „je besser die Gedanken ausgedrückt sind. Je mehr der Nagel auf den Kopf getroffen ist." Gedanken treffend auszudrücken, zeichnet Aphorismen aus, deren Prägnanz nicht an die Präzision logisch-syntaktischer Wohlgeformtheit gebunden ist. Daher können sie in der philosophischen Metasprache angemessen zum Einsatz kommen.

Mit der späteren inhaltlichen Korrektur seiner Philosophie hat Wittgenstein auch die Darstellungsform geändert. Literarisch ist diese aber geblieben. Es heißt nun sogar: „Philosophie dürfte man eigentlich nur *dichten*."[52] Dies ist sicher überspitzt formuliert, fordert aber zu Recht, literarischen Sprach- und Darstellungsformen in der Philosophie Beachtung zu schenken.

---

50 Briefwechsel, S. 96f. Brief an Ludwig von Ficker aus dem Jahr 1919.

51 Ebd., S. 95.

52 Vermischte Bemerkungen, S. 53.

14.7 Wittgensteins Selbstkritik in den *Philosophischen Untersuchungen*

In den *Philosophischen Untersuchungen* weist Wittgenstein seinen Erläuterungen die Aufgabe der „übersichtlichen Darstellung" zu. Deren besondere Leistung bestehe darin, „daß wir die ‚Zusammenhänge sehen'".[53] Als das Vermögen, Zusammenhänge zu sehen, haben wir den Witz kennen gelernt, der Ähnlichkeiten im Verschiedenen sucht. Bei Wittgenstein sind es „Familienähnlichkeiten", die „des Findens und Erfindens von *Zwischengliedern*" bedürfen. Der Witz der übersichtlichen Darstellung entspricht damit dem schöpferischen romantischen Witz, der Ähnlichkeiten auch „macht". Aufgrund von Zwischengliedern und deren Ermöglichung von Übergängen kann auch zwischen Dingen, die weit auseinander liegen und untereinander keine Übereinstimmungen aufweisen, Familienähnlichkeit bestehen. Da Wittgenstein nun auf Ähnlichkeiten und Übergänge setzt, verteidigt er die Vagheit der Begriffe und lehnt deren scharfe Begrenzung ab, die Frege für die klassische Logik gefordert hat, um die Zweiwertigkeit zu sichern.

Explizit selbstkritisch wendet sich Wittgenstein gegen seine Auffassung im *Tractatus*, die allgemeine Form des Satzes im Rahmen der klassischen Junktorenlogik festlegen zu können. Eine solche logische Einheitlichkeit bestreitet er nun grundsätzlich und betont stattdessen die Vielfalt der Satzarten:

> Es ist interessant, die Mannigfaltigkeit der Werkzeuge der Sprache und ihrer Verwendungsweisen, die Mannigfaltigkeit der Wort- und Satzarten, mit dem zu vergleichen, was Logiker über den Bau der Sprache gesagt haben. (Und auch der Verfasser der *Logisch-Philosophischen Abhandlung*.)[54]

53 Philosophische Untersuchungen, § 122.

54 Ebd., § 23. Der letzte Satz bezieht sich auf den *Tractatus*. In der Betonung des Werkzeugcharakters der Sprache stimmt Wittgenstein mit Bühler überein.

Wie weit Wittgenstein sich von seiner ursprünglichen Auffassung verabschiedet hat, kommt darin zum Ausdruck, dass er im letzten Satz von sich selbst in der dritten Person spricht. Wenn er infrage stellt, „was Logiker über den Bau der Sprache gesagt haben", so ist er selbst nicht nur „auch", wie es im Zitat heißt, sondern vor allem betroffen. Anders als zum Beispiel Frege geht er im *Tractatus* davon aus, dass die moderne Logik die syntaktische Tiefenstruktur der Alltagssprache abbildet. Frege setzt dagegen die Logik nur zu wissenschaftlichen Zwecken ein, zum Beispiel im Rahmen seines Logizismusprogramms. Ansonsten kommt die Logik in der Sprachanalyse zum Einsatz, um kategoriale Unterscheidungen wie diejenige zwischen Begriffen erster und zweiter Stufe zu verdeutlichen und dadurch das philosophische Missverständnis zu vermeiden, dass der Existenzbegriff ein Begriff erster Stufe ist. Unabhängig davon erkennt Frege die vielfältigen kommunikativen Leistungen der alltäglichen Sprache im Lebenszusammenhang ausdrücklich an.

Für den Wittgenstein der *Philosophischen Untersuchungen* ist die Philosophie weiterhin „ein Kampf gegen die Verhexung unsres Verstandes durch die Mittel unserer Sprache";[55] aber der philosophische Unsinn entsteht für ihn nun nicht mehr durch sprachliche Verstöße gegen die logische Syntax, sondern durch Abweichungen von der Sprache des Alltags. Damit wird der späte Wittgenstein zu einem Klassiker der normalsprachlichen analytischen Philosophie.

14.8 Die normalsprachliche analytische Philosophie

Die normalsprachliche Richtung innerhalb der analytischen Philosophie teilt mit der idealsprachlichen Richtung den Ausgang von der Sprache. Sie lehnt allerdings die Ausrichtung an der Logik ab und kritisiert besonders deren Beschränkung auf wahrheitsfähige Aussagesätze. John Austin sieht in dieser Beschränkung eine besonders ausgeprägte Form der so genannten „descriptive fallacy":

55 Ebd., § 109.

> The principle of Logic, that ‚Every proposition must be true or false', has too long operated as the simplest, most persuasive and most pervasive form of the descriptive fallacy.[56]

Genau diesen Punkt betont auch Wittgenstein in seinem Hinweis auf die Mannigfaltigkeit der Satzarten. In der Kritik, dass die Sprache nicht auf die Vermittlung propositionaler Wahrheit festgelegt werden dürfe, sondern auch deren kommunikative, pragmatische Funktion zu berücksichtigen sei, trifft man sich mit der lebensphilosophischen Kritik Mischs an der einseitigen Orientierung am Aussagesatz (vgl. Kapitel 11). Die Erweiterung der Sprachanalyse auf andere Satzarten als den Aussagesatz hat dann zur Entwicklung der Sprechakttheorie bei Austin und John R. Searle geführt.[57]

Da Frege die Beschränkung auf Aussage- beziehungsweise Behauptungssätze nicht generell, sondern lediglich für die Logik vornimmt und ansonsten treffliche Analysen der „Sprache des Lebens" liefert, trifft ihn die normalsprachliche Kritik nicht. Searle bezieht sich in seiner Ausarbeitung der Sprechakttheorie auch ausführlich auf Frege, der bei Behauptungen zwischen der „behauptenden Kraft" und dem Gedanken (als dem behaupteten propositionalen Inhalt) unterscheidet. Diese Unterscheidung ist ein Fall der späteren allgemeinen Unterscheidung zwischen illokutionärer Kraft (illocutionary force) und Proposition. Insofern darf Frege sogar als Vorläufer der Sprechakttheorie angeführt werden. In einer Erweiterung von Freges Unterscheidung lassen sich neben die illokutionäre Kraft des Behauptens die illokutionären Kräfte des Wünschens, Aufforderns, Befehlens usw. stellen, wobei die entsprechenden Sprechakte analog zum ‚Behaupten, dass p' als ‚Wünschen, dass p', ‚Auffordern, dass p', ‚Befehlen, dass p' usw. wiedergegeben werden. Mit ihnen wird gewünscht (gebeten, aufgefordert, befohlen usw.), dass die durch ‚p' angegebene Proposition wahr ist beziehungsweise wahr wird oder wahr werden soll. Erwähnt wurde bereits, dass man inzwischen auch

56 Austin: Philosophical Papers, S. 131.

57 Vgl. insbesondere Austin: Zur Theorie der Sprechakte; ferner Searle: Sprechakte.

in der Logik über die Beschränkung auf propositionale Gebilde hinausgegangen ist.

Ergänzend ist darauf hinzuweisen, dass auch von phänomenologischer Seite Ansätze zu einer Sprechakttheorie ausgearbeitet worden sind. So hat der Husserl-Schüler Adolf Reinach in seiner Untersuchung der „sozialen Akte" die Sprechakte Versprechen, Bitte, Befehl und andere behandelt.[58] Von sprachtheoretischer Seite hat Karl Bühler im Rahmen seines Organonmodells den Werkzeugcharakter der Sprache betont und als Funktionen der Sprache außer der ‚Darstellung' die Funktionen des ‚Ausdrucks' und des ‚Appells' benannt.[59] Besondere Beachtung finden bei ihm pragmatische Elemente der Sprache wie der Gebrauch indexikalischer Ausdrücke.

Den Gegensatz zwischen idealsprachlichem und normalsprachlichem Ansatz verdeutlicht exemplarisch Strawsons Kritik an Russells logischer Analyse der Kennzeichnungen.[60] In Russells Kennzeichnungstheorie wird die eindeutige Existenz den Inhalten der entsprechenden Aussagen zugerechnet. Demzufolge ist für Russell ein Satz wie ‚Der gegenwärtige König von Frankreich ist kahlköpfig' falsch, weil es niemanden gibt, der gegenwärtig König von Frankreich ist.[61] Strawson wirft Russell vor, dass seine Kennzeichnungstheorie nicht sprachadäquat sei. Er argumentiert (Russells Beispielsatz abwandelnd) folgendermaßen: Auf die Frage, ob der König von Frankreich weise ist, würde man zum gegenwärtigen Zeitpunkt weder mit ‚ja' noch mit ‚nein' antworten, sondern darauf hinweisen, dass Frankreich keine Monarchie mehr sei und es daher gar keinen König von Frankreich gebe. Somit könne die Frage nach der Wahrheit oder Falschheit des Satzes ‚Der König von Frankreich ist weise' gar nicht aufkommen. Damit Sätze mit Kennzeichnungen wahr oder falsch sein können, müsse die eindeutige Existenz des gekennzeichneten Objekts vorausgesetzt sein, ohne dass diese Voraussetzung (wie bei Russell) zum Inhalt des Satzes gehört.

---

58 Reinach: Die apriorischen Grundlagen des bürgerlichen Rechts, besonders §§ 3f.

59 Bühler: Sprachtheorie, S. 28ff.

60 Strawson: On Referring.

61 Russell: On Denoting.

Strawsons unterscheidet in seiner Analyse Sätze, deren Gebrauch (use) und deren Äußerung (utterance). Diese Unterscheidung führt dazu, nicht bereits einen Satz wahr oder falsch zu nennen, sondern genauer erst dessen Gebrauch, um einen Sprechakt des Behauptens zu äußern. Während der behauptende Gebrauch des Satzes ‚Der gegenwärtige König von Frankreich ist weise' gegenwärtig weder wahr noch falsch ist, ist er im 17. Jahrhundert sehr wohl wahr oder falsch gewesen.

Um über Wahrheit oder Falschheit einer Behauptung befinden zu können, muss nach Strawson als selbstverständlich vorausgesetzt werden, dass die verwendeten benennenden Ausdrücke (neben Kennzeichnungen auch Eigennamen) bedeutungsvoll sind, also tatsächlich auf Gegenstände Bezug nehmen. Hier folgt Strawson der Auffassung Freges,[62] ohne diese allerdings zu erwähnen. Diese Übereinstimmung belegt erneut, dass Freges Sprachphilosophie nicht einseitig logisch ausgerichtet ist. Für die zu erfüllende Voraussetzung ist der Terminus ‚Existenzpräsupposition' üblich geworden. Da Existenz aber als Begriff zweiter Stufe nicht von Gegenständen ausgesagt werden sollte, ist es besser, von ‚Referenzpräsupposition' zu sprechen.

Während Strawson in seiner Kritik abschließend betont, dass die Alltagssprache keine exakte Logik habe, hält Russell dagegen, dass seine Kennzeichnungstheorie keine Adäquatheit zur Alltagssprache beanspruche, sondern vielmehr deren Präzisierung für wissenschaftliche Zwecke beabsichtige.[63] In diesen Aussagen zeigt sich deutlich der Gegensatz zwischen den beiden Richtungen der analytischen Philosophie.

62 Frege: Über Sinn und Bedeutung, S. 40.

63 Russell: Mr. Strawson on Referring.

15 Fiktionen und Fiktionalismus

In der gegenwärtigen Philosophie gibt es anhaltende Diskussionen zur Frage des Umgangs mit Fiktionen, die auf zwei sehr unterschiedliche Traditionen zurückgehen, nämlich auf die Gegenstandstheorie von Alexius Meinong (1853–1920) und die Philosophie des Als Ob von Hans Vaihinger (1852–1933). Die Rezeption der Gegenstandstheorie erfolgt insbesondere in der Literaturtheorie bei Versuchen, den ontologischen Status literarischer Figuren zu bestimmen. Dabei werden diese im Anschluss an Meinong als fiktive Gegenstände anerkannt. Zu fragen wird sein, ob sich eine solche Anerkennung vermeiden lässt.

Vaihingers Fiktionalismus ist sehr viel umfassender. Er besagt, dass sämtliche Bereiche des menschlichen Denkens und Strebens von den Wissenschaften bis zur Religion wesentlich durch Fiktionen bestimmt sind. Damit ist Vaihinger, der sich selbst insbesondere auf Nietzsche beruft, ein Vorläufer postmoderner Versuche, den Unterschied zwischen Fakten und Fiktionen einzuebnen. Vaihinger bewertet Fiktionen nicht nur als unvermeidlich, sondern auch als überaus nützlich.

15.1 Alexius Meinongs Gegenstandstheorie

Meinong spricht von einem „Vorurteil zugunsten des Wirklichen"[1] und betont, dass wir nicht nur Wirkliches als Gegenstand erfassen können. Letztlich verleiht Meinong jeglichem Gegenstand des Denkens einen ontologischen Status. Dabei unterscheidet er zwischen existierenden Gegenständen als wirklichen Gegenständen und bestehenden Gegenständen. Existierende Gegenstände sind Gegenstände in Raum und Zeit (zum Beispiel Tische, Stühle und Bäume), bestehende Gegenstände sind Gegenstände außerhalb von Raum und Zeit (zum Beispiel Zahlen).

1 Über Gegenstandstheorie, § 2.

Im Fall der Anerkennung bestehender Gegenstände bleibt Meinong im Rahmen eines Platonismus abstrakter Gegenstände. Er geht dann aber noch weiter, indem er nicht nur mögliche fiktive Gegenstände, sondern sogar widersprüchliche und daher unmögliche Gegenstände anerkennt. Einem unmöglichen Gegenstand komme zwar kein Sein (Existenz oder Bestand), aber auch kein Nichtsein zu. Ihm komme vielmehr jenseits von Sein und Nichtsein ein Sosein zu. So habe der unmögliche Gegenstand *das runde Quadrat* die Eigenschaft, rund und quadratisch zu sein. Keine ontologischen Probleme ergeben sich, wenn man einen Satz wie ‚Das runde Quadrat ist rund und quadratisch' übersetzt in ‚Wenn ein Gegenstand ein rundes Quadrat ist, so ist er rund und quadratisch'. So verstanden ist der Satz sogar analytisch wahr, in Übereinstimmung mit Meinongs Auffassung. Gesagt ist damit aber gerade nicht, dass es das runde Quadrat gibt. Probleme entstehen erst durch die Vergegenständlichung der Bedeutung des Ausdrucks ‚das runde Quadrat', indem man unterstellt, dass dieser Ausdruck einen Gegenstand benennt.

Die Auffassung, dass es Gegenstände gibt, denen kein Sein zukommt, führt nur dann zu keinem Selbstwiderspruch, wenn man den Ausdruck ‚es gibt' weiter versteht als die Rede vom ‚Sein'. Diese Auffassung wird jedoch im Allgemeinen abgelehnt. Neuerdings gibt es allerdings Versuche, die Gegenstandstheorie widerspruchsfrei zu rekonstruieren.[2] Gleichwohl bleibt die Frage, ob eine Erweiterung der Ontologie im Sinne Meinongs notwendig ist und diese nicht gegen Ockhams Prinzip verstößt, Entitäten nicht unnötig zu vermehren.

Zu erinnern ist daran, dass Meinongs Gegenstandstheorie für Russell der Anlass war, seine Kennzeichnungstheorie zu entwickeln. Um die Anerkennung fiktiver Gegenstände zu vermeiden, werden von Russell Sätze mit fiktionalen Eigennamen oder Kennzeichnungen in falsche Existenzsätze umgewandelt. Mit Blick auf die Dichtung ist dieser Ansatz insofern unangemessen, als deren Sätze, die *legitim* fiktionale Eigennamen oder Kennzeichnungen enthalten, ebenfalls als falsch bewertet werden müssten. Besser geeignet sind hier Ansätze

2 Siehe zum Beispiel Parsons: Nonexistent Objects.

Freges, die diese Konsequenz vermeiden und es außerdem ermöglichen, die problematische Rede von *fiktiven* Gegenständen oder Entitäten in die unproblematische Rede von *fiktionalen* Namen und Kennzeichnungen zu übersetzen.

Kandidaten und Standardbeispiele für die Anerkennung fiktiver Gegenstände sind literarische Figuren. Dazu heißt es etwa, dass fiktionale literarische Werke von literarischen Figuren handeln, die nicht in der wirklichen Welt, sondern nur in möglichen Welten der Dichtung existieren. Als bloße *Redeweise* mag man derlei durchgehen lassen, solange man sie ontologisch nicht so ernst nimmt, dass man aus ihr eine eigene *Seinsweise* literarischer Figuren ableitet. Eine derartige Konsequenz erübrigt sich, da ontologisch gefährliches Reden über literarische Figuren vermieden werden kann. So lässt sich die Behauptung, dass Rotkäppchen eine fiktive Märchenfigur ist, in die metasprachliche Behauptung übersetzen, dass der Name ‚Rotkäppchen' ein fiktionaler Name in dem gleichnamigen Märchen ist.

Analysieren wir noch weitere Fälle des Umgangs mit Fiktionen, wobei zwischen fiktionaler Rede und behauptender Rede über Fiktionen zu unterscheiden ist. Dabei kann in beiden Fällen derselbe Satz verwendet werden, weswegen mit Strawson zwischen Sätzen und deren Gebrauch oder deren Verwendung zu unterscheiden ist. Betrachten wir als Beispiel die zweifache Verwendung des Satzes

(*) Wie nun Rotkäppchen in den Wald kam, begegnete ihm der Wolf.

Erste Verwendung: Der Satz (*) kommt im Text des Märchens vom Rotkäppchen in der Sammlung der Brüder Grimm vor.[3] In diesem Fall wird der Satz nicht behauptet, sondern es liegt eine fiktionale Verwendung vor. Das heißt, dass der Name ‚Rotkäppchen' ein fiktionaler Name ist und daher keine Bedeutung hat. Damit fehlt nach Frege auch dem ganzen Satz die Bedeutung, nämlich der Wahrheitswert. Er wird deshalb als weder wahr noch falsch eingestuft. Dabei ist der Satz

3 Fink-Henseler (Hg.): Kinder und Hausmärchen, S. 309.

sinnvoll, und wir verstehen seinen Sinn, ohne uns auf eine angeblich fiktive Entität Rotkäppchen beziehen zu müssen.

Zweite Verwendung: Der Satz (*) wird als Antwort auf die Frage eines Kindes ‚Wo begegnete dem Rotkäppchen der Wolf?' verwendet. In diesem Fall wird der Satz (*) verwendet, um über den Märchentext etwas zu behaupten; denn wenn ich gefragt würde, woher ich denn wisse, dass dem Rotkäppchen der Wolf begegnete, als Rotkäppchen in den Wald kam, würde ich antworten, dass es so im Text steht. Meine Behauptung bezieht sich demnach nicht auf die fiktive Entität Rotkäppchen, sondern auf den Märchentext.

Der Satz (*) ist in diesem Fall als Kurzform des folgenden Satzes zu verstehen: ‚Im Märchen vom Rotkäppchen steht der Satz „Wie nun Rotkäppchen in den Wald kam, begegnete ihm der Wolf"'. Hier wird der Satz (*) in dem ausführlichen Satz in wörtlicher Rede zitiert. Dementsprechend haben wir es in dem ausführlichen Satz mit einem metasprachlichen Satz über das Vorkommen des Satzes (*) zu tun, ohne dass in dem zitierten Satz (*) auf eine fiktive Entität mit Namen ‚Rotkäppchen' Bezug genommen würde. Die Wahrheit des vollständigen Satzes hängt einzig davon ab, ob wörtlich zitiert worden ist.

Zu betrachten ist außerdem der Fall, dass der Satz (*) in dem ausführlichen Satz nicht wörtlich zitiert wird, sondern in indirekter Rede steht. Er ist dann als Kurzform des folgenden Satzes zu verstehen: ‚Im Märchen steht, dass Rotkäppchen dem Wolf begegnete, wie es in den Wald kam.' In indirekter Rede haben die Wörter nach Frege als Bedeutung den Sinn, den sie in normaler Rede haben.[4] Der Grund ist, dass der Wahrheitswert des Gesamtsatzes genau dann erhalten bleibt, wenn der Nebensatz durch einen Satz desselben Sinns ersetzt wird, zum Beispiel durch den Satz ‚dass Rotkäppchen dem Wolf im Wald begegnete'. Dementsprechend sagt der ausführliche Satz in diesem Fall etwas über den Sinn des Satzes (*) aus. Dies heißt insbesondere, dass in dem Nebensatz nicht von einer angeblichen fiktiven Entität mit Namen ‚Rotkäppchen', sondern von dem Sinn des fiktionalen Namens ‚Rotkäppchen' die Rede ist.

---

4 Über Sinn und Bedeutung, S. 28.

Mit diesen Beispielen mag es hier sein Bewenden haben. Sie sollten zumindest eine Strategie erkennen lassen, wie die Anerkennung fiktiver Entitäten vermieden werden kann, obwohl es noch weit kompliziertere Fälle gibt, für die ähnliche Analysen durchzuführen sind.

15.2 Frege und der Erkenntniswert der Dichtung

Freges Analyse fiktionaler Sätze hat folgende Vorteile: Erstens kommt sie im Unterschied zu Meinongs Gegenstandstheorie ohne die Anerkennung fiktiver Entitäten aus, und zweitens vermeidet sie es im Unterschied zu Russell, alle fiktionalen Sätze, also auch die legitim fiktionalen Sätze der Dichtung, als falsch einzustufen. Auf dieser Grundlage liefert Frege fruchtbare Ansätze für eine Analyse der Pragmatik und Semantik dichterischer Rede. Dichtung wird sprechakttheoretisch treffend als nicht-behauptend bestimmt. Damit ist sie davon befreit, dass die verwendeten benennenden Ausdrücke die Referenzpräsupposition erfüllen. Selbst in historischen Romanen finden sich neben Namen historisch verbürgter Persönlichkeiten auch fiktionale Namen, die (im Sinne Freges) keine Bedeutung haben. Zugelassen sind daher auch Sätze ohne Bedeutung, nämlich ohne Wahrheitswert, die daher semantisch als weder wahr noch falsch eingestuft werden. Dichterische Rede erweist sich demnach in semantischer und pragmatischer Hinsicht als eine legitime Rede-als-ob. Damit entfällt dann auch nebenbei der von Sokrates vorgetragene Vorwurf Platons gegen die Dichter, dass diese uns Lügen auftischen würden; denn wer nicht behauptet, kann auch nicht lügen.

Was die Funktion von Dichtung anbelangt, so wurde bereits erwähnt, dass Frege eine emotivistische Auffassung vertritt, der zufolge Dichtung auf einen Erkenntnisanspruch verzichtet und stattdessen darauf abzielt, auf unsere Gefühle zu wirken. Andere haben ähnliche Ansichten vertreten. So haben wir zum Beispiel Mauthner als Emotivisten kennen gelernt. Searle, der eine Freges Auffassung entsprechende Analyse fiktionaler Rede im Rahmen seiner Sprechakttheorie vorgelegt hat, räumt der Dichtung einen möglichen Erkenntniswert ein, wenn er meint, dass fiktionale Werke eine „Botschaft" vermitteln können.[5] Es bleibt allerdings offen, wie diese Vermittlung gelingt.

Zur Frage des Erkenntniswerts der Dichtung gibt es bis in die Gegenwart eine anhaltende intensive Diskussion. Diese berücksichtigend lässt sich eine gemäßigte kognitivistische Position verteidigen, wonach Dichtung Erkenntnis vermitteln kann, ohne dass damit der Bereich der Gefühle ausgeklammert bleibt. Dichtung kann Gefühle erzeugen, sie ermöglicht aber auch einen kognitiven Zugang zu Gefühlen, indem sie diese verstehbar macht. So geht es Kafka in seinen Texten darum, *erkennen* zu lassen, was es heißt, entfremdet zu sein. Dazu ist es notwendig, Entfremdung exemplarisch darzustellen, aber nicht erforderlich, in den Lesern das Gefühl der Entfremdung hervorzurufen.

Um einen relevanten Erkenntniswert von Dichtung zu sichern, ist es notwendig, den Begriff der Erkenntnis über den Begriff der propositionalen Wahrheit und damit auch über ‚Botschaften' hinaus zu erweitern. Eine solche Erweiterung hat bereits Misch in seiner Kritik an der Fixierung auf den apophantischen Logos angedeutet. In diese Richtung ist weiter und über Freges propositionalen Erkenntnisbegriff hinauszugehen und anzuerkennen, dass Erkenntnis auch durch nicht-propositionale prägnante Vergegenwärtigung vermittelt wird.

Vergegenwärtigungsleistungen der Dichtung erwachsen semantisch aus der Bedeutungsfülle, der Prägnanz ihrer Sprache im Sinne einer komplexen, detailgenauen und nuancenreichen Darstellung. Dabei kommt außer dem Sinn der Worte die konnotative Kraft der fregeschen „Färbungen" des Sinns zum Einsatz. Hier ist an Baumgartens Begriff der *perceptio praegnans* und an Kants Begriff der ästhetischen Idee zu erinnern (Kapitel 5.11). Vergegenwärtigt werden insbesondere Situationen Anderer in Gestalt literarischer Figuren. Ermöglicht wird uns so eine imaginative Teilnahme an vielfältigen Handlungszusammenhängen, Sichtweisen, Motiven, Haltungen, Befindlichkeiten, Stimmungen und auch Gefühlen. Adäquate literarische

5 Searle: Der logische Status fiktionalen Diskurses, S. 97.

Vergegenwärtigungen beleben die Phantasie und machen Leser und Leserinnen für die Wahrnehmung der komplexen Lebenswirklichkeit empfänglich. Die Erkenntnis der Dinge und Situationen erfolgt somit nicht nur durch deren propositionale Beschreibung, sondern auch so, dass wir durch Vergegenwärtigung mit ihnen imaginativ bekannt gemacht werden. Neben propositionaler Erkenntnis, *dass* etwas der Fall ist, gibt es auch nicht-propositionale Erkenntnis, *wie* es ist oder wäre, sich in der-und-der physischen oder psychischen Situation zu befinden.

15.3 Hans Vaihinger und die Philosophie des Als Ob

Meinong und Frege gehen in ihren unterschiedlichen Analysen zum Umgang mit Fiktionen davon aus, dass es sich von selbst versteht, Fakten und Fiktionen zu unterscheiden, ohne dies eigens begründen zu müssen. Diese Unterscheidung stellt Vaihinger mit seinem Fiktionalismus infrage. Sein Hauptwerk *Die Philosophie des Als Ob* (1911) war sehr einflussreich. Es erreichte bis 1927 zehn Auflagen und wurde in zahlreiche Sprachen übersetzt. Der Verbreitung des Fiktionalismus diente zusätzlich die von Vaihinger begründete Zeitschrift *Annalen der Philosophie*, die anfänglich noch den bezeichnenden Untertitel *Mit besonderer Rücksicht auf die Probleme der Als-Ob-Betrachtung* führte. Im Zuge der Postmoderne hat Vaihingers Fiktionalismus wieder zunehmend Beachtung gefunden.

Vaihinger kennzeichnet seine Position als „idealistischen Positivismus" oder „positivistischen Idealismus". Von dieser Position heißt es, dass „sie mit aller Entschiedenheit [...] einzig und allein im Gegebenen fußt, in den empirischen Empfindungsinhalten" und „direkt leugnet, was darüber hinaus noch etwa aufgrund angeblicher intellektueller oder ethischer Bedürfnisse als ‚real' angenommen werden mag". Damit ist die positivistische Seite charakterisiert. Das idealistische Moment ist angesprochen, indem die Philosophie des Als Ob „die aus jenen intellektuellen und ethischen Bedürfnissen entstandenen ‚Ideen' anerkennt und herübernimmt als nützliche, wertvolle Fiktionen der Menschheit, ohne deren ‚Annahme' das menschliche Denken, Fühlen und Handeln verdorren müsste".[6] In Verbindung mit einem solchen Idealismus beansprucht dieser Positivismus, dass er „*Tatsachen und Ideale* in sich vereinigt".[7]

Vaihingers Bestimmung seiner eigenen Position ist etwas missverständlich. Die intellektuellen und ethischen Bedürfnisse – hier klingen wiederum die von Lotze thematisierten Bedürfnisse des Gemüts an – dürfen gewiss nicht nur „angebliche" Bedürfnisse, sondern müssen *als Bedürfnisse* sehr reale, nämlich echte Bedürfnisse sein. Andernfalls bräuchten wir die aus ihnen entstandenen Ideen ja nicht als wertvolle Fiktionen anzuerkennen. Anders gesagt, der Zusatz „angeblich" muss auf das Wort „real" und darf nicht auf das Wort „Bedürfnisse" bezogen werden. Ausgeschlossen werden soll, dass aufgrund bestehender intellektueller oder ethischer Bedürfnisse etwas *angeblich Reales* als real hypostasiert wird. Exemplarisch ist hier die Gottesidee anzuführen. Diese hatte Feuerbach in seiner Religionskritik als bedürfnisbedingte Projektion des Menschen entlarven wollen. Vaihinger erkennt diese Projektion dagegen als Fiktion an, die wir „mit Bewusstsein akzeptieren", obwohl wir sie „gleichzeitig durchschauen".[8]

Vaihingers *Philosophie des Als Ob* enthält viele interessante Beobachtungen und bedenkenswerte Analysen. Als problematisch erweist sich allerdings der überstrapazierte Begriff der Fiktion, den Vaihinger zu weit fasst und zu früh ansetzt. So versteht er bereits die logische Bearbeitung des sinnlich Gegebenen, die Konstitution der Erfahrung, als Fiktion. Ja, noch mehr: Er subsumiert nicht nur Gedankenexperimente, Utopien, Modelle (wie das Atommodell), Redeweisen (façons de parler), Typusbildungen, Idealisierungen und praktische Prinzipien (wie die Anerkennung eines freien Willens), sondern sogar begriffliche Abstraktionen unter den Begriff der Fiktion. So meint er, schon in der Bildung allgemeiner Begriffe „weicht [...] das Denken von der Wirklichkeit ab".[9] Mit dieser extremen Ausweitung des Begriffs der Fiktion übernimmt Vaihinger Nietzsches in sich widersprüchliche These, Ab-

6 Hans Vaihinger: Die Philosophie des Als Ob, S. XX.

7 Ebd., S. XX.

8 Ebd., S. 229.

9 Ebd., S. 401.

straktionen würden die Wirklichkeit verfälschen. So spricht er von einer „Verfälschung der Wirklichkeit“ durch die „logische Funktion“. Wo deren Tätigkeit eingreife, „verändert sie das Gegebene und entfernt es von der Wirklichkeit“.[10]

Vaihinger macht keinen Hehl daraus, dass sein Fiktionalismus in weiten Teilen Nietzsche verpflichtet ist.[11] Deutlicher als Nietzsche unterscheidet er allerdings zwischen einem negativen und einem positiven Verständnis von Fiktionen, indem er betont, dass Fiktionen nicht bloß Fiktionen sind, sondern dass sie eine unverzichtbare Funktion in den Wissenschaften und darüber hinaus auch in Moral und Religion erfüllen.[12]

Immerhin erkennt Vaihinger einen Unterschied zwischen empirisch-erklärenden Hypothesen und regulativ-heuristischen Fiktionen an.[13] Diesen Unterschied führt er auf das unterschiedliche Verhältnis beider zur Wirklichkeit zurück. Während sich die Fiktion als Abweichung von der Wirklichkeit präsentiere, unterwerfe sich die Hypothese „der Probe auf ihre Wirklichkeit und verlangt schließlich *Verifikation*, d. h. sie will als wahr, als wirklich, als realer Ausdruck eines Realen nachgewiesen werden. Ausnahmslos will die Hypothese ein Wirkliches statuieren“.[14]

---

10 Ebd., S. 290.

11 Vgl. die ausführlichen Referate zu Nietzsche ebd., S. 771–790.

12 Ein neueres Beispiel für einen ähnlich überdehnten Fiktionsbegriff liefert Harari in seinem einflussreichen Buch *Eine kurze Geschichte der Menschheit*, in dem er (S. 47) sowohl die Firma Peugeot als auch „Aktienmärkte, Religionen, Staaten, Geld und Menschenrechte“ zu den Fiktionen zählt, zu Dingen, „die es gar nicht gibt“.

13 Vgl. die vielen Stellen zum Stichwort „Hypothese, im Unterschied von Fiktion“ im Register der *Philosophie des Als Ob* und besonders das Kapitel XXI des ersten Teils, das die Überschrift trägt „Der Unterschied der Fiktion von der Hypothese“ (S. 143–154). Die heuristische Funktion der Ideen bei Kant würdigt Vaihinger ausführlich S. 618–641.

14 Philosophie des Als Ob, S. 144. Es fällt auf, dass Vaihinger die Ausdrücke ‚Wirklichkeit‘ und ‚Realität‘ synonym verwendet, obwohl doch ‚Wirklichkeit‘ (lat. actualitas) auf ‚Wirken‘ und ‚Realität‘ (lat. realitas) auf ‚Ding‘ oder ‚Sache‘ (lat. res) verweist. Bei Vaihingers Bemühen, Vergegenständlichungen (Hypostasierungen) zu vermeiden, wäre es besser gewesen, wenn er sich auf den Begriff der Wirklichkeit beschränkt hätte.

Für die an sich richtige Unterscheidung zwischen Hypothesen und Fiktionen erweist sich erneut die Ausweitung des Fiktionsbegriffs auf die abstrahierende Begriffsbildung als verhängnisvoll. Letztlich hebt diese Ausweitung die Unterscheidung wieder auf; denn Hypothesen haben weitgehend die logische Form von Allaussagen und sind daher ohne die Verwendung allgemeiner Begriffe gar nicht formulierbar. Die Bildung von Hypothesen würde demnach bereits auf Fiktionen beruhen. Der zu weite Begriff der Fiktion macht Hypothesen zu Fiktionen und damit die Unterscheidung zwischen beiden zunichte.

Auch Vaihinger sieht sich genötigt, zusätzlich einen engeren Begriff der Fiktion einzuführen, indem er „wissenschaftliche Fiktionen" und Fiktionen mythologischer und ästhetischer Art unterscheidet und vorschlägt, letztere „Figmente" zu nennen: „Also z. B. *Pegasus* ist ein Figment, *Atom* ist eine Fiktion."[15] Angemessener wäre es zu sagen: *Pegasus* ist eine Fiktion, *Atom* ist ein Modell. Damit der Satz ‚Pegasus ist eine Fiktion' nicht so verstanden wird, als sage er aus, dass Pegasus ein fiktiver Gegenstand sei, übersetzt man ihn am besten in den Satz ‚Der Name ‚Pegasus' ist ein fiktionaler Name'.

Vaihingers höchst problematischer Ausgangspunkt ist die These, dass das einzig Wirkliche ein begrifflich unbearbeitetes Gegebenes von „Empfindungsinhalten" ist, das uns in der reinen Erfahrung zugänglich ist. Unterstellt wird hier, dass wir einen begriffsfreien Zugang zum Gegebenen haben. Damit fällt Vaihinger hinter die Einsicht Kants in einen Sensualismus der Sinnesdaten zurück. Für Kant gibt es dagegen keinen begriffsfreien Zugang zur „Mannigfaltigkeit des Gegebenen", sondern das Gegebene ist immer schon (und nichts anderes als) das sinnliche Korrelat und Material einer begrifflichen Verstandestätigkeit, die daraus Erfahrung konstituiert und eben *nicht* fingiert. Ohne Begriffe ist Erfahrung nicht möglich, und die eigentliche Fiktion ist nicht die Bildung der Begriffe, sondern der Gedanke, es gäbe einen Zugang zu einer gegebenen Wirklichkeit *ohne* Begriffe. Kant spricht denn auch von Fiktionen erst auf einer höheren methodologischen Stufe, wenn es darum geht, die einzelnen Erfahrungen heuristisch zu einer einheit-

15 Ebd., S. 129.

lichen Theorie oder zu einem System zu verbinden. Die *konstitutive* Funktion der Begriffe, insbesondere der Kategorien (für die Erfahrung) und die *regulative* Funktion der Ideen (für die Theoriebildung) bleiben streng geschieden. Daher vermeidet Kant die Widersprüche, die sich Vaihinger mit seinem weiten Fiktionsbegriff einhandelt.

An dieser Stelle ist in problemgeschichtlicher Perspektive der Neukantianer Friedrich Albert Lange (1828–1875) anzuführen. Sein einflussreiches Hauptwerk *Geschichte des Materialismus*[16] findet sogar die Zustimmung von Nietzsche, der sich sonst mit Lob zurückhält.[17] Vaihinger beruft sich ausführlich auf Lange.[18] Anders als bei Nietzsche und Vaihinger bleibt bei Lange die Unterscheidung zwischen Fakten und Fiktionen allerdings gewahrt. Zwar lesen wir: „Der Einheitspunkt, welcher die Tatsachen zur Wissenschaft und die Wissenschaft zum System macht, ist ein Erzeugnis freier Synthesis [...]."[19] Damit ist jedoch nur gesagt, dass erst unter heuristischer Verfolgung regulativer Ideen aus den konstituierten Tatsachen eine wissenschaftliche Theorie wird. Die Einbildungskraft, die hier am Werke ist, ist nicht dichtender Art. Während die poetische Synthesis „völlig frei mit dem Stoffe schaltet, hat die Synthesis auf dem Gebiete des Erkennens nur die Freiheit ihres Ursprungs" mit dem „dichtenden Menschengeiste" gemeinsam: „Sie ist auf der andern Seite gebunden an die Aufgabe, möglichste Harmonie zu stiften zwischen den notwendigen, *unsrer Willkür entzogenen Faktoren der Erkenntnis*."[20] Das heißt, die freie Synthesis in der Bildung einheitlicher Theorien erfolgt auf der Grundlage von bestehenden Fakten. Die Stiftung der „Harmonie" dürfte unter Einsatz der reflektierenden Urteilskraft erfolgen, die von den besonderen Fakten zu allgemeinen Gesetzen aufsteigt.

16 Vgl. insbesondere in Bd. 2 den abschließenden Teil „Der Standpunkt des Ideals" (S. 664–693).

17 Nietzsche: Briefe an Carl von Gersdorff (Ende August 1866 und 16. Februar 1868); in: Werke, Bd. 3, S. 970 und S. 991. Nietzsche bezieht sich auf die erste Auflage von 1866.

18 Die Philosophie des Als Ob, S. 753–771. Vgl. auch das Bekenntnis zu Lange ebd., S. XIII.

19 Geschichte des Materialismus, Bd. 2, S. 665.

20 Ebd.; Hervorhebung G. G.

15.4 Fakten oder Fiktionen? Nelson Goodman und Hayden White

Das Verhältnis zwischen Fakten und Fiktionen ist gegenwärtig wieder ein zentrales Thema, und dies nicht nur bei postmodernen Autoren im Anschluss an Nietzsche, sondern auch bei analytischen Philosophen wie Nelson Goodman. Goodman nennt seine Position „Irrealismus" und scheint damit eine Variante des Fiktionalismus zu vertreten. In einem Punkt geht er sogar weiter als Vaihinger, indem er kein begriffsfreies Gegebenes anerkennt und jede Wirklichkeit bestreitet, „die unabhängig vom Diskurs und unbeeinflusst von der Art und Weise ihrer Beschreibung oder sonstigen Darstellung eingerichtet wurde".[21] Gleichwohl geht Goodman mit dem Begriff der Fiktion zurückhaltender um als Vaihinger. Obwohl er betont, dass Tatsachen „gemacht" sind, so sind sie für ihn doch nicht fingiert. In der deutschen Übersetzung des Buches *Ways of Worldmaking* ist zwar von der „Erfindung von Tatsachen" die Rede, im Englischen heißt es aber nicht „fiction", sondern „fabrication of facts".[22] Erläuternd dazu schreibt Goodman:

> ‚Fabrication' has become a synonym for ‚falsehood' or ‚fiction' as contrasted with ‚truth' or ‚fact'. Of course, we must distinguish falsehood and fiction from truth and fact; but we cannot, I am sure, do it on the ground that fiction is fabricated and fact found.

Die Unterscheidung zwischen Fakten und Fiktionen bleibt also in Kraft. Hier kommt es auf sprachliche Nuancen an. Die Schlussformulierung widerspricht der Gegenüberstellung, dass „Fiktionen erfunden und Tatsachen gefunden werden" (so die deutsche Übersetzung). Ich denke, wir können es durchaus dabei belassen, dass Tatsachen nicht *er*funden, sondern *ge*funden werden. Allerdings werden Tatsachen, und das ist der entscheidende Punkt, nicht schlicht als gegeben *vor*gefunden.

---

21 Vom Denken und anderen Dingen, S. 102f.

22 Ways of Worldmaking, Überschrift von Kapitel VI.

Als Ergebnis lässt sich festhalten: Auf der Unterscheidung zwischen Fakten und Fiktionen zu bestehen, setzt nicht voraus, dass wir einen Zugang zu Fakten an sich im Sinne eines metaphysischen Realismus haben. Es genügt die Anerkennung eines empirischen Realismus, der im Sinne Kants lediglich auf einem Zugang zur erfahrbaren Welt als Erscheinung besteht. In dieser Welt als Erscheinung, die keineswegs eine Scheinwelt ist, hat noch niemand auf die Unterscheidung zwischen Fakten und Fiktionen verzichten können.

Der Ausdruck ‚Fakten' ist eine Übersetzung von lat. ‚facta', was auf das Verb ‚facere' = ‚machen' zurückgeht. Fakten sind also gemacht, was aber nicht heißt, dass sie erfunden sind. Wie es gemeint ist, verdeutlicht der deutsche Ausdruck ‚Tatsache'. Tatsachen sind wörtlich genommen Tat-Sachen, nämlich Sachverhalte, die durch Taten erzeugt oder gemacht worden sind. Das Verständnis, dass Tatsachen Tat-Sachen sind, trifft insbesondere auf juristische Sachverhalte zu, wenn es etwa heißt: ‚Es ist eine Tatsache, dass A das Auto aufgebrochen hat.' Auch historische Sachverhalte sind dann Tat-Sachen, wenn sie auf Taten von Akteuren zurückgehen. Ereignisse wie das Erdbeben von Lissabon am 1. November 1755 sind es dagegen nicht. Der heutige Sprachgebrauch ist weiter und schließt zum Beispiel auch mathematische und kosmologische Tatsachen ein ('Die Winkelsumme im Dreieck beträgt 180^{0}'; ‚Die Erde dreht sich um die Sonne'), obwohl deren Bestehen nicht auf Taten, also nicht auf einem ‚Machen' beruht. Im erkenntnistheoretischen Sinne sind Tatsachen gleichwohl in dem Sinne ‚gemacht', dass an ihrer Konstitution das erkennende Subjekt wesentlich beteiligt ist. Konstituieren und Fingieren sind aber verschiedene ‚Mach'-Arten. Gegen Nietzsche und den Fiktionalismus gilt es festzuhalten: Not all making is faking.

Es ist verwunderlich, dass ein Historiker wie Reinhart Koselleck, der das „Vetorecht der Quellen" und damit ein entscheidendes Kriterium für die Unterscheidung historischer Fakten von Fiktionen hervorhebt, die tendenziöse Übersetzung von Hayden Whites Buchtitel *Tropics of Discourse* als *Auch Klio dichtet oder Die Fiktion des Faktischen* unwidersprochen gelassen hat. Einen solchen Widerspruch hätte man erwartet, da er in seiner Einführung zur deutschen Ausgabe zu Recht feststellt, dass White im Unterschied zu den französischen Poststrukturalisten nicht so weit gehe, „den historischen Text als geschichtlichen Wahrheitsvermittler zum Verschwinden zu bringen".[23]

White lässt trotz einzelner überzogener Formulierungen keinen Zweifel daran, dass sich „historische Ereignisse" von „fiktionalen Ereignissen" und dementsprechend auch geschichtswissenschaftliche von dichterischen Texten in ihren Ansprüchen sprechakttheoretisch unterscheiden.[24] Ihm geht es darum, auf der Ebene der Anordnung der Gedanken, also der rhetorischen *dispositio*, und der Ebene der sprachlichen Darstellung, also der rhetorischen *elucutio*, Ähnlichkeiten zwischen Dichtung und Historie aufzuweisen. Diese Ähnlichkeiten bestehen natürlich, insofern es sich in beiden Fällen um Erzählungen handelt.

Die inzwischen verbreitete Rede von Narrativen als Erzählungen mit Erklärungspotential erweckt mitunter den Eindruck, als müsse man ‚postfaktisch' alternative Narrative anerkennen, ohne den Anspruch zu erheben, faktionale von fiktionalen Narrativen unterscheiden zu können. Ein Narrativ ist anscheinend eine Erzählung, die sich nicht der Wahrheit verpflichtet fühlt, sondern einem eigenen Motiv folgt. Häufig wird der Begriff so weit ausgedehnt, dass selbst bloße Auffassungen oder Meinungen ohne erzählerische Elemente als Narrative ausgegeben werden.

Halten wir soweit fest: Man kann von einer Konstitution oder auch Konstruktion der Geschichte sprechen. Geschichte eine Fiktion zu nennen, ist dagegen völlig irreführend. Stellen wir uns vor, jemand würde öffentlich behaupten, der Holocaust sei eine Fiktion. Er würde mit Sicherheit beschuldigt werden, die Existenz der Vernichtungslager leugnen zu wollen.

Ein starkes Motiv, die traditionelle Unterscheidung zwischen Fiktion und Wirklichkeit nivellieren zu wollen, dürfte sein, dass man von ihr eine Depotenzierung der Rolle der Dichtung befürchtet. Diese Befürchtung ist auch das Motiv Nietzsches, der deshalb das Dichten bereits

23 White: Auch Klio dichtet, S. 6. Koselleck verwechselt auch selbst Konstituieren mit Fingieren, wenn er die Konstitution der Fakten durch den Historiker als „Fiktion des Faktischen" beschreibt: Vergangene Zukunft, S. 280.

24 Auch Klio dichtet, S. 145.

im logischen Denken nachzuweisen versucht. Man kann Nietzsche zugestehen, dass sein Anliegen, den Wert von Fiktionen gegenüber der Fixierung auf Fakten hervorzuheben, berechtigt ist. Allerdings wird man diesem Anliegen nicht dadurch gerecht, dass man die Unterscheidung zwischen Fakten und Fiktionen einzieht. Ganz im Gegenteil kommt es darauf an, auf der Grundlage dieser Unterscheidung zu zeigen, dass und wie Dichtung gerade als *fiktionale* Literatur die präzise *Feststellung* der Faktenwirklichkeit durch eine prägnante *Vergegenwärtigung* der Lebenswirklichkeit überbietet. Dabei verarbeitet Dichtung auch Bestandstücke der Wirklichkeit, präsentiert diese aber nicht im Modus des Sprechakts der Behauptung. So gesehen kann man Nietzsche zustimmen, wenn er im Namen des Künstlers „den Schein höher schätzt als die Realität", aber erklärend über den Schein hinzufügt, er sei „die Realität [!] *noch einmal*, nur in einer Auswahl, Verstärkung, Korrektur".[25] Es ist *dieses* schöpferische Machen als Poiesis, das poetischen Fiktionen einen Erkenntniswert ermöglicht.

25 Nietzsche: Götzen-Dämmerung, S. 961.

16 Der Positivismusstreit

Der so genannte Positivismusstreit ist eine Auseinandersetzung über Aufgabe und Methode der Sozialwissenschaften, die in den deutschsprachigen Ländern in den sechziger Jahren des 20. Jahrhunderts intensiv geführt wurde.[1] Repräsentanten dieses Streits waren insbesondere Popper als Vertreter des *Kritischen Rationalismus* und Adorno als Vertreter der *Kritischen Theorie* der Frankfurter Schule. Die Bezeichnung ‚Positivismus' lehnte Popper für seine Position allerdings zu Recht ab, da sie üblicherweise für die Auffassung der Mitglieder des Wiener Kreises verwendet wird, von der sich Popper absetzte.[2]

Der sachliche Kern des Streits ist, dass für Popper die Aufgabe der Sozialwissenschaften wie diejenige der Naturwissenschaften darin besteht, nach Lösungen konkreter Einzelprobleme zu suchen, während von Adorno eine grundsätzliche, alle Ebenen der Gesellschaft einbeziehende Kritik gefordert wird. Der Positivismusstreit war seinerzeit das beherrschende Thema der wissenschaftstheoretischen Diskussion in den Sozialwissenschaften, an der sich weitere Vertreter beider Schulen wie Hans Albert auf Seiten des Kritischen Rationalismus und Jürgen Habermas auf Seiten der Kritischen Theorie beteiligten. Gegenwärtig steht der Positivismusstreit nicht auf der wissenschaftstheoretischen Tagesordnung. Deshalb werden im Folgenden mit Blick auf die Philosophie der Gegenwart andere Akzente gesetzt.

16.1 Kritischer Rationalismus: Karl Popper

In seinem Buch *Die offene Gesellschaft und ihre Feinde*, das 1945 in England erschien und erst 1957 ins Deutsche übersetzt wurde, zeigt Popper am Beispiel von Platon und Marx die Strukturen totalitärer Systeme und deren Folgen auf. Dies geht nicht ohne historische Un-

1 Siehe Adorno u. a.: Der Positivismusstreit in der deutschen Soziologie.

2 Popper: Ausgangspunkte, S. 120ff.

gerechtigkeiten ab, die Popper später damit entschuldigt, dass die beiden Autoren stellvertretend für Hitler respektive Stalin standen. Selbige hatte Popper so sehr verabscheut, dass er ihre Namen in seinem Buch nicht erwähnte. Man könnte meinen, er habe deren Träger ‚tot' zu schweigen gewünscht oder es doch vermeiden wollen, mit der Namensnennung der Inkarnationen des Bösen dessen Wirkung heraufzubeschwören. Bannen wollte er das Böse, allerdings nicht durch Magie sondern durch kritische Vernunft, die der von ihm begründeten philosophischen Richtung den Namen gegeben hat. Kritischer Rationalismus steht dabei nicht im Gegensatz zur Erfahrung. Diese spielt vielmehr eine große Rolle, indem deren Ergebnisse dazu dienen, wissenschaftliche Theorien auf ihre Geltung zu überprüfen.

Seine wissenschaftstheoretischen Ideen hat Popper in seinem Hauptwerk *Logik der Forschung* (1934) dargelegt, und zwar in Abgrenzung vom Logischen Positivismus des Wiener Kreises. Forderten dessen Vertreter die Verifikation empirischer Gesetze, so machte Popper dagegen geltend, dass empirische Allaussagen durch noch so viele Belege nicht verifizierbar seien, weil man schließlich auf ein Gegenbeispiel stoßen könne.

Poppers Einwand hat man auch im Wiener Kreis anerkannt. Der Begriff der Verifikation ist deshalb durch den der Bestätigung ersetzt worden. Nach Auffassung Poppers gibt es aber nicht einmal eine fortschreitende Bestätigung empirischer Gesetze, sondern lediglich eine Bewährung auf Grund bislang fehlgeschlagener Versuche, sie als falsch nachzuweisen. Solche Versuche anzustellen, ist unsere Vernunft beständig aufgefordert. Nicht dogmatische Sicherung bestehender Wahrheiten, sondern deren kritische Prüfung ist ihre Aufgabe. Statt positiv von Verifikation spricht Popper daher negativ von Falsifikation. Diese verfährt logisch nach dem *modus tollens* (von lat. ‚tollere' = ‚aufheben'), der in aussagenlogischer Darstellung besagt: Wenn p, so q. Nun aber nicht q. Daraus folgt: nicht p. Aus der Aufhebung des Nachsatzes q folgt die Aufhebung des Vordersatzes p. In formaler Darstellung: $[(p \rightarrow q) \wedge \neg q] \Rightarrow \neg p$.

Doch wann ist eine Aussage als falsifiziert einzustufen? Diese Frage ist dahingehend zu präzisieren, dass es letztlich um ganze Theorien geht. Diese lassen sich zu Fall bringen, wenn ihre allgemeinen Aussagen in Widerspruch treten zu als wahr anerkannten singulären Aussagen. Grundsätzlich besteht allerdings auch die Möglichkeit, Gegenbeispiele mit dem Argument auszusondern, dass störende Ursachen eingetreten seien. Wenn ich ein Blatt Papier in die Luft werfe und dieses nicht nach unten fällt, sondern in die Höhe steigt, so werde ich vernünftigerweise nicht gleich schließen, dass das Gravitationsgesetz außer Kraft gesetzt ist, sondern vermuten, dass ein Windstoß oder ein Gebläse die Störung hervorgerufen hat.

Ein weiterer Gegensatz zum Positivismus des Wiener Kreises besteht darin, dass Popper die Metaphysik nicht als sinnlos einstuft. Er räumt ihr sogar einen heuristischen Wert für die Wissenschaften ein. Dieses Zugeständnis entspricht Kants Auffassung der metaphysischen Ideen. Statt die Metaphysik per Sinnkriterium auszuschließen, formuliert Popper ein „Abgrenzungskriterium" zur Wissenschaft. In der Konsequenz führt seine Auffassung allerdings ebenfalls zu einer negativen Antwort auf Kants Frage, ob Metaphysik als Wissenschaft möglich sei.

Die Metaphysik wird als unwissenschaftlich eingestuft, weil ihre Sätze nicht das Kriterium der intersubjektiven Nachprüfbarkeit erfüllen. Nachprüfbarkeit einer wissenschaftlichen Theorie bedeutet, dass es grundsätzlich möglich sein muss, sie zu falsifizieren. Dazu müssen Bedingungen angegeben werden, bei deren Erfüllung Theorien als falsifiziert gelten. Umgekehrt heißt dies, dass Theorien, die solche Bedingungen nicht angeben und sich so gegen mögliche Falsifizierbarkeit von vornherein hermetisch sperren, als metaphysisch einzustufen sind. Ein Beispiel Poppers für eine solche Theorie ist die Psychoanalyse seines österreichischen Landsmannes Sigmund Freud.[3] Freilich ist Popper dabei für die Möglichkeit blind geblieben, der Psychoanalyse eine hermeneutische Rolle beim Bemühen um das Verstehen der *conditio humana* zuzubilligen. Ebenfalls mit Unverständnis begegnete Popper der sprachphilosophischen Wende, der er vorwirft, wirkliche Probleme zu Gunsten verbaler Probleme verabschiedet zu haben.[4] Damit verkennt er, wie sehr die Sprache unser Denken vorprägt und

3 Ebd., S. 52.

4 Ebd., S. 35f.

auch täuschen kann, weswegen die Explikation grundlegender Begriffe und Unterscheidungen zu einer zentralen Aufgabe der Philosophie geworden ist.

Trotz wissenschaftstheoretischer Ausrichtung geht das Programm des Kritischen Rationalismus über die Wissenschaften hinaus. Während etwa Carnap Wissenschaft und Leben, Vernunft und Moral als disjunkt ansieht und unvermittelt lässt, hat für Popper kritische Vernunft stets auch praktisch zu werden. Ein positivistischer Vertreter einer bloß technisch-praktischen Vernunft war er gerade nicht. Was ihm trotzdem diese Bezeichnung von Seiten der achtundsechziger Generation eingetragen hat, war sein erklärter Mangel an utopischem Willen. Wahrgenommen wurde er deshalb als Gegenspieler zur Kritischen Theorie der Frankfurter Schule sowie mehr noch zu Ernst Bloch.

Sozialutopien konnten für Popper nur eine regulative Funktion ausüben, indem sie Zielorientierungen bieten. Gegen einen revolutionären Utopismus, der die Welt als ganze, auf einmal und gar endgültig zu verbessern trachtete, setzte er eine Politik der kleinen Schritte, eine „Sozialtechnik der Einzelprobleme" mit dem Ziel eines „schrittweisen Umbaus der Gesellschaftsordnung". Alles andere war ihm Romantizismus, der mit der besten Absicht, den Himmel auf Erden einzurichten, diese Welt in eine Hölle verwandeln kann. Praktisch philosophisch läuft diese Position auf einen pragmatischen Kantianismus hinaus. Kants kopernikanische Wende deutet Popper denn auch so, dass die Menschheit ihre zentrale Position in der Welt zurückgewonnen habe, die ihr zuvor von Kopernikus genommen worden war. Die Welt dreht sich um den Menschen.

Mit seiner Auffassung wurde Popper zum Philosophen der Pragmatiker, der so genannten politischen ‚Macher'. Der frühere Kanzler der Bundesrepublik Helmut Schmidt hat sich ausdrücklich zu Poppers Konzeption der offenen Gesellschaft bekannt. Popper selbst wusste, dass auch diese ihren Preis hat, nämlich den Verlust des unhinterfragten Kollektivs. Doch er gab zu bedenken, dass man nicht beides haben könne: die Freiheiten offener Gesellschaften und die Geborgenheit geschlossener Gemeinschaften. Die erste russische Ausgabe von *Die offene Gesellschaft* erschien 1992. Der Verfasser, der nach eigenem Bekunden dem Kommunismus nur wenige Wochen als Sechzehnjähriger angehangen hatte,[5] betont im Vorwort an seine russischen Leser, dass man die freie Marktwirtschaft des Westens nicht ohne den gleichzeitigen Aufbau eines entsprechenden demokratischen Rechtsstaates übernehmen dürfe. Der Kritiker falscher Propheten dürfte mit dieser Warnung selbst zu einem wahren Propheten geworden sein.

16.2 Kritische Theorie: Theodor W. Adorno

Was Adornos Position im Positivismusstreit anbelangt, so wird man im Nachgang sagen können, dass die Sozialwissenschaften sie hinter sich gelassen haben und in ihrer empirischen Ausrichtung eher auf Seiten Poppers stehen. Das gegenwärtige Interesse an Adorno gilt denn auch – wegen einer gewissen Nähe zur Dekonstruktion – seinen allgemeinen Überlegungen zum Vorgehen der Philosophie.

Das zentrale Anliegen Adornos, das er in seinem Hauptwerk *Negative Dialektik* dargelegt hat, ist die Kritik jeder systemorientierten begrifflich gefassten Philosophie. Adornos Interesse gilt dem „Begriffslosen", das sich der begrifflichen Identifizierung eigentlich entzieht. Gleichwohl geht die negative Dialektik begrifflich vor und versucht so in paradoxer Weise, das Begriffslose begrifflich zu erfassen, ohne es je positiv zu erreichen. Hier deutet sich der permanente Aufschub des Verstehens an, den auch die Dekonstruktion betont. Wie diese verabschiedet Adorno das traditionelle Verständnis von Methode, indem er geradezu „methodisch unmethodisch" verfährt.[6] Diskursive Argumente mit ihrer Über- und Unterordnung von Begriffen tragen nach Adorno, für den logische und politische Unterordnung einander entsprechen, „die Spur repressiver Ordnung".[7]

In Einzelfällen ist einzuräumen, dass die Forderung einer zweiwertigen Logik nach „scharfer Begrenzung der Begriffe" (Frege) problematisch ist, wenn dadurch etwa ein anzuerkennendes Drittes ausgeschlossen wird. Denken wir zum Beispiel an eine strikte Unterscheidung

5 Ebd., S. 40ff.

6 Adorno: Der Essay als Form, S. 21.

7 Ebd., S. 15.

zwischen ‚männlich' und ‚weiblich', die den Fall ‚divers' ausschließen würde. Abgesehen von solchen Fällen ist Adornos Auffassung der Logik in ihrer Verallgemeinerung abwegig. Sie belegt den globalen Anspruch der Kritischen Theorie, alle Bereiche in ihre Kritik einzubeziehen.

In *Parataxis* und *Der Essay als Form* beschreibt Adorno sein Darstellungsverfahren der Parataxis, das er insbesondere in dem Buch *Ästhetische Theorie* umzusetzen versucht. Es besteht in der Reihung von Gedanken im Gegensatz zu deren logischer Ordnung. Das Denken habe sich, so Adorno, „in Brüchen" zu vollziehen, „sowie die Realität brüchig ist".[8] Auf der anderen Seite trage auch begriffslose anschauliche Kunst diese Spur. Die Trennung von Begrifflichkeit und Anschaulichkeit, wie sie in der philosophischen Tradition seit Baumgarten und Kant in der Gegenüberstellung von Logik und Ästhetik üblich ist, verwirft Adorno als falsche „Ideale des Reinlichen und Säuberlichen".[9] Dagegen sucht er eine Ästhetisierung der Begrifflichkeit zu setzen, wie dies der Titel *Ästhetische Theorie* bereits zum Ausdruck bringt. Da Schönheit auf Anschaulichkeit verweist, versteht sich diese ästhetische Theorie nicht als ‚schöne Theorie', die aus der Sicht von Adornos negativer Dialektik ein Produkt falscher Versöhnung wäre.

Die Darstellungsschwierigkeiten seiner *Ästhetischen Theorie* beschreibt Adorno dahingehend, „daß die einem Buch fast unabdingbare Folge des Erst-Nachher sich mit der Sache als [...] unverträglich erweist". Um der Sache gemäß zu sein, müsste das Buch „gleichsam konzentrisch in gleichgewichtigen, parataktischen Teilen geschrieben werden, die um einen Mittelpunkt angeordnet sind, den sie durch ihre Konstellation ausdrücken".[10] Unausgesprochen bleibt, worin dieser Mittelpunkt besteht, den Adorno auch als „Idee" bezeichnet. Adorno würde die Möglichkeit einer inhaltlichen begrifflichen Bestimmung dieser Idee sicherlich verneinen und damit eine Unsagbarkeit für sie in Anspruch nehmen, der die literarische Form der Parataxis gerecht zu werden versucht. Nach allem, was Adorno zu Anschauung und

---

8 Ebd., S. 25.

9 Ebd., S. 14.

10 Ästhetische Theorie, S. 541.

Begriff sagt, dürfte die Parataxis auf die Vermittlung intellektueller Anschauung ausgerichtet sein. Dafür spricht, was die Herausgeber der *Ästhetischen Theorie* notieren, dass die Parataxis „dem Hegelschen Programm eines reinen Zusehens" folgt.[11] Die intellektuelle Anschauung wird zwar nicht als Erkenntnisweise positiv in Anspruch genommen, sie bleibt aber in einer Theorie, die sich selbst als ästhetisch versteht, als Sehnsucht bewahrt.

11 Ebd.

17 Analytische und kontinentale Philosophie: Die Carnap-Heidegger-Kontroverse

Während der Methodenstreit in den Sozialwissenschaften zwischen Kritischem Rationalismus und Kritischer Theorie inzwischen verebbt ist, hat ein tiefer liegender Gegensatz zwischen beiden Traditionen bis heute Bestand. Es ist dies der Gegensatz zwischen einer wissenschaftlichen Philosophie, für die Popper steht, und einer eher literarischen Philosophie, der Adorno zuzurechnen ist. Dieser Gegensatz hat seine Vorgeschichte in der Kontroverse zwischen Carnap und Heidegger. Ungeachtet der Kritik Poppers am Logischen Positivismus besteht Einigkeit mit Carnap in der wissenschaftlichen Ausrichtung der Philosophie, und ungeachtet der Kritik Adornos an Heidegger in *Jargon der Eigentlichkeit* stimmen beide darin überein, dass die Philosophie eher der Literatur als der Wissenschaft nahe steht.

Der angesprochene Gegensatz wird in der Gegenwartsphilosophie als Streit zwischen analytischer Philosophie und kontinentaler Philosophie ausgetragen. Ganze Fachbereiche und Institute werden danach unterschieden, welcher Tradition sie folgen. Die Bezeichnungen sind allerdings nicht gerade glücklich gewählt. Übernommen wurden sie hier nur, weil sie allgemein gebräuchlich sind. In der Sache erweisen sie sich schon deshalb als schief, weil ‚analytisch' eine Methode beschreibt, ‚kontinental' aber eine geographische Zuordnung vornimmt.

Die geographische Angabe stimmt so weit, als zur kontinentalen Philosophie insbesondere Autoren wie Fichte, Schelling, Hegel, Schopenhauer, Nietzsche, Heidegger und Derrida gehören, die sämtlich vom Kontinent kommen. Auf der anderen Seite sind aber Frege, Wittgenstein und Carnap drei Klassiker der analytischen Philosophie, die nicht nur vom Kontinent stammen, sondern dort auch ihre geistigen Wurzeln haben.[1] Da die Trennung zwischen analytischer und kontinentaler Philosophie auf die Kontroverse zwischen Carnap und

1 Siehe Gabriel und Schlotter: Frege und die kontinentalen Ursprünge der analytischen Philosophie; Janik und Toulmin: Wittgensteins Wien; Carus: Carnap and Twentieth-Century Thought.

Heidegger zurückgeht,[2] bleibt Entstehung und Verlauf dieser Kontroverse zum besseren Verständnis der Philosophie der Gegenwart noch nachzutragen.

Eine Gegensatzbildung zeichnet sich zunächst noch nicht ab. Die philosophischen Anfänge von Carnap und Heidegger stimmen nämlich überein, wenn auch mit unterschiedlichen Gewichtungen. Beide haben ihre erste Ausbildung im Kontext des Neukantianismus erhalten: Carnap bei Bruno Bauch in Jena, Heidegger bei Heinrich Rickert in Freiburg. Während seiner Freiburger Zeit hörte auch Carnap bei Rickert. Maßgebliche Einflüsse hat Carnap sodann durch Frege und entsprechend Heidegger durch Husserl erfahren. Beide schließen sich dem Antipsychologismus des jeweiligen Lehrers in der auf Lotze zurückgehenden geltungstheoretischen Form an. Sie nehmen aber auch die jeweils andere Tradition zustimmend zur Kenntnis: Der frühe Heidegger bezieht sich auf Frege[3] und der frühe Carnap auf Husserl.[4] Während für Carnap die (auf Aussagen bezogene) Unterscheidung zwischen Geltung und Genese zeitlebens bestimmend geblieben ist, entfernt sich Heidegger unter dem Einfluss der Lebensphilosophie von der geltungstheoretischen Bindung des Wahrheitsbegriffs an die Aussage.

Auf andere Weise als Heidegger wächst auch Carnap in die Auseinandersetzung zwischen Neukantianismus und Lebensphilosophie hinein. Im Mittelpunkt steht die Frage nach dem Verhältnis von Logik und Leben und – von dieser Frage ausgehend – die Bestimmung der Aufgabe der Philosophie. Ein Bruch zwischen Carnap und Heidegger ergibt sich dadurch, dass die beiden Neukantianer die Herausforderung der Lebensphilosophie Diltheys unterschiedlich verarbeiten.

---

2 Vgl. Friedman: A Parting of the Ways.

3 Heidegger: Neuere Forschungen über Logik, S. 20.

4 Carnap: Der logische Aufbau der Welt. Vgl. im Literatur- und Namenregister die Hinweise auf Husserl.

17.1 Das Realitätsproblem als Scheinproblem

Bevor Carnap und Heidegger getrennte Wege gehen, gibt es zwischen ihnen auch inhaltliche Übereinstimmungen, die sich besonders an der Behandlung des Problems der Realität der Außenwelt belegen lassen. Zur Erinnerung: Dabei geht es um die Frage, ob es eine unabhängig vom erkennenden Subjekt existierende Außenwelt gibt oder nicht. Der erkenntnistheoretische Realismus bejaht diese Frage, der erkenntnistheoretische Idealismus verneint sie. Zu vergleichen sind hier Heideggers *Sein und Zeit* (1927) und Carnaps *Scheinprobleme in der Philosophie* (1928). Da sich beide Autoren – Carnap implizit und Heidegger explizit – auf Diltheys Schrift *Beiträge zur Lösung der Frage vom Ursprung unseres Glaubens an die Realität der Außenwelt und seinem Recht* beziehen, liegt es nahe, auf diese einen vergleichenden Blick zu werfen.

Dilthey versucht den Glauben an die Realität der Außenwelt lebensphilosophisch „aus einem in Trieb, Wille und Gefühl gegebenen Zusammenhang des Lebens"[5] zu erklären und ihn auf die „Erfahrungen von Impuls und Widerstand"[6] zurückzuführen. Damit wird in Umkehrung der sonst in der Erkenntnistheorie üblichen Hierarchie dem Tastsinn der Vorrang vor dem Sehsinn eingeräumt.[7] Ohne das Realitätsproblem explizit als Scheinproblem zu charakterisieren, verwirft Dilthey doch dessen kognitiven Status, indem er allen intellektualistischen Versuchen widerspricht, die Realität der Außenwelt *„durch Schlüsse* zwingender Art" beweisen zu wollen.[8]

In Sachen Realität der Außenwelt gibt es auch für Carnap nichts zu beweisen. Bezogen auf *empirische* Aussagen bestimmt er als Kriterium für sinnvolle Aussagen deren „Sachhaltigkeit".[9] Mit Blick auf die Realitätsfrage heißt dies zu prüfen, ob Realismus und Idealismus unterschiedliche „Sachverhalte" aussprechen, deren Wahrheit oder Falsch-

5 Dilthey: Realität der Außenwelt, S. 95.

6 Ebd., S. 98.

7 Ebd., S. 105.

8 Ebd., S. 128.

9 Carnap: Scheinprobleme, § 7.

heit zwar nicht unbedingt faktisch, aber prinzipiell nachprüfbar ist. Carnap stellt sodann fest, dass *beide* Positionen im genannten Sinne nicht sachhaltig sind. Erläutert wird dies an folgendem Beispiel: Zwei Geographen, ein Realist und ein Idealist, ziehen aus, um zu prüfen, ob ein an einem bestimmten Ort in einem fernen Land vermuteter Berg „wirklich existiere".[10] Beide werden, so Carnap, nach den üblichen empirisch-wissenschaftlichen Kriterien zu demselben Ergebnis kommen, dass dieser Berg entweder wirklich existiert oder nicht existiert. Ein über die Anerkennung eines solchen internen Wirklichkeitsbegriffs – Carnap spricht von „empirischer Wirklichkeit" – hinausgehender Streit für oder wider die Anerkennung einer externen Wirklichkeit an sich sei dagegen sinnlos, weil keine Sachverhalte benannt werden können, deren Bestehen oder Nichtbestehen diese Frage entscheiden könnte.

Die hier verwendete Unterscheidung zwischen interner und externer Wirklichkeit ist ein Vorgriff auf Carnaps spätere Unterscheidung zwischen internen und externen Existenzfragen.[11] Danach sind Existenzfragen intern in Abhängigkeit von einem zuvor festgelegten sprachlichen Rahmen („linguistic framework") zu entscheiden, wobei das Kriterium der Wahl des jeweiligen Rahmens einzig der wissenschaftliche Nutzen sein sollte. Carnap lässt nun sogar platonistische Sprachformen zu, ohne damit aber einen ontologischen Platonismus anzuerkennen. So folge aus der Aussage ‚5 ist eine Zahl' die Aussage, dass (mindestens) eine Zahl existiert; aber diese Existenz ist lediglich interner Art, bezogen auf die Sprachform der Zahlen.

Die Frage nach der Realität der Außenwelt wird zur Frage nach der Existenz von raum-zeitlichen Dingen wie zum Beispiel Bergen, die nunmehr intern im Rahmen einer akzeptierten Dingsprache empirisch zu beantworten ist. Die Frage, ob darüber hinaus raum-zeitlichen Dingen Realität an sich zukommt, wird dagegen als externe Existenzfrage abgelehnt.

---

10 Ebd., § 10.

11 Empiricism, Semantics, and Ontology.

Die externe Realitätsfrage ist auch für Heidegger „ohne Sinn".[12] Hat Kant es für einen „Skandal der Philosophie" gehalten, keinen Beweis der Realität der Außenwelt zu haben[13] und deshalb einen Beweis versucht, so setzt Heidegger dagegen:

> Der „Skandal der Philosophie" besteht nicht darin, daß dieser Beweis bislang noch aussteht, sondern *darin, daß solche Beweise immer wieder erwartet und versucht werden*.[14]

Indem Heidegger erklärt, das „Reale" sei „wesenhaft nur als *innerweltliches* Seiendes zugänglich",[15] nimmt er wie Carnap eine Beschränkung auf einen internen Wirklichkeitsbegriff vor. Die Anerkennung des Realen ist für Heidegger die selbstverständliche Voraussetzung unseres „In-der-Welt-seins" und mit diesem unauflöslich verwoben: „Mit dem Dasein als In-der-Welt-sein ist innerweltliches Seiendes je schon erschlossen."[16] Ein wichtiger Unterschied zu Carnap besteht allerdings darin, dass Heidegger innerweltlich Seiendes nicht im Sinne der *Vor*handenheit von Dingen, sondern im Sinne von deren *Zu*handenheit im praktischen Umgang mit ihnen versteht.

In der Bewertung von Diltheys Auffassung, dass das Widerstandserlebnis die Realität der Außenwelt garantiere, lassen sich wiederum Parallelen zwischen Carnap und Heidegger ausmachen. Heidegger hält Dilthey entgegen, dass das „Wider" und das „Gegen" bereits „das erschlossene In-der-Welt-sein" voraussetzen.[17] Carnap räumt im Sinne Diltheys zwar ein, dass mit der Position des Realismus ein Gefühl des Widerstandes gegenüber dem Berg verbunden sein mag, bestreitet aber, dass dieses Gefühl eine sachhaltige Entscheidung in der Realitätsfrage herbeiführen könne.[18]

---

12 Sein und Zeit, S. 202.

13 Kritik der reinen Vernunft B XXXIX, Anm.; AA III, S. 23.

14 Sein und Zeit, S. 205.

15 Ebd., S. 202. Hervorhebung G. G.

16 Ebd., S. 207.

17 Ebd, S. 110.

18 Scheinprobleme, § 10.

Konnten wir soweit Übereinstimmungen zwischen Heidegger und Carnap nachweisen, so gilt es nun die weitere Entwicklung freizulegen, die zur Trennung der Wege und zur Bildung des Gegensatzes zwischen kontinentaler und analytischer Philosophie geführt hat. Der Auslöser dieser Trennung ist Carnaps Aufsatz *Überwindung der Metaphysik durch logische Analyse der Sprache* (1929), in dem Sätze aus Heideggers Freiburger Antrittsvorlesung *Was ist Metaphysik?* (1929) als Beispiele für sinnlose metaphysische Sätze herangezogen werden.

17.2 Carnaps Metaphysikvorwurf und Heideggers Entgegnung

Von sinnlosen Sätzen spricht Carnap, wenn in ihnen Wörter ohne Bedeutung vorkommen oder wenn sie logisch-syntaktisch nicht wohlgeformt sind. Die *sinnlosen* Sätze in Carnaps Terminologie entsprechen demnach den *unsinnigen* Sätzen in Wittgensteins Terminologie.[19] Die These, dass in metaphysischen Texten Wörter ohne Bedeutung vorkommen, ist nicht neu. Nachdrücklich vertreten wird sie zum Beispiel von Hume. Neu ist hingegen die Auffassung, dass es Sätze gibt, die sinnlos sind, weil „die logische Syntax verletzt ist, obwohl die historisch-grammatische Syntax erfüllt ist".[20] Diese Einsicht geht auf Frege zurück. Zur Grundlage einer prinzipiellen Metaphysikkritik hat sie erst Wittgenstein im *Tractatus* ausgearbeitet.

Carnap versucht nun zu zeigen, dass zentrale Sätze in Heideggers Antrittsvorlesung gegen die logische Syntax verstoßen. Wohl um die rhetorische Wirkung zu erhöhen, zieht Carnap Sätze Heideggers zu folgendem Block zusammen:

> Erforscht werden soll das Seiende nur und sonst – *nichts*; das Seiende allein und weiter – *nichts*; das Seiende einzig und darüber hinaus – *nichts*. *Wie steht es um dieses Nichts? – – Gibt es das Nichts nur, weil es das Nicht, d.*

19 Carnap nennt in *Überwindung der Metaphysik* einmal (S. 231) irrtümlich kontradiktorische, also logisch falsche Sätze unsinnig. Vgl. aber richtig S. 236.

20 Überwindung der Metaphysik, S. 229.

> *h. die Verneinung gibt? Oder liegt es umgekehrt? Gibt es die Verneinung und das Nicht nur, weil es das Nichts gibt?* – – Wir behaupten: *Das Nichts ist ursprünglicher als das Nicht und die Verneinung.* – – Wo suchen wir das Nichts? Wie finden wir das Nichts? – – Wir kennen das Nichts. – – *Die Angst offenbart das Nichts.* – – Wovor und warum wir uns ängsteten, war ‚eigentlich' – nichts. In der Tat: das Nichts selbst – als solches – war da. – – *Wie steht es um das Nichts?* – – *Das Nichts selbst nichtet.*[21]

Nach Auffassung von Carnap begeht Heidegger den logischen Fehler, „daß das Wort ‚nichts' als Gegenstandsname verwendet wird, weil man es in der üblichen Sprache in dieser Form zu verwenden pflegt, um einen negativen Existenzsatz zu formulieren". So wird der negative Existenzsatz „Es ist nicht der Fall, daß es etwas gibt, welches eine bestimmte Eigenschaft hat" auch durch den Satz ausgedrückt, dass *nichts* diese Eigenschaft hat. Durch Vergegenständlichung dieser Verwendung von „nichts" komme es zur sinnlosen Rede von „dem Nichts".

Die Reihe der Philosophen, die Carnap exemplarisch als Metaphysiker aufführt (Fichte, Schelling, Hegel, Bergson, Heidegger), weist große Übereinstimmungen mit der üblichen Aufzählung kontinentaler Autoren auf – mit einer wesentlichen Ausnahme: Nietzsche, der in der gegenwärtigen Auseinandersetzung (von beiden Seiten) als Musterautor der kontinentalen Tradition angesehen wird, bleibt in Carnaps Kritik verschont. Warum das so ist, macht der Schlussabschnitt von Carnaps Aufsatz mit der aufschlussreichen Überschrift „Metaphysik als Ausdruck des Lebensgefühls" deutlich. Hier zeigt sich, dass Carnaps analytische Metaphysikkritik ihrerseits kontinentale Wurzeln hat.

Der Ausdruck ‚Lebensgefühl' ist ein zentraler Terminus der Lebensphilosophie Diltheys. Übernommen hat Carnap ihn nicht direkt von Dilthey, sondern von dessen Schüler Herman Nohl, bei dem er in Jena studiert hat. So hebt Carnap in seiner Autobiographie hervor, dass Nohl „ein tieferes Verständnis für die großen Philosophen zu vermitteln suchte, indem er von ihrer Einstellung zum Leben, ihrem ‚Lebens-

21 Ebd.

gefühl', und deren kulturellem Milieu ausging".[22] Das tiefere Verständnis läuft darauf hinaus, als Triebfeder unterschiedlicher Metaphysiken das jeweilige Lebensgefühl der Autoren aufzuweisen. Grundlage einer solchen Einschätzung ist Diltheys Weltanschauungslehre, die Metaphysik als „wissenschaftliche Weltanschauung" bestimmt.[23]

Nach Dilthey führt die vergleichende historische Betrachtung unterschiedlicher metaphysischer Systeme zur Einsicht in deren Gewordensein, wobei sich diese Systeme ungeachtet ihres eigenen Anspruchs auf Objektivität als relativ erweisen. Dilthey spricht hier von einer „Antinomie" zwischen dem Anspruch auf „Allgemeingütigkeit" und dem geschichtlichen Bewusstsein. Aufgelöst werden soll diese Antinomie, indem die Philosophie sich bewusst macht, dass die „Mannigfaltigkeit ihrer Systeme" aus der Vielfalt des Lebens erwachsen ist. Entstanden seien die Widersprüche, weil unterschiedliche Lebensanschauungen sich im wissenschaftlichen Bewusstsein zu metaphysischen Weltbildern mit Objektivitäts- und demgemäß Ausschließlichkeitsanspruch verselbständigt haben.[24] Die unter Geltungsgesichtspunkten bestehende Widersprüchlichkeit zwischen einander bekämpfenden Systemen wird von Dilthey nicht einfach durch einen *theoretischen* Relativismus ersetzt, sondern auf zugrunde liegende gegensätzliche Lebensgefühle zurückgeführt und damit einer *praktischen* Deutung zugeführt: „Die letzte Wurzel der Weltanschauung ist das Leben."[25]

Akzeptiert man die Analyse Diltheys, dann stellt sich die Frage, ob die Metaphysik durch ihre Darstellungsform nicht vorgibt, etwas zu sein, was sie inhaltlich nicht einzulösen vermag. Dementsprechend wendet Dilthey gegen den Theorieanspruch der Weltanschauungen ein, diese seien keine „Erzeugnisse des Denkens".[26] Vielmehr hätten die Metaphysiker „die in ihnen wirksame persönliche Lebensverfassung in gültigkeitsheischenden, begrifflichen Systemen ausgedrückt".[27]

---

22 Mein Weg in die Philosophie, S. 6f.
23 Dilthey: Weltanschauungslehre, S. 3.
24 Ebd., S. 8.
25 Ebd., S. 78.
26 Ebd., S. 86.
27 Ebd., S. 98.

Kants Frage, wie Metaphysik als *Wissenschaft* möglich ist, wird von Dilthey bereits im Ansatz zurückgewiesen. Die Philosophie als Weltanschauung wird stattdessen mit Kunst und Religion auf eine Stufe gestellt.[28] Andererseits erkennt Dilthey die unterschiedlichen metaphysischen Systeme in historischer Perspektive als genuine und authentische Ausdrucksformen von Lebensgefühlen an. Metaphysik wird nun nicht mehr unter Geltungsgesichtspunkten als ‚wahr' oder ‚falsch' beurteilt, vielmehr wird deren angebliche Wahrheit durch die Wahrhaftigkeit der Metaphysiker ersetzt. Die Philosophie nimmt danach bei Dilthey nicht mehr eine fundierende Sonderstellung ein. Sie verliert ihren systematischen Anspruch und wird zum Gegenstand verstehender Geisteswissenschaft.

Dilthey löst so den Geltungsanspruch der Philosophie in eine psychologische Genealogie ihres Entstehens auf, und zwar unter Freilegung des Sitzes der jeweiligen Lehren im Leben ihrer Autoren. Soweit geht Carnap nicht. Er folgt dem genealogischen Programm nur soweit, wie die Metaphysik betroffen ist, hält ansonsten aber an dem Geltungsanspruch der Philosophie fest. Diese wird allerdings auf Logik und Wissenschaftstheorie reduziert.

Nach Dilthey lässt sich Metaphysik zwar nicht mehr begründen, aber doch noch verstehen. Verstehen setzt voraus, dass metaphysische Aussagen sinnvoll sind. Hier geht Carnap im Anschluss an Wittgensteins *Tractatus* noch einen wesentlichen Schritt weiter, indem er metaphysische Sätze als sinnlos zu entlarven versucht. Diese Sinnlosigkeit betrifft allerdings nur die propositionale Formulierung von Geltungsansprüchen, nicht die dahinter stehenden Motive, die auch Carnap nachzuvollziehen vermag. Insofern stimmen Dilthey und Carnap im Grunde darin überein, dass metaphysische Aussagen keine *kognitive*, sondern eine *emotive* Bedeutung haben. Im Unterschied zu Diltheys hermeneutischen Verstehensbemühungen fallen Carnaps Konsequenzen allerdings kritischer aus. Die „historische Rolle der Me-

28 Vgl. bereits die Überschrift ebd., S. 26.

taphysik“ sieht Carnap nämlich darin, als „Ersatz für die Theologie auf der Stufe des systematischen, begrifflichen Denkens“ zu dienen.[29]

Eine ähnliche Auffassung findet sich bereits bei Lange, wenn er mit Blick auf die Philosophie des Deutschen Idealismus meint, diese bestehe in einer „Übersetzung religiöser Lehren in metaphysische“.[30] Kants Auffassung von der Metaphysik als „Naturanlage“ der menschlichen Vernunft deutet Lange dahingehend, dass der Mensch „einer Ergänzung der Wirklichkeit durch eine von ihm selbst geschaffene Idealwelt bedarf“.[31] Die metaphysische „Spekulation“ habe hier ihren Ursprung. Lange bezeichnet sie als „Begriffsdichtung“[32] und charakterisiert sie damit als ein Zwittergebilde. Kritisch fragt er an, ob das Bedürfnis nach einer Idealwelt „immer und immer wieder die Truggestalt einer beweisenden Wissenschaft“ annehmen soll.[33] Stattdessen sieht Lange in den sich über die Wirklichkeit erhebenden und insofern dem „Gebiet der Phantasie“ angehörenden „philosophischen Dichtungen“ Schillers die angemessene Ausdrucksform dieses Bedürfnisses.[34] Demnach darf die Philosophie zwar nicht dichtend im Sinne einer Spekulation in Begriffen verfahren, wohl aber kann umgekehrt die Dichtung philosophisch ausfallen.

Während Lotze die Bedürfnisse des Gemüts mit den Ergebnissen der Wissenschaft in einer induktiv verfahrenden Metaphysik in Einklang zu bringen versucht, spricht sich Lange für eine Trennung zwischen Wissenschaft und Gemütsleben aus. Carnap geht noch weiter, indem er die Bedürfnisse des Gemüts methodologisch uminterpretiert. Mit unausgesprochenem, aber eindeutigem Bezug auf Lotzes Position schreibt Carnap im Vorwort zum *Logischen Aufbau der Welt* (1928): „Auch wir haben ‚Bedürfnisse des Gemütes‘ in der Philosophie; aber die gehen auf Klarheit der Begriffe, Sauberkeit der Methoden, Verant-

29 Überwindung der Metaphysik, S. 239.

30 Geschichte des Materialismus, Bd. 2, S. 679.

31 Ebd., S. 672.

32 Ebd., S. 666.

33 Ebd., S. 672.

34 Ebd., S. 673.

wortlichkeit der Thesen, Leistung durch Zusammenarbeit, in die das Individuum sich einordnet."

Langes Ausdruck ‚Begriffsdichtung' wird vielfach aufgegriffen. Auch Dilthey verwendet ihn in kritischer Absicht.[35] Reichenbach formuliert am Schluss seiner *Einführung* im ersten Heft der Zeitschrift *Erkenntnis* als Programm wissenschaftlicher Philosophie, dass man Erkenntnis und „keine Begriffsdichtung" wolle.[36] Carnap fordert im selben Heft, „an Stelle metaphysischer Begriffsdichtung eine strenge wissenschaftliche Methode des Philosophierens zu setzen".[37]

Der Vergleich zwischen den Auffassungen Diltheys und Carnaps lässt sich dahingehend zusammenfassen, dass Diltheys Analysen es Carnap zwar ermöglichen, sich in Sachen Metaphysik einen Rest an nachvollziehendem Verstehen zu bewahren. Letztlich ersetzt er aber Diltheys wohlwollendes Verstehensprogramm durch ein entlarvendes Erklärungsprogramm, das auf eine endgültige Überwindung der Metaphysik abzielt. Dabei anerkennt Carnap durchaus, dass der Metaphysik berechtigte Lebensgefühle zugrunde liegen. Lange vergleichbar sieht er deren adäquaten Ausdruck aber in Kunst und Dichtung.

> Bei der Metaphysik liegt [...] die Sache so, daß sie durch die Form ihrer Werke etwas vortäuscht, was sie nicht ist. Diese Form ist die eines Systems von Sätzen, die in (scheinbarem) Begründungsverhältnis zueinander stehen, also die Form einer Theorie. [...] Der Metaphysiker glaubt sich in dem Gebiet zu bewegen, in dem es um wahr oder falsch geht. In Wirklichkeit hat er jedoch nichts ausgesagt, sondern nur etwas zum Ausdruck gebracht, wie ein Künstler.[38]

---

35 Weltanschauungslehre, S. 201.

36 Zur Einführung, S. 3. Die Zeitschrift *Erkenntnis* wurde als Organ des Logischen Empirismus gegründet.

37 Die alte und die neue Logik, S. 12. Siehe auch das Vorwort von *Der logische Aufbau der Welt*, wo es heißt, dass „die Haltung des Philosophen alter Art mehr der eines Dichtenden gleicht".

38 Überwindung der Metaphysik, S. 239f.

Als historischen Beleg für seine These führt Carnap Nietzsche als denjenigen Metaphysiker an, „der vielleicht die stärkste künstlerische Begabung besaß" und dem er daher die Fähigkeit zuspricht, Lebensgefühle in der Dichtung zum Ausdruck zu bringen.[39] Carnap bezieht sich hier vor allem auf *Also sprach Zarathustra*, ein Werk, das er sehr schätzte. Was Lange noch als Anfrage formulierte, ob die Metaphysik nicht besser durch Dichtung ersetzt werden sollte, wird bei Carnap zur Forderung. Da die Philosophie auf Logik und Wissenschaftstheorie reduziert wird, hat sie für Carnap keine eigenen Inhalte mehr. Diese sind an die Dichtung weiterzugeben, wo sie ihre angemessene Darstellungsform finden. Bei Carnap liegt sozusagen Freges *Begriffsschrift* auf dem Schreibtisch und Nietzsches *Zarathustra* auf dem Nachttisch. Für eine Zwischenform als Begriffsdichtung ist auf beiden Tischen kein Platz.

Heidegger scheint von demselben Befund eines Widerstreits zwischen Form und Inhalt der Metaphysik auszugehen. Da ihm aber an den Inhalten liegt, verlässt er die wissenschaftliche Form und nähert sich wie Nietzsche konsequenterweise der Form der Dichtung an:

> Philosophie entsteht nie aus und nie durch Wissenschaft. Philosophie läßt sich nie den Wissenschaften gleichordnen. [...] In derselben Ordnung ist die Philosophie und ihr Denken nur mit der Dichtung.[40]

Man gewinnt den Einduck, dass eine solche Philosophie den Weg der abendländischen Philosophie vom Mythos zum Logos zurückzugehen sucht. In der Betonung der Nähe der Philosophie zur Dichtung stimmt Heidegger mit Wittgenstein überein, dessen *Tractatus* meistens mit der wissenschaftlichen Weltauffassung des Wiener Kreises in Verbindung gebracht wird. Diese Fehlinterpretation ist entstanden, weil man die literarische Form nicht beachtet hat.

Das Thema Sprachformen ist der Schlüssel für das Verständnis des Konflikts zwischen Carnap und Heidegger. Mit der Verwerfung be-

---

39 Ebd., S. 241.

40 Einführung in die Metaphysik, S. 28.

stimmter Sprachformen werden die Ausdrucksmöglichkeiten der Philosophie beschnitten. So wirft Carnap Heidegger vor, dass er „mit vielen Eigentümlichkeiten der Hegelschen *Sprachform* auch manche ihrer logischen Mängel mit übernommen hat".[41] Heideggers Reaktion auf diese Kritik zeigt, dass er die Differenz zwischen seiner Position und derjenigen Carnaps genau verstanden hat:

> Der Verdacht gegen die ‚Logik', als deren folgerichtige Ausartung die Logistik gelten darf, entspringt dem Wissen von jenem Denken, das in der Erfahrung der Wahrheit des Seins, nicht aber in der Betrachtung der Gegenständlichkeit des Seienden, seine Quelle findet. Niemals ist das exakte Denken das strengste Denken [...].[42]

Heidegger spricht hier der Logik das Recht ab, mit den logischen Sprachformen die möglichen Denkformen festlegen zu wollen. Der Wittgenstein der *Philosophischen Untersuchungen* hätte diesem Einwand zugestimmt. Für Heidegger führt gerade die Logik in Gestalt der Logistik, womit die moderne an der Mathematik orientierte Logik gemeint ist, zu einer verfehlten Metaphysik, die in einer vergegenständlichenden Ontologie der Vorhandenheit bestehe. Heidegger hat zwar eine andere Metaphysik als Carnap im Blick, von einer „Überwindung der Metaphysik" spricht aber auch er. Diese Überwindung sieht er darin, das Denken weg von der Frage nach dem Seienden auf die Frage nach dem Sein selbst zu lenken.[43]

Es sind weniger die jeweiligen Einstellungen zur Metaphysik, die den Gegensatz zwischen Carnap und Heidegger ausmachen. Auseinander gehen vielmehr die Auffassungen darüber, was der Philosophie nach dem vorgeblichen Ende der Metaphysik noch zu tun bleibt. Carnap und Heidegger haben einen gemeinsamen Ausgangspunkt, gehen von da aus aber in entgegengesetzte Richtungen, Carnap in Richtung Logik und Heidegger in Richtung Literatur. Beide kommen so zu polar konträren Formen der Philosophie. Dieser Gegensatz hat

41 Überwindung der Metaphysik, S. 235. Hervorhebung G. G.

42 Heideggers Nachwort zu: Was ist Metaphysik?, S. 308.

43 Vgl. Heideggers Einleitung zu: Was ist Metaphysik?, insbesondere S. 367f.

in der weiteren Entwicklung zur Festschreibung eines grundsätzlichen Unterschieds zwischen analytischer und kontinentaler Philosophie geführt. Diese Festschreibung ist abschließend zu prüfen, indem wir einen Vergleich zwischen den Darstellungsformen in der Philosophie anstellen.

18 Schlussbetrachtungen: Die Philosophie zwischen Logik und Literatur

Im Verlauf unserer problemgeschichtlichen Untersuchung stießen wir auf sehr unterschiedliche Darstellungsformen. Diese Vielfalt unterscheidet die Philosophie von Disziplinen wie der Geschichtswissenschaft, der Soziologie oder der Physik. Auch in diesen gibt es unterschiedliche Darstellungsformen wie zum Beispiel Lehrbuch, Zeitschriftenaufsatz und Forschungsbericht. Insgesamt sind die Möglichkeiten aber begrenzt, und zwar aufgrund von historisch gewachsenen Regeln, die in einer wissenschaftlichen Gemeinschaft gelten, ohne dass sie ständig thematisiert würden.

Die Vielfalt der Darstellungsformen in der Philosophie ergibt sich bereits auf Grund der Vielfalt ihrer Themen. Analysen zu den Grundlagen der Erkenntnis, Festlegungen von Sinnkriterien, Sensibilisierungen für Fragen der Moral, Erläuterungen des Erkenntniswerts der Dichtung, Anweisung zum glücklichen Leben oder Überwindung der Welt durch Versenkung in Gott, das sind so verschiedene Anliegen, dass die Wahl unterschiedlicher Darstellungsformen nicht verwundern kann. Damit sollte auch klar sein, dass Philosophie nicht mit der akademischen Philosophie, wie sie an Universitäten gelehrt wird, gleichzusetzen ist.

Nicht nur bei der Behandlung unterschiedlicher Themen, sondern auch im Umgang mit Varianten desselben Themas kann es zum Einsatz unterschiedlicher Darstellungsformen kommen, wobei die jeweilige Wahl meistens auch eine Entscheidung für eine bestimmte Art der Philosophie ist. Als Beispiel bietet sich hier rückblickend ein Vergleich der Versuche an, dem paradoxen Problem der Unsagbarkeit (im Sinne propositionaler Unaussagbarkeit) darstellerisch zu genügen. So versucht Platon, seinem Misstrauen gegenüber der schriftlichen Sagbarkeit durch die Dialogform halbwegs zu entsprechen. Bei Kierkegaard sind es literarische Formen indirekter Mitteilung und bei Wittgenstein ist es die literarische Form des Aphorismus, durch deren Einsatz versucht wird, der Unsagbarkeit des Ethischen gerecht zu werden. Adorno schließlich setzt darauf, sich durch parataktische Reihung der unsagbaren intellektuellen Anschauung zumindest einkreisend nähern zu können. Kierkegaard betont das Nicht-sagen-*dürfen*, Platon und Adorno betonen das Nicht-sagen-*können* und Wittgenstein verbindet das Nicht-sagen-*können* mit einem Nicht-sagen-*dürfen*; denn für ihn gilt, wovon man nicht sprechen *kann*, darüber *muss* man schweigen. Die unterschiedlichen Einstellungen zu den Grenzen der Sagbarkeit lassen sich so zusammenfassen: Platon lässt sagen, was er meint; Kierkegaard meint etwas anderes als er sagt; Adorno meint mehr als er sagt; und Wittgenstein meint, was er nicht sagt.

Angesichts der Vielfalt der Darstellungsformen in der Philosophie plädiere ich für einen behutsamen Pluralismus. Diesen verstehe ich nicht als Relativismus oder gar als Dekonstruktivismus, sondern als Komplementarismus in dem Sinne, dass unterschiedliche Darstellungsformen mit Blick auf thematisch unterschiedliche Ziele des Philosophierens einander ergänzen. Die Anerkennung komplementärer Darstellungsformen impliziert dann auch die Anerkennung komplementärer Erkenntnisformen. Zu prüfen ist, ob in komplementaristischer Perspektive nicht sogar Carnap und Heidegger sowie analytische und kontinentale Philosophie zumindest teilweise miteinander zu versöhnen sind.

Der Gedanke der Komplementarität orientiert sich an der Vorstellung des Farbkreises. Wie sich die Komplementärfarben im Farbkreis gegenüber liegen, so bilden Logik und Literatur einen Gegensatz. Dieser besteht aber nicht absolut. Wie es im Farbkreis durch Zwischenfarben Übergänge zwischen den Komplementärfarben gibt, so gibt es auch Zwischenformen der Darstellung. Solche Zwischenformen bieten Platons Dialoge und Descartes' *Meditationen*, indem sie Argumentationen literarisch vergegenwärtigen. Als extremer Fall hat sich Wittgensteins *Tractatus* erwiesen, der sozusagen Logik *als* Literatur präsentiert. Zu denken geben muss ferner, dass selbst ein so strenger Logiker wie Frege in seinen Erläuterungen kategorialer Grundbegriffe nicht umhin kann, auf Metaphern und damit auf anschaulich-literarische Sprachformen zurückzugreifen. Prägnante Metaphern kommen hier dem Bemühen um präzises Denken in Begriffen zur Hilfe. Schließlich ist daran zu erinnern, dass der analytische Autor Wittgenstein den kontinentalen Autor Heidegger in seiner Stellung zur Philosophie noch überbietet. Rückt Heidegger die Philosophie in die Nähe der Dichtung, so meint Wittgenstein gar, man dürfte Philosophie eigentlich *nur* dichten. Damit scheint er nachgerade zu fordern, die verpönte Begriffsdichtung in der Philosophie einzusetzen.

Da sich demnach keine trennscharfe Grenze zwischen Philosophie und Literatur ziehen lässt, verflüchtigt sich auch der Gegensatz zwischen analytischer und kontinentaler Philosophie. Gleichwohl wäre es abwegig, Philosophie und Literatur undifferenziert zusammenfallen zu lassen. Komplementarismus hebt die Unterschiede nicht auf, sondern hebt sie hervor, bestreitet aber nicht die Zulässigkeit von Übergängen und Mischformen. Da in der Philosophie die Darstellungsformen von logischem Beweis bis zu literarischer Vergegenwärtigung reichen, lässt sich als Ort der Philosophie *zwischen Logik und Literatur* angeben. Damit soll aber kein bestimmter Platz festgelegt, sondern zum Ausdruck gebracht werden, dass es ein breites Spektrum unterschiedlicher Darstellungsformen gibt, die im Einzelnen auf ihren Erkenntniswert zu befragen sind.

Literaturverzeichnis

Adorno, Theodor W.: Ästhetische Theorie, hg. von Gretel Adorno und Rolf Tiedemann. Frankfurt am Main 1973.

— Negative Dialektik (1966); in: Gesammelte Schriften, Bd. 6. Frankfurt am Main 1997, S. 7–412.

— Jargon der Eigentlichkeit. Zur deutschen Ideologie; ebd., Bd. 6.

— Parataxis; ebd., Bd. 11 (Noten zur Literatur). Frankfurt am Main 1997, S. 447–491.

— Der Essay als Form; ebd., Bd. 11, S. 9–33.

— u.a.: Der Positivismusstreit in der deutschen Soziologie. München 1993.

Anselm von Canterbury: Proslogion; in: Opera omnia, hg. von Franciscus Salesius Schmitt. Seckau, Rom und Edinburgh 1938–1961. Photomechanischer Neudruck Stuttgart-Bad Cannstatt 1968, Bd. 1, S. 89–122. Siehe auch unter Mojsisch.

— Epistolae de incarnatione verbi prior recensio; in: Opera omnia, Bd. 1, S. 277–290.

Aristoteles: Metaphysik. Übers. von Hermann Bonitz, hg. von Héctor Carvallo und Ernesto Grassi. Reinbek bei Hamburg 1966.

— Poetik, übers. von Olof Gigon. Stuttgart 1974.

— Nikomachische Ethik. Nach der Übers. von Eugen Rolfes bearbeitet von Günther Bien. Darmstadt 1995.

— Rhetorik. Übers. von Franz G. Sieveke. 4. Aufl. München 1993.

— Politik. Übers. von Eugen Rolfes. Darmstadt 1995.

Augustinus: Vom Gottesstaat. Übers. von Wilhelm Thimme, Teil 2 (Buch 11–22). 2. Aufl. Zürich und München 1978.

— Bekenntnisse. Eingeleitet und übertragen von Wilhelm Thimme. München 1982.

Austin, John L.: Philosophical Papers, hg. von James O. Urmson und Geoffrey J. Warnock. 2. Aufl. Oxford 1970.

— Zur Theorie der Sprechakte. Deutsche Bearbeitung von Eike von Savigny. Stuttgart 1972.

Ayer, Alfred J.: Sprache, Wahrheit und Logik, hg. von Herbert Herring. Stuttgart 1970.

Bacon, Francis: Neues Organon, lat.-dt., hg. mit einer Einleitung von Wolfgang Krohn. Darmstadt 1990.

Bahr, Hermann: Impressionismus (gekürzt). Neudruck in: Die Wiener Moderne. Literatur, Kunst und Musik zwischen 1890 und 1910, hg. von Gotthart Wunberg. Stuttgart 1981, S. 257–259.

Baumgarten, Alexander Gottlieb: Aesthetica, 2 Bände. Frankfurt an der Oder 1750–1758. Nachdruck Hildesheim 1961.

— Metaphysica. 7. Aufl. Halle 1779. Nachdruck Hildesheim 1963.

— Theoretische Ästhetik. Die grundlegenden Abschnitte aus der „Aesthetica" (1750–58), lat.-dt. Übers. und hg. von Hans Rudolf Schweizer. Hamburg 1983.

— Philosophische Betrachtungen über einige Bedingungen des Gedichtes, lat.-dt., hg. von Heinz Paetzold. Hamburg 1983.

Baumgarten, Arthur, Ernst Bloch, Wolfgang Harich und Karl Schröter (Hg.): Protokoll der philosophischen Konferenz über Fragen der Logik am 17. und 18. November 1951 in Jena. 1. Beiheft zur Deutschen Zeitschrift für Philosophie. Berlin (Ost) 1953.

Bayle, Pierre: Historisches und Kritisches Wörterbuch, Bd. 1. Leipzig, 1741. Nachdruck Hildesheim 1997.

Bergson, Henri: Denken und schöpferisches Werden. Aufsätze und Vorträge (1948). Nachdruck Frankfurt am Main 1985.

Blumenberg, Hans: Paradigmen zu einer Metaphorologie. 2. Aufl. Frankfurt am Main 1999.

Bois-Reymond, Emil du: Über die Grenzen des Naturerkennens. Die Sieben Welträtsel. Zwei Vorträge. Leipzig 1916, S. 67–120.

Bolzano, Bernard: Wissenschaftslehre; in: Bernard-Bolzano-Gesamtausgabe, Reihe 1 (Schriften), Bd. 11–14, hg. von Jan Berg. Stuttgart-Bad Cannstatt 1985–2000.

Bouhours, Dominique: Entretiens d'Ariste et d'Eugène (1671), hg. von René Radouant. Paris 1920.

Bühler, Karl: Sprachtheorie. Die Darstellungsfunktion der Sprache. Jena 1934.

Capelle, Wilhelm (Hg.): Die Vorsokratiker. Die Fragmente und Quellenberichte. Stuttgart 1935, 9. Aufl. (mit einem Geleitwort und Nachbemerkungen von Christof Rapp) 2008. Zitiert wird nach der 2. Aufl. 1938.

Carnap, Rudolf: Der logische Aufbau der Welt. Berlin 1928. 2. Aufl. Hamburg 1961.
— Scheinprobleme in der Philosophie. Das Fremdpsychische und der Realismusstreit. Berlin 1928. Neudruck mit Nachwort von Günther Patzig. Frankfurt am Main 1966.
— Die alte und die neue Logik; in: Erkenntnis 1 (1930), S. 12–26.
— Überwindung der Metaphysik durch logische Analyse der Sprache; in: Erkenntnis 2 (1931), S. 219–241.
— Empiricism, Semantics, and Ontology; in: Meaning and Necessity. 3. Aufl. Chicago u. a. 1956, S. 205–221.
— Mein Weg in die Philosophie. Übers. und mit einem Nachwort sowie einem Interview hg. von Willy Hochkeppel. Stuttgart 1993.
Carus, André: Carnap and Twentieth-Century Thought. Explication as Enlightenment. Cambridge 2007.
Cassirer, Ernst: Kant und die moderne Mathematik; in: Kant-Studien 12 (1907), S. 1–49.
Derrida: Jacques: Grammatologie. Übers. von Hans-Jörg Rheinberger und Hanns Zischler. Frankfurt am Main 1983.
— Die weiße Mythologie. Die Metapher im philosophischen Text; in: Randgänge der Philosophie. Wien 1988, S. 205–258.
Descartes, René: Meditationen über die Erste Philosophie, lat.-dt. Übers. und hg. von Gerhart Schmidt. Stuttgart 1991.
— Die Prinzipien der Philosophie, lat.-dt. Übers. und hg. von Christian Wohlers. Hamburg 2005.
— Discours de la Méthode, franz.-dt. Übers. und hg. von Christian Wohlers. Hamburg 2011.
Dilthey, Wilhelm: Beiträge zur Lösung der Frage vom Ursprung unseres Glaubens an die Realität der Außenwelt und seinem Recht; in: Gesammelte Schriften, Bd. 5, hg. von Georg Misch. 6. Aufl. Göttingen 1974, S. 90–138.
— Weltanschauungslehre: Abhandlungen zur Philosophie der Philosophie (Gesammelte Schriften, Band 8), hg. von Bernhard Groethuysen. 6. Aufl. Stuttgart und Göttingen 1991.
Diogenes Laertius: Leben und Meinungen berühmter Philosophen, Buch I–X. Übers. von Otto Apelt, neu hg. von Klaus Reich. Hamburg 1967.

Echtermeyer, Theodor (Hg.): Deutsche Gedichte. Neugestaltet von Benno von Wiese. Düsseldorf 1961.

Engels, Friedrich: Feuerbach und der Ausgang der klassischen deutschen Philosophie (1886, rev. 1888); in: Karl Marx und Friedrich Engels: Ausgewählte Schriften in zwei Bänden, Bd. 2. 18. Aufl. Berlin (Ost) 1970, S. 328–369.

— Anti-Dühring: Herrn Eugen Dührings Umwälzung der Wissenschaft (3. Aufl. 1894); in: Karl Marx und Friedrich Engels: Werke, Bd. 20. 5. Aufl. Berlin (Ost) 1973, S. 1–303.

— Dialektik der Natur; ebd., S. 305–570.

Erdmann, Benno: Logische Elementarlehre. 2. Aufl. Halle 1907.

Eucken, Rudolf: Geschichte der philosophischen Terminologie. Leipzig 1879. Nachdruck Hildesheim 1964.

— Der Sinn und Wert des Lebens. 3. Aufl. Leipzig 1911.

Fechner, Gustav Theodor: Nanna oder Über das Seelenleben der Pflanzen. Leipzig 1848.

— (unter dem Pseudonym Dr. Mises): Kleine Schriften. Leipzig 1875.

Feuerbach, Ludwig: Das Wesen des Christentums, hg. von Wilhelm Bolin; in: Sämtliche Werke, hg. von Wilhelm Bolin und Friedrich Jodl, Bd. 6. Stuttgart-Bad Cannstatt 1960.

— Vorlesungen über das Wesen der Religion, hg. von Wilhelm Bolin; ebd., Bd. 8. Stuttgart-Bad Cannstatt 1960.

Fichte, Johann Gottlieb: Grundlage der gesamten Wissenschaftslehre. Hamburg 1988.

Fink-Henseler, Roland W. (Hg.): Kinder- und Hausmärchen. Gesammelt durch die Brüder Grimm. 8. Aufl. Bayreuth 1985.

Fischer, Kuno: Über die Entstehung und die Entwicklungsformen des Witzes. 2. Aufl. Heidelberg 1889. Nachdruck Tübingen 1996.

Flasch, Kurt: Das philosophische Denken im Mittelalter. 2. Aufl. Stuttgart 2000.

Frege, Gottlob: Begriffsschrift, eine der arithmetischen nachgebildete Formelsprache des reinen Denkens. Halle a. S. 1879.

— Über die wissenschaftliche Berechtigung einer Begriffsschrift; in: Zeitschrift für Philosophie und philosophische Kritik 81 (1882), S. 48–56.

— Die Grundlagen der Arithmetik. Eine logisch mathematische Untersuchung über den Begriff der Zahl. Breslau 1884. Nachdruck Darmstadt 1961.
— Funktion und Begriff. Jena 1891.
— Über Sinn und Bedeutung; in: Zeitschrift für Philosophie und philosophische Kritik 100 (1892), S. 25–50.
— Über Begriff und Gegenstand; in: Vierteljahrsschrift für wissenschaftliche Philosophie 16 (1892), S. 192–205.
— Grundgesetze der Arithmetik, 2 Bände. Jena 1893 und 1902.
— Der Gedanke. Eine logische Untersuchung; in: Beiträge zur Philosophie des Deutschen Idealismus 1, Heft 2 (1918), S. 58–77.
— Die Verneinung. Eine logische Untersuchung; in: Beiträge zur Philosophie des Deutschen Idealismus 1, Heft 3/4 (1919), S. 143–157.
— Wissenschaftlicher Briefwechsel, hg. von Gottfried Gabriel, Hans Hermes, Friedrich Kambartel, Christian Thiel und Albert Veraart. Hamburg 1976.
— Nachgelassene Schriften, hg. von Hans Hermes, Friedrich Kambartel und Friedrich Kaulbach. 2. Aufl. Hamburg 1983.
— The Frege Reader, hg. von Michael Beaney. Oxford 1997. Englische Übers. von Schriften Freges.
Freud, Sigmund: Der Witz und seine Beziehung zum Unbewußten (1905); in: Gesammelte Werke, hg. von Anna Freud, Bd. 6. 7. Aufl. Frankfurt am Main 1987.
Friedman, Michael: A Parting of the Ways. Carnap, Cassirer, and Heidegger. Chicago und La Salle, Ill 2000.
Fries, Jakob Friedrich: System der Logik. 3. Aufl. Heidelberg 1837.
— Reinhold, Fichte und Schelling (2. Aufl. 1824); in: Sämtliche Schriften, hg. von Gert König und Lutz Geldsetzer, Bd. 24. Aalen 1978, S. 31–476.
— Nichtigkeit der Hegelschen Dialektik (1828); ebd., S. 755–781.
Gabriel, Gottfried und Sven Schlotter: Frege und die kontinentalen Ursprünge der analytischen Philosophie. Münster 2017.
Galilei, Galileo: Il Saggiatore, hg. von Ottavio Besomi und Mario Helbing. Rom und Padua 2005.
Gehlen, Arnold: Der Mensch. Seine Natur und seine Stellung in der Welt. Berlin 1940.

Gigerenzer, Gerd: Bauchentscheidungen. Die Intelligenz des Unbewussten und die Macht der Intuition. München 2007.
Goethe, Johann Wolfgang von: Über den Dilettantismus; in: Werke (Sophien-Ausgabe), Bd. 47. Weimar 1896, S. 299–326.
— Werke (Hamburger Ausgabe in 14 Bänden), Bd. 1: Gedichte und Epen I. 6. Aufl. Hamburg 1962.
— Werke, Bd. 9: Autobiographische Schriften I. 5. Aufl. Hamburg 1964.
— Werke, Bd. 10: Autobiographische Schriften II. 3. Aufl. Hamburg 1963.
— Die Wahlverwandtschaften; in: Werke, Bd. 6. 5. Aufl. Hamburg 1963, S. 242–490.
— Über Laokoon; in Werke, Bd. 12. 5. Aufl. Hamburg 1963, S. 56–66.
— Faust, hg. von Albrecht Schöne (Bibliothek deutscher Klassiker, Bd. 114). Frankfurt am Main 1994.
Goodman, Nelson: Ways of Worldmaking. Indianapolis und Cambridge 1978. Dt. Weisen der Welterzeugung. Übers. von Max Looser. Frankfurt am Main 1984.
— Vom Denken und anderen Dingen. Übers. von Bernd Philippi. Frankfurt am Main 1987.
— Sprachen der Kunst. Entwurf einer Symboltheorie. Übers. von Bernd Philippi. Frankfurt am Main 1995.
Gottsched, Johann Christoph: Versuch einer Kritischen Dichtkunst (1737). 4. Aufl. Leipzig 1751. Nachdruck Darmstadt 1962.
— Das Neueste aus der anmutigen Gelehrsamkeit. Leipzig 1751ff.
Grewendorf, Günther und Georg Meggle (Hg.): Seminar: Sprache und Ethik. Zur Entwicklung der Metaethik. Frankfurt am Main 1974.
Grünbein, Durs: Der cartesische Taucher. Drei Meditationen. Frankfurt am Main 2008.
Haeckel, Ernst: Die Welträtsel. Gemeinverständliche Studien über Monistische Philosophie. 7. Aufl. Bonn 1901.
Harari, Yuval Noah: Eine kurze Geschichte der Menschheit. Aus dem Englischen von Jürgen Neubauer. München 2014.
Harvey, William: Exercitatio anatomica de motu cordis et sanguinis in animalibus. Frankfurt 1628.
— Exercitationes de generatione animalium. Amsterdam 1651.

Hegel, Georg Wilhelm Friedrich: Phänomenologie des Geistes; in: Werke in zwanzig Bänden (Theorie Werkausgabe), Bd. 3. Frankfurt am Main 1970.
— Grundlinien der Philosophie des Rechts; ebd., Bd. 7. Frankfurt am Main 1970.
— Vorlesungen über die Geschichte der Philosophie I–III; ebd., Bd. 18–20. Frankfurt am Main 1971.
Heidegger, Martin: Neuere Forschungen über Logik (1912); in: Frühe Schriften (Gesamtausgabe, Bd. 1). Frankfurt am Main 1978, S. 17–43.
— Sein und Zeit (1927). 15. Aufl. Tübingen 1979.
— Was ist Metaphysik? (1929). Neudruck in Heidegger: Wegmarken (Gesamtausgabe, Bd. 9). Frankfurt am Main 1976, S. 109–122.
— Nachwort zu: Was ist Metaphysik? In: Wegmarken, S. 303–312.
— Einleitung zu: Was ist Metaphysik? In: Wegmarken, S. 365-383.
— Einführung in die Metaphysik (1953). Neudruck in Gesamtausgabe, Bd. 40. Frankfurt am Main 1983.
Herbart, Johann Friedrich: Lehrbuch zur Einleitung in die Philosophie (1813), hg. von Wolfhart Henckmann. Hamburg 1993.
Herder, Johann Gottfried: Abhandlung über den Ursprung der Sprache; in: Werke in zehn Bänden, Bd. 1, hg. von Ulrich Gaier. Frankfurt am Main 1985.
— Kritische Wälder; ebd., Bd. 2, hg. von Martin Bollacher. Frankfurt am Main 1993.
— Eine Metakritik zur Kritik der reinen Vernunft; ebd., Bd. 8, hg. von Hans Dietrich Irmscher. Frankfurt am Main 1998.
Hobbes, Thomas: Leviathan oder Stoff, Form und Gewalt eines kirchlichen und bürgerlichen Staates, hg. und eingeleitet von Iring Fetscher. Übers. von Walter Euchner. Frankfurt am Main 1984.
Hofmannsthal, Hugo von: Ein Brief; in: Gesammelte Werke in Einzelausgaben, Prosa II, hg. von Herbert Steiner. Frankfurt am Main 1959, S. 7–20.
Horaz (Quintus Horatius Flaccus): Sämtliche Werke, lat.-dt. Herausgegeben und übers. von Niklas Holzberg. Berlin und Boston 2018.
Horkheimer, Max: Die Aktualität Schopenhauers; in: Schopenhauer-Jahrbuch 42. Frankfurt am Main 1961, S. 12–25.

Horkheimer, Max und Theodor W. Adorno: Dialektik der Aufklärung. Philosophische Fragmente; in: Adorno: Gesammelte Schriften, Bd. 3, hg. von Rolf Tiedemann. Frankfurt am Main 1997.

Humboldt, Wilhelm von: Über das vergleichende Sprachstudium in Beziehung auf die verschiedenen Epochen der Sprachentwicklung; in: Werke in fünf Bänden, Bd. 3, hg. von Andreas Flitner und Klaus Giel. 6. Aufl. Darmstadt 1988, S. 1–25.

— Über den Einfluss des verschiedenen Charakters der Sprachen auf Literatur und Geistesbildung; ebd., S. 26–30.

— Über den Nationalcharakter der Sprachen; ebd., S. 64–81.

— Über die Buchstabenschrift und ihren Zusammenhang mit dem Sprachbau; ebd., S. 82–112.

Hume, David: A Treatise of Human Nature, hg. von L. A. Selby-Bigge. Oxford 1888. Nachdruck 1960.

— Traktat über die menschliche Natur, I. Teil: Über den Verstand, hg. von Theodor Lipps. Hamburg und Leipzig 1895.

— Eine Untersuchung über die Prinzipien der Moral, hg. von Carl Winckler. Hamburg 1962.

— Eine Untersuchung über den menschlichen Verstand, hg. von Herbert Herring. Stuttgart 1990.

Husserl, Edmund: Logische Untersuchungen, Bd. 1: Prolegomena zur reinen Logik (1900). 5. Aufl. Tübingen 1968.

Jean Paul: Vorschule der Ästhetik; in: Werke, hg. von Norbert Miller, Bd. 5. 4. Aufl. München 1980.

Jacobi, Friedrich Heinrich: David Hume über den Glauben, oder Idealismus und Realismus. Ein Gespräch, in: Werke, hg. von Friedrich Roth und Friedrich Köppen, Bd. 2. Leipzig 1815. Nachdruck Darmstadt 1968.

Janik, Allan und Stephen Toulmin: Wittgensteins Wien. München und Wien 1984.

Kant, Immanuel: Kants Werke. Akademie-Textausgabe. Berlin 1968. Kants Schriften werden unter Verwendung des Kürzels ‚AA' für diese Ausgabe mit Angabe der Bandzahl in römischen Ziffern zitiert. Bei Verweisen auf die *Kritik der reinen Vernunft* steht der Buchstabe ‚A' für die erste und der Buchstabe ‚B' für die zweite Auflage.

Kekulé, August: Rede gehalten bei der ihm zu Ehren veranstalteten Feier der Deutschen Chemischen Gesellschaft im großen Saal des Rathauses der Stadt Berlin am 11. März 1890; in: Richard Anschütz: August Kekulé, 2 Bände. Berlin 1929, Bd. 2: Abhandlungen, Berichte, Kritiken, Artikel, Reden, S. 937–947.

Keller, Gottfried: Sämtliche Werke und ausgewählte Briefe, 3 Bände, hg. von Clemens Heselhaus. München 1956–1958.

— Der grüne Heinrich (erste Fassung); ebd., Bd. 1.

— Brief an Wilhelm Baumgartner vom 28. Januar 1849; ebd., Bd. 3, S. 1084.

Kierkegaard, Søren: Abschließende unwissenschaftliche Nachschrift zu den Philosophischen Brocken; in: Gesammelte Werke, hg. von Emanuel Hirsch, Hayo Gerdes und Hans Martin Junghans, Bd. 16 (in zwei Teilen). Gütersloh 1982.

— Johannes Climacus oder De omnibus dubitandum est. Eine Erzählung; ebd., Bd. 10. 2. Aufl. Gütersloh 1985, S. 109–164.

— Die Tagebücher. Eine Auswahl, hg. von Hayo Gerdes. Düsseldorf 1980.

Kleist, Heinrich von: Sämtliche Werke und Briefe, hg. von Ilse-Marie Barth u. a. Frankfurt am Main 1987–1997.

Klopstock, Friedrich Gottlieb: Von der heiligen Poesie (1760); in: Sämtliche Werke, Bd. 10. Leipzig 1857, S. 223–238.

Koselleck, Reinhart: Vergangene Zukunft. Zur Semantik geschichtlicher Zeiten. Frankfurt am Main 1979.

Kreiser, Lothar: Logik und Logiker in der DDR. Eine Wissenschaft im Aufbruch. Leipzig 2009.

Lange, Friedrich Albert: Geschichte des Materialismus und Kritik seiner Bedeutung in der Gegenwart (1866, 2. Auflage 1873/75). Zitiert nach Neudruck, hg. von Otto Adolf Ellissen, 2 Bände. Leipzig o. J. [1905].

Leibniz, Gottfried Wilhelm: Neue Abhandlungen über den menschlichen Verstand, frz.-dt., hg. von Wolf von Engelhardt und Hans Heinz Holz, 2 Bände. Frankfurt am Main 1961.

— Monadologie, hg. von Hermann Glockner. 2. Aufl. Stuttgart 1963.

— Disputatio Metaphysica de Principio Individui; in: Die Philosophischen Schriften, hg. von Carl Immanuel Gerhardt, Bd. 4. Berlin und Leipzig 1880. Nachdruck Hildesheim 1978, S. 15–26.

— Betrachtungen über die Erkenntnis, die Wahrheit und die Ideen; in: Fünf Schriften zur Logik und Metaphysik, hg. von Herbert Herring. Stuttgart 1966, S. 9–17.

Lenin, Wladimir Iljitsch: Materialismus und Empiriokritizismus. Kritische Bemerkungen über eine reaktionäre Philosophie (Werke, Bd. 14). 8. Aufl. Berlin (Ost) 1967.

Lessing, Gotthold Ephraim: Laokoon oder Über die Grenzen der Malerei und Poesie; in: Werke und Briefe in zwölf Bänden, Bd. 5/2, hg. von Wilfried Barner. Frankfurt am Main 1990, S. 9–321.

— Hamburgische Dramaturgie; ebd., Bd. 6, hg. von Klaus Bohnen. Frankfurt am Main 1985, S. 181–694.

Lewis, David: Truth in Fiction; in: American Philosophical Quarterly 15 (1978), S. 37–46.

Lichtenberg, Georg Christoph: Schriften und Briefe, hg. von Wolfgang Promies. 3. Aufl. Frankfurt am Main 1994.

Liebmann, Otto: Zur Analysis der Wirklichkeit. 3. Aufl. Straßburg 1900.

Lipps, Theodor: Grundzüge der Logik. Hamburg und Leipzig 1893.

Locke, John: Versuch über den menschlichen Verstand, 2 Bände. Hamburg 1981.

Lotze, Hermann: Logik. Leipzig 1843.

— Mikrokosmus. Ideen zur Naturgeschichte und Geschichte der Menschheit. Versuch einer Anthropologie, 3 Bände. Leipzig 1856–1864. Zitiert wird Bd. 1, 3. Aufl. 1876; Bd. 2, 3. Aufl. 1878; Bd. 3, 2. Aufl. 1872.

— Logik. Drei Bücher vom Denken, vom Untersuchen und vom Erkennen. Leipzig 1874, 2. Aufl. 1880.

— Metaphysik. Drei Bücher der Ontologie, Kosmologie und Psychologie. Leipzig 1879.

— Grundzüge der Logik und Enzyklopädie der Philosophie. Diktate aus den Vorlesungen. Leipzig 1883.

— Grundzüge der Religionsphilosophie. Diktate aus den Vorlesungen. 3. Aufl. Leipzig 1894.

Lukrez (Lucretius Carus, Titus): Welt aus Atomen, lat.-dt. Übers. und mit einem Nachwort hg. von Karl Büchner. Stuttgart 1994.

Mach, Ernst: Die Analyse der Empfindungen und das Verhältnis des Physischen zum Psychischen. 9. Aufl. Jena 1922. Nachdruck Darmstadt 1985.

Meinong, Alexius: Über Gegenstandstheorie / Selbstdarstellung. Mit Einleitung, Bibliographie und Registern hg. von Josef M. Werle. Hamburg 1988, S. 1–51.

Man, Paul de: Allegorien des Lesens. Frankfurt am Main 1988.

Marx, Karl: Thesen über Feuerbach (in der von Engels redigierten Fassung); in: Karl Marx und Friedrich Engels: Ausgewählte Schriften in zwei Bänden, Bd. 2. 18. Aufl. Berlin (Ost) 1970, S. 370–372. Der ursprüngliche Text von Marx findet sich ebd., S. 526–528.

Mauthner, Fritz: Beiträge zu einer Kritik der Sprache, 3 Bände. Stuttgart 1901–1902.

— Wörterbuch der Philosophie. Neue Beiträge zu einer Kritik der Sprache, 2 Bände. München und Leipzig 1910. 2. Aufl. in 3 Bänden. Leipzig 1923–24.

Meier, Georg Friedrich: Anfangsgründe aller schönen Wissenschaften, Band 1. 2. Aufl. Halle 1754.

Mill, John Stuart: Der Utilitarismus, engl.-dt., hg. von Dieter Birnbacher. Stuttgart 2006.

Mirandola, Giovanni Pico della: Über die Würde des Menschen, lat.-dt. Übers. von Norbert Baumgarten, hg. von August Buck. Hamburg 1990.

Misch, Georg: Der Aufbau der Logik auf dem Boden der Philosophie des Lebens, hg. von Gudrun Kühne-Bertram und Frithjof Rodi. Freiburg 1994.

Mojsisch, Burkhard (Hg.): Kann Gottes Nicht-Sein gedacht werden? Die Kontroverse zwischen Anselm von Canterbury und Gaunilo von Marmoutiers, lat.-dt. Mainz 1989, S. 60–81.

Moleschott, Jakob: Der Kreislauf des Lebens. Physiologische Antworten auf Liebigs Chemische Briefe. Mainz 1852.

Mollica, Richard F.: Healing Invisible Wounds. Orlando und Florida 2006.

Nestle, Wilhelm: Vom Mythos zum Logos. Die Selbstentfaltung des griechischen Denkens, von Homer bis auf die Sophistik und Sokrates. Stuttgart 1940. Nachdruck Stuttgart 1975.

Nietzsche, Friedrich: Werke in drei Bänden, hg. von Karl Schlechta. 7. Aufl. München 1973.
— Götzen-Dämmerung; ebd., Bd. 2, S. 939–1033.
— Über Wahrheit und Lüge im außermoralischen Sinn; ebd., Bd. 3, S. 309–322.
— Aus dem Nachlaß der Achtzigerjahre; ebd., Bd. 3, S. 415–925.
Novalis: Das Allgemeine Brouillon; in: Schriften, hg. von Paul Kluckhohn und Richard Samuel, Bd. 3. 2. Aufl. Stuttgart 1975.
Parsons, Terence: Nonexistent Objects. New Haven 1980.
Petrarca, Francesco: Dichtungen, Briefe, Schriften. Auswahl und Einleitung von Hanns W. Eppelsheimer. Frankfurt am Main 1980.
Platon: Sämtliche Werke (in 3 Bänden). 5. Aufl. Köln und Olten 1967.
Pope, Alexander: An Essay on Criticism. London 1711.
— An Essay on Man. London 1733–34.
Popper, Karl R.: Logik der Forschung (1934). 10. Aufl. Tübingen 1994.
— Die offene Gesellschaft und ihre Feinde, 2 Bände. 8. Aufl. Tübingen 2003.
— Ausgangspunkte. Meine intellektuelle Entwicklung. 3. Aufl. Hamburg 1984.
Quine, Willard Van Orman: On What There Is; in: Review of Metaphysics 2 (1948), S. 21–38.
Quintilianus, Marcus Fabius: Ausbildung des Redners, 2 Teile, lat.-dt., hg. und übers. von Helmut Rahn. 3. Aufl. Darmstadt 1995.
Reichenbach, Hans: Zur Einführung. Erkenntnis 1 (1930), S. 1–3.
Reinach, Adolf: Die apriorischen Grundlagen des bürgerlichen Rechts; in: Jahrbuch für Philosophie und phänomenologische Forschung 1 (1913), S. 685–847.
Rickert, Heinrich: Der Gegenstand der Erkenntnis. Ein Beitrag zum Problem der philosophischen Transzendenz. Freiburg 1892
— Der Gegenstand der Erkenntnis. Einführung in die Transzendentalphilosophie. 6. Aufl. Tübingen 1928.
— Kennen und Erkennen. Kritische Bemerkungen zum theoretischen Intuitionismus; in: Kant-Studien 39 (1934), S. 139–155.
Ricœur, Paul: Die lebendige Metapher. 2. Aufl. München 1991.

Ritter, Joachim: Landschaft. Zur Funktion des Ästhetischen in der modernen Gesellschaft; in: Subjektivität. Sechs Aufsätze. Frankfurt am Main 1974, S. 141–163 und S. 172–190 (Anmerkungen).
—, Karlfried Gründer und Gottfried Gabriel (Hg.): Historisches Wörterbuch der Philosophie, 13 Bände. Basel 1971–2007.
Rousseau, Jean-Jacques: Abhandlung über die Wissenschaften und die Künste (1750), franz.-dt., hg. von Béatrice Durand. Stuttgart 2012.
Russell, Bertrand: On Denoting; in: Mind 14 (1905), S. 479–493.
— Mr. Strawson on Referring; in: Mind 66 (1957), S. 385–389.
— Die Philosophie des Logischen Atomismus. Aufsätze zur Logik und Erkenntnistheorie 1908–1918, hg. von Johannes Sinnreich. München 1976.
— Erkenntnis durch Bekanntschaft und Erkenntnis durch Beschreibung; ebd., S. 66–82.
Ryle, Gilbert: Der Begriff des Geistes. Übers. von Kurt Baier. Stuttgart 1969.
Schelling, Friedrich Wilhelm Joseph: System des transzendentalen Idealismus, hg. von Ruth-Eva Schulz. Hamburg 1962.
Schiller, Friedrich: Kallias oder Über die Schönheit; in: Sämtliche Werke, hg. von Gerhard Fricke und Herbert G. Göpfert, Bd. 5. München 1959, S. 394–433.
— Deutsche Größe; in: Werke (Nationalausgabe), Bd. 2.1. Weimar 1983, S. 431–436.
Schlegel, August Wilhelm: Die Gemälde. Gespräch; in: Athenaeum, Bd. 2. Berlin 1799, S. 39–151.
Schlegel, Friedrich: Fragmente zur Literatur und Poesie; in: Kritische Friedrich-Schlegel-Ausgabe, hg. von Ernst Behler, Jean-Jacques Anstett und Hans Eichner, Bd. 16. Paderborn 1981.
Schmidt, Heinrich: Die Gründung des Deutschen Monistenbundes; in: Das Monistische Jahrhundert 1 (1912/13), S. 740–750.
— Philosophisches Wörterbuch. 8. Aufl. Leipzig 1931.
— Philosophisches Wörterbuch. 9. Aufl. Leipzig 1934.
Scholz, Heinrich: Mathesis Universalis. Abhandlungen zur Philosophie als strenger Wissenschaft, hg. von Hans Hermes, Friedrich Kambartel und Joachim Ritter. Basel und Stuttgart 1961.

Schopenhauer, Arthur: Sämtliche Werke, hg. von Wolfgang von Löhneysen. 2. Aufl. Stuttgart und Frankfurt am Main 1968.
— Die Welt als Wille und Vorstellung I–II; ebd., Bd. 1 und 2.
— Über die vierfache Wurzel des Satzes vom zureichenden Grunde; ebd., Bd. 3, S. 5–189.
— Aphorismen zur Lebensweisheit; ebd., Bd. 4, S. 373–592.
Searle, John R.: Sprechakte. Ein sprachphilosophischer Essay. Frankfurt am Main 1971.
— Der logische Status fiktionalen Diskurses; in: Ausdruck und Bedeutung. Untersuchungen zur Sprechakttheorie. Übers. von Andreas Kemmerling. Frankfurt am Main 1982, S. 80–97.
Sextus Empiricus: Grundriß der pyrrhonischen Skepsis, eingeleitet und übers. von Malte Hossenfelder. 2. Aufl. Frankfurt am Main 1993.
Sigwart, Christoph: Logik, Bd. 1. 3. Aufl. Tübingen 1904.
Spinoza, Baruch (Benedictus) de: Die Ethik. Deutsch von Carl Vogt. Leipzig 1909.
Stevenson, Charles L.: Die emotive Bedeutung ethischer Ausdrücke; in: Günther Grewendorf und Georg Meggle (Hg.): Seminar: Sprache und Ethik. Zur Entwicklung der Metaethik. Frankfurt am Main 1974, S. 116–139.
Stirner, Max: Das unwahre Prinzip unserer Erziehung oder Der Humanismus und Realismus (1842); in: Max Stirners Kleinere Schriften, hg. von John Henry Mackay. 2. Aufl. Treptow bei Berlin 1914, S. 237–257.
— Der Einzige und sein Eigentum, hg. von Ahlrich Meyer. 2. Aufl. Stuttgart 1981.
Strawson, Peter F.: On Referring. Mind 59 (1950), S. 320–344.
Suárez, Francisco: Über die Individualität und das Individuationsprinzip. Fünfte metaphysische Disputation. Herausgegeben, übers. und mit Erläuterungen versehen von Rainer Specht. Hamburg 1976.
Teichmüller, Gustav: Studien zur Geschichte der Begriffe. Berlin 1874. Nachdruck Hildesheim 1966.
Teilhard de Chardin, Pierre: Der Mensch im Kosmos. München 1959.
Trendelenburg, Adolf: Historische Beiträge zur Philosophie, 3 Bände. Berlin 1846, 1855 und 1867.
— Logische Untersuchungen, 2 Bände. 2. Aufl. Leipzig 1862.

Vaihinger, Hans: Die Philosophie des Als Ob. System der theoretischen, praktischen und religiösen Fiktionen der Menschheit aufgrund eines idealistischen Positivismus. Mit einem Anhang über Kant und Nietzsche. 7. und 8. Auflage Leipzig 1922.

Vico, Giambattista: Die neue Wissenschaft über die gemeinschaftliche Natur der Völker. Übers. und eingeleitet von Erich Auerbach. 2. Aufl. mit einem Nachwort von Wilhelm Schmidt-Biggemann. Berlin und New York 2000.

Voltaire: Candide oder der Optimismus, hg. und übers. von Wolfgang Tschöke. München 2003.

Waismann, Friedrich: Wittgenstein und der Wiener Kreis (Wittgenstein: Schriften, Bd. 3), hg. von Brian McGuinness. Frankfurt am Main 1967.

White, Hayden: Auch Klio dichtet oder Die Fiktion des Faktischen. Stuttgart 1986.

Winckelmann, Johann Joachim: Gedanken über die Nachahmung der Griechischen Werke in der Malerei und Bildhauerkunst. 2. Aufl. Dresden und Leipzig 1756. Nachdruck Baden-Baden und Straßburg 1962.

Windelband, Wilhelm: Präludien. Aufsätze und Reden zur Philosophie und ihrer Geschichte, 2 Bände. 5. Aufl. Tübingen 1915.

— Kritische oder genetische Methode? (1883); in: Präludien, Bd. 2, S. 99–135.

— Beiträge zur Lehre vom negativen Urteil; in: Straßburger Abhandlungen zur Philosophie. Eduard Zeller zu seinem siebenzigsten Geburtstage. Freiburg und Tübingen 1884, S. 165–195.

— Geschichte und Naturwissenschaft (1894); in: Präludien, Bd. 2, S. 136–160.

— Lehrbuch der Geschichte der Philosophie. 7. Aufl. Tübingen 1916.

Wittgenstein, Ludwig: Über Gewißheit, hg. von Gertrude Elizabeth Margaret Anscombe und Georg Henrik von Wright. Frankfurt am Main 1970.

— Vermischte Bemerkungen, hg. von G. H. von Wright. Frankfurt am Main 1977.

— Briefwechsel, hg. von Brian F. McGuinness und G. H. von Wright. Frankfurt am Main 1980.

— Tractatus logico-philosophicus. Tagebücher 1914–1916. Philosophische Untersuchungen; in: Werkausgabe, Bd. 1. Frankfurt am Main 1984.

Wolf, Ursula (Hg.): Eigennamen. Dokumentation einer Kontroverse. Frankfurt am Main 1985.

Wundt, Wilhelm: System der Philosophie. Leipzig 1889.

— Allgemeine Logik und Erkenntnistheorie. 4. Aufl. Stuttgart 1919.

Zöllner, Karl Friedrich: Prinzipien einer elektrodynamischen Theorie der Materie. Leipzig 1876.

Register

Das Register ist im Aufbau ein Personenregister, das nach sachlichen Gesichtspunkten wie Begriffen, Themen und Problemen untergliedert worden ist. Titel von Schriften und Kunstwerken sind kursiv gesetzt. Herausgeber und Herausgeberinnen wurden nicht aufgenommen.